L'ENSEIGNEMENT SUPÉRIEUR

EN FRANCE

1789-1893

TOME SECOND

PARIS

L'ENSEIGNEMENT SUPÉRIEUR

EN FRANCE

1789-1893

IMPRIMERIE E. CAPIOMONT ET Cⁱᵉ

PARIS
6, RUE DES POITEVINS, 6
(Ancien Hôtel de Thou)

LOUIS LIARD

L'ENSEIGNEMENT SUPÉRIEUR

EN FRANCE

1789-1893

TOME SECOND

PARIS

ARMAND COLIN ET Cie, ÉDITEURS

5, RUE DE MÉZIÈRES, 5

1894

Tous droits réservés.

L'ENSEIGNEMENT SUPÉRIEUR
EN FRANCE

LIVRE III
LE CONSULAT ET L'EMPIRE

CHAPITRE PREMIER
La loi de l'an X.

Les Écoles centrales en l'an VIII. — Projet de Chaptal. — Projet de Fourcroy. — Préparation de la loi de l'an X au Conseil d'État. — Discussion de cette loi. — La loi de l'an X et l'Enseignement supérieur.

On a vu, à la fin du précédent volume, ce qu'en fait d'enseignement supérieur, la Révolution laissait comme œuvres et comme projets; comme œuvres, les écoles de services publics, les écoles spéciales et les écoles centrales; comme projets, le plan de Condorcet, émondé, allégé, et le dessein de créer, sur quelques points du territoire, de grands conservatoires littéraires et scientifiques. Le Consulat répudia ces projets et de ces œuvres il détruisit celles que la Révolution aurait probablement conservées, les écoles centrales, et il conserva, en les multipliant, celles qu'elle avait certainement l'intention de remplacer, les écoles spéciales.

Telles que la loi les avait définies, telles qu'elles s'étaient organisées, les écoles centrales étaient, par plus d'un trait, de vrais établissements d'enseignement supérieur. Elles en avaient le régime tout de liberté; elles en avaient aussi certains enseignements, comme la législation, la grammaire générale et les hautes mathématiques. Elles étaient même alors, avec le Collège de France, et un ou deux établissements privés, tels que le Lycée républicain, toujours fréquenté, les seuls organes de l'enseignement des lettres anciennes et des lettres modernes. Par suite, il est intéressant de savoir ce qu'était leur état, lorsqu'on se mit en tête de les détruire.

On a beaucoup écrit sur elles, dans un sens et dans l'autre, presque toujours avec plus de passion que d'exactitude. Il reste encore à en faire une histoire impartiale et complète. Des documents et des ouvrages contemporains on peut tirer, à leur endroit, les témoignages les plus contraires. La vérité, c'est que, suivant les lieux, les circonstances et les hommes, elles avaient fort inégalement réussi, et que, suivant la variété des opinions politiques elles étaient fort diversement appréciées.

En l'an VIII, il y en avait cent, une dans chaque département, sauf le Puy-de-Dôme et les Basses-Alpes; seule la Seine en avait trois. Dans plus de la moitié, se trouvaient tous les professeurs exigés par la loi. Aux autres, il en manquait un, parfois deux : ici, le professeur de physique, là, le professeur d'histoire ou de grammaire générale, le plus souvent celui de législation. De l'une à l'autre, le nombre des élèves présentait d'énormes écarts. Dans quelques-unes, à Gap, à Saint-Girons, à Montélimar, à Roanne, à Chaumont, à Alençon, à Niort, il variait de vingt à cinquante. Mais dans la plupart, il était beaucoup plus élevé; à Soissons, il atteignait cent vingt-six; à Caen, cent quarante; à Dijon, deux cent vingt-huit; à Besançon, deux cent dix-huit; à Toulouse, deux cent quarante; à Montpellier, deux cent trente-huit; à Grenoble, deux cent dix; à Nantes, deux cent quarante-sept; à Nancy, deux cent trente-six; à Chambéry, cent quatre-vingt-quinze; à Lille, cent quatre-vingt-deux; à Perpignan, deux cent vingt; à Lyon, cent quatre-vingt-neuf; à Rouen, deux cent onze; à Poitiers, deux cent soixante-neuf; à Paris, huit cent cinquante, y compris les trois cents élèves du Prytanée français[1].

Il faut avoir ces écarts présents à l'esprit, quand on lit les rapports des conseillers d'État en mission après le 18 brumaire, et les papiers de l'enquête de l'an IX. Ils en expliquent, pour une bonne part, les appréciations divergentes, également exactes, également sincères. « Les Basses-Alpes, écrit Français de Nantes, n'ont pas d'école centrale; les quatre autres... n'ont entre elles que deux cents élèves... Là, comme ailleurs, les classes de grammaire générale, de belles-lettres et de législation sont désertes. »

Il dit vrai; mais Fourcroy aussi dit vrai, quand, à l'autre bout de la France, il écrit de Normandie : « Les écoles centrales ont beaucoup gagné dans presque tous les départements. Il y a un grand nombre de professeurs de premier mérite, surtout

1. *Conseil d'État*, t. III, 275; Bibl. de la Chambre des députés.

en mathématiques, en physique, en histoire naturelle. Elles ont produit des ouvrages très bien faits. Les écoliers augmentent d'année en année... Les professeurs de l'École centrale de Caen sont tous des hommes distingués dans leurs sciences. L'histoire naturelle et les mathématiques y attirent beaucoup d'élèves et sont très suivies... Il y a cent vingt écoliers au cours de mathématiques et deux cents à celui de dessin[1]. » N'oublions pas toutefois de quel genre était l'aménagement scolaire des écoles centrales, non des classes superposées, mais des cours parallèles, entre lesquels élèves ou parents avaient le droit de choisir, véritables écoles distinctes, les unes de latin, les autres de mathématiques, de dessin ou de législation, ayant chacune son professeur, son programme, sa liste d'inscription et jusqu'à son affiche particulière. Aussi pour se faire une idée bien exacte de la situation des écoles centrales au commencement du Consulat, faudrait-il savoir au juste quelle était, entre ces cours divers, la répartition des élèves. En gros, on sait que presque partout ils affluaient aux cours de physique, de mathématiques, d'histoire naturelle et de dessin, et qu'ils étaient rares aux cours de langues et de belles-lettres.

Il s'en fallait que sur elles l'opinion fût unanime. On trouve, dans l'enquête de l'an IX ordonnée par Chaptal, de nombreux et de gros griefs contre leur discipline, leur organisation, leur enseignement et leur personnel[2] : « Mille plaintes, dit le Conseil général de la Seine, la notoriété des faits, l'ignorance

---

1. *Ap.* F. Rocquain, *l'État de la France au 18 brumaire*, p. 192 sqq.
2. *Enquête de l'an IX*, Archives de l'Université, XXVII, Bibl. de l'Université.

de la jeunesse, l'inertie des maîtres... attestent que le système d'instruction suivi dans les nouveaux établissements n'atteint pas le but qu'on s'était proposé. » — « On a isolé chaque partie de l'instruction, dit le Conseil général d'Ille-et-Vilaine, et cette erreur grossière l'a rendue entièrement nulle... On y essaie l'étude de toutes les sciences, excepté la plus importante, la science des mœurs. » — « Les écoles centrales, écrit le préfet de l'Indre, n'ont pas reçu une organisation complète; beaucoup de règlements leur ont manqué; elles ont été formées sur des plans très vastes, et qui ne peuvent s'appliquer à toutes les localités; elles ont flotté au milieu des incertitudes; le découragement en a été la suite. » — Les Conseils d'arrondissement du Jura « réclament avec instance l'ancien ordre de choses pour l'instruction publique. L'expérience n'a que trop démontré que depuis les changements apportés à ce genre d'éducation, l'instruction a été sans fruits; la jeunesse est tombée dans une insubordination, et même dans un dérèglement dont il sera difficile de la retirer. » — Dans la Meuse, « les écoles centrales, observent les Conseils d'arrondissement, ne remplissent pas l'objet qui a déterminé leur établissement; elles ne sont profitables qu'aux citoyens aisés, à ceux qui se destinent à l'étude des hautes sciences; aussi elles ne répandent pas assez l'instruction qui est nécessaire à tous, et qu'on trouvera dans le retour des collèges. » — A Châlons, on remarque qu'il n'y a pas « assez de gradation dans le mode présent d'enseignement, assez de cohérence ni d'ensemble pour faciliter l'instruction et lui donner une marche harmonique et uniforme »; — à Épernay, que le « système est incomplet »; qu'il y a un « vide funeste entre les établissements de premier enseignement et les écoles centrales ». Cette observation revient plusieurs fois dans l'enquête, et aussi cette autre que les écoles centrales, placées généralement au chef-lieu du département, et dépourvues de pensionnat, ne peuvent guère profiter qu'aux enfants de la localité, et aux citoyens aisés du reste du département.

Ailleurs, ce qu'on signale, c'est l'anarchie dans l'école même. « Nul rapport entre les professeurs, écrit le préfet du Lot; nulle liaison, nulle conformité d'intérêts entre eux. Par conséquent, nulle règle, nulle discipline. Ils vivent isolés; ce sont des parties détachées et disparates, qui ne peuvent former un tout. » — Dans la Haute-Loire : « L'opinion publique, frappée de l'indépendance des professeurs et du défaut de surveillance intérieure... voudrait que le plan d'études y fût plus précisé, le choix des professeurs fait avec plus de soin, leur dépendance d'un chef mieux établie. » — De même encore dans l'Aude : « Les formes de l'enseignement y sont vicieuses et presque arbitraires. Les professeurs, indépendants de toute autorité dans le choix des objets de leurs cours comme dans le mode d'instruction, le sont bien plus encore dans leur conduite; aucun lien ne les rattache l'un à l'autre, ni à l'établissement commun dont le succès devrait être l'ouvrage de tous. Aucune discipline intérieure ne garantit aux parents la bonté des mœurs ni la sainteté des principes de ceux qui sont chargés de former le cœur des enfants. » — Pour ces motifs, on conclut à la suppression des écoles centrales et à la restauration des collèges de l'ancien régime.

Mais en d'autres endroits, autres sont les jugements, autres les conclusions. Autant tout à l'heure la censure était vive, autant maintenant l'éloge est net : « L'institution des écoles centrales produit chaque jour un nouveau bien. Le zèle et les talents des professeurs qui y sont chargés de l'enseignement méritent de justes éloges. » Tarn. — « Le système d'enseignement de cette école est certainement meilleur que dans les collèges, plus complet, plus favorable surtout à cette nombreuse classe de la société destinée à cultiver les arts et à se livrer au commerce. » Pas-de-Calais. — « L'école centrale remplace avantageusement le collège ; l'enseignement y est plus varié, moins long, moins fastidieux, plus utile aux diverses classes de la société ; les élèves y sont infiniment plus nombreux qu'ils ne l'étaient dans le collège. L'instruction publique avant la Révolution était, dans ce département, dans l'abandon le plus déplorable. L'école centrale, organisée tardivement, a eu deux adversaires incorrigibles : l'un est la malveillance, qui la considère comme l'appui d'une liberté sage et durable... Ces obstacles et beaucoup d'autres tirés du défaut de local et de ressources pécuniaires n'ont pas découragé le zèle des professeurs ; ils n'ont, en général, rien négligé pour suppléer au silence de la loi sur les moyens d'exécution, pour remplir des fonctions d'autant plus utiles qu'elles arrachent une jeunesse intéressante, l'espoir de tous les bons citoyens, à une contagion des mœurs dont peu de communes offrent l'exemple. » Charente. — « Nous devons beaucoup à l'école centrale de ce département ; mais les opinions politiques ont éloigné des écoles centrales beaucoup d'élèves qu'il serait encore temps d'arracher au sein de l'ignorance. » Charente-Inférieure. — « La situation de l'école centrale est et a toujours été très satisfaisante, puisque le nombre des professeurs a toujours été complet; les professeurs donnent régulièrement leurs leçons chaque jour, suivant un ordre établi par l'administration, et approuvé dans le temps par le ministre. L'enseignement n'a jamais été dépourvu d'élèves, quoique certaines parties aient été constamment plus suivies que d'autres... Il n'est pas douteux que l'établissement de l'école centrale n'ait ranimé les études dans cette partie de la République. » Pyrénées-Orientales. — « L'École centrale d'Angers a joint au précieux avantage de posséder des professeurs habiles, l'avantage peut-être encore plus rare de réunir divers établissements scientifiques du plus grand intérêt; une bibliothèque nombreuse, riche et de la plus belle tenue; un des jardins botaniques les plus complets qui existent en France; un musée de peinture, et enfin, des cabinets de physique et d'histoire naturelle. » Maine-et-Loire. — « On n'a peut-être pas assez considéré toutes les causes qui ont empêché et retardé le succès de ces écoles, auxquelles on doit du moins d'avoir fait naître, dans beaucoup de départements, le goût des mathématiques et du dessin, qui étaient, on peut dire, ignorés. » Dordogne. — Enfin pour borner là cette contre-partie, dans la Gironde, le préfet, tout en constatant que « le nombre d'hommes instruits diminue tous les jours, et que ces dix ans d'interruption dans les études ont porté le coup le plus funeste aux lettres, » conclut nettement, pour réparer ce désastre, au maintien et au perfectionnement des écoles centrales; il envoie même au Ministre de l'Intérieur un projet de réorganisation qui débute ainsi : « Considérant que l'École centrale de la Gironde compte beaucoup plus d'élèves que n'en eut jamais le ci-devant collège de Guyenne, et forme annuellement des sujets distingués dans tous les genres... que cette institution parviendrait bientôt au degré de splendeur dont elle est susceptible si des études préparatoires disposaient un plus grand nombre de sujets à suivre les cours... » Cette absence de préparation est la seule chose dont se plaignent les partisans des écoles centrales. Entre elles et l'école primaire, l'intervalle est presque un abîme; il faut le combler par des établissements intermédiaires.

Il n'est donc pas exact, comme on l'a dit et répété, que dans la France entière les écoles centrales fussent condamnées par l'opinion. Sans doute il y avait accord pour relever en elles certains vices et certaines lacunes, l'absence de coordination entre les cours, le défaut d'équilibre entre les matières de l'enseignement, le manque de liens entre les professeurs, l'insuffisance de la préparation chez les élèves, le dépérissement des études littéraires. Mais à tout prendre, ce n'étaient pas là de ces vices organiques qui frappent de mort une institution. Il n'était pas impossible d'y trouver un remède. Et nul doute qu'on ne l'eût cherché, si l'institution n'eût eu un autre vice, irrémédiable celui-là, le vice même de son origine.

On était alors en pleine réaction contre les hommes et les choses de la Révolution. Les écoles centrales venaient de la Convention. Il n'en fallait pas davantage pour qu'elles fussent suspectes et décriées. En elles, on poursuivait le régime d'où elles étaient sorties. On grossissait à plaisir leurs imperfections et leurs défauts, on les exploitait et la passion y trouvait les motifs d'une condamnation sans appel. Bon nombre de leurs professeurs avaient été des révolutionnaires. On recherchait leurs opinions, et on en faisait grief à l'institution elle-même. Cela perce en maint passage de l'enquête, et plus tard, après leur ruine, en 1803, Arnault le confessera, non sans regret, dans une solennité officielle : « Faut-il, s'écriera-t-il, que l'esprit de parti ait rendu ces belles institutions presque inutiles !... Des préventions confondirent les régénérateurs des lettres et leurs destructeurs ; on refusa les dédommagements offerts par la main à qui l'on imputait ces pertes ; on repoussa un bienfait émané d'une assemblée où l'on s'opiniâtrait à voir les hommes féroces dont elle s'était purgée [1] ».

Avant donc de se résoudre à les détruire, on aurait pu, ce semble, chercher à les amender. C'était une obligation surtout pour un gouvernement qui se disait réparateur et conservateur. Était-il donc impossible de corriger en elles ce que l'expérience y avait révélé de défectueux ; d'en diminuer le nombre s'il était excessif ; d'en recruter le personnel avec plus de soin et de sévérité ; d'y introduire, avec une hiérarchie des personnes, une discipline plus assurée ; d'y rendre vie à ceux de leurs enseignements qui dépérissaient ; d'y annexer des pen-

1. *Discours à la distribution générale des prix*, 16 fruct. an XI.

sionnats surveillés, sinon entretenus, par l'État; de placer, entre elles et les écoles primaires, des écoles de transition par où leur fussent venus des élèves mieux préparés; de témoigner enfin moins d'indifférence à leurs professeurs, et de leur inspirer, avec une confiance plus grande dans leur situation, plus de foi dans leur œuvre et plus d'attachement à leurs devoirs? En cela, rien de hasardeux, rien de compromettant, et ce pouvait être le salut de ce qui, dans les écoles centrales, était vraiment l'esprit du dix-huitième siècle et le gain de la Révolution, ce que Fontanes lui-même, alors professeur de belles-lettres à l'école centrale des Quatre-Nations, ne pouvait s'empêcher d'en louer, tout en regrettant les anciens collèges [1], à savoir une instruction variée, bien en rapport avec les besoins multiples de la société nouvelle, des méthodes exactes, sans formalisme, tournées vers les réalités et plus aptes que la culture vieillie des universités à former des esprits réfléchis, intelligents des faits, des faits de la nature et de ceux de la société. Rien de cela ne se fit; rien ne fut même tenté. Il était de bon ton, après le 18 brumaire, de dénigrer les écoles centrales. C'était une des formes de la réaction. La politique du Consulat était trop avisée pour n'en pas profiter.

On l'avait bien vu, avant même cette enquête de l'an IX dont nous avons plus haut mis face à face les résultats contradictoires. Avant de l'ouvrir, le Ministre de l'Intérieur, Chaptal, avait publié au *Moniteur* un véritable réquisitoire contre les écoles

---

1. *Rentrée des Écoles centrales de la Seine*, 1ᵉʳ brumaire an V.

suspectes, et fourni, par avance, aux autorités que quelques semaines plus tard il allait consulter, un thème aux réponses qu'il sollicitait d'elles [1]. Dans ce rapport, il faisait le procès des écoles centrales et les condamnait sommairement. Que pouvait-on attendre d'institutions d'enseignement séparées des écoles primaires par un véritable abîme, et où les études, empiriquement distribuées, n'offraient pas cette ordonnance et cette gradation rationnelles sans lesquelles il ne saurait y avoir d'éducation organique des esprits? Il fallait donc les remplacer au plus tôt, sous peine d'arrêter une fois de plus la culture nationale.

Au rapport faisait suite un projet de loi pour une organisation nouvelle de l'enseignement public. Bien que ce projet n'ait pas abouti, il convient de le mentionner ici, comme un premier indice des vues dont s'inspirait déjà le Gouvernement consulaire. — De la chaîne d'établissements créés par la loi de l'an IV, on conservait les deux extrêmes : à un bout, les écoles primaires ; à l'autre, les écoles spéciales. Entre les deux, au lieu et place des écoles centrales, on intercalait un enseignement intermédiaire, sous le nom d'écoles communales. En apparence, simple changement d'étiquette. En fait, changement d'institutions, arrêt et rebroussement.

Ce qui caractérisait les écoles centrales, c'étaient l'indépendance réciproque des cours, l'universalité de l'enseignement, et la prédominance des sciences sur les lettres. Dans l'école communale de Chaptal, ces traits disparaissent, les cours d'abord, remplacés

---

1. *Rapport au Conseil d'État*, 18 brumaire an IX.

par des classes; puis l'universalité de l'enseignement, duquel on retranche non pas seulement celles des matières des écoles centrales, la législation et la grammaire comparée, qui sont essentiellement de l'enseignement supérieur, mais la logique, mais l'histoire elle-même, sans lesquelles il n'y a pas d'instruction secondaire. Les objets de l'enseignement y sont étagés en autant de couches qu'il doit y avoir de classes : au fond, comme première assise, la grammaire française et les principes de la langue latine ; au-dessus, les éléments de l'histoire naturelle et de la géométrie; puis les éléments des mathématiques et de la physique; plus haut, la littérature ancienne et la littérature moderne; enfin, au sommet, mais seulement dans les villes de trois cent mille habitants, la chimie et la physique expérimentale, le tout flanqué, du bas au haut, d'un enseignement continu du dessin. Au total, c'est une réduction à la fois du collège de l'ancien régime, et de l'école centrale. De celle-ci on garde le dessin, l'histoire naturelle, la physique expérimentale et la chimie; de celui-là on reprend, avec le système des classes, la culture latine et la littérature; mais on laisse le grec, la philosophie, et même le peu d'histoire qui s'enseignait avant la Révolution. Et l'on ramasse le tout en quatre années, au plus en cinq, c'est-à-dire en un temps trop court pour une sérieuse éducation de l'esprit.

Cette instruction secondaire, incomplète et trop rapide, Chaptal la destinait « à ceux qui sont appelés à remplir des fonctions publiques, à exercer des professions libérales, ou à vivre dans les classes éclairées de la société ». C'eût donc été la culture générale de l'élite. Au-dessus se fussent ouvertes non des écoles d'enseignement supérieur au sens large du mot, mais des écoles spéciales pour des professions particulières. Sur ce point, Chaptal s'en tient strictement à l'esprit et à la lettre de la loi de l'an IV. S'il rencontre en passant le plan de Condorcet, il le salue comme « une belle conception théorique coordonnée avec génie »; mais il le déclare « non susceptible d'exécution ». Il lui suffit, à ce savant, égaré dans la politique, d'écoles « consacrées à l'enseignement exclusif d'un art ou d'une science » et, au-dessus d'elles, de l'Institut national « chargé de recueillir les découvertes et de perfectionner les sciences et les arts ». L'idée des écoles spéciales est la meilleure, la seule bonne, et, avec les écoles spéciales existant déjà, en faisant du Muséum l'École spéciale de l'histoire naturelle, du Collège de France l'École spéciale de la littérature, des sciences physiques et des sciences mathématiques, en créant près de chaque tribunal d'appel une école de législation, en organisant quelques écoles de musique, d'agriculture, d'économie rurale, d'arts mécaniques et d'arts chimiques, on aura fait le nécessaire pour le développement littéraire et scientifique du pays. Là encore, le projet de Chaptal restait en deçà du programme pourtant écourté et incomplet que, lassitude ou pénurie, la Révolution, à son déclin, avait substitué à ses vastes desseins de la première heure.

Ce n'est pas sur le projet de Chaptal que le Conseil d'État fut appelé à délibérer. Le Directeur général de l'Instruction publique, l'ancien jacobin Fourcroy, alors tout au service de la politique consulaire, mais encore attaché à son œuvre de l'an IV, y apporta d'autres vues plus conservatrices et plus larges à la fois[1].

A sa demande, on fixa tout d'abord les principes. Il faut lire cet exposé. Pour la dernière fois, on y sent encore l'esprit de la Révolution. Sans doute on est loin déjà de Talleyrand, de Condorcet et même de Romme et de Roger Martin. Ce n'est plus l'ample déduction qui, de ces prémisses absolument nouvelles, les droits de l'homme et les devoirs de l'État, dégageait, degré par degré, un système inédit d'instruction et d'éducation publiques. Plus modestes y sont les vues; plus étroites les proportions; moins puissant le sentiment; plus accusé le souci des nécessités pratiques. Mais, dans une substance appauvrie, c'est encore l'inspiration de la Constituante et de l'Assemblée législative : « L'instruction nécessaire à tous les citoyens doit être offerte dans tous les points de la République; — l'instruction utile à quelques classes de citoyens seulement doit être offerte dans quelques points seulement du territoire de la République; — il faut que l'instruction embrasse toutes les connaissances humaines, depuis la lecture et l'écriture, jusqu'aux sciences les plus sublimes. »

Après les principes, les lignes générales de l'exécution. A la base et pour tous des écoles primaires; au-dessus, et pour un moins grand nombre, des écoles secondaires et des écoles centrales; au sommet, et pour une élite, des écoles spéciales. On respectait donc l'esprit de la loi de l'an IV. De l'œuvre générale, réalisée ou tracée par elle, on ne

1. *Conseil d'État, section de l'Intérieur*, 19 messidor an IX, t. III, 270; Bibl. de la Chambre des députés.

retranchait rien d'essentiel. On n'y ajoutait non plus rien d'organique. En réduisant de cent à vingt-cinq les écoles centrales, en leur assignant pour sièges les villes les plus populeuses, on en assurait la prospérité; en intercalant entre elles et les écoles primaires, des écoles secondaires, on leur préparait un recrutement meilleur; en étendant à toutes les *sciences* et *connaissances utiles* les écoles spéciales, à la législation, à la physique, aux mathématiques, à l'histoire naturelle, à la chimie, à l'astronomie, à la médecine, à l'art vétérinaire, à l'agriculture, à la peinture, à la sculpture, à l'architecture et à la musique, on ne faisait que généraliser la conception même de ces écoles. L'intention paraît bien évidente de conserver, de consolider, de développer et non pas de détruire.

Telle était aussi probablement l'intention de Fourcroy. Pourtant, chargé de préparer en détail le projet de loi, il aboutit à une conception qui transposait les écoles centrales et les faisait monter d'un degré, du secondaire au supérieur[1]. Pour écoles secondaires, il proposait des prytanées. Ils eussent été l'intermédiaire si vivement réclamé par l'opinion entre les écoles primaires et les écoles centrales. Au-dessus des prytanées, c'est-à-dire au troisième degré, il plaçait des lycées. Des lycées, le mot nous est connu. Il vient de Condorcet. Mais alors que par lycée, Condorcet entendait l'école encyclopédique, la véritable université des temps modernes, Fourcroy en fait tout autre chose. Il maintient les écoles centrales, comme l'avait voulu le Conseil d'État; il

---

1. *Conseil d'État*, t. III, 277. *Deuxième rédaction du projet de loi de l'an X*, 10 thermidor an IX.

maintient également les écoles spéciales. Il en respecte, au moins en apparence, l'individualité; mais, les prenant les unes et les autres, il les rapproche, les réunit sous le même toit, et c'est cet assemblage qu'il désigne par le nom de lycée. Sur ce point, son projet est clair et précis. Vingt-cinq lycées, dit-il, tiendront lieu des écoles centrales... Les écoles spéciales en feront partie. » Chaque lycée sera « partagé en deux degrés d'instruction ». Au premier degré, un collège de sciences; au second, une ou plusieurs écoles spéciales. Collège de sciences et école spéciale auront des maîtres différents; mais les deux vivront dans la même enceinte, sous le même chef. La nouveauté, c'est donc simplement le rapprochement des deux établissements. Le collège de sciences n'est au fond, avec un nom nouveau, que l'école centrale. Il en conserve le caractère et la destination; il reste comme elle le collège des temps nouveaux où, par opposition au collège de l'ancien régime, les sciences l'emportent sur les lettres. L'école spéciale, non plus, n'est pas modifiée dans son essence. Accolée au collège de sciences, où se donne la culture générale, elle demeure une école vouée à la culture particulière d'une science ou d'un art, ici au droit, là à la médecine, ailleurs à l'agriculture, ailleurs encore aux arts proprement dits.

Ce n'eût certes pas été un progrès que cet assemblage et ce mélange, et, à part les raisons d'économie, on n'en voit guère les motifs. Le Conseil d'État n'en voulut pas. Nous avons les rédactions successives du projet. A la troisième et à la quatrième, le nom de lycée est conservé, mais il n'englobe plus les écoles spéciales avec les écoles du degré secondaire ; il s'applique exclusivement à celles-ci, et les écoles spéciales demeurent, en dehors des lycées, des établissements distincts et indépendants [1].

Le gouvernement s'efforça cependant de faire triompher les idées de Fourcroy. Après la quatrième rédaction, le Ministre de l'Intérieur, Chaptal, envoya au Conseil d'État un projet fort différent de celui qu'il avait publié tout d'abord et que nous avons analysé plus haut [2]. Il y prenait à son compte la conception du lycée mixte. Traduisait-il la pensée du Premier Consul et obéissait-il à ses ordres ? Quoi qu'il en soit, son nouveau projet n'était guère qu'un décalque de celui de Fourcroy, à cela près, qu'au lieu de rapprocher les écoles centrales des écoles du degré supérieur, il les maintenait nettement au degré secondaire, les organisant sur le plan des collèges de l'ancien régime, avec la grammaire, les humanités, la rhétorique, — un mot et une chose qui ne se trouvaient pas dans le plan de Fourcroy, — et les éléments des sciences mathématiques et physiques. Pour le degré supérieur, il adoptait la conception, la définition et la division du lycée : des collèges de sciences, qui devenaient ainsi une création et n'étaient plus simplement une transformation des écoles centrales, puis, accouplées à ces collèges, des écoles spéciales.

Cette intervention du Ministre de l'Intérieur fut sans effet sur le Conseil d'État. Il garda les lycées,

---

1. *Conseil d'État*, t. III, 20 vendémiaire, 12 brumaire an X.
2. *Ibid.*; 21 vendémiaire an X.

en les séparant absolument des écoles spéciales. Mais alors se produisit une intervention plus haute, plus impérieuse, et dont il fallut tenir compte. Mécontent du travail du Conseil d'État, le Premier Consul « dicta sur-le-champ un projet de décret différent, où se retrouvait à chaque article l'empreinte de cet esprit incohérent et gigantesque, dans lequel fermentaient incessamment une multitude d'idées bizarres qu'il prenait pour des inventions sublimes, et dont il voulait faire les lois du monde. On y lisait, par exemple, qu'il n'y aurait que huit professeurs dans chaque lycée, savoir : quatre professeurs de latin et quatre professeurs de mathématiques ; que l'un des professeurs de mathématiques *enseignerait la composition et la décomposition des métaux dans leurs rapports avec la société,* ce qui semblait dire qu'il enseignerait la pierre philosophale[1]. »

A la sixième rédaction du projet, la trace de cette intervention est manifeste[2]. Les écoles centrales, œuvre de la Révolution, suspectes à la réaction, sont définitivement biffées, et l'on met à leur place trente lycées nationaux, institutions vraiment nouvelles, sans rien de commun, ni dans le régime, ni dans l'administration, ni dans les programmes, avec les institutions républicaines. Leur régime sera l'internat, la caserne scolaire ; leur administration, une hiérarchie de fonctionnaires, tous dans la main du pouvoir central ; leurs programmes seront purgés de toutes les inventions de l'Encyclopédie, de toutes les connaissances techniques et d'usage pratique ;

---

1. Guizot, *Essai sur l'histoire et sur l'état actuel de l'Instruction publique*, 1816.
2. *Conseil d'État*, t. III, 4 frimaire an X.

les sciences y seront réduites aux éléments des mathématiques et de la physique; en revanche, on y rétablira aux places d'honneur, les vieilles disciplines et le formalisme rhétoricien que la philosophie du dix-huitième siècle avait condamné dans les collèges de l'ancien régime. Enfin, premier indice de la pensée d'où devait sortir quatre ans plus tard, l'Université impériale, de ces trente lycées on fera un seul corps, le corps des fonctionnaires enseignants de la République, et pour les peupler, pour en assurer à tout prix le succès, dans chacun d'eux on placera deux cents boursiers, non plus des élèves de la patrie, comme les appelait la Révolution, mais, et ce nom est à sa manière également significatif, des élèves du gouvernement.

De l'enseignement supérieur, on donne une définition excellente. Il doit, dit-on, « comprendre l'ensemble de toutes les connaissances ». Mais cet ensemble, on le disloque aussitôt et on en sème les morceaux au hasard, sur tous les points du territoire. Rien de plus étrange, pour ne pas dire davantage, que ce projet d'établissements scientifiques. Jamais encore, même aux jours d'aberration, on n'avait poussé à ce point la séparation des sciences; jamais on ne les avait envisagées avec tant d'étroitesse, distribuées avec tant d'incohérence. On se propose de faire sept écoles de droit : une à Paris et six dans les départements. C'est fort bien. Mais à chacune de ces écoles, on ne promet que trois professeurs, on ne permet que deux enseignements, le droit criminel et le droit civil. On projette deux écoles d'histoire naturelle; où les placera-t-on? à Grenoble et à Nancy; une école de mathématiques, une seule; on la placera à Metz; une école d'astronomie; elle sera à Aix; une école de langues anciennes, toujours une seule; elle aura son siège à Bonn; une école de langues vivantes, à Bordeaux; une école d'économie politique, à Caen; enfin deux écoles de musique, à Nîmes et à Cahors. Au total, avec les trois écoles de médecine de Paris, de Strasbourg et de Montpellier, et quelques écoles d'agriculture et d'arts mécaniques, vingt-neuf écoles spéciales pour toutes les sciences et pour toute la France, et deux seulement, droit et médecine, pour Paris tout entier.

Pourquoi ce nombre de vingt-neuf? Pourquoi cette étonnante distribution, l'astronomie à Aix, l'histoire à Clermont, les lettres anciennes à Bonn? On ne trouverait la réponse ni dans la nature propre de ces sciences, ni dans les ressources particulières des villes où l'on se proposait de les établir. Elle est ailleurs; elle est, non dans l'école spéciale elle-même, mais en dehors d'elle, dans le lycée, le lycée, la pièce maîtresse, la clef de voûte de tout le nouveau système, le lycée qui sera créé dans vingt-sept villes des départements, et auquel on veut, sauf à Paris où l'on en met deux, incorporer une école spéciale. Dès lors, il faut bien séparer ce qui par nature est uni, disperser ce qui vaut surtout par la réunion, et distribuer arbitrairement ces fragments, puisque tout autre mode de distribution serait impossible.

Une telle conception eût été le néant de l'enseignement supérieur. Les écoles de droit, placées dans des villes de cour d'appel, n'auraient pas manqué de clientèle; mais avec leurs trois professeurs, et sans autres enseignements que le droit civil et le droit criminel, elles eussent été de bien pauvres écoles. Mais les lettres et les sciences, que fût-il advenu d'elles? Se figure-t-on sérieusement la jeunesse française allant chercher tour à tour l'histoire à Clermont, le grec et le latin à Bonn, l'allemand et l'anglais à Bordeaux? Se figure-t-on plus aisément les sciences de la nature, si voisines, si solidaires les unes des autres, découpées en morceaux et débitées entre Grenoble, Genève et Dijon? L'astronomie et les mathématiques dissociées et reléguées, aux deux bouts de la France, à Aix et à Metz? C'était bien le comble du caprice et de l'incohérence, et chose plus grave et plus inquiétante, c'était l'indice dans l'esprit du Premier Consul, le maître de demain, d'une ignorance absolue des conditions propres de l'enseignement supérieur, et d'une méconnaissance totale des leçons les plus récentes de l'histoire.

Voué à la libre recherche, l'enseignement supérieur vit de liberté. Les faits, depuis un demi-siècle, l'avaient démontré pour les yeux les moins clairvoyants. N'avait-on pas vu d'abord les universités de l'ancien régime, confinées dans la transmission littérale d'un savoir artificiel, glacées dans une tradition en désaccord avec la vie qui fermentait autour d'elles, s'allanguir, s'éteindre et disparaître? Puis n'avait-on pas vu presque aussitôt après, dans les écoles créées par la Révolution, au Muséum, à l'École polytechnique, à l'École normale, la science montrer combien elle est féconde, quand l'État lui assure, avec les ressources nécessaires, l'indépendance et la liberté? Tout autres étaient les vues du Premier Consul. Des écoles spéciales, il ne songeait même pas à faire des établissements spéciaux ; il en faisait de simples dépendances des écoles secondaires, sans individualité propre, sans possession d'elles-mêmes ; il les mettait en subsistance dans les lycées, comme des unités déclassées, les enfermait dans leur enceinte comme des prisonnières, les soumettait à leur administration comme des subalternes, et les asservissait à la même discipline comme des mineures.

On n'a pas les procès-verbaux du Conseil d'État pendant le Consulat. On serait curieux de savoir quel accueil y reçurent les idées de Bonaparte. Le compte rendu, encore inédit, de Locré ne contient pas une ligne sur la discussion de cette loi de l'an X. A défaut, on a du moins les rédactions nouvelles du projet[1], et de l'une à l'autre on peut suivre les amendements apportés aux élucubrations du cerveau consulaire. Guizot nous dit, et on peut l'en croire, que ce ne fut pas une tâche aisée. « Le retranchement des dispositions les plus absurdes était précisément ce qui devait le plus choquer l'inventeur. » Enfin, après deux mois de corrections et de retouches prudemment graduées, on aboutit à une rédaction que le Premier Consul laissa passer et soumit au Corps législatif.

Cette rédaction était la douzième. Elle acceptait le nouveau programme des lycées ; elle l'abaissait encore et en biffait la littérature, ce qui ne semble pas avoir déplu à Bonaparte ; elle soudait les écoles spéciales aux lycées, comme l'avait voulu le Premier

---

1. *Conseil d'État*, t. III, 7 et 22 frimaire, 3 nivôse, 24 ventôse an X.

Consul. Mais sur l'organisation de ces écoles, elle se montrait moins docile. Bonaparte n'aurait voulu dans les futures écoles de droit que le droit privé et le droit criminel. On y ajoutait le droit public. Il aurait voulu, sans aucun égard pour les relations naturelles des sciences et pour les aptitudes propres des villes, qu'à chaque lycée fût annexée une seule école spéciale. On décidait qu'auprès de chaque lycée seraient placées une ou plusieurs de ces écoles. Il semblait supprimer, à Paris, les grands établissements qu'avait conservés ou créés la Convention, le Collège de France, le Muséum, l'École des Langues orientales. On les maintenait tous, sans modification. Il n'avait parlé que d'une seule école d'astronomie pour la France entière. On plaçait un professeur d'astronomie dans chaque observatoire. Il avait songé à concentrer en un seul lieu tout l'enseignement des langues vivantes. On proposait de les faire enseigner dans les lycées de toutes les villes frontières.

Au Tribunat, le projet fut discuté pendant quatre jours, et pendant trois au Corps législatif. Il fut voté le 11 floréal an X par 251 voix contre 27 ; grosse majorité, si l'on ne voit que les chiffres, vote plutôt de résignation que d'enthousiasme, si l'on se reporte aux discussions. Certes personne ne pensait que tout fût pour le mieux dans l'instruction publique, mais beaucoup regrettaient qu'au lieu d'une réforme on fît une révolution. L'institution des lycées souleva les plus vives objections, non pas qu'on jugeât les écoles centrales sans vice et sans reproche ; mais on se demandait si le gouvernement avait eu vraiment souci de les soutenir et de les corriger, et l'on constatait qu'abandonnées à elles-mêmes, en pleine défaveur officielle, loin de tomber plus bas encore, elles s'étaient, en ces derniers temps, améliorées et relevées. « Le nombre des élèves qu'elles présentaient en ces dernières années, dit Jacquemont dans son rapport au Tribunat, s'était considérablement augmenté. L'ordre des études et la matière de l'enseignement s'étaient fixés, et l'administration avait pris d'elle-même une marche exacte et régulière. Le zèle et l'activité des professeurs avaient suppléé à tout ce qui leur manquait ; ils ne s'étaient laissé rebuter ni par l'indifférence que l'autorité leur montrait, ni par le défaut de paiement dont ils avaient à se plaindre ; ils n'auraient eu besoin que de la certitude de conserver leur état pour attacher à leurs fonctions toute l'abondance des fruits qu'il était permis d'en attendre[1] ».

On regrettait ouvertement de les voir disparaître, et l'on s'inquiétait du retour au type scolaire et aux méthodes de l'ancien régime. Et si vif était ce double sentiment que, pour l'atténuer, Fourcroy s'efforça de montrer au Corps législatif, qu'à tout prendre les nouveaux lycées se rapprochaient beaucoup plus des écoles centrales que des anciens collèges. « Les lycées, dit-il, qui commencent l'examen détaillé des lettres et des sciences, et qui seront placés au-devant des écoles spéciales, formeront un intermédiaire entre les premiers principes des sciences exactes donnés dans les écoles secondaires et leur étude approfondie dans les écoles spéciales. Cet intermédiaire n'existait pas entre les collèges et les facultés d'autrefois, ou

---

1. Séance du 4 floréal an X.

du moins, il n'était représenté que par les deux dernières années de logique et de physique qu'on renfermait sous la dénomination générale de philosophie... C'est véritablement une amélioration des écoles centrales qui se présente dans les lycées. » Logique, morale, mathématiques, physique, « voilà ce qui, en rapprochant les lycées actuels des écoles centrales qu'ils remplaceront, les éloigne le plus des anciennes méthodes qu'aucun être raisonnable ne voudrait, ne pourrait plus suivre aujourd'hui[1] ».

Promulguée le jour même où elle fut votée, la loi nouvelle confirmait l'existence de trois degrés d'enseignement : à la base, les écoles primaires établies par les communes; au second degré, les écoles secondaires et les lycées; au sommet, les écoles spéciales[2].

Des écoles primaires, nous n'avons rien à dire ici. Des écoles secondaires et des lycées eux-mêmes, nous ne dirons que ce qui les caractérisait comme introduction aux études supérieures.

L'école secondaire ne devait pas être un établissement d'État, mais un établissement communal, ou un établissement particulier. En fait, c'était le retour à ces centaines de petits collèges, qui, depuis le dix-septième siècle, avaient pullulé sur tout le royaume, sans profit sérieux pour les études. Leur programme était une réduction du programme des

---

1. Séance du 10 floréal an X.
2. V. la loi du 11 floréal an X, ap. de Beauchamp, *Recueil des lois et règlements sur l'Enseignement supérieur*, t. I, p. 81. Paris, 1880.

lycées : latin, français, éléments de l'histoire et des mathématiques.

La pièce maîtresse, la pièce à certains égards vraiment neuve du nouveau système, était le lycée. On n'en prévoyait qu'un nombre assez restreint, un par circonscription de tribunal d'appel. On supposait qu'ils constitueraient un second degré dans l'instruction secondaire, et que, par sélection, ils appelleraient à eux les meilleurs élèves des écoles secondaires. Sans former corps, ils étaient cependant rattachés tous au pouvoir central, tous leurs fonctionnaires devant être nommés par le Premier Consul. Cependant, pour leur laisser quelques liens avec les pouvoirs locaux, à leur tête on plaçait un bureau d'administration, comprenant, avec le proviseur, le maire de la ville, le préfet du département et deux magistrats du tribunal d'appel. Mais on entendait si bien les modeler sur le même type, les soumettre à la même discipline, les tenir également sous l'œil du pouvoir, qu'on créait, pour y assurer l'unité de la règle et l'uniformité de l'enseignement, un corps d'inspecteurs généraux des études.

On a déjà vu quels en étaient les programmes généraux : dans un plateau, les lettres, dans l'autre, les sciences, mais en poids inégaux. Les sciences avaient désormais droit de cité dans l'éducation de la jeunesse, et il le fallait bien, n'eût-ce été que pour le recrutement des écoles militaires. On leur faisait donc une place, une large place tout le long des classes et non pas seulement au sommet, comme autrefois. Mais les lettres redevenaient l'axe et la moelle du système. En cela, on avait raison, car les lettres sont pour l'enfance et pour l'adolescence un incomparable instrument de culture intellectuelle et de culture morale, et la Révolution, tout imprégnée des doctrines de l'Encyclopédie, leur avait fait une part beaucoup trop étroite dans ses écoles centrales. Mais en les restaurant, on pouvait bien ne pas restaurer avec elles les méthodes surannées et étroites qui les avaient compromises à la fin de l'ancien régime. Presque tous hommes de science, les réformateurs de l'an X voient clairement le rôle des sciences dans l'éducation; ils voient moins clairement celui des lettres; sous l'action de l'opinion ambiante, ils proclament les lettres nécessaires, mais au lieu d'en renouveler et d'en élargir la conception, comme il eût, ce semble, été possible, ils s'en tiennent à Rollin. « La méthode adoptée, pour les lycées, dira Fourcroy, se rapproche beaucoup de celle que suivait avec tant de succès l'Université de Paris pour l'enseignement des langues anciennes, telle à peu de chose près qu'elle existait il y a vingt ans, et telle surtout que l'a développée en l'améliorant le sage Rollin dans son excellent *Traité des études*[1]. » Si encore c'eût été Rollin tout entier. Mais tandis que Rollin voulait dans les collèges, en même temps que les lettres anciennes, le français et l'histoire, on les bannissait des lycées. L'histoire, à quoi bon? « Il ne faut pas enseigner ce que chacun peut apprendre soi-même, avait dit un orateur du gouvernement, Rœderer. C'est en vertu de ce principe que l'on a cessé de faire de l'histoire un enseignement particulier, l'histoire proprement dite n'ayant besoin que d'être lue pour être apprise[2]. »

1. Séance du 10 floréal an X.
2. Séance du 11 floréal an X.

De même, à quoi bon le français? C'est la langue maternelle; c'est la littérature nationale; elles s'apprennent spontanément l'une et l'autre sans enseignement régulier. Tout l'effort de l'instruction portera donc sur le latin. Sept ou huit ans de suite, on l'apprendra, non pas seulement pour le comprendre et le lire, mais aussi pour l'écrire, en vers et en prose, et même pour le parler. Ainsi le vieux moule s'est reformé, et il se referme plus hermétiquement clos que jamais, sur les jeunes générations.

Donne-t-on au moins ce qu'il lui faut d'air et d'espace à l'enseignement supérieur? Pas davantage. Le système de la loi de l'an X, c'est toujours celui de l'an IV, l'école spéciale, strictement limitée à une portion de la science humaine, mais c'est dans les écoles spéciales moins de variété, moins de richesse encore. On crée bien des écoles de droit, parce qu'il fallait à la société reconstituée un barreau et une magistrature. Mais des lettres, de l'érudition, des antiquités, toutes choses que mentionnait encore la loi de l'an IV, il n'est même plus question. Toute culture littéraire devait se terminer au lycée, comme autrefois à la faculté des arts. C'est à grand'peine si le Collège de France, omis par Bonaparte, est conservé. Au-dessus des lycées, rien que des écoles professionnelles. La spécialité des établissements d'enseignement supérieur est vérité acquise. On ne s'attarde même pas à la démontrer; on l'enregistre en tête de la loi comme un axiome. Le nom de Condorcet fut cependant prononcé dans la discussion; mais ni au Conseil d'État, ni au Tribunat, ni au Corps législatif, ses idées ne trouvèrent un seul défenseur. Les vues si larges, si philosophiques de la Révolution sur la liaison des sciences, et sur la nécessité d'en coordonner les organes, encore présentes aux hommes du Directoire, se sont brusquement évanouies chez les hommes du Consulat. A peine Fourcroy indique-t-il que « rapprochées les unes des autres, les sciences s'éclairent mutuellement, se fortifient, s'élèvent et s'agrandissent par leur contact et par une sorte de réaction des unes contre les autres ». Mais il n'en tire pas la conclusion attendue. Tout aussitôt, il tourne bride et conclut aux écoles spéciales.

Sans doute, il fallait tenir compte des nécessités du moment, de la pénurie du Trésor, de la rareté des hommes de science. Mais si le principe était bon, pourquoi ne pas l'inscrire dans la loi, sauf à ne le réaliser que par étapes et suivant les ressources. A Paris d'abord. N'avait-on pas dans le Collège de France, dans le Muséum, dans l'École de médecine, dans l'école projetée de jurisprudence et dans l'École polytechnique, tous les éléments d'une grande école encyclopédique ? Était-il donc impossible de les organiser en un seul corps, comme on avait fait, huit ans plus tôt, de l'Institut ? Puis après Paris, sur un, sur deux, sur trois points bien choisis dans les départements. Craignait-on de manquer d'hommes quand il faudrait en venir là ? Mais on comptait bien en trouver assez pour onze écoles de droit, pour trois nouvelles écoles de médecine, pour quatre écoles de sciences naturelles, physiques et chimiques, et pour une école de mathématiques transcendantes. Ou bien, craignait-on de paraître revenir aux institutions de l'ancien régime ? Mais au même instant on faisait revivre les collèges du vieux temps.

La vérité, c'est d'abord que Fourcroy n'avait jamais eu de sympathie pour les idées de Condorcet et des Encyclopédistes. Tout le temps de la Révolution il les avait combattues, tantôt secrètement, tantôt à visage découvert. Il n'était pas homme à voir ce qu'elles recélaient de force vive pour l'avenir. Sa vue ne dépassait pas l'instant présent et les besoins pressants.

Or l'instant présent ne réclamait pour des besoins pressants que de bonnes écoles à former des praticiens habiles. Il y avait depuis dix ans de grands vides dans l'instruction publique. Mais l'opinion ne les sentait pas tous. Elle était frappée surtout de la disette d'hommes de loi et de médecins. D'où ce qu'elle demandait : des écoles de droit et un plus grand nombre d'écoles de médecine. Sur ce point la politique consulaire était intéressée à ne pas aller au delà du vœu de l'opinion. D'instinct Bonaparte avait, comme on sait, fort peu de goût pour les idéologues du dix-huitième siècle. Sa pédagogie s'accordait avec sa politique. Nous verrons plus tard, à propos de l'Université impériale, quel cas il faisait des lettres et des sciences pures. Personnellement et politiquement il était donc l'adversaire de ces grands corps enseignants et savants qui veulent une pleine indépendance philosophique et scientifique. D'utiles écoles spéciales, isolées, et, par là, plus dépendantes, vouées chacune à une tâche déterminée, répondant chacune à un besoin professionnel nettement défini et généralement compris, faisaient bien mieux son affaire. Peut-être que si la Révolution avait laissé quelques grandes écoles encyclopédiques, il eût hésité alors à les détruire, de même qu'il ne porta pas la main sur l'Institut. Mais elle-même, contrairement à son génie, contrairement à ses conceptions premières, n'avait laissé que des écoles spéciales. Pourquoi ne s'en fût-il pas contenté?

CHAPITRE II

La réglementation consulaire de l'Enseignement supérieur[1].

L'État et l'Enseignement public. — Rétablissement des grades. — L'enseignement de la Médecine, de la Pharmacie et du Droit. — Réglementation des examens. — Organisation financière de l'Enseignement supérieur. — Organisation administrative des Écoles spéciales. — Les Écoles spéciales jusqu'à la fondation de l'Université.

La loi de l'an X fixait le nombre et déterminait la nature des écoles spéciales; mais elle ne les organisait pas. Cette organisation fut poursuivie sans relâche, par le gouvernement, durant les quatre années qui vont de l'an X à la création de l'Université impériale.

Après tant d'ébauches et de recommencements, on avait le besoin et l'ambition de faire œuvre complète et définitive. On fit du moins œuvre durable. Bien des changements se sont produits depuis lors dans notre enseignement supérieur; cadres, organisation, méthodes, esprit, mœurs, presque tout s'y est modifié et transformé. Mais, sous toutes ces vicissi-

---

1. Chronologiquement, cette réglementation date en partie de l'Empire. Historiquement, elle appartient tout entière à la période du Consulat. Dans l'histoire de l'enseignement, ce qui marque une nouvelle période, ce n'est pas le sénatus-consulte du 28 floréal an XII, c'est la création de l'Université impériale.

tudes, au dedans de cette évolution, a persisté la substance des règlements de l'an XI et de l'an XII. Le type dont alors on arrêta les traits n'était pas sans doute absolument inflexible ; mais il était vivace, résistant, et la charpente en subsiste toujours. Pour le comprendre, ce type, ce n'est pas en lui-même et abstraitement qu'il faut le considérer. Isolé de son milieu d'origine, des circonstances où il prit corps, il semblerait quelque chose d'inintelligent et d'inintelligible, et l'on ne s'expliquerait pas qu'on se soit mépris à ce point sur la destination et sur les conditions du haut enseignement, substituant la poursuite des grades au travail désintéressé, subordonnant les études aux parchemins, entravant par une réglementation méticuleuse et défiante toute initiative et toute spontanéité.

Mais si l'on se reporte à l'époque où elle parut, si l'on se rappelle les abus dont on avait souffert, les maux dont on souffrait encore, cette réglementation du Consulat, bonne ou mauvaise en soi, apparaît, non plus comme une œuvre de doctrine et de théorie, mais comme un produit historique, et ses caractères s'expliquent en grande partie par l'obligation où l'on était d'organiser l'enseignement suivant les principes généraux d'après lesquels l'État tout entier s'organisait alors, et aussi par la nécessité non moins impérieuse de barrer tout retour aux abus du passé et de remédier promptement aux maux du présent.

Avant tout il fallait attacher les écoles à l'État par des liens solides, à l'épreuve de la rupture. Après les secousses et les oscillations de la Révolution, l'État moderne vient de trouver son équilibre, et rapidement il prend sa forme. C'est une puissance qui siège au centre et qui rayonne, dans tous les sens, vers la périphérie, dont la prise et l'action, se propageant de proche en proche, lient, maille par maille, en un réseau unique, toutes les administrations, toutes les fonctions publiques. Avec leurs origines, leurs traditions, leurs privilèges, les anciennes universités avaient été vraiment de petits états dans l'État monarchique, une sorte de féodalité enseignante survivant à la féodalité politique. Rien de plus incompatible avec la conception que le nouveau régime se faisait à la fois de l'État et de l'enseignement. L'État, c'est la puissance publique, une en soi, multiple en ses fonctions, divisée, subdivisée du centre à la circonférence, mais conservant intacte son unité native et essentielle, grâce à la subordination et à l'emboîtement de toutes ces divisions et subdivisions. L'enseignement, c'est une fonction de l'État, car c'est un besoin de la nation. Par suite, les écoles doivent être des établissements de l'État et non des établissements dans l'État. Elles dépendent de l'État et ne relèvent que de lui ; elles sont par lui et sont pour lui ; elles tiennent de lui leur existence et leur substance ; elles doivent en recevoir aussi leur tâche et leur règle. Par suite encore, comme l'État est un, ses écoles doivent être partout les mêmes. Étant donné leur caractère essentiel, elles ne peuvent avoir chacune sa charte particulière, comme naguère chaque corporation enseignante avait la sienne. L'État agit partout par les mêmes voies; du siège du pouvoir central aux plus extrêmes frontières, il exécute ses fonctions par des moyens identiques. De là, en partie, cette réglementation des écoles spéciales, si fortement marquée à l'empreinte des règlements d'administration publique.

En même temps, il fallait mettre un terme à des misères invétérées qui remontaient bien loin dans l'ancien régime et n'avaient fait que s'aggraver sous la Convention et sous le Directoire. On a vu, au début de cet ouvrage, quelle était, avant la Révolution, l'insuffisance de l'enseignement médical, et quel cri de détresse elle arrachait aux trois ordres de la nation[1]. Sans doute, les choses avaient changé de face, depuis la création des écoles de santé, où l'enseignement se donnait d'après des vues et par des méthodes d'un caractère vraiment scientifique. C'était sans contredit un progrès et un bienfait. Mais progrès encore insuffisant, et bienfait en grande partie neutralisé par la liberté des professions. Pour suffire aux besoins de la santé publique, surtout dans les campagnes, il eût fallu beaucoup plus de praticiens que n'en formaient les écoles de médecine. Montpellier, qui s'était remis à conférer des grades, n'en avait guère délivré que trois cents en sept ans; Paris qui l'avait imité trois ans plus tard, n'en avait conféré que cent trente-trois de 1798 à 1801; enfin Strasbourg, qui languissait, ne faisait chaque année qu'une dizaine de praticiens[2].

Un autre mal, plus grand peut-être, c'est que ces grades, qui constituaient sans doute une sérieuse garantie de capacité, étaient dépourvus de valeur professionnelle. La loi ne les exigeait pas; elle ne les connaissait même pas. Les corporations n'existant

---

1. V. t. I, liv. I, ch. III.
2. *Enquêtes et documents relatifs à l'Enseignement supérieur*, XXI. *État numérique des grades*, 1886.

plus, les professions étant libres, il n'y avait aucune preuve à faire pour devenir médecin ou chirurgien; prendre et payer patente suffisait. Aussi avait-il surgi à peu près partout, à côté des docteurs des anciennes universités et des gradués des nouvelles écoles de médecine, une génération spontanée de charlatans et d'empiriques. Pendant le Directoire, on avait bien élaboré une loi sur l'exercice de la médecine; mais, renvoyée de commission en commission, elle n'avait pas abouti[1]. Çà et là, pour enrayer le mal, les autorités locales avaient essayé de faire passer les praticiens devant une sorte de jury médical; mais c'était un palliatif illégal, dépourvu de sanction, partant sans efficacité. Aussi le mal n'avait-il fait que croître, et le tableau qu'en traçait Fourcroy dans l'exposé des motifs de la loi de l'an X, n'était-il pas exagéré : « La vie des citoyens, disait-il, est entre les mains d'hommes avides autant qu'ignorants. L'empirisme le plus dangereux, le charlatanisme le plus éhonté abusent partout de la crédulité et de la bonne foi. Aucune preuve d'habileté et de savoir n'est exigée. Ceux qui étudient depuis sept ans et demi dans les trois écoles de médecine instituées par la loi du 14 frimaire an III, peuvent à peine faire constater les connaissances qu'ils ont acquises et se distinguer des prétendus guérisseurs qu'on voit de toutes parts. Les campagnes et les villes sont également infestées de charlatans qui distribuent les poisons et la mort avec une audace que les anciennes lois ne peuvent réprimer. »

La loi sur la liberté des professions, votée tout

1. V. de Beauchamp, *Médecine et pharmacie, projets de lois*, in *Enquêtes*, etc., XXVIII, 489.

d'abord par l'Assemblée constituante sans aucune restriction, avait un peu plus tard admis une exception motivée pour la pharmacie. De toutes les professions, seul, le commerce des drogues et médicaments n'était pas libre. Aussi, de toutes les anciennes corporations, seuls, les collèges de pharmaciens avaient-ils subsisté çà et là. Celui de Paris continuait toujours, sous le nom d'École gratuite de pharmacie, à donner l'enseignement et à faire des réceptions ; celui de Montpellier, le premier qui, avant la Révolution, avait proposé une organisation rationnelle de l'enseignement pharmaceutique, durait aussi. Mais de l'aveu général, cette situation illégale ne pouvait se prolonger indéfiniment. Quand toutes les corporations de l'ancien régime avaient disparu, quand la loi n'en admettait plus d'aucune sorte, il était impossible que, par un privilège unique, la pharmacie restât en dehors de la règle commune. Il fallait, tout en protégeant la santé publique, mettre les choses en harmonie avec les principes du droit nouveau. D'ailleurs l'enseignement de l'École de pharmacie, malgré sa valeur incontestée, n'attirait pas beaucoup d'élèves ; et d'autre part, il s'était introduit dans la surveillance des officines un relâchement inévitable. Comment faire respecter ce débris de privilèges disparus ? Aussi les épiciers tenaient-ils couramment boutique de drogues et de médicaments sans être inquiétés ; aussi la vente des remèdes secrets s'était-elle partout propagée, au grand dommage de la santé publique.

Pour ce qui est du droit, on se trouvait en présence de maux non moins réels et non moins généraux. Depuis la Révolution, les études juridiques sont mortes. Il n'a été créé pour elles aucun établissement public ; on les a même dénoncées et proscrites comme inutiles et funestes. En l'absence d'écoles officielles, c'est à peine si çà et là, à Paris, à Nancy, à Toulouse, à Angers, à Poitiers et à Rennes, des Académies libres de législation et des professeurs particuliers forment encore quelques élèves [1].

Aussi incapables et ignorants ont-ils envahi les tribunaux. Le premier venu pouvait s'improviser avocat ou magistrat, sans preuves à fournir. Au dire d'un contemporain, il suffisait d' « aimer la chicane et le lucre [2] ».

A de tels désordres il fallait une fin. Pour cela, on rétablit les grades, et de ces grades on fit des garanties d'État. Le diplôme cessa d'être une simple preuve d'études. Il se transforma en brevet d'aptitude. L'État marquait de son estampille, comme bons et seuls d'usage, les produits de ses écoles. Ainsi l'on se trouvait conduit, par une nécessité d'ordre social, à méconnaître la vraie destination des hautes études, et à les régler à la stricte mesure des besoins professionnels.

En même temps, il fallait protéger les nouvelles écoles contre le retour offensif des abus et des scandales qui avaient avili et ruiné les universités. On se les rappelait, comme d'hier, tous ces abus, tous ces scandales, les inscriptions fictives, les cours déserts, la collation des grades parfois vénale, toujours indulgente à l'excès, et l'on voulait en détruire jusqu'aux germes. Pour cela, on fit moins de fond sur la vertu des hommes que sur celle des règlements.

1. Archives nationales, BB1, 148.
2. Duvidal, *Discours du 7 floréal, au Tribunat*.

Voulant protéger tout, on réglementa tout, l'administration et l'enseignement, le fond et la forme, et l'on poussa la réglementation jusqu'à des détails infimes, par exemple jusqu'à prescrire aux professeurs de droit, de partager leurs leçons en dictées et en explications orales, suivant une proportion invariable[1]. Si cette réglementation à outrance n'était pas de nature à paralyser d'avance toutes les initiatives et partant à compromettre la science, on ne se le demanda pas. De la science en elle-même et pour elle-même on n'avait cure. L'unique souci était d'établir autour des écoles une zone protectrice, impénétrable aux corruptions d'autrefois.

Voyons d'abord ce qui fut fait pour l'enseignement lui-même. — Dans l'ordre de la médecine, on s'en tint à ce qu'on avait depuis sept ans et l'on eut raison. La réorganisation de l'enseignement médical datait d'hier, et elle ne laissait rien à reprendre, rien à désirer. Elle s'était accomplie suivant des principes rationnels et vraiment scientifiques. Aux méthodes inertes de la tradition avaient succédé les méthodes vivantes de l'observation; la clinique avait remplacé le livre et le cahier. La théorie s'y tirait désormais de la pratique et ne la précédait pas. Le progrès était réel, incontestable; aucune innovation n'était demandée. Le mieux assurément était de s'en tenir là pour l'instant, et de prendre purement et simplement modèle sur Paris pour les nouvelles écoles prévues par la loi.

Pour la pharmacie, on avait les analogies que four-

---

1. Décret de 4ᵉ complémentaire an XII, art. 70.

nissait l'organisation de l'enseignement médical, et l'on eut la sagesse de les suivre[1]. Par bien des côtés, l'enseignement pharmaceutique confine à celui de la médecine; il en est un auxiliaire permanent, non seulement par la préparation exacte des médicaments, mais aussi par l'étude savante de leurs propriétés et de leurs effets sur les divers éléments de l'organisme. Peut-être eût-il été bon d'accoupler les deux enseignements dans les mêmes établissements; mais la loi, en posant le principe d'une spécialité rigoureuse des écoles, l'avait interdit; il fallait des écoles de médecine et des écoles de pharmacie distinctes les unes des autres. On fut du moins heureusement inspiré en les plaçant, côte à côte, dans les mêmes villes. Il devait y avoir six écoles de médecine. De même il y aurait, à côté d'elles, six écoles de pharmacie. L'enseignement y serait dirigé d'après les mêmes principes généraux, la pratique unie à la théorie, l'observation substituée à l'enseignement formel.

Pour le droit, tout était à créer. Dans cet ordre, la Révolution ne laissait que des idées; aucune institution, aucune ébauche d'organisation. On n'a pas oublié la misère et la torpeur des anciennes facultés juridiques. Dépourvues de tout excitant, étrangères à toute philosophie, elles sommeillaient, depuis des siècles, dans le commentaire scolastique des textes, ignorant jusqu'à l'existence des problèmes d'ordre moral et d'ordre politique qu'autour d'elles soulevait et agitait l'esprit des temps nouveaux.—Née

---

1. Loi du 21 germinal an XI.

de cet esprit, soucieuse de le soutenir et de le perpétuer, la Révolution, du moins sous l'Assemblée constituante et sous l'Assemblée législative, avait rêvé de faire de l'enseignement du droit une chose vivante, sociale, humaine. Ce n'était pas à proprement parler des écoles de droit, qu'avec Talleyrand et Condorcet, elle s'était proposé de mettre à la place des facultés de droit de l'ancien régime, mais bien plutôt de véritables écoles de sciences morales, politiques et administratives. Le droit positif y eût eu place, mais avec combien d'autres choses, le droit public, le droit des gens, l'économie politique, la science financière et le droit naturel. Il y eût été non plus comme un tout, mais comme un fragment, non plus comme un principe, mais comme un dérivé [1].

On se sent loin de ces conceptions et de cet esprit lorsqu'on lit la loi de l'an XII sur les écoles de droit et l'exposé des motifs qui la précède. Un texte de trois paragraphes, d'une ligne ou deux chacun, voilà tout le programme ; quelques phrases de Fourcroy, voilà tout le commentaire. De sciences morales, de sciences sociales, de sciences politiques, il n'est plus question. A quoi bon ? L'ordre social n'a-t-il pas désormais ses assises et l'ordre politique sa forme ? La Révolution n'est-elle pas close ? Avec elle doit l'être aussi toute dispute philosophique sur les principes de la société et de l'État. Le droit nouveau est formulé, rédigé, codifié. Il n'y a plus à le discuter, mais seulement à l'apprendre. Ce qu'il faut, ce ne sont pas des académies de droit, de philosophie et d'histoire, mais simplement des

1. V. t. I, liv. II, ch. I et II.

écoles de jurisprudence pratique, où se formeront, sous une discipline uniforme, des magistrats, des avocats, des hommes de loi. Sans doute ces écoles de droit différeront des anciennes facultés; de nouveaux maîtres y enseigneront un droit nouveau, sous des règlements nouveaux. Au fond, l'école de droit ne sera, comme la faculté qu'elle remplace, qu'une école professionnelle, sans visées scientifiques; les matières en seront strictement déterminées par les besoins des professions auxquelles leur destination est de préparer : « le droit civil français dans l'ordre établi par le code civil, le droit romain dans ses rapports avec le droit français, la législation criminelle et la procédure civile et criminelle[1]. » On y ajouta le « droit public français et le droit civil dans ses rapports avec l'administration publique[2] »; mais ce fut encore dans un dessein d'utilité pratique. « Autrefois, dit Fourcroy, les lois d'administration publique ne pouvaient être apprises nulle part ; elles étaient en quelque sorte ensevelies ou concentrées dans les bureaux et dans la correspondance des administrations. Ce n'était qu'en administrant immédiatement qu'on pouvait se former à leur connaissance et à leur application. Cette lacune disparaîtra dans les nouveaux établissements; les jeunes gens apprendront ainsi à lier les connaissances générales du droit avec la législation administrative, et ceux qui se destinent à cette dernière n'y entreront pas sans les lumières qui doivent y diriger sûrement leurs pas[3]. »

1. Loi du 22 ventôse an XII, art. 2.
2. *Ibid.*
3. *Exposé des motifs de la loi de l'an XII.* Ap. de Beauchamp, *op. cit.*, t. I, p. 137.

Des nouveautés philosophiques du dix-huitième siècle, deux seulement, avaient passé dans ce filtrage, le droit de la nature et le droit des gens. Il est vrai qu'on les réduisait à de simples éléments; mais des éléments, c'était mieux que rien, et, à un instant donné, ce pouvait être un ferment. On en eut sans doute le sentiment et la crainte, car le jour où l'on organisa définitivement l'enseignement des écoles de droit[1], sans respect pour la loi, vite on élimina ce résidu d'idéologie. A dater de ce jour, il ne fut plus question de droit naturel ni de droit des gens, et, pendant toute la durée de l'Empire, le seul droit enseigné dans les écoles françaises, sera le droit écrit des Français vivant sous le Code Napoléon et sous la Constitution de 1804, sans tenants, sans aboutissants philosophiques, historiques et politiques.

Après le fond, la forme[2]. C'est là surtout que se marque le vrai caractère de cette réglementation, son intention d'arrêter net tout retour des abus de l'ancien régime.

D'abord on pose des règles pour l'entrée aux écoles supérieures. Comme le baccalauréat n'est pas encore inventé à la sortie des lycées, ce n'est pas un parchemin qu'on exige. Il suffit d'un acte de naissance, d'un certificat de bonnes mœurs et d'un certificat d'études antérieures. Mais de telle façon sont arrangées les choses, qu'auparavant il

---

1. Décret du 4e complémentaire an XII.
2. Lois du 19 ventôse an XI, du 21 germinal an XI, du 22 ventôse an XII; arrêtés du 20 prairial an XI, du 25 thermidor an XI, du 13 vendémiaire an XII; décret du 4e complémentaire an XII. Ap. de Beauchamp, *op. cit.*, t. I.

faut avoir étudié dans un lycée et savoir le latin. Si l'on entre sans ce viatique, on sera promptement arrêté et refoulé. C'est en latin en effet que se passent certains examens : c'est en latin qu'on est interrogé, en latin qu'il faut répondre. A l'école de pharmacie, les avenues semblent moins bien gardées; un chacun peut s'y engager; mais sans de bonnes études, personne ne peut aller jusqu'au bout; seuls peuvent y parvenir les étudiants réguliers qui, avant de venir à l'école, ont suivi le lycée et exercé trois ans dans une pharmacie.

Les études durent quatre ans à l'école de médecine, trois à l'école de pharmacie, trois ou quatre à l'école de droit, selon qu'on s'en tient à la licence ou qu'on pousse jusqu'au doctorat. Pour que ce soient des études réelles, et non plus comme autrefois des études fictives, *in absentia*, l'étudiant devra venir lui-même, tous les trois mois prendre inscription, de sa propre main. Sans préparation sérieuse, pas de grades sérieux, et sans des études sincères et régulières, pas de préparation sérieuse.

Pour la plupart, ces grades ne sont que les vieux degrés universitaires, transformés en grades d'État, le doctorat en médecine, la licence et le doctorat en droit et le diplôme de pharmacien. Dans la médecine, au doctorat on ajoute l'officiat de santé, conféré dans chaque département par des jurys médicaux, titre inférieur qui ne permet pas la pratique des grandes opérations chirurgicales, et qui ne donne droit d'exercer que dans un seul département. En pharmacie on dédouble le diplôme, celui de première classe, conféré par les écoles, donnant droit d'exercice sur tout le territoire, celui de seconde classe, délivré par les jurys médicaux, analogue à l'officiat, et, comme lui, n'autorisant l'exercice que dans un seul département. De même dans le droit, aux grades classiques, on ajoute, pour ceux qui n'ont besoin que de la procédure, un certificat de capacité.

Rien de plus solennel et en même temps rien de plus strict, de plus minutieux que la réglementation des examens. L'État prend ses précautions et il croit n'en pouvoir trop prendre. C'est la loi elle-même qui fixe la matière des examens du doctorat en médecine; comme elle exige le grade pour la profession, elle formule elle-même les garanties offertes à la société par le grade. Nul ne sera docteur, et partant nul n'exercera la médecine ou la chirurgie, s'il n'a, après quatre ans d'études, subi cinq examens, sur l'anatomie et la physiologie, sur la pathologie et la nosologie, sur la matière médicale, la chimie et la pharmacie, sur l'hygiène et la médecine légale, sur la clinique interne et sur la clinique externe, épreuves publiques, couronnées par une épreuve d'apparat, la soutenance d'une thèse en latin ou en français, devant l'école en grand costume[1]. C'est encore la loi qui détermine la nature et le nombre des épreuves en pharmacie. Trois examens: deux de théorie et un de pratique; les deux premiers sur les principes de l'art, la botanique et l'histoire naturelle des drogues simples; le troisième comprenant « neuf opérations chimiques et pharmaceutiques désignées par le jury[2] ». Pour le droit, la loi se bornait à créer les grades, et à les assortir d'examens

1. Loi du 19 ventôse an XI.
2. Loi du 21 germinal an XI.

sans fixer les matières des épreuves, le baccalauréat après la première année, la licence après la troisième, le doctorat après la quatrième ; c'est un décret [1] qui réglait le contenu des épreuves : le code civil et le droit romain à la fin de la première année ; la suite du code civil et la procédure après la seconde ; la fin du code civil, la revision du droit romain et le droit administratif au bout de la troisième. Pour le doctorat, on ne traçait pas de programme spécial ; comme il ne différait pas de la licence en nature, mais seulement en degré, on n'en faisait pas, au-dessus du grade professionnel, un grade vraiment scientifique et l'on se bornait à exiger « des connaissances plus approfondies que dans les examens précédents ».

La forme de tous ces examens est réglée dans les moindres détails ; tout est prévu, arrêté, les dates, le nombre et la durée des séances, la composition et le roulement des jurys, tout jusqu'au caractère des questions à poser aux candidats. L'intention d'éliminer l'arbitraire ou le caprice, la fraude ou la complaisance, est évidente. On prescrit tout d'abord que les examens seront publics ; c'est une première garantie de loyauté ; par là deviennent désormais impossibles ces simulacres d'examens, où juge et candidat se rencontraient seul à seul, à huis clos. Le nombre des juges sera impair, trois ou cinq selon l'importance de l'acte ; c'est un moyen d'assurer une majorité pour la décision. Les jurys ne seront pas composés arbitrairement : « l'école se divisera en séries, lesquelles seront

1. Décret du 4ᵉ complémentaire an XII.

renouvelées tous les ans, » et chaque juge siégera d'après l'ordre de sa série et non suivant ses convenances ou ses préférences ; de la sorte chacun aura les juges que lui donnera un roulement mathématique. Dans certains cas, le choix même des questions n'appartiendra pas aux juges, mais sera remis au sort. Par exemple, dans les écoles de médecine, à l'examen de clinique on proposera d'avance une série de questions « parmi lesquelles les candidats tireront celles qu'ils devront traiter[1] ». Ainsi se multiplient, et se serrent les mailles du réseau protecteur.

Ce à quoi tend ce luxe de précautions, ce n'est pas, faut-il le répéter, le bien des études, mais la sincérité des examens et le bon aloi des grades, et c'est là ce qui l'excuse. Comme on a fait des grades la condition absolue des professions, on veut qu'ils soient au-dessus du soupçon. Cette police défiante des examens correspond et répond à la police rigoureuse des professions. A cette date, les grades deviennent un privilège et un monopole ; désormais nul ne pourra faire œuvre de médecin ou de chirurgien, s'il n'est docteur ou officier de santé ; tenir officine de médicaments, s'il n'est gradué en pharmacie ; s'inscrire au barreau, être juge, procureur et même avoué, s'il n'est licencié en droit. A ces obligations, on attache des sanctions légales, des peines de droit commun. Dès lors un examen entaché de fraude ou seulement de complaisance, un examen suspect, devient une injustice sociale, et contre cette injustice il faut se prémunir.

1. Arrêté du 20 prairial an XII, art. 9.

Du régime financier auquel on soumit les nouveaux établissements, il serait inutile de donner ici les détails. Disons seulement qu'en principe toutes les dépenses, celles du matériel et celles du personnel, étaient reconnues comme dépenses publiques, et que pour diminuer, sinon pour couvrir la charge du Trésor, on frappa de certains droits les études et les examens [1]. Rien de plus légitime. Ce n'était pas un simple expédient de circonstance, en un moment où le Trésor supportait de si lourdes charges de paix et de guerre; c'était une question de principe. Fait pour l'élite intellectuelle de la nation, conférant d'ailleurs un droit exclusif à l'exercice de certaines professions lucratives et privilégiées, il est équitable que l'enseignement supérieur ne soit pas gratuit pour tous. L'Assemblée constituante avait posé un sage principe en déclarant que l'enseignement national ne devait être gratuit qu'en celles de ses parties qui sont nécessaires à tous. Nul doute qu'en élargissant outre mesure la gratuité de l'enseignement, en l'étendant du degré primaire au degré supérieur, on n'eût compromis l'établissement de ce dernier. N'avait-on pas, au début de la Convention, invoqué contre lui cette maxime que la bourse commune ne doit payer que ce qui profite à tous? Et plus tard, n'avait-on pas fait valoir, contre la réalisation du plan de Condorcet, l'énormité d'une dépense qu'aucune recette ne venait atténuer? Et si l'on s'était laissé aller si facilement à la création d'écoles spéciales, une des raisons n'avait-elle pas été qu'elles coûteraient moins cher que des écoles

1. Arrêtés du 20 prairial an XII, du 25 thermidor an XI; décret du 4ᵉ complémentaire an XII.

encyclopédiques ? Convenablement organisé et convenablement doté, l'enseignement supérieur entraîne de grosses dépenses. Il n'est que juste de le faire payer à ceux qui le reçoivent, sinon ce qu'il vaut, ce serait trop peut-être, du moins en partie ce qu'il coûte. Le seul tempérament à garder dans un pays d'égalité, consiste à ne pas le fermer au jeune homme pauvre qui peut y réussir. A cela, les lois du Consulat, pourvoyaient, en décidant qu'une partie des boursiers des lycées continueraient à jouir de leurs bourses dans les écoles spéciales et seraient dispensés de toute rétribution et pour les études et pour les examens [1].

En principe, on eut donc raison de rétablir au profit du Trésor ces sortes de rétributions que prélevaient autrefois à leur profit les universités et les facultés. En fait, la façon dont on arrangea les choses fut sur plus d'un point défectueuse. Il semble tout d'abord que les études eussent dû se payer plus cher que les examens et les grades. C'est le contraire qui se fit. Le tarif des études fut d'une modération dérisoire, 60 à 100 francs par an; celui des examens fut élevé à l'excès, 500 francs pour le doctorat en médecine, 230 pour la licence en droit. C'était trop peu pour les études, assorties souvent de pratiques coûteuses; c'était beaucoup trop pour un parchemin. Par là on avait le grand tort de donner une apparence de fiscalité à la rétri-

1. Loi du 11 floréal an X, art. 35. « Les élèves entretenus dans les lycées ne pourront y rester plus de six ans aux frais de la nation. A la fin de leurs études, ils subiront un examen d'après lequel un cinquième d'entre eux sera placé dans les diverses écoles spéciales, suivant les dispositions de ces élèves, pour y être entretenus, de deux à quatre années, aux frais de la République. »

bution, et d'en faire, du moins pour les grades, un véritable impôt, retour fâcheux aux usages du vieux temps, où trop souvent les facultés avaient battu monnaie avec les degrés. La seule différence d'avec le passé, c'était, dans toute la France, l'uniformité des tarifs.

On ne fut pas mieux inspiré dans l'emploi qu'on assigna à ces redevances. Puisqu'en principe l'État prenait à sa charge toutes les dépenses des écoles, on eût compris que leurs recettes fussent entrées sans distinction dans le Trésor, et qu'elles s'y fussent fondues avec les autres impôts destinés à faire face aux dépenses publiques. A l'inverse, on eût également compris qu'elles fussent restées la propriété des écoles, et qu'elles eussent servi à couvrir en partie leurs dépenses. Le premier de ces systèmes eût été conforme à cette idée qui a prévalu dans notre législation financière, qu'aucune recette de l'État ne doit avoir d'affectation spéciale ; le second avec cette autre, que les établissements d'enseignement supérieur, chargés d'un service essentiellement moral et non d'un service matériel, sont vraiment des personnes, et qu'à ce titre ils peuvent et doivent posséder. Au lieu de cela, on adopta un système bâtard et dangereux. Du produit des rétributions on fit deux parts inégales, dont la plus grosse fut affectée au traitement des professeurs. Jusque-là, dans les écoles de santé, ce traitement était resté, suivant la règle prescrite par la Convention, uniforme et invariable. On le coupa en deux; une partie demeura fixe; l'autre devint éventuelle; le fixe devait être payé par le Trésor; l'éventuel prélevé sur le produit des droits d'inscriptions et d'examens, et nécessairement il devait varier avec ce produit. Ce n'était ni prudent, ni logique. Du coup, en effet, on enlevait aux professeurs la certitude d'un état modeste mais stable, que la Convention, mieux inspirée, leur avait donnée; on les exposait à voir dans les examens une source de bénéfices, et, au moment même où l'on prenait contre leurs complaisances des précautions presque offensantes, on paraissait tenter leur vertu en attachant une prime au nombre des examens.

Il nous reste à dire ce que fut l'organisation administrative des écoles spéciales. Il s'y rencontre des caractères communs et des traits particuliers. La loi de l'an X faisait de ces écoles comme des appendices des lycées; elles devaient être placées *près* d'eux, dans les mêmes locaux, et *régies* par le même Conseil d'administration. Par cet accouplement, l'enseignement supérieur se fut trouvé placé dans la dépendance de ce qui est son inférieur, s'il est vrai qu'il soit un organe de création, et non pas simplement un instrument de transmission. Il semble qu'on s'en soit aperçu à l'exécution. En effet, si les écoles spéciales furent placées *près* des lycées, en ce sens qu'on les créa dans des villes où il y avait des lycées, elles ne furent pas incorporées ou soudées à ces établissements. A Paris, l'École de médecine resta dans l'ancien Collège de chirurgie et aux Cordeliers transformés en laboratoires d'anatomie et en cliniques; le Muséum demeura dans les bâtiments du Jardin des Plantes; l'École de pharmacie fut installée dans l'ancien Collège de pharmacie; la nouvelle École de droit prit possession de l'édifice élevé par Soufflot pour l'ancienne Faculté. Dans les départements, on ne se crut pas lié davantage par la lettre de la loi ; sauf peut-être une ou deux exceptions, on attribua des bâtiments distincts aux écoles spéciales et aux lycées. Pour les écoles de droit, on décida que « les préfets réunis aux maires indiqueraient pour placer ces écoles le bâtiment qu'ils jugeraient le plus propre, » et qu'il serait statué par un décret impérial.

On ne s'en tint pas davantage à la lettre de la loi pour la façon dont seraient *régies* les écoles spéciales. La loi voulait qu'elles le fussent par le Conseil d'administration du lycée. Or, ce conseil se composait du proviseur, du censeur et de l'économe. Pouvait-il vraiment avoir autorité sur des écoles d'enseignement supérieur? Le bureau d'administration du lycée le pouvait-il davantage? Les principales autorités de la ville y avaient place : dès lors on pouvait l'investir d'un contrôle supérieur, et sur le lycée et sur les écoles, en faire une sorte de conseil public de tous les établissements d'instruction, veillant sur tous également et mettant entre eux quelque unité. Mais on avait oublié d'y introduire les directeurs des écoles spéciales. Pour sortir d'embarras, à chaque catégorie d'écoles on donna son bureau particulier. En somme, on restait ainsi fidèle à la pensée de la loi qui était de mettre tous les établissements d'instruction en contact avec les autorités publiques, et, en leur donnant l'excitant d'un contrôle étranger, de les empêcher de s'enclore en eux-mêmes.

Dans les écoles de médecine, ce bureau de contrôle fut composé du préfet, du président du tribunal et du commissaire du gouvernement près de ce tribunal; il avait pour attribution unique — nous verrons bientôt pourquoi — d'assister une fois l'an à l'assemblée des professeurs et d'entendre le compte financier de l'école. — Dans les écoles de droit, il était formé du préfet, du maire, du doyen d'honneur, d'un membre du conseil de discipline et d'enseignement dont il sera question plus loin, du directeur et d'un professeur de l'école. Il se réunissait au moins une fois chaque mois; il délibérait sur toutes les dépenses de l'école et les fixait, recevait et vérifiait les comptes, et adressait l'état des recettes au Grand Juge, Ministre de la Justice, et au Ministre de l'Intérieur. — A cette tutelle financière s'ajoutait une tutelle scolaire; au bureau d'administration, était joint un conseil d'enseignement et de discipline. Ce conseil avait pour fonctions « de surveiller l'enseignement, de régler la discipline, de suppléer l'inspecteur général, de donner son avis au directeur de l'école et au directeur de l'instruction publique sur tout ce qui sera relatif à l'objet de son institution[1] ». Avec ces attributions, il semble que tous les professeurs eussent dû en faire partie; ils en étaient exclus; un seul y siégeait avec le directeur, au milieu d'une douzaine de magistrats et de jurisconsultes nommés par l'Empereur. Le professeur est un employé qui reçoit sa tâche, qui l'exécute à des heures prescrites et d'après un programme commandé.

On n'emmaillota pas aussi étroitement les écoles de médecine, sans doute parce qu'elles n'étaient plus à l'état naissant, et qu'il fallait compter avec

---

1. Décret du 4ᵉ complémentaire an XII.

leurs sept ans d'indépendance, et l'autorité dont elles jouissaient dans l'opinion. On respecta la constitution libérale qu'elles tenaient de la Convention; elles gardèrent leurs règlements et leurs assemblées; elles demeurèrent maîtresses de leur enseignement et de leur discipline; l'obligation de soumettre une fois l'an, en séance générale, le compte rendu de leurs recettes et de leurs dépenses, à leur bureau d'administration ne constituait vraiment pas une servitude. — Les écoles de pharmacie bénéficiant là encore du voisinage et des analogies furent aussi traitées avec libéralisme. Elles eurent des assemblées de professeurs et le droit de délibérer elles-mêmes sur leurs intérêts[1]. Avec les écoles de droit, on n'était pas tenu aux mêmes ménagements. Naissant à peine, elles n'avaient encore ni droits acquis, ni autorité conquise; elles étaient choses neuves, envers lesquelles l'esprit du jour pouvait se donner librement carrière sans s'inquiéter de l'esprit de la veille.

Pour les nominations des professeurs, la loi organique avait libéralement décidé qu'elles seraient faites par le Premier Consul, sur trois présentations, l'une de l'Institut, la seconde des inspecteurs généraux, la troisième de l'école où la place serait vacante[2]. Ainsi fut fait dans les écoles de médecine et de pharmacie; mais dans les écoles de droit, on supprima la garantie de la présentation de l'Institut. Il est vrai qu'on y institua des concours publics, mais concours singuliers qui ne donnaient pas droit aux places vacantes et permettaient seulement d'être proposé au choix du gouvernement. Était-ce une

1. Arrêté du 25 thermidor an XI.
2. Loi du 11 floréal an X, art. 24.

garantie pour l'enseignement ou une précaution de plus contre ces écoles ? Vraiment le doute est possible, lorsqu'on les voit, ces pauvres écoles de droit, traitées, dans toute cette réglementation, en mineures et même en incapables. Non seulement on leur refuse la connaissance de leurs intérêts, la direction de leur enseignement, pour l'attribuer à des conseils où elles sont à peine représentées, mais on pousse le manque de confiance en elles jusqu'à régler la distribution de chacune de leurs leçons. La loi allait même encore plus loin et voulait que la liste des livres dont elles feraient usage fût arrêtée par règlement d'administration publique [1]. Ce règlement ne fut pas fait, mais il en fut fait un sur la tenue des leçons : elles devaient être publiques, ouvertes à tout venant qui pourrait y entrer par désœuvrement ou distraction, et serait libre d'en sortir par lassitude ou par ennui, sans respect pour la dignité du professeur et pour celle de l'enseignement. Le temps était mesuré, comme nous l'avons déjà dit, aux professeurs pour la dictée et pour l'exposition orale, et, précaution illusoire contre les copistes gagés d'autrefois, injonction était faite aux élèves d'écrire eux-mêmes leurs cahiers sous la dictée du professeur [2].

Telle est cette réglementation du Consulat. On ne saurait en méconnaître la valeur administrative ; mais on doit en même temps y relever l'abus de l'esprit de fiscalité, de défiance et de police et l'absence de toute vue un peu haute ou profonde sur la nature et le rôle des études supérieures. Il faudrait la

1. Loi du 22 ventôse an XII, art. 38.
2. Décret du 4e complémentaire an XII, art. 70.

juger avec sévérité, si les préoccupations d'où elle sortait n'étaient pas sorties elles-mêmes de désordres réels et d'abus encore criants.

Voyons maintenant ce qu'il advint des écoles spéciales jusqu'à l'institution de l'Université. Il y avait, depuis la Convention, trois écoles de médecine. La loi permettait d'en créer trois autres. On décida qu'il en serait fait une à Mayence; mais on ne l'organisa pas. On en fit deux, tout près l'une de l'autre, en terre conquise, à Turin et à Gênes, avec les facultés qu'on trouvait dans ces villes. Sous l'action de la législation nouvelle touchant l'exercice de la médecine, le nombre des grades conférés par les Écoles s'accrut rapidement. En 1801, les trois Écoles de Paris, de Montpellier et de Strasbourg avaient délivré cent quatre-vingts diplômes; elles en délivrèrent quatre cent soixante-quatre en 1802, quatre cent seize en 1803, trois cent soixante-un en 1804, cent vingt-huit en 1805, deux cent cinquante-sept en 1806, sans compter quelques diplômes en chirurgie. En outre des écoles spéciales, il fut organisé des écoles de médecine pratique pour les officiers de santé, à Amiens, à Besançon, à Bruges, à Bruxelles, à Gand, Clermont, Angers, Grenoble et Poitiers. Pour la pharmacie, il fut créé tout d'abord trois écoles, à Paris, à Montpellier et à Strasbourg, puis un peu plus tard deux autres à Turin et à Gênes. Les trois premières conférèrent cent trois grades en 1804, quarante-un en 1805 et quarante-trois en 1806[1].

La loi de l'an X déclarait expressément que « les

1. *Enquêtes et documents relatifs à l'Enseignement supérieur; Relevé numérique des grades.*

écoles spéciales existantes seraient maintenues » et qu'il « pourrait être créé une école de mathématiques transcendantes, quatre écoles d'histoire naturelle, de physique et de chimie, une école spéciale de géographie, d'histoire et d'économie politique ». Il ne fut plus question de cette dernière. Pour les hautes mathématiques on se contenta de l'École polytechnique, et l'on se borna à donner le nom d'écoles spéciales d'histoire naturelle, de chimie et de physique aux facultés scientifiques des Universités de Gênes et de Turin [1]. Dans ces deux villes, on n'appliqua pas en toute rigueur la lettre de la loi. Des universités y existaient; il eût été impolitique de les détruire; on les maintint, en les adaptant, autant que possible, aux prescriptions légales. Aucune des Écoles supérieures de Gênes et de Turin ne fut sacrifiée. Il y en avait six à Gênes, dix à Turin; à Gênes, le droit, la médecine, les sciences physiques et naturelles, les langues, l'histoire, la philosophie morale et la logique, la nautique et l'hydrographie, la pharmacie; à Turin, la médecine, la pharmacie, les sciences naturelles, les mathématiques, le droit, les langues et antiquités, y compris les langues orientales, le dessin, la musique et l'art vétérinaire. Chacune d'elles reçut la dénomination légale d'école spéciale; mais toutes demeurèrent unies et groupées en Université. Chacune d'elles eut son conseil propre; mais l'Université eut aussi le sien, composé des principales autorités locales et de délégués des diverses écoles [2].

---

1. *Exposé de la situation de l'Empire*, 1806. Annexe n° 2.
2. *Rapport du Ministre de l'Intérieur*, 1806. Archives nationales AD. VIII, 23.

Mais c'était à regret qu'on subissait cette exception, et l'on se promettait bien, ce semble, d'y mettre bon ordre aussitôt que le permettraient les nécessités de la politique.

Aux termes de la loi de l'an X, il pouvait y avoir dix écoles de droit ; le décret de l'an XII avait porté ce nombre à douze et fixé le siège des écoles à Paris, Dijon, Turin, Grenoble, Aix, Toulouse, Poitiers, Rennes, Caen, Bruxelles, Coblentz et Strasbourg. La difficulté de trouver des bâtiments ne permit pas de les organiser toutes immédiatement. Cependant, au commencement de l'année 1806, les nominations des professeurs étaient faites pour Paris, Toulouse, Turin, Aix, Grenoble, Caen, Rennes, Dijon et Bruxelles, et prêtes pour Coblentz et Strasbourg. Il y avait dans chaque école cinq professeurs et deux suppléants, sauf à Paris qui eut quatre suppléants, et à Bruxelles où l'on mit six professeurs [1].

L'École de Paris s'ouvrit le 6 frimaire, en grande solennité. Fourcroy présidait, ayant à ses côtés les inspecteurs généraux des écoles de droit, les membres du conseil de discipline et ceux du bureau d'administration, le directeur, les professeurs et les suppléants. L'inspecteur général Vieillart, président de la Cour de cassation, prononça, en latin, l'éloge de l'Empire et de l'Empereur. Après lui, le directeur, Portiez (de l'Oise), un ancien conventionnel, célébra, en français, la restauration des écoles juridiques et leur restaurateur. Grâce au « nouveau Justinien, » au « nouveau Charlemagne, » la France,

---

1. *Exposé de la situation de l'Empire*, 1806. Annexe n° 2.

remise au droit romain, rentrait « en communauté avec la grande famille européenne, avec le monde civilisé ». Enfin on lut un arrêté approuvant « une délibération du bureau d'administration de l'École pour qu'une statue en marbre, représentant Sa Majesté Impériale et Royale, fût érigée, aux frais des professeurs, dans la salle principale de l'École[1] ».

Les élèves affluèrent promptement aux écoles de droit; en 1807, il y en avait deux mille. Un instant, pour quelques-uns d'entre eux, Napoléon songea très sérieusement à créer un pensionnat dans l'ancien Collège d'Harcourt; sa pensée était d'en faire une sorte de séminaire pour le recrutement de la magistrature, comme il y en avait pour le recrutement des cadres de l'armée. Les pensionnaires eussent été des boursiers choisis moitié parmi les élèves des lycées, moitié parmi les fils des magistrats des cours d'appel et des tribunaux de première instance[2].

Il ne semble pas que, dans les premiers temps, la collation des grades, qui fut très abondante, plus de mille licences en 1806, ait été très rigoureuse. L'Empereur s'en émut, et il chargea le Ministre de l'Intérieur d'écrire au directeur de l'École de droit de Paris « qu'il est revenu à l'Empereur que l'École accorde trop facilement des diplômes pour les différents grades, et qu'ainsi le bien qu'on se promettait de ces établissements se trouve considérablement atténué; que Sa Majesté espère que le directeur prendra des mesures pour qu'il ne parvienne désormais que des rapports favorables sur l'École de droit

---

1. Procès-verbal de la séance d'ouverture de l'École de droit de Paris.
2. *Correspondance de Napoléon I*, t. XII, 9858, 9906.

de Paris, qui ne peut obtenir de véritables succès que par une réputation sans tache¹ ».

Au Muséum, rien à signaler pendant cette période. Les importants travaux qui allaient en porter si haut le renom commençaient à s'élaborer.

Rien non plus à signaler aux Cours des langues orientales vivantes.

A l'École polytechnique, le seul établissement où, en outre de quelques chaires du Collège de France, fussent enseignées les hautes mathématiques, le régime intérieur fut modifié. C'était déjà une école fermée, puisqu'on n'y entrait qu'après concours ; mais une fois achevés les cours et les exercices, les élèves devenaient libres de leurs mouvements et vivaient au dehors. On en fit, comme des lycées, un internat, une vraie caserne, au régime militaire. Dans son rapport de 1806, Fourcroy se loue fort de cette transformation et vante les effets du casernement et de la vie commune. Un autre contre-coup de ce qui s'était fait dans les lycées fut l'addition du latin aux examens d'entrée. Partout on exigeait le latin, à l'École de médecine aussi bien qu'à l'École de droit. On jugea bon de l'exiger aussi pour l'admission à l'École polytechnique ; dorénavant les candidats durent être en état d'expliquer les *Offices* de Cicéron, ce qui était peut-être beaucoup pour de futurs officiers et de futurs ingénieurs. L'école avait alors trois cent dix-neuf élèves ; en 1805, il en était sorti quatre-vingt-cinq dans les différents

---

1. *Correspondance de Napoléon I*ᵉʳ, t. XII, 9888.

corps d'ingénieurs, et il en était entré cent vingt-cinq[1].

A cette même époque, le Collège de France était prospère, et on le comprend aisément. C'était alors le seul établissement où l'on trouvât grands ouverts l'enseignement des sciences et celui des lettres ; le seul en France où l'on enseignât le droit de la nature et des gens, l'histoire et la philosophie morale. A cette cause de faveur s'ajoutait aussi le talent déjà renommé de certains professeurs, Lalande, Biot, Thénard et Cuvier. Le nombre des chaires était resté le même, dix-neuf ; mais la chaire de droit canon avait été supprimée dès la seconde année de la Révolution, et l'on venait de dédoubler celle de turc et de persan. Par la force des choses, le Collège de France était devenu le rendez-vous des aspirants à l'enseignement. L'auteur d'un mémoire écrit en 1802 pour demander la création de deux nouvelles chaires, l'une d'analyse de l'esprit humain, l'autre de langue française, le qualifiait d'*École normale perpétuelle*. En 1806, Fourcroy, au nom près, le définit de même : « Le Collège de France, dit-il, était destiné particulièrement à former des professeurs pour l'enseignement de la jeunesse. Il était fréquenté par ceux qui se destinent à professer dans l'Université. Il présente toujours le même avantage. » En 1805, le collège n'avait pas eu moins de quinze cents auditeurs de tout âge, dont beaucoup d'étrangers. Les cours les plus fréquentés étaient ceux de Cuvier et de Thénard, histoire naturelle et chimie, qui réunissaient chacun

---

1. *Exposé de la situation de l'Empire*, 1806. Annexe 2.

jusqu'à deux cents auditeurs; puis ceux de physique générale, de médecine, d'anatomie, de poésie latine, de littérature française qui en avaient environ cent cinquante; les hautes mathématiques n'étaient suivies que par une vingtaine de personnes; les cours de langues orientales étaient presque déserts[1].

En préparant la loi de l'an X, on n'avait rien prévu pour les hautes études ecclésiastiques. Quand eut lieu la restauration des cultes, on n'établit pas d'écoles spéciales de théologie protestante ou catholique, mais on assura aux cultes des maisons pour la préparation de leurs ministres[2]. On décidait qu'il y aurait deux académies ou séminaires, l'un dans l'est de la France pour l'instruction des ministres de la confession d'Augsbourg, l'autre à Genève pour les églises réformées. Les professeurs des académies ou séminaires devaient être nommés par le Premier Consul. L'Académie de Strasbourg fut organisée en 1806, avec douze professeurs pour la théologie, la philosophie, les belles-lettres, les langues anciennes, les langues modernes et les langues orientales. Un peu plus tard, on donna de même au culte catholique des écoles de hautes études ecclésiastiques[3]. Outre les séminaires diocésains « il y aura, par chaque arrondissement métropolitain et sous le nom de séminaire, une maison d'instruction pour ceux qui se destinent à l'état ecclésiastique. On y enseignera la morale, le dogme, l'histoire ecclésiastique et les maximes de l'église gallicane; on y donnera les

1. Rapports, états et tableaux relatifs à l'instruction publique, 1806. — Archives nationales, AD. VIII, 23. — *Exposé de la situation de l'Empire*, 1806, annexe 2.
2. Loi du 18 germinal an X.
3. Loi du 23 ventôse an XIII.

règles de l'éloquence sacrée. Il y aura des examens ou exercices publics sur les différentes parties de l'enseignement ». Comme les académies protestantes, ce devaient être des établissements publics; ils recevraient de l'État « une maison nationale, une bibliothèque et une somme convenable ». La nomination des directeurs et des professeurs appartiendrait au Premier Consul, sur les indications de l'archevêque et des évêques suffragants. Au nom près, c'étaient de véritables facultés de théologie.

CHAPITRE III

L'Université impériale.

L'Université, corporation enseignante. — Ses caractères, sa hiérarchie. — Projets de Fourcroy. — L'Enseignement supérieur dans l'Université. — Le baccalauréat. — Rôle et fonction des Facultés.

Dans une note datée de 1804, Fourcroy, alors conseiller d'État et directeur général de l'instruction publique, proposait à l'Empereur la création d'un ministère de l'instruction publique. « Autrement, disait-il, l'Empereur ne verra qu'à travers quatre ou cinq prismes [1]. » Ce mode de vision n'était ni dans les goûts ni dans les habitudes de Napoléon. Pourtant il ne semble pas s'être arrêté un seul instant à l'idée de Fourcroy. Il avait ses desseins, et un ministère de l'instruction publique n'y eût répondu qu'à demi. Pour ce qu'il attendait de l'instruction publique, il ne suffisait pas qu'elle fût constituée en administration, comme les finances ou les travaux publics; il fallait qu'elle fût une véritable corporation, d'un genre nouveau, civile et séculière, à laquelle il se réservait de donner ses statuts, sa doctrine et son chef.

L'idée n'était pas nouvelle de rassembler en un

---

1. Archives nationales, AF. IV, 1050.

seul corps tous les membres de l'enseignement. On l'avait eue avant la Révolution; on l'avait eue depuis. C'était déjà celle de Richelieu; c'était aussi celle du président Rolland et des parlementaires, lorsqu'ils proposaient d'affilier à l'Université de Paris tout l'enseignement du royaume, avec un bureau de correspondance au centre, un conseil de gouvernement au sommet, et des visiteurs partout. Plus récemment, lors de la discussion de la loi de l'an X, Jard Panvilliers l'avait reprise, en demandant que, dans la République entière, l'enseignement fût confié à un corps unique, analogue en un sens aux corporations disparues, mais en différant profondément, puisqu'il eût reçu ses règles de la puissance publique, et que ses membres ne se fussent liés par aucun vœu. Il voyait là le meilleur, sinon l'unique moyen « d'entretenir une fidèle tradition et une méthode constante dans l'enseignement [1] ». Cette proposition n'avait pas rencontré d'écho; Fourcroy l'avait repoussée incidemment comme un retour « aux vices anciens que les lumières ont proscrits en les faisant reconnaître [2] ».

Il est probable qu'aucun scrupule de ce genre ne fit hésiter Napoléon, lorsqu'il se mit en tête de créer l'Université. D'ailleurs, il entendait bien que sa corporation enseignante n'aurait pas les vices des corporations de l'ancien temps et de l'ancien régime, et qu'elle en rappellerait seulement les vertus.

L'Université impériale, organisée en 1808, a été créée en 1806. Elle n'a donc pas été, en France, la première forme de l'enseignement public. Presque

---

1. *Corps législatif*, 6 floréal an X.
2. *Corps législatif*, 10 floréal an X.

tous les établissements qu'elle comprit existaient avant elle : les écoles de droit depuis l'an XII, les lycées depuis l'an X, les écoles de médecine depuis la Convention. Elle s'y est simplement surajoutée comme une forme nouvelle sur une matière préexistante.

Elle n'a pas été non plus la première forme de l'enseignement séculier. Sur ce point encore, elle a conservé et consacré, mais elle n'a pas créé. Enseignement public et enseignement séculier datent de la Révolution et en sortent. La chose, contenue à l'état vague et naissant dans les cahiers de 1789, s'était peu à peu dégagée et précisée pendant toute la durée de la Révolution, et personne ne la contestait plus. En 1789, le pays tout entier, clergé, noblesse et tiers état, avait réclamé l'établissement d'un enseignement national. De cette formule encore enveloppée, la Constituante avait fait un principe de droit public ; de ce principe, la Législative, puis la Convention avaient, malgré la confusion des idées et des événements, tiré les conséquences et fait quelques applications, et quand vint le Consulat, il était passé en axiome, dans la majeure partie de cette société issue de la Révolution, que l'enseignement est une des fonctions essentielles de l'État, et que partant il doit être donné par lui et non par des corps autonomes, interposés entre la jeunesse et lui.

C'était chose tellement acquise, tellement entrée dans l'opinion qu'en l'an X, alors pourtant qu'on remettait sur le chantier l'œuvre scolaire de la Convention, personne n'en contesta les principes généraux. Sans doute les idées courantes sur le caractère de l'enseignement public s'étaient sensiblement modifiées. On penchait beaucoup moins qu'auparavant à y voir un devoir public; mais on ne l'en tenait que davantage pour un intérêt public. Aussi, loin de couper les liens qui déjà l'unissaient à l'État, ne songeait-on qu'à les tendre davantage.

En créant l'Université, l'intention ouvertement déclarée de l'Empereur était de transformer en une corporation publique ce qui n'était encore qu'une administration publique.

Une administration, c'est une hiérarchie de fonctionnaires, mais ce n'est pas un corps au sens organique du mot. C'est un ensemble ordonné, où chacun a sa place, comme dans un mécanisme les pièces qui le constituent, mais où aussi, comme dans une machine, l'unité peut n'être qu'extérieure. Un organisme, au contraire, c'est un système d'organes animés d'une vie commune, et concourant tous à la réalisation d'une même fin. L'ensemble de fonctionnaires enseignants créé par les lois de l'an X, de l'an XI et de l'an XII formait une administration; mais recélait-il l'unité organique, l'unité morale, l'unité de doctrine et d'inspiration? C'est là précisément ce que Napoléon voulut créer ou assurer en lui, et c'est pour cela qu'il essaya d'en faire une corporation véritable.

Voilà ce qu'il y a de vraiment original dans la conception de l'Université. Voilà ce qui, en elle, ne dérive pas des principes de la Révolution.

La Révolution n'avait vu que l'État enseignant, l'État maître d'école. Napoléon conçoit l'État doctrinaire, l'État chef d'école. Généreusement et naïvement confiante dans la vertu des idées, la Révolution n'avait songé qu'à faire obligation à l'État de les mettre à la portée de tous, sans distinguer entre celles dont la pure vérité s'impose, et qui sont des principes immuables de science, et celles qui, mêlées de sentiments et de passions, issues de la volonté plus que de la raison, sont, dans la société, des principes variables d'action ; ou bien, persuadée que tout dans la conscience humaine a droit également au respect, même les aberrations, elle avait voulu, avec Condorcet, placer toutes les manifestations de l'esprit au-dessus des prises et des intérêts changeants du pouvoir.

Les faits n'avaient pas tardé à montrer le péril de ces illusions. On avait eu la Terreur, puis, après la Terreur, l'anarchie. La plaie était à peine fermée ; à tout prix il fallait l'empêcher de se rouvrir jamais. C'est à cela que vise l'organisation tout entière de la France impériale. Celle de l'instruction publique ne fait pas exception.

Les hommes de la Révolution avaient surtout envisagé l'enseignement national comme un devoir de l'État envers les citoyens. Napoléon y voit avant tout l'intérêt de l'État et celui du souverain. A ses yeux, l'enseignement public, abandonné à lui-même et libre en ses doctrines, pourrait vite devenir un danger public ; sa vraie fonction et sa vraie raison d'être, c'est de servir de support moral au pouvoir dans lequel l'État s'incorpore et se personnifie. Ce qu'il en pense est bref et net, et peut s'énoncer ainsi : une nation est un tout ; ce tout a un lien ; ce lien est un ensemble de principes ; ces principes sont les maximes desquelles l'État dérive et sur lesquelles il repose. D'où la nécessité pour l'État d'avoir une doctrine, et non seulement de l'avoir, mais de la formuler, et de l'enseigner comme garantie de sa propre stabilité. Instruire est secondaire ; le principal est de former, et de former d'après le modèle qui convient à l'État et que, par suite, il a le droit et le devoir d'arrêter et d'imposer. Sans doute l'État n'est pas sans retirer profit de l'instruction des citoyens ; mais ce n'est qu'une utilité dérivée. L'utilité première, c'est que les citoyens soient façonnés par l'éducation publique comme le souverain dépositaire et gardien de la puissance publique estime qu'ils doivent être ; qu'ils pensent ce que l'État croit bon qu'ils pensent ; qu'ils veuillent ce que l'État a besoin qu'ils veuillent. Pour cela, il faut un organisme spécial de l'éducation publique, permanent, homogène, enveloppant comme un placenta les jeunes générations et leur transfusant par mille canaux la substance morale que lui-même il reçoit de l'État.

Telle fut la pensée mère de l'Université. « Il n'y aura pas d'état politique fixe, avait dit Napoléon à Fourcroy, s'il n'y a pas un corps enseignant avec des principes fixes. Tant qu'on n'apprendra pas dans l'enfance s'il faut être républicain ou monarchique, catholique ou irréligieux, etc., l'État ne formera pas une nation ; il reposera sur des bases incertaines ou vagues ; il sera constamment exposé aux désordres et aux changements[1]. » — « Dans un sens ou dans

---

1. *Rapport et projet sur les corps enseignants*, in *Recueil des projets de lois et arrêtés du Conseil d'État*, t. III, 1202 ; Bib. de la Chambre des députés.

un autre, devait-il dire de même, il y a toujours, dans les États bien organisés, un corps destiné à régler les principes de la morale et de la politique. » — S'il se fût agi simplement d'enseigner aux jeunes Français le grec et le latin, les mathématiques et la physique, il eût suffi des fonctionnaires qu'on avait déjà ; mais du moment qu'il s'agissait de leur infuser « les saines maximes de la morale et de la politique », d'endiguer « les théories pernicieuses et subversives de l'ordre public », de plier les volontés vers un certain idéal social et politique, il fallait autre chose ; il fallait qu'avant tout les éducateurs publics fussent imprégnés de cet idéal, et, pour cela, qu'à l'image des anciennes corporations, ils eussent, mais les tenant de l'État même, une doctrine permanente, un esprit permanent.

Cette façon de concevoir le rôle et la forme de l'enseignement public n'est pas sans rappeler l'utopie platonicienne. Au fond, le politique qui poursuit des réalités contingentes et le philosophe qui rêve de bien absolu se rencontrent dans un commun mépris de l'individu, et le subordonnent également à la chose publique. Mais elle paraît plus voisine encore de l'idée qui avait enfanté le clergé catholique. La corporation universitaire n'est pas en effet ce corps de philosophes que par une sélection savante, Platon voulait extraire de la masse des citoyens, comme la fleur morale et intellectuelle de la cité, pour en faire les magistrats, les maîtres et les prêtres. Elle ressemble bien davantage à la milice de Rome, immuable, hiérarchisée, relevant d'un chef unique, recevant sa doctrine, et investie d'une mission toute spirituelle sur les âmes et sur les volontés.

C'est au point qu'on a pu s'étonner qu'ayant rétabli le clergé, Napoléon ne lui ait pas en même temps confié, sous l'autorité et le contrôle de l'État, la charge de l'éducation publique. N'était-ce pas sous sa main, un corps permanent, comme il en voulait un, un corps moral, dépositaire d'une doctrine? Et cette doctrine n'était pas, ce semble, de nature à l'inquiéter, puisqu'il venait de restaurer ses ministres pour qu'il fussent des soutiens de l'État. Dès lors, n'eut-il pas été naturel qu'il fît d'eux aussi, les éducateurs de la nation? Logiquement, rien de plus vrai. Mais n'oublions pas à quelle époque nous sommes, et que, dans cette société qu'il s'agit de pourvoir d'organes adaptés à sa récente métamorphose, coulent deux courants, hier encore antagonistes, aujourd'hui pacifiés, cheminant de pair, confondant même et mariant leurs eaux : l'un venu de l'ancien régime, et l'autre sorti de la Révolution. Tout ce qui se fait alors est nécessairement une moyenne entre les deux tendances. Ainsi l'exercice public du culte, supprimé par la Révolution, est rétabli ; mais il l'est dans des conditions particulières, résultant de la Révolution elle-même. Le Concordat sanctionne la confiscation et l'aliénation des biens du clergé et il règle les rapports du pouvoir spirituel avec la nouvelle puissance temporelle qui s'est élevée sur les ruines de l'ancien régime. A cette date, dans ces conditions sociales, il n'eut pas été possible de remettre au clergé l'éducation nationale. On y eût vu un empiétement sur le droit de la société civile, une rupture d'équilibre entre le vieux et le nouveau courant. Et puis le souverain entendait que le corps enseignant ne relevât que de lui, et comme la mission qu'il lui destinait était d'ordre moral, il pouvait craindre que le clergé ne fût promptement et fatalement conduit à la rapporter à son chef spirituel.

Tel que le conçut Napoléon, le corps universitaire, ouvert indifféremment aux ecclésiastiques et aux laïques, mais essentiellement civil, séculier et public, est une sorte de transposition, à l'usage de la société nouvelle, du vieux type des corporations religieuses. De la corporation, il a la fixité, la permanence, l'unité de commandement; d'elle aussi il doit avoir l'unité de doctrine et l'unité d'action. Mais il n'est pas comme elle un corps étranger dans la société civile; les intérêts qu'il poursuit ne sont pas d'ordre suprasensible; ils ne lui imposent pas de rompre avec la vie commune, avec les obligations sociales.

Sans doute, l'universitaire a ses obligations spéciales, mais qui n'entravent ni ne gênent ses obligations d'homme et de citoyen. La propriété, la famille, la vie civile, la vie publique, rien de ce qui est le lot des autres hommes ne lui est interdit. Ses vœux, si l'on peut dire, vœux d'ailleurs temporaires, ne l'engagent qu'à prendre pour base de son enseignement « les préceptes de la religion catholique, la fidélité à l'Empereur et à la monarchie impériale, dépositaire du bonheur des peuples, et à la dynastie napoléonienne, conservatrice de l'unité de la France et de toutes les idées libérales proclamées par les constitutions ». Et que lui imposent-ils? Uniquement « l'obéissance aux statuts du corps enseignant qui ont pour objet l'uniformité de l'instruction et qui tendent à former pour l'État des citoyens attachés à leur religion, à leur prince, à leur patrie et à leur famille ¹ ».

Cette conception relevait évidemment de la politique et c'est à une politique donnée qu'elle devait servir. L'uniformité des méthodes et de l'enseignement, dont nous venons de trouver mention dans les statuts universitaires ², ne vint que plus tard, par surcroît et chez les metteurs en œuvre. Pour le fondateur, l'Université devait être avant tout un instrument de règne.

On a beaucoup loué, surtout sous le Gouvernement de Juillet, alors que chaque jour l'Université était contestée et combattue, la profondeur et la justesse de l'idée. Certes, théoriquement, prise en elle-même, isolée des circonstances, détachée de la fin politique qu'on lui assignait, elle n'est pas sans profondeur. Ce serait un idéal assurément enviable que l'existence dans une nation, d'un corps de citoyens, voués à l'instruction et à l'éducation de la jeunesse, tenant en dépôt l'ensemble des idées morales et sociales sans lesquelles il n'y a pas de nation, concentrant comme en un foyer la raison et la conscience du pays, sorte de sacerdoce national et civique. Mais en fait, n'est-ce pas une utopie autant qu'un idéal, surtout dans une nation de quarante millions d'âmes, où l'unité morale était loin d'avoir la consistance de l'unité territoriale, dans une société où la paix des esprits résultait plus d'une lassitude commune que de la communauté des sentiments, à une époque où

---

1. Décret du 17 mars 1808, art. 38.
2. On lit dans une circulaire du 5 novembre 1810 : « Le but de l'Université est l'uniformité de l'enseignement. »

les passions étaient plutôt fatiguées qu'éteintes, enfin sous un régime qui imposait ses maximes plutôt qu'il ne s'appuyait sur des maximes librement consenties? Pour une telle œuvre, il eût fallu, comme première assise, un esprit public conscient, ferme et uniforme, qui se fût reconnu avec confiance dans l'esprit de la corporation. Or cet esprit public n'existait pas. Aussi la corporation enseignante était-elle condamnée, avant même que de naître, à n'avoir pas, ce qui seul eût été sa raison d'être et sa force, une doctrine assurée, correspondant à un esprit public également assuré.

Cette doctrine, Napoléon pouvait se figurer qu'il la lui infuserait par le sommet, qu'elle s'en imprégnerait jusqu'à la base, et qu'ensuite elle la transfuserait dans la jeunesse. C'était mal connaître la nature humaine et se méprendre sur les facteurs dont on disposait pour un pareil dessein. En fait, à aucun instant de son existence, l'Université n'a été une corporation véritable.

C'est que les corporations naissent d'une façon spontanée, du libre fait des hommes et non par décret de la puissance publique. Pour constituer l'Université, il ne fallait pas songer à créer des matières premières; force était d'employer des matériaux existants, anciens pour la plupart, sans s'arrêter aux défauts, aux malfaçons, aux disparates. Il y eut par suite des universitaires des marques les plus variées, des républicains et des partisans de l'ancien régime, des hommes du présent et des hommes du passé, des laïques et des ecclésiastiques, des voltairiens et des croyants : mauvaise composition pour un corps destiné à être l'âme vivante d'une nation et le support moral d'un État. Rassemblés ainsi des quatre points de l'horizon, ils n'eurent pas d'esprit de corps, au sens plein de ce mot; ils n'eurent pas de doctrine commune, et ils ne pouvaient en avoir. Ils n'eurent guère en commun, avec un libéralisme tempéré, étranger aux desseins de leur fondateur, qu'une certaine unité de méthodes, et le goût et la tradition des humanités à la façon de Rollin.

A Sainte-Hélène, Napoléon se plaignit une fois qu'on lui eût gâté son œuvre, en l'exécutant. La plainte était injuste. Que l'Université n'eût pas répondu à ses desseins, rien de plus exact. Mais à qui la faute? Les metteurs en œuvre, Fourcroy, Fontanes, le Conseil de l'Université pouvaient tailler et appareiller les matériaux. Pouvaient-ils en créer d'autres, ou en changer la substance? Il leur avait bien fallu se servir de ce qu'ils avaient trouvé. Ils organisèrent le corps sous l'inspiration directe de l'Empereur; ils réglèrent les études suivant les idées alors dominantes; ils prirent les meilleurs professeurs qu'ils purent rencontrer. Ce qu'ils ne pouvaient créer, parce que cela ne se décrète pas, c'était, hors de l'Université, un esprit public, dans l'Université, une doctrine, qui se fussent mutuellement servi de soutien et d'aliment. Là fut la faiblesse native et constitutionnelle de l'Université.

En définitive, c'est à la durée que se juge la valeur des institutions. Le Code civil dure encore, le Concordat aussi; ils ont survécu l'un et l'autre à tous les changements de régime, à toutes les révolutions. L'Université, au contraire, n'a duré qu'une quarantaine d'années. Ce n'est guère plus que la durée moyenne d'une vie d'homme. C'est peu pour une institution, surtout pour une institution qu'on disait devoir être un organe essentiel de la vie nationale. Et encore, sur ces quarante années, combien ont été paisibles? Dix à peine. Subie tant que l'Empire fut debout, l'Empire à peine tombé, elle fut violemment contestée et combattue; elle le fut sans trêve et sans merci, pendant la Restauration, pendant le Gouvernement de Juillet, jusqu'au jour où l'État lui-même, faisant cause avec ses adversaires, l'abandonna. Elle ne pouvait échapper à ces vicissitudes et à cette destinée; tout en faisait une loi, et les divisions de l'esprit public, et la haine défiante des partis, et son monopole, et ses origines, et le but que son fondateur lui avait assigné. Ce but, elle ne l'avait pas atteint; les attaques dont elle fut assaillie pendant plus de trente années consécutives sont la meilleure preuve qu'elle n'avait pas inspiré aux générations formées par elle une façon de penser commune et générale sur les questions fondamentales de la société et de l'État. Elle ne pouvait pas l'atteindre, parce qu'il y avait cercle vicieux à ce qu'elle eût une doctrine sociale et politique, alors qu'autour d'elle n'existait pas un esprit public uniforme et assuré, et à ce que n'ayant pas cette doctrine, elle créât cet esprit.

Au reste, sa défaite changea plus les choses en dehors d'elle qu'en elle-même. Elle perdit son nom, mais elle resta l'instruction publique; elle n'eut plus le monopole de l'enseignement, mais elle garda la surveillance morale des établissements qui désormais pouvaient librement se former en dehors d'elle; ses rentes, qui n'étaient pas considérables, furent rayées du Grand-Livre, mais elle continua d'émarger au budget. Depuis longtemps déjà, son Grand-Maître s'appelait aussi Ministre de l'Instruction publique; désormais il s'appela tout court Ministre de l'Instruction publique. Au fond, sous cette incarnation nouvelle, elle conserva son administration, sa hiérarchie, son personnel et son système d'études. Son monopole originel n'avait de raison d'être que s'il y avait eu concordance entre elle et l'opinion tout entière. Cette concordance n'existant pas, fatalement il devait disparaître.

L'idée mère une fois émise et dictée, Napoléon s'en remit à Fourcroy et au Conseil d'État du soin de dresser le plan d'un organisme en rapport avec elle, tâche délicate et difficile, si l'on en juge par le nombre des projets successivement élaborés. Quelles étaient les pièces principales de ce plan? Et surtout quelle place y faisait-on, quel rôle y donnait-on à l'enseignement supérieur?

A l'organisme en préparation, il fallait tout d'abord un nom. Fourcroy propose de l'appeler Grande Université impériale. « Le nom d'Université est consacré par de longs souvenirs et par l'usage de toute l'Europe. Charlemagne a fondé l'Université; c'est à son successeur qu'il appartient de la relever[1]. » Le corps baptisé, quels seraient ses principaux organes? A la tête, Fourcroy place un Directeur général ou un Grand-Maître, nommé par l'Empereur et révocable par lui. C'est le crochet par où le système tout entier sera suspendu au pouvoir. A côté du Directeur général ou du Grand-Maître, un Conseil de l'Université, trai-

---

1. *Rapport et projet sur les corps enseignants.*

tant, sous sa présidence, « de tous les intérêts du corps, discutant les affaires les plus importantes, s'occupant de tous les moyens d'améliorer l'éducation ». Au-dessous du chef suprême, les inspecteurs généraux des études, recevant de lui leurs instructions, et lui faisant rapport sur les établissements d'instruction; au-dessous d'eux, des inspecteurs particuliers, attachés chacun à une circonscription déterminée; puis, d'échelon en échelon, des directeurs et des professeurs d'écoles spéciales, des proviseurs, des censeurs et des professeurs de lycée, des directeurs et des professeurs de collège, des répétiteurs et enfin des agrégés.

Jusqu'ici cette hiérarchie n'est encore qu'une administration. Pour en faire une corporation, Fourcroy transforme les fonctions en grades et en emplois. Seront grades les fonctions supérieures, celles de directeur général, de conseillers, d'inspecteurs; seront emplois les fonctions d'administration et d'enseignement dans les écoles spéciales, dans les lycées et dans les collèges. Grades et emplois seront strictement subordonnés les uns aux autres; à chacun son numéro, à chacun son rang. On ne pourra obtenir un grade sans avoir auparavant rempli un emploi, un emploi supérieur sans être passé par l'emploi inférieur. Il n'est fait d'exception que pour les écoles spéciales où l'on entrera après concours, sans avoir nécessairement traversé les lycées.

L'idée de cet avancement tout militaire venait de Napoléon. « Il y aurait, avait-il dit, un corps enseignant, si tous les proviseurs, censeurs et professeurs de l'Empire avaient un ou plusieurs chefs, comme les Jésuites avaient un général, des provinciaux, etc.;

si l'on ne pouvait être proviseur ou censeur qu'après avoir été professeur; si l'on ne pouvait être professeur dans les hautes classes qu'après avoir professé dans les basses; s'il y avait enfin dans la carrière de l'enseignement un ordre progressif qui entretînt l'émulation et qui montrât dans les différentes époques de la vie un aliment et une espérance[1]. »

Mais là n'est pas encore l'essence de la corporation; c'en est seulement une condition ou une conséquence. Sans doute il faut à toute corporation des cadres rigoureux; mais l'essentiel c'est que dans ces cadres il y ait une âme, une âme qui vive et se perpétue. Cette unité et cette perpétuité d'inspiration intérieure, les congrégations religieuses l'ont de tout temps assurée par des noviciats, où les vocations s'éprouvent, où les volontés se disciplinent, où les âmes s'imprègnent d'un même esprit. Il fallait quelque chose de semblable à l'Université naissante, si vraiment on voulait qu'elle fût autre chose qu'une administration; il le fallait pour l'avenir et aussi pour le présent. En créant les lycées, en rouvrant les collèges, on n'avait pas eu un large choix de maîtres; il avait bien fallu prendre à peu près tout ce qu'on avait trouvé : ceux des professeurs des écoles centrales qui n'étaient pas engagés trop avant dans la Révolution, et surtout nombre de professeurs des anciens collèges et des anciennes universités, ressources bien vite taries et ressources bien courtes. « Presque toutes les places dans les lycées et dans les écoles secondaires, dit Fourcroy, sont occupées par des vieillards ou par des hommes qui touchent à

---

1. *Rapport et projet sur les corps enseignants.*

la vieillesse, et on voit peu de jeunes gens qui se destinent à l'enseignement. »

Pour en former, et en même temps « pour créer l'esprit qui doit animer tout le corps et de là se répandre dans toutes les classes de la société », Fourcroy propose d'avoir, dans un certain nombre de lycées, un corps de novices ou d'aspirants, élèves déjà marqués pour devenir des maîtres, voués à la carrière dès les bancs du collège, s'y préparant « en suivant les hautes classes des lycées et des écoles spéciales », matière plastique de laquelle devaient se former successivement les répétiteurs, les agrégés, enfin les professeurs. Nous aurons à revenir sur ce projet, qui fut sensiblement modifié plus tard, au grand dommage de l'enseignement supérieur.

Une du sommet à la base, la Grande Université impériale devait s'étendre sur un trop vaste empire pour n'avoir pas de subdivisions. Quand on l'organisera définitivement, on la partagera en autant d'académies que de circonscriptions de cours d'appel, administrées chacune par un recteur assisté d'un conseil académique. Dans les projets de 1806, on la partageait en universités régionales[1]. Il n'y en eût

1. Dans la première rédaction du projet de Fourcroy, la Grande Université impériale était partagée en sept divisions; Paris, Bruxelles, Rennes, Dijon, Toulouse, Montpellier, Turin. L'idée des universités régionales apparaît à la seconde rédaction. « La Grande Université impériale sera divisée en plusieurs universités départementales, dont le nombre, les chefs-lieux et les divisions en arrondissements seront déterminés par un règlement d'administration publique sur la proposition du Conseil des universités. » 7 mars 1806. Archives nationales, AD VIII, 26. A la même époque, dans un rapport à l'Empereur, le Ministre de l'Intérieur proposait de « former dans les départements de véritables universités offrant à la fois et des modèles d'enseignement et des moyens de parvenir aux degrés les plus élevés de la science.

eu qu'un petit nombre, sept seulement, portant chacune le nom de son chef-lieu, Université de Paris, Université de Bruxelles, Université de Rennes, Université de Dijon, Université de Toulouse, Université de Montpellier, Université de Turin. Était-ce une concession de forme aux souvenirs de l'ancien régime, ou au contraire une réaction instinctive contre les tendances d'une excessive centralisation, ou bien encore le pressentiment d'un mode plus simple et plus fécond d'organisation de l'enseignement public ? On ne sait. Ce qu'on sait seulement, c'est que cette idée de faire de la Grande Université impériale un système ou une colonie d'Universités régionales, en petit nombre, liées les unes aux autres en un même réseau administratif, réunies toutes ensemble sous la main d'un seul chef et suspendues au pouvoir par un même anneau terminal, ne parut pas contradictoire au Conseil d'État, et qu'il l'accueillit tout d'abord sans défaveur aucune.

Il est regrettable que, sur ce point encore, le projet de Fourcroy n'ait pas abouti. — Sans doute ces sept universités régionales, fragments ou organes de l'Université totale de l'Empire, eussent profondément différé et des universités de l'ancien régime et des universités modernes, telles qu'elles se sont développées au dix-neuvième siècle en d'autres pays. Elles n'eussent pas été des personnes morales, mais des entités administratives. Elles n'eussent pas eu, comme les anciennes universités, leurs biens

Il ne s'agissait que d'opérer dans chacun des chefs-lieux des cinq ou sept divisions de la Grande Université, une réunion de chaires spéciales accommodées aux besoins des localités, et de former pour ces divisions autant de centres réels et non pas nominaux. » Archives nationales, AD VIII, 23.

propres, leurs conseils, leurs tribunaux et leur juridiction spéciale ; établissements d'État, elles fussent restées choses d'État, recevant tout de lui, argent, programmes et direction. Elles n'eussent pas été davantage, sous un nom restauré, la chose nouvelle conçue par les théoriciens de la Révolution pour la propagation et l'avancement des sciences, des lettres et des arts. Mais telles qu'elles, elles pouvaient rendre possible, pour l'enseignement supérieur, une destination différente de celle qu'il allait bientôt recevoir, et faciliter une évolution à laquelle l'organisation de 1808 fut une entrave.

Plus d'une fois on a songé à constituer en ce pays, pour le service de l'enseignement supérieur et de la science, de grandes universités analogues à celles de l'étranger. Deux des principaux obstacles à ce projet ont été, d'une part, l'unité de l'Université de 1808 et, d'autre part, la crainte d'un semblant de retour à une institution d'ancien régime. On dit et on répète, sans paraître se douter que depuis bientôt quarante ans il n'y a plus d'Université : l'Université est une, une et indivisible, comme la patrie elle-même ; il ne faut pas la briser, la fragmenter. On dit encore, sans bien savoir quelle idée la Révolution se faisait de l'enseignement supérieur : les universités sont une forme condamnée et détruite par la Révolution ; les restaurer, ce serait revenir à des institutions en désaccord avec l'esprit moderne. — Objections sans force, parce qu'elles sont sans vérité. Sans doute les universités ont sombré avec l'ancien régime, et la Révolution en a biffé le nom ; mais ce qu'elle voulait mettre à la place, ces grandes écoles encyclopédiques, consacrées à la recherche de la vérité, où tout ce qui est du domaine de l'esprit, sciences, lettres et arts, se fût trouvé réuni et coordonné, qu'était-ce donc au fond, sinon ce qu'on a vu depuis lors grandir et s'épanouir sous le nom d'universités, dans tout le reste du monde, alors qu'en France, l'enseignement supérieur, distribué par fragments dans des écoles spéciales, et comme cristallisé dans une forme brisée, manquait de plasticité, de cohésion, et n'avait pas ces énergies internes qui seules, dans les institutions humaines, sont des principes durables de vie et de perfection? Quant à l'unité de l'Université que briseraient plusieurs universités régionales, il faut que l'empire des mots soit bien puissant pour qu'on redoute ce péril pour une institution qui a cessé d'être depuis longtemps déjà. Ceux qui la créèrent n'avaient pas ces craintes, et il ne leur semblait ni dangereux ni déraisonnable de donner pour organes à l'Université, une et fortement centralisée, des universités régionales.

Arrivons maintenant aux établissements d'enseignement supérieur.

Le projet soumis au Conseil d'État n'eut pas moins de neuf rédactions. Dans la première, Fourcroy maintenait purement et simplement les écoles spéciales; il n'y changeait rien, ni le nom, ni la forme, ni le fond, et se bornait à les incorporer à la Grande Université, comme une partie dans un tout. Mais en même temps il proposait pour les lycées une mesure qui devait retentir sur les écoles spéciales et y provoquer des modifications. En l'an XII, on s'était borné à exiger pour l'accès des écoles spéciales, médecine et droit, la preuve, par certificat et non par diplôme, d'études faites au lycée; alors qu'on rétablissait les grades au sortir de ces écoles, on n'en établissait aucun à l'entrée. En 1806, reparaît tout à coup la maîtrise ès arts. Pour la remettre au jour, on invoquait bien des sortes de raisons. Tout d'abord, conférée par les seuls lycées, exigée à l'entrée des écoles spéciales, elle devait être un moyen d'assurer aux uns la supériorité qu'ils doivent avoir sur les écoles secondaires, et de maintenir dans les autres un niveau plus élevé d'études ; mais la raison majeure était de prendre une garantie publique contre l'enseignement privé.

Pour être médecin ou avocat, il fallait montrer un diplôme ; pour être professeur, il suffisait d'un certificat de bonne vie et mœurs. Une telle liberté était contradictoire à l'idée mère de l'Université. Cette Université, en effet, allait absorber non seulement les écoles publiques, mais aussi les écoles privées ; les maîtres particuliers, les chefs de pension n'en deviendraient pas membres ; ils n'y auraient ni emplois ni grades, mais ils seraient soumis à son autorisation préalable, à son contrôle, à sa police. Dès lors, il paraissait naturel et nécessaire de les marquer tous d'une empreinte spéciale et d'exiger d'eux des garanties. Nul désormais ne pourrait ouvrir un pensionnat ou tenir une école secondaire s'il n'était maître ès arts. Ce grade devenait ainsi, comme le doctorat en médecine et la licence en droit, une garantie d'État et un brevet officiel d'aptitude à l'exercice d'une profession désormais contrôlée par l'État.

« Dans les anciennes universités, écrit Fourcroy, la maîtrise ès arts était le premier grade nécessaire pour faire partie du corps. Ce grade n'était accordé qu'à ceux qui avaient suivi pendant quelques années les cours des grands collèges, et d'après des examens sur les sciences qu'ils avaient étudiées. Nul ne pouvait ouvrir un pensionnat ni devenir agrégé, professeur ou docteur dans quelque faculté, s'il n'avait été au préalable reçu maître ès arts. Les lycées sont aujourd'hui ce qu'étaient les grands collèges. Le moyen de leur assurer la supériorité qu'ils doivent avoir sur les collèges, c'est de renouveler en leur faveur la prérogative dont jouissaient les établissements qu'ils ont remplacés. Rien, d'ailleurs, ne saurait être plus propre à relever les études, à bannir de l'instruction publique cette foule d'empiriques qui élèvent une maison d'enseignement comme d'autres une maison de commerce, et dont tout le mérite consiste à spéculer sur la crédulité et la sottise de parents aveugles; à garantir enfin la capacité des jeunes gens qui se destinent au barreau et à l'art de guérir. »

Retenons bien ceci : la maîtrise ès arts doit être la prérogative des lycées, comme elle était autrefois celle des grands collèges. Elle doit être conférée par eux, comme elle l'était autrefois par les facultés des arts. C'est là le noyau de cristallisation autour duquel se disposera peu à peu tout le reste du système.

Dès la troisième rédaction, nous voyons les idées se développer et se coordonner dans ce sens. Des écoles spéciales, la chose reste, mais le nom disparaît. Le démembrement et l'isolement des sciences, si malencontreusement prononcés par la loi de l'an IV, et, depuis lors, sanctionnés à chaque loi nouvelle, sont confirmés une fois de plus. Il n'y a de nouveau qu'un nom, celui de faculté, et une catégorie d'établissements, les facultés des lettres ou des arts. Les écoles spéciales de droit, de médecine et des sciences deviennent facultés de droit, de médecine et des sciences ; il y est ajouté la faculté des lettres. Des quatre, les deux premières restent ce qu'elles étaient la veille : des écoles professionnelles faisant des avocats et des médecins, conférant des grades requis par les lois de police. Les facultés des sciences ont, du moins en apparence, un caractère plus scientifique et plus désintéressé. Par raison de symétrie, sans doute, on leur donnera, à elles aussi, leurs grades particuliers ; mais, jusqu'ici, ces grades, la loi n'en fait obligation à personne. Ces trois sortes de facultés sont isolées les unes des autres, constituées chacune en son particulier, sans communication entre elles, sans intérêts communs. Au-dessous d'elles, la faculté des lettres ou des arts n'est qu'une expression et non un établissement véritable ; elle n'enseigne pas ; elle n'a qu'un but et une fonction, conférer la maîtrise ès arts, et comme la collation de ce grade doit être la prérogative des lycées, la faculté des lettres est dans le lycée ou, mieux encore, elle est une partie intégrante du lycée.

« Le lycée central de chaque Université aura une faculté des lettres et arts, qui sera composée des quatre premiers professeurs du lycée et du proviseur faisant fonction de doyen. Cette faculté conférera, d'après des examens, le titre de maître ès arts aux élèves qui voudront suivre la carrière du professorat ou entrer dans les trois autres facultés[1]. » C'est donc,

---

1. *Rapport et projet portant création d'un corps enseignant*, 3ᵉ rédaction. — Recueil du Conseil d'État, t. XIII.

la théologie en moins et les sciences en plus, la constitution même des anciennes universités ; c'est la même superposition des facultés professionnelles et de la faculté préparatoire ; la faculté des lettres fait corps avec l'enseignement secondaire ; par elle-même elle n'enseigne pas ; si ses membres enseignent, c'est seulement comme professeurs du lycée ; ils ne sont membres de la faculté qu'à l'instant et pour l'instant seulement où ils examinent leurs élèves. C'est le néant de tout enseignement supérieur des lettres.

Aux rédactions suivantes, ces analogies s'accentuent encore et s'exagèrent. Un instant, on en vient à dire : il sera formé, sous le nom d'Université impériale, une corporation enseignante ; cette corporation régira tous les établissements d'instruction publique répandus sur la surface de l'Empire, qui seront répartis en plusieurs universités. L'instruction donnée dans les universités sera divisée en quatre branches de facultés, savoir : facultés de droit, facultés de médecine, facultés des sciences mathématiques et physiques et facultés des lettres. La faculté des lettres comprendra « tout ce qui compose la première éducation, la grammaire, l'étude des langues, les éléments de l'histoire et de la géographie et la rhétorique. » Cette faculté n'est plus comme tout à l'heure un simple jury d'examen ; elle est vraiment une école, mais c'est dans son ensemble une école d'enseignement secondaire des classes de grammaire à la rhétorique ; c'est le collège de plein exercice de l'ancien régime, moins la philosophie et les sciences.

Sur cette pente, l'individualité de la faculté des

sciences ne pouvait longtemps persister. Si l'on faisait du lycée du chef-lieu la faculté des lettres de chaque université, pour la raison qu'on y enseignait les lettres, pourquoi n'en pas faire aussi la faculté des sciences? N'y enseignait-on pas également les mathématiques, y compris la géométrie analytique, le calcul différentiel, et les éléments des sciences physiques? Un instant on fut retenu par le Muséum et le Collège de France, dont on voulait faire la Faculté des sciences de Paris, et qu'il n'était pas possible d'absorber dans un lycée; mais bientôt on aboutit à ce compromis : faire une exception pour l'Université de Paris, y constituer la faculté des sciences avec le Muséum et le Collège de France, et dans les universités départementales, là où n'existaient pas encore d'écoles spéciales des sciences, mettre la faculté des sciences, comme la faculté des lettres, dans le lycée du chef-lieu, en la composant des professeurs des deux plus hautes classes de mathématiques, avec un ou deux professeurs d'histoire naturelle et de physique et le proviseur comme doyen.

Le vice organique d'une telle conception saute aux yeux. Le grade y est la fin suprême; l'idée en préexiste à la faculté, comme l'idée de la fonction préexiste à l'organe, suivant certains physiologistes ; il la crée, la façonne et la modèle ; il en détermine l'essence et le degré. La faculté de médecine et la faculté de droit seront des facultés professionnelles, parce que le doctorat en médecine et la licence en droit sont des grades requis pour être médecin, juge, procureur ou avocat; on y enseignera donc ce que la société demande à ses médecins et à ses hommes de loi, et on n'y enseignera que cela ; il n'y sera fait aucune place aux recherches d'ordre purement scientifique; si elles y pénètrent, ce sera par accident et en dépit des règlements. De même il y aura une faculté des lettres, parce qu'on veut qu'il y ait, pour les raisons ci-dessus indiquées, une maîtrise ès arts ou baccalauréat ès lettres ; il y aura une faculté des sciences, parce qu'il y a des écoles de services publics, écoles d'officiers et d'ingénieurs, auxquelles il faut préparer des élèves instruits dans les mathématiques. Le degré de la faculté des sciences et de la faculté des lettres se trouve ainsi fixé au-dessous de leur niveau normal. Il sera au point final de l'enseignement secondaire et au point initial de l'enseignement supérieur, parce qu'on fait des grades qu'elles confèrent le terme de l'un et le début de l'autre.

Par là on est conduit fatalement à mettre dans les lycées plus qu'ils ne devraient comprendre et moins que ce qui devrait être compris dans de vraies facultés des lettres et des sciences, et à faire de celles-ci des êtres indécis ; leurs membres sont à la fois professeurs et examinateurs ; mais ce n'est pas comme membres de la faculté qu'ils enseignent; ce n'est pas comme professeurs du lycée qu'ils examinent. En résumé, c'était moins que n'avait promis la loi de l'an IV. L'enseignement scientifique, et même l'enseignement littéraire des écoles centrales pouvait, ce semble, être porté aussi haut que le fut sous l'Empire celui des lycées, et au-dessus il devait y avoir des écoles spéciales pour le libre enseignement et les libres recherches de la science. A vrai dire, l'organisation projetée par Fourcroy ne fut pas pleinement réalisée ; mais l'esprit et les tendances s'en retrouveront, bien qu'atténués, dans l'organisation de 1808. Ce sera alors, comme en 1806, la méconnaissance et la négation de l'enseignement supérieur des lettres et des sciences, la constitution, à côté des facultés professionnelles, de facultés hybrides, d'une individualité incertaine, sans destination vraiment scientifique, engainées dans l'enseignement secondaire et n'ayant de l'enseignement supérieur que la puissance de conférer des grades.

La discussion du projet au Conseil d'État durait depuis plus de deux mois; de rédaction en rédaction, on en était venu à un texte de plus de cent vingt articles, et l'accord n'était pas encore fait[1]. Napoléon s'impatienta. Pour aller au plus pressé, pour poser les principes, il fit extraire, de ce long et laborieux projet qui ne le satisfaisait pas, les dispositions organiques, celles qui créaient la corporation universitaire. On en fit un bref projet de loi qui, déposé au Corps législatif le 6 mai 1806, fut voté sans débat quatre jours après. Ce fut la loi du 10 mai 1806. Elle n'a que trois articles.

1. « Cette loi (de 1806) était le résultat d'une discussion qui avait eu lieu au Conseil d'État depuis le mois de février jusqu'à la fin d'avril 1806. Neuf projets avaient été successivement présentés et le développement autant que la divergence des idées avaient porté le dernier jusqu'à cent vingt-deux articles. On sentit alors au Conseil que le temps ne permettait pas de mûrir ce grand travail, et V. M. arrêta qu'il ne serait présenté au Corps législatif que la simple création du corps enseignant, sous le nom d'Université impériale. » — *Rapport sur l'état du travail proposé pour l'organisation de l'Université impériale, et sur ce qu'il y a à faire pour terminer ce travail.*

Article premier. — Il sera formé, sous le nom d'Université impériale, un corps chargé exclusivement de l'enseignement et de l'éducation publique dans tout l'Empire.

Article 2. — Les membres du corps enseignant contracteront des obligations civiles, spéciales et temporaires.

Article 3. — L'organisation du corps enseignant sera présentée en forme de loi au Corps législatif à la session de 1810.

CHAPITRE IV

L'Enseignement supérieur et l'Université impériale.

Organisation générale de l'Université. — Les organes de l'Enseignement supérieur. — La pédagogie de Napoléon Iᵉʳ. — Les Facultés de Droit et de Médecine; les Facultés des Sciences et des Lettres. — L'École normale. — État de l'Enseignement supérieur à la fin de l'Empire.

La brève loi qui créait l'Université donnait au gouvernement un délai de quatre ans pour l'organiser. Cette organisation fut prête et décrétée dès le commencement de 1808. Elle l'eût été plus tôt sans les guerres qui tenaient l'Empereur loin de Paris, et lui imposaient d'autres soucis. En effet, la loi de principe à peine votée, le Conseil d'État s'était remis à l'œuvre, revisant, refondant ses projets suivant les vues générales indiquées par l'Empereur. En moins d'un an, il avait terminé. Mais il fallut attendre une année encore le visa du maître.

Cependant, loin de Paris, celui-ci n'était pas sans songer à sa corporation enseignante, et il tenait à ce qu'on le sût. « Il faut, écrivait-il, au Ministre de l'Intérieur, en 1807, il faut parler du projet de loi de l'Université, et dire que l'institution de cet établissement a été différée à cause des occupations de Sa Majesté, qui ne lui ont pas permis de porter sur cet

objet toute l'attention qu'elle y voudrait donner[1]. »
Et dans l'*Exposé de la situation de l'Empire,* on put lire : « Les intérêts de l'enseignement sont une des pensées habituelles de l'Empereur. Pendant la période trop courte de son séjour à Paris, c'est l'objet qui l'a le plus occupé. Un plan d'Université générale, embrassant tout le système de l'éducation publique, établissant les rapports de ceux qui doivent y concourir avec le gouvernement, entre eux-mêmes et avec les citoyens, tendant à leur donner un esprit commun, un grand intérêt aux succès de leurs travaux, dont il assure la récompense, a été préparé. Ce plan a donné lieu à de nombreuses et profondes discussions au Conseil d'État. La guerre a retardé pour la France le moment de jouir de cet inestimable bienfait ; l'Empereur veut encore le perfectionner[2]. »

Il put y mettre la dernière main au commencement de 1808 ; mais avant d'en venir à l'exécution, il voulut avoir une vue de ce que serait l'Université en acte, et il se fit présenter par Fourcroy le tableau complet de ses établissements, de ses membres, de ses ressources, de ses dépenses, et c'est seulement alors, après ce contrôle, tous calculs faits et vérifiés, qu'il arrêta l'organisation du corps[3]. Il en fit l'objet non pas d'une loi comme l'exigeait pourtant la loi de 1806, mais d'un décret, qui fut rendu le 17 mars 18..

De cette organisation de l'Université, nous n'avons

---

1. *Correspondance de Napoléon I*ᵉʳ, t. XV, 12603.
2. *Ibid.*, t. XV, 13063.
3. *Ibid.*, t. XVI, 13502.

à relater ici que ce qui touchait à l'enseignement supérieur ou ce qui était de nature à y avoir un contre-coup.

Au sommet, le chef suprême de la corporation, le Grand-Maître, d'un nom renouvelé de certains ordres de chevalerie, nommé par l'Empereur, révocable par l'Empereur, lui rendant compte directement, sans ministre interposé. A côté du Grand-Maître, un conseil, le Conseil de l'Université, nommé à temps par l'Empereur. Au Grand-Maître la puissance exécutive, l'administration générale, l'application des règlements, la nomination aux places, la délivrance des diplômes, la représentation de la corporation en justice, la gestion de ses biens. Au Conseil, l'avis sur les programmes, les règlements d'études et les budgets et la juridiction disciplinaire sur les membres du corps.

Dans l'Université, une et indivisible comme l'Empire, autant de circonscriptions que de ressorts de cour d'appel, ayant leurs sièges aux sièges mêmes des cours, circonscriptions purement administratives, qu'on dénomma *académies*, d'un nom détourné de son acception consacrée. A la tête de chaque académie, un recteur nommé à temps par le Grand-Maître, révocable par lui, et dépendant de lui seul. A côté du recteur, un conseil académique, pourvu d'attributions purement consultatives et disciplinaires.

Dans chaque académie, des établissements publics et des établissements privés, tous incorporés ou rattachés à l'Université, les premiers créés et administrés, les seconds autorisés et surveillés par elle. Pour le contrôle des uns et la surveillance des autres, outre les administrations locales, des inspecteurs généraux et des inspecteurs particuliers d'académie. Trois sortes d'établissements publics : les collèges communaux, les lycées et les facultés.

Pour lier tous ces organes en un seul corps, pour les faire concourir à une fin commune et les animer d'un même esprit, de la base au sommet, une hiérarchie continue d'emplois, de fonctions et de grades : des chefs d'institution et des maîtres de pension, relevant du Grand-Maître, puisque pour exercer il leur faut sa permission ; des maîtres d'études, des régents, des professeurs, des censeurs, des proviseurs, des doyens, astreints à des obligations déterminées et à des règles fixes de nomination et d'avancement ; puis, suivant les fonctions, des officiers d'académie, des officiers de l'Université et des titulaires de l'Université.

Pour donner à cet ensemble moral le support matériel nécessaire à la vie de toute corporation, même d'une corporation liée directement à l'État et dépendant du pouvoir, une dotation comprenant ce qui restait encore des bâtiments des universités et des académies d'autrefois, et une rente de quatre cents mille francs inscrite au Grand-Livre de la dette publique ; puis des revenus propres, le produit des pensions payées aux lycées, celui des droits d'examen dans les facultés des sciences et des lettres, le dixième des mêmes droits dans les facultés de droit et de médecine, une taxe égale au vingtième de la rétribution scolaire, prélevée sur tous les établissements d'instruction, publics et privés ; les droits du sceau pour diplômes et permissions délivrés par le

Grand-Maître; enfin la faculté de recevoir et de posséder qu'avaient déjà, depuis la loi de l'an X, tous les établissements publics d'instruction considérés individuellement.

De cette constitution générale de l'Université, venons à la constitution propre de l'enseignement supérieur. Comme organes on lui donne, en outre de quelques établissements spéciaux — le Muséum et le Collège de France, qui ne seront pas compris dans l'Université — cinq ordres de facultés : en tête la théologie, tant protestante que catholique, expressément réclamée par l'Empereur, pour être sans doute un lien de plus entre les Églises et l'État[1]; puis le droit, la médecine, les sciences et les lettres. Dans cet appareil, il n'y a de pièces vraiment nouvelles que les facultés des sciences et des lettres ; les autres existaient déjà, les facultés de droit et de médecine sous le nom d'écoles spéciales, les facultés de théologie sous celui d'académies protestantes et de séminaires métropolitains. Pour les introduire dans le nouveau système, il suffisait d'en changer le nom et de les soumettre aux statuts universitaires.

On n'établissait pas en même nombre les facultés de chaque ordre. Primitivement, il devait y avoir deux facultés de théologie protestante, dix de théologie catholique, cinq de médecine, douze de droit, vingt-sept de sciences et vingt-sept de lettres, autant que d'académies. La règle était qu'elles fussent au chef-lieu de l'académie, mais cette règle devait souffrir d'assez nombreuses exceptions.

---

1. *Correspondance de Napoléon Ier*, t. XVI, 13502.

Des facultés d'une même ville, on ne faisait ni un corps, ni même un faisceau ; on ne leur assignait pas, au-dessus de leurs fonctions particulières, une fin commune qui les eût ralliées et coordonnées ; on ne leur donnait même pas un lien extérieur qui les eût au moins rapprochées, ne fût-ce que latéralement. Chacune était conçue et traitée en soi, comme un tout complet, indépendant, ne devant recevoir rien des autres et ne leur donner rien, et si, prises ensemble, elles avaient quelque unité, ce n'était pas l'unité vivante et profonde qui vient du dedans, mais l'unité superficielle et factice d'une forme, celle qui résulte de la communauté du nom, des règlements et de l'administration. En reprenant ce vieux mot si expressif de facultés, on en restreignait le sens historique et on méconnaissait ce qu'il contient d'intellectuel et de moral.

Il ne semble pas qu'il puisse y avoir de facultés sans un corps nettement défini dont elles soient les membres, sans une unité intime qu'elles réalisent et manifestent, comme la vie, dit-on, suscite elle-même et coordonne les organes sans lesquels elle ne serait pas. A vrai dire, elles faisaient partie, ces facultés de 1808, de l'Université impériale, mais à la façon dont les panthéistes placent en Dieu les êtres individuels, absorbées et perdues. L'unique et totale Université, aussi vaste que l'Empire, rattachant au même point, par les fils ramifiés d'une administration centralisée, tous les établissements d'instruction publics et privés, était loin d'être ce qu'en tout autre pays on nomme université. Sans doute les facultés, par leurs doyens relevant des recteurs, par les recteurs relevant du Grand-Maître, aboutissaient toutes au même sommet, et l'on peut dire qu'elles y trouvaient l'unité ; mais cette unité lointaine, tout administrative, ne faisait pas de celles qu'on plaçait côte à côte, dans la même ville, un organisme vivant. Au fond, en dépit de leur nom, ces facultés juxtaposées, sans solidarité et même sans contacts, ne sont qu'une nouvelle incarnation des écoles spéciales.

Avec Fourcroy, avec Napoléon, il n'en pouvait être qu'ainsi. On sait les idées du chimiste Fourcroy sur l'enseignement supérieur ; on sait aussi ses actes. Homme d'une science toute particulière, sans idées philosophiques, il avait conçu pour l'enseignement de chaque science des compartiments particuliers, et depuis dix ans il travaillait sans relâche, et sans se démentir, à les construire l'un après l'autre. Il avait été l'un des promoteurs de l'École polytechnique, l'un des créateurs des écoles de santé, l'un des auteurs de cette loi de l'an IV qui faisait des écoles spéciales le mode général de tout enseignement supérieur. En l'an X, il avait fait confirmer cette organisation ; en l'an XI et en l'an XII, il en avait fait de nouvelles applications à l'enseignement du droit et de la pharmacie. Le succès éclatant de l'École polytechnique, les mérites reconnus des écoles de santé n'étaient pas de nature à l'incliner vers d'autres vues. Seul, l'Empereur eût pu l'y convertir, si lui-même n'avait pas été partisan à outrance des mêmes idées.

Ce n'est pas par la science, mais par l'utilité professionnelle, que Napoléon définit l'enseignement supérieur[1]. Sur ce point, ses idées sont nettes et tranchées. Il distingue dans l'enseignement public deux ordres ou deux degrés : l'enseignement secondaire et l'enseignement supérieur. Le premier doit être une éducation générale ; le second, une éducation particulière. Le but suprême de l'enseignement public, c'est d'aboutir à des professions utiles à la société. Pour y parvenir, deux étapes successives. Dans la première, qui commence à l'âge où l'enfant n'a pu encore discerner ses aptitudes et ignore ses besoins à venir, on le pourvoira de ces connaissances qui sont de mise dans toutes les professions et qui préparent à toutes, en formant également les facultés de l'esprit ; dans la seconde, on le munira des connaissances particulières, propres à l'exercice d'une profession déterminée.

Au lycée se fait la première étape. Le but du lycée n'est pas de former des officiers, des ingénieurs, des avocats, des médecins, des gens d'église ou des gens de lettres, mais simplement de donner à ceux qui seront officiers, ingénieurs, avocats, médecins, gens d'église ou gens de lettres, les connaissances générales dont ils ont tous besoin. Or, besoin est que tous ils sachent « parler correctement leur langue » ; qu'ils aient fait connaissance « avec les auteurs classiques » ; qu'ils n'ignorent pas « les préceptes de la rhétorique, les divisions du discours, les figures de l'éloquence, les moyens d'exciter les passions, les principales époques de l'histoire et de la chronologie, les principales divisions de la géographie » ; et aussi

---

1. V. *Observations sur un projet d'établissement d'une École de littérature et d'histoire au Collège de France*, Finckenstein, 19 avril 1807. Ap. *Correspondance de Napoléon I*^{er}, t. XV, 12416.

qu'ils soient habitués à « l'art du calcul et de la mesure », et qu'ils aient « des notions générales sur les phénomènes les plus frappants de la nature et sur les principes de l'équilibre et du mouvement, soit à l'égard des solides, soit à l'égard des liquides ». C'est là le bagage d'un « homme bien élevé ». Partant, c'est ce qu'enseigne le lycée.

Dans l'enseignement supérieur s'accomplit la seconde étape. Au sortir du lycée, l'éducation est terminée; alors commence l'instruction proprement dite, l'instruction qui munit l'homme des instruments nécessaires à la profession de son choix. Il en résulte que l'enseignement supérieur n'existe pas en lui-même et pour lui-même, mais qu'il naît de l'utilité professionnelle et qu'il reste fonction de cette utilité.

Suivons les conséquences. La première, celle qui domine toutes les autres, c'est que, dans l'enseignement supérieur, la science n'est pas un but, mais un moyen. La seconde, c'est que l'enseignement supérieur a pour limites le point même où les connaissances cessent d'être nécessaires à l'exercice des professions. Par suite doivent en être bannies toutes les théories qui ne sont que des théories, toutes les vues qui ne sont que des vues de l'esprit, en un mot toute science pure et désintéressée. La troisième, c'est que l'enseignement supérieur, qui tire sa raison d'être de l'utilité professionnelle, en tire aussi ses divisions. S'il s'agissait de la science en elle-même, on comprendrait que toutes les branches en fussent enseignées et cultivées suivant leurs rapports naturels, dans les mêmes établissements; mais, comme la science ne doit être prise que dans son rapport à une profession déterminée, comme les écoles d'enseignement supérieur doivent être essentiellement des écoles professionnelles, il en faut d'autant d'espèces qu'il y a de professions différentes, dans chacune desquelles se trouve groupé ce qui des divers ordres de connaissances peut concourir à l'apprentissage, ici de l'officier ou de l'ingénieur, là du médecin, ailleurs de l'avocat ou du prêtre. En d'autres termes, les établissements supérieurs sont nécessairement des écoles spéciales.

Par là les lettres, telles du moins que les entendait Napoléon, sont exclues de l'enseignement supérieur. A quel titre en effet y auraient-elles place? Elles ne sont pas un ensemble de connaissances spéciales nécessaires à l'exercice d'une profession. Sans doute il y a, de par le monde, des gens faisant métier de littérature, orateurs, écrivains ou poètes; mais l'enseignement du lycée a dû leur procurer tout ce qui peut s'enseigner de l'art d'écrire, de l'éloquence et de la poésie, la correction du style, les préceptes de la rhétorique, la division du discours, le mécanisme des vers, les caractères des divers genres, le goût et la pratique des modèles anciens et modernes. Le reste est don de nature et non produit de l'enseignement. Donc le lycée suffit pour l'enseignement littéraire. On y enseigne, on y apprend tout ce qui, de cette matière, peut être enseigné et appris.

« D'après ma propre expérience, dit Napoléon, les cours de littérature n'apprennent rien de plus que ce qu'on sait à quatorze ans. » Il suffit donc de bonnes classes et d'une bonne rhétorique. Avec cela, la matière est épuisée. Au delà, on ne saurait que redire et rabâcher. « Un professeur de belles-lettres amusera, s'il a de l'esprit, intéressera, s'il a de l'art, mais il ne développera pas un nouveau principe, pas une idée nouvelle; il n'établira rien de positif; il ne vous apprendra que ce qu'on apprend au collège, et lui-même, professât-il pendant quarante ans, ne saurait pas davantage le dernier jour que la première année. »

Qu'on fasse, si l'on veut, des cours, qu'on disserte, qu'on cite des exemples, qu'on juge des modèles : ce sera un agrément et non un enseignement; bon dans un athénée, et dans un salon, bon pour des femmes, ou pour de jeunes rhéteurs; mais ce n'est pas une école; c'est « un café littéraire ».

Donc mise hors la loi, méprisante et brutale, de la littérature et des lettres. Il n'est fait grâce qu'à l'histoire et à la géographie. Cela tient à ce que Napoléon voit en elles, non une province des lettres, mais un fragment des sciences positives. Sans doute, ce ne sont pas des sciences au même titre que les mathématiques et la physique; mais comme les sciences, elles ont du moins pour objets des faits réels et non des conceptions de l'esprit, des faits qui tombent sous la prise des méthodes scientifiques et non des idées qui se combinent au gré de l'imagination. D'où la façon dont il entend l'histoire. Pour lui, l'historien n'est pas l'historien bavard et idéologue qui disserte, juge et moralise, mais l'historien exact et positif qui établit des faits, rien que des faits, les enregistre et les classe, sans mélange aucun d'idées et de philosophie. Ainsi entendue, l'histoire rentre dans sa définition de l'enseignement supérieur, et elle peut devenir, avec la géographie, la matière d'une école spéciale. Les faits historiques et géographiques sont trop nombreux pour avoir tous place dans les cadres de l'éducation générale. Une fois appris ce qu'on peut enseigner d'histoire et de géographie au lycée, il reste une ample matière pour un second degré d'enseignement, une matière aboutissant, comme tout objet d'enseignement supérieur, à des utilités, à des applications immédiates.

Il faut voir, dans le mémoire daté de Finckenstein, l'ébauche d'une école spéciale de géographie et d'histoire[1] de la main même de Napoléon : « Si dans un point central tel que Paris, dit-il, il existait plusieurs professeurs de géographie qui pussent rassembler les connaissances éparses, les comparer, les épurer, qu'on fût dans le cas de les consulter avec sécurité pour être mieux instruit des faits et des choses, ce serait une bonne et utile institution. » Il y aurait deux sections, d'abord la section de géographie, sorte de bureau des cinq parties du monde, toujours ouvert, toujours au courant, rassemblant et classant, comme en un livre vivant, « les renseignements les plus exacts, les notions précises des découvertes nouvelles et des changements survenus ». Puis la section d'histoire, qui serait aussi « un bureau de renseignements universels ». Y seraient rassemblés, catalogués, étiquetés, distribués et classés en mille compartiments, tous les faits les plus lointains et les plus rapprochés ;

1. Le Ministre de l'Intérieur avait préparé un projet de décret « pour ajouter au Collège de France une École spéciale de géographie et d'histoire ». Il proposait quatre chaires de géographie : géographie maritime, géographie continentale, géographie commerciale et la statistique; dix chaires d'histoire : histoire ancienne, histoire romaine, histoire du moyen âge, histoire de France, histoire militaire, histoire de législation, histoire littéraire, histoire ecclésiastique et biographie. — Archives nationales, F 17 1109.

une vingtaine de professeurs seraient pour le public, les démonstrateurs de cette immense collection sans cesse accrue par les événements mêmes. Napoléon, en effet, n'exclut pas l'histoire contemporaine réduite aux faits, elle ne court pas risque de dégénérer en panégyrique ou en satire, et dès lors pourquoi l'exclurait-on? « Une année comme dix ans après l'événement, on peut dire qu'à telle époque ou dans telle circonstance, l'État a été forcé de courir aux armes ; qu'à cette époque il a forcé l'ennemi à la paix, que dans tel mois, telle flotte a mis à la voile pour telle expédition, qu'elle a eu tel revers ou tel succès[1]. » Pourquoi se priver de ces connaissances? S'il est bon de ne pas ignorer les guerres puniques, mieux vaut connaître celles de la Révolution.

Telle était la pédagogie impériale. Si l'on en rapproche l'organisation donnée à l'enseignement supérieur dans l'Université, on comprend les facultés de médecine et les facultés de droit; les unes et les autres sont de ces écoles spéciales, où s'enseignent, en vue de professions déterminées, des connaissances étrangères à l'enseignement secondaire. On comprend aussi les facultés de théologie; elles aussi sont des écoles spéciales destinées à former des ministres pour les cultes reconnus par l'État, et elles ont ainsi un caractère professionnel. Mais les facultés des sciences et les facultés des lettres, quelle pouvait être leur fonction? Nous avons vu avec quel dédain l'Empereur traitait les

---

1. *Observations sur un projet*, etc.

lettres; nous avons vu ce qu'il pensait des sciences considérées en elles-mêmes, abstraction faite de leurs rapports et de leurs applications aux professions savantes. Il semble donc que de l'Université il eût dû écarter ces deux ordres de facultés. C'est cependant sur son indication formelle qu'elles y furent introduites, et qu'il en fût créé autant de couples que d'académies. Ainsi, non seulement on créait des facultés des sciences et des lettres, en contradiction avec l'idée qu'on se faisait du but et du rôle de l'enseignement supérieur; mais alors qu'on se contentait pour les professions libérales et savantes de quatre facultés de théologie, de six facultés de médecine, de douze facultés de droit et d'une seule École polytechnique, on établissait pour les lettres et les sciences, réputées inutiles, vingt-sept paires de facultés.

Quelle put être la raison de cette anomalie. Il n'y en eut qu'une, la collation des grades. On avait, sous le Consulat, rétabli bon nombre des anciens degrés universitaires, et on en avait fait des grades d'État, conférant seuls le droit à l'exercice de certaines professions privilégiées. En créant l'Université, on fut conduit fatalement à créer de nouveaux grades. L'Université était l'ensemble des maîtres auxquels l'État confiait l'instruction de la jeunesse. Alors qu'il fallait avoir fait ses preuves pour être médecin, avocat ou pharmacien, il eût été étrange qu'on n'en eût pas à faire pour être professeur. De là cette disposition du statut universitaire que nul ne pourra enseigner publiquement s'il n'est gradué dans une faculté. De là, par une conséquence nécessaire, la création des facultés des sciences et des lettres pour conférer des grades à ceux dont la profession serait d'enseigner les lettres et les sciences.

De par leur acte de constitution, double était l'objet des facultés : l'enseignement des sciences approfondies et la collation des grades[1]. Pour ce qui est des facultés des sciences et des facultés des lettres, de ces deux objets le premier était un simulacre, le second seul était et devait être une réalité. Tout le prouve, et l'organisation qui fut faite de ces facultés, et leur histoire pendant la durée de l'Empire.

Tout d'abord, si l'on avait voulu qu'elles fussent des foyers d'enseignement et de recherches savantes, en eût-on créé un aussi grand nombre? Fallait-il donc plus de savants que de médecins, que l'on se contentait de cinq ou six facultés de médecine, et qu'on établissait une trentaine de facultés des sciences et autant de facultés des lettres? Les eût-on si petitement composées et si pauvrement dotées? A l'origine, on ne leur donnait à chacune que trois ou quatre professeurs. N'était-ce pas dérisoire pour subvenir à l'enseignement et au progrès de toutes les parties des lettres et des sciences? Et encore, de ces professeurs, plusieurs n'appartenaient-ils pas en propre à la faculté; ils étaient en même temps professeurs au lycée. Le statut de 1808 dit de la faculté des sciences : « Le premier professeur de mathématiques du lycée en fera nécessairement partie, » et de la faculté de lettres : « Elle sera composée du professeur de belles-lettres du lycée et de deux autres professeurs[2]. » Comment marquer plus nettement qu'elles

1. Décret du 17 mars 1808, art. 5.
2. Art. 13 et 14.

ne devaient pas être, au-dessus du lycée, un degré supérieur de l'enseignement ?

A Paris, elles semblent composées avec plus de largeur et mieux adaptées aux exigences de la science. Ce n'est qu'une apparence : le mode de leur composition montre bien, au contraire, que l'enseignement n'est pas leur principale affaire. En effet, de quels éléments les forme-t-on ? Rien que d'éléments d'emprunt. Aux sciences, deux professeurs du Collège de France, deux du Muséum, trois de l'École polytechnique et deux professeurs de mathématiques des lycées ; aux lettres, trois professeurs du Collège de France et trois professeurs de belles-lettres des lycées [1]. Et quelles ressources leur assure-t-on ? On a peine à le croire, tant c'est misérable, tant c'eût été insuffisant pour de vrais organes d'un enseignement scientifique ? Cinq mille francs, au plus dix mille [2], à peine la moitié de ce qu'on attribuait à chaque faculté de droit, à peine le quinzième de ce qu'on donnait à chaque faculté de médecine. Elles sont si bien d'une autre espèce qu'elles n'ont pas le même régime financier. Les facultés de droit et de médecine encaissent et gardent le produit des examens qu'elles font subir ; elles ne sont tenues qu'à en verser un dixième au trésor de l'Université. Les facultés des sciences et des lettres opèrent entièrement pour le compte de l'Université ; elles n'ont pas de recettes, et le produit des examens subis devant elles va tout entier à la caisse commune. Il n'est pas jusqu'à leur

---

1. Décret du 17 mars, 1808, art. 14 et 15.
2. Décret du 17 mars 1808, art. 139 : « Il sera alloué pour l'entretien annuel de chacune des facultés des lettres et des sciences qui seront établies dans les Académies une somme de cinq à dix mille francs. »

rang dans les cérémonies publiques qui ne soit un indice de leur différence spécifique. Au lieu de marcher en tête, comme il siérait, ce semble, à la science pure, antérieure et supérieure à ses applications, elles vont les dernières, après la théologie, le droit et la médecine, comme des subordonnées, comme des inférieures.

Leur grosse affaire, leur destination véritable, c'est la collation des grades; le reste ne vient que par surcroît. C'est pour cela qu'on en établit autant que d'académies; c'est pour cela qu'on leur donne juste autant de professeurs qu'il faut de membres aux jurys d'examen; c'est pour cela encore qu'aux facultés des sciences on adjoint le proviseur et le censeur du lycée. Comment en douter, quand on lit en propres termes, dans le statut de la faculté des lettres, que « le devoir principal du doyen est de veiller à ce que les grades ne soient pas conférés à des incapables[1] ». Si encore ces grades avaient été, comme dans le droit et la médecine, la sanction d'études nécessairement faites à la faculté, il y eût eu coordination de l'enseignement et des examens, et les deux fonctions eussent marché de pair. Mais il n'en est rien. De la maîtrise ès arts, à la restauration de laquelle avait songé Fourcroy, on fait le baccalauréat ès lettres. Il est conféré par les facultés des lettres, mais il porte sur les matières des hautes classes des lycées. En lui, rien de commun avec l'enseignement de la faculté. Ici la faculté n'intervient qu'à titre de jury, pour constater, non pour former. Au-dessus du baccalauréat, la licence et le

---

1. Statut du 16 février 1810.

doctorat ès lettres ou ès sciences. Ces grades, du moins, vont-ils supposer des études supérieures faites à la faculté même? Théoriquement, sans doute. Pour la licence, il faut avoir quatre inscriptions trimestrielles, puis pour le doctorat, quatre inscriptions nouvelles. Or les inscriptions sont le signe et la garantie des études. Mais de cette garantie, on fait un simulacre, une formalité administrative, une mesure fiscale, en permettant de les prendre, toutes à la fois, à la veille même de l'examen.

D'ailleurs, sauf dans les sciences, pourquoi viendrait-on s'asseoir un an ou deux à la faculté, puisqu'on peut apprendre ailleurs ce qu'on demande à la licence et au doctorat? Licence et doctorat ès lettres ne diffèrent du baccalauréat qu'en degré et non pas en nature. Pour être bachelier, on est censé savoir ce qui s'enseigne de lettres et de philosophie dans les hautes classes du lycée; pour être licencié, il suffit de composer en latin et en français sur un sujet donné, et pour être docteur, de soutenir deux thèses, l'une sur la rhétorique et la logique, l'autre sur la littérature ancienne. On a les premières thèses de la Faculté de Paris. Ce sont des dissertations élégantes, sans critique et sans érudition. A les lire, Napoléon se fût confirmé dans son idée que les lettres ne contiennent rien qui puisse être un véritable objet d'enseignement supérieur. Baccalauréat, licence et doctorat ès lettres ne sont que les puissances successives de la rhétorique. Aussi, pour franchir les trois degrés, besoin n'est-il pas de se faire initier à la faculté même; il suffit de se perfectionner dans les exercices du lycée.

A la faculté des sciences, il en est autrement. La licence veut des connaissances d'un autre ordre que le baccalauréat; le doctorat suppose un autre savoir que la licence. Les trois grades forment vraiment une épigénèse. Pour être licencié, il faut répondre sur la statique et sur le calcul différentiel et intégral, matières différentes de celles du baccalauréat; pour être docteur, il faut soutenir deux thèses, soit sur la mécanique et l'astronomie, soit sur la physique et la chimie, soit sur les trois parties des sciences naturelles. Mais comme ces connaissances peuvent se prendre ailleurs qu'à la faculté, au Collège de France, au Muséum, à l'École polytechnique, alors que la médecine s'enseigne exclusivement à la faculté de médecine, le droit à la faculté de droit, quels seront les clients de la faculté des sciences? Uniquement les futurs professeurs de sciences et encore pas tous, puisqu'ils peuvent acquérir le grade en se formant ailleurs. On les assimilait si peu aux autres, ces facultés des sciences et des lettres que pas un instant on ne paraît s'être inquiété d'assurer leur vie en leur assurant une clientèle. Voyez en particulier les facultés des sciences. Il semble que leur destination naturelle eût été de préparer à ces écoles de services publics qui requièrent des connaissances scientifiques, ponts et chaussées, mines, génie civil, génie militaire, armes savantes. Mais elles venaient trop tard. L'École polytechnique était là, consacrée par quinze ans de succès, inébranlable dans son monopole, drainant chaque année le meilleur de la jeunesse française et ne laissant que le rebut aux facultés naissantes.

Un instant, dans ses premiers projets, Fourcroy avait mis en avant une idée qui pouvait être féconde. C'était d'établir à Paris et dans les départements, près les facultés des sciences et des lettres, des espèces de maisons professes où se seraient formés les futurs maîtres de l'Université tout entière[1]. De la sorte, chaque ordre de facultés eût eu sa fonction nettement définie, sa clientèle propre et son rôle dans le recrutement des carrières libérales. Sans doute, le nombre des universitaires étant nécessairement limité, la clientèle des lettres et des sciences eût été plus restreinte que celle de la médecine et du droit; mais c'eût été du moins une clientèle assurée et sérieuse. Et nul doute qu'avec elle il ne se fût formé çà et là, dans plusieurs centres, de véritables écoles, surtout si, au lieu d'éparpiller sur la surface de l'Empire une soixantaine de facultés mal pourvues, on en eût créé seulement quelques-unes, possédant toutes les ressources nécessaires. L'idée ne fut pas suivie d'effet. On craignit sans doute que ces multiples écoles ne fussent pas le meilleur moyen d'inspirer à l'Université cette unité d'esprit qu'on avait par-dessus tout en vue. On crut mieux y réussir en créant à Paris pour la corporation tout entière, un séminaire unique, qui, d'abord coordonné aux facultés des sciences et des lettres, ne devait pas tarder à s'en détacher pour devenir une école spéciale de plus, se suffisant à elle-même.

Le statut organique de l'Université créait à Paris un *pensionnat normal* où « trois cents élèves seraient

---

1. *Rapport et projet sur les corps enseignants*, in *Recueil des projets de loi et arrêtés du Conseil d'État*, t. XIII, 1202. Bib. de la Chambre des députés.

formés à l'art d'enseigner les lettres et les sciences ». On ne s'était pas proposé d'en faire un nouvel établissement d'enseignement, mais une sorte de noviciat universitaire, où se donnerait seulement l'éducation professionnelle, l'instruction proprement dite lui devant venir du dehors. Rien ne marque mieux quel rôle leurs fondateurs destinaient aux facultés des sciences et des lettres que le régime auquel le décret de 1808 soumettait les élèves du « pensionnat normal ». Ce n'est pas des facultés qu'ils devaient recevoir l'enseignement, mais du Collège de France, du Muséum et de l'École polytechnique; avec les facultés, leurs rapports devaient se borner à comparaître devant elles, une fois l'an, pour subir les examens du baccalauréat et de la licence.

Telle était la lettre du décret. Ceux qui eurent mission de l'appliquer n'étaient pas ceux qui l'avaient préparé. Ils reculèrent sans doute devant ce paradoxe de faire instruire les futurs universitaires dans des établissements qui n'avaient rien de commun avec l'Université. Le Grand-Maître Fontanes et le Conseil impérial de l'Université firent des facultés des sciences et des lettres de Paris les organes enseignants de l'École normale et les lièrent à elle de la façon la plus étroite. On commença par les placer à côté de l'École, à l'ancien Collège du Plessis; dans leurs auditoires, on réserva des places aux premiers rangs pour les élèves de l'École; enfin on organisa leur enseignement en vue des études de l'École. Elles y gagnèrent des cadres plus complets. Le décret de 1808 les constituait, la Faculté des sciences à huit professeurs, la Faculté des lettres à six seulement. Il fut nommé à la Faculté des sciences neuf titulaires et quatre adjoints; à la Faculté des lettres, neuf titulaires et cinq adjoints. Entre ces maîtres se répartissaient les enseignements suivants : mathématiques transcendantes, astronomie physique, algèbre supérieure, mécanique, physique, chimie, minéralogie, botanique et physique végétale, zoologie, histoire de la philosophie ancienne, histoire de la philosophie moderne, philosophie, histoire littéraire et poésie française, éloquence française, éloquence latine, poésie latine, histoire ancienne, histoire moderne, géographie et littérature grecque.

Mais cet avantage était payé d'une dépendance servile vis-à-vis de l'École, témoin ces deux articles de leurs règlements : « Les professeurs doivent commencer leurs leçons, chaque jour à l'heure prescrite et s'inscrire en entrant sur un registre, qui sera clos chaque soir par le directeur des études de l'École normale. » — « Si le chef de l'École normale s'aperçoit de négligences graves de la part d'un professeur, il en avertit le doyen[1]. »

Grâce à l'École normale, les deux Facultés de Paris se trouvaient exceptionnellement pourvues; une clientèle sérieuse et fixe leur était assurée, en dehors des auditeurs de passage, et il ne tenait qu'à elles de devenir de véritables établissements d'enseignement supérieur.

Pour celles des départements, pareille chose n'était pas possible. Trop nombreuses pour avoir chacune tous les maîtres nécessaires, destinées à une tâche

---

1. Statut du 10 octobre 1809, art. 15 et 17.

qui ne leur garantissait pas d'élèves, ces vices originels les vouaient à la médiocrité, à l'inanité. Fatalement, l'enseignement supérieur les dépassait, leur échappait, et puisqu'en outre de leur besogne principale on leur demandait d'enseigner dans l'intervalle des sessions d'examen, la seule chose qu'on pût raisonnablement exiger d'elles, c'était de venir en aide aux lycées et de contribuer avec eux à la préparation des bacheliers. De fait, il ne semble pas qu'on ait eu pour elles d'ambition plus élevée. Fourcroy avait voulu les placer dans les lycées : on se contenta de les placer près d'eux. Mais cohabitation ou voisinage, c'était toujours un état inférieur, et bien qu'elles eussent de l'enseignement supérieur la puissance de conférer les grades, elles n'étaient guère pour l'enseignement au-dessus des lycées.

Les programmes généraux qu'on leur traça n'étaient pas de nature à susciter en elles quelqu'élan vers les études supérieures. On dirait au contraire qu'on ait voulu les mettre en garde contre des prétentions trop hautes. Sans doute, on engage les professeurs de sciences à « suivre et étudier les nouvelles découvertes ». Mais voici la tâche modeste qu'on assigne aux trois professeurs de lettres : « Le professeur de belles-lettres fera un cours approfondi de littérature par ordre de genres. » — « Le professeur de philosophie traitera des principales questions de la logique, de la métaphysique et de la morale, et leur donnera les développements les plus propres à fortifier l'esprit et le jugement des élèves. » Le professeur d'histoire « exposera les principes de la chronologie, les grandes époques de l'histoire et la concordance de la géographie ancienne avec la géographie moderne¹ ». Au fond, c'est le programme des hautes classes des lycées ; dans tous les cas, c'est du même ordre et du même degré. Aussi tient-on les facultés, surtout les facultés des lettres, pour des succursales des lycées, et les seuls élèves qu'on cherche à y diriger sont-ils les élèves de philosophie, les candidats au baccalauréat.

L'intention n'est pas douteuse, et elle se manifeste ouvertement. En veut-on des preuves ? Au commencement de 1810, on organise les facultés des départements. Entre autres instructions, que prescrit-on aux recteurs ? « De veiller à ce que les cours des facultés ne puissent avoir lieu aux mêmes heures que les classes des lycées. Sans cette disposition, les élèves des lycées déjà avancés dans leurs études ne pourraient suivre les cours des facultés². » A la même date, on organise les lycées. Que fait-on ? Dans les lycées extérieurs au chef-lieu de l'académie, on crée une chaire de philosophie, mais dans le lycée du chef-lieu, on n'en crée pas ; elle ferait double emploi avec celle de la faculté³.

En même temps on avait réglementé le baccalauréat ès lettres. On exigeait des candidats qu'ils eussent fait une rhétorique et une philosophie dans un lycée ou dans un établissement autorisé. Mais s'ils résident au chef-lieu de l'académie, c'est à la faculté qu'ils sont tenus de faire leur année de philosophie⁴. Facultés et lycées sont donc en partie

---

1. Statut du 16 février 1810, art. 3, 4, 5 et 6.
2. Circulaire du 5 avril 1810.
3. *Conseil de l'Université*, séance du 10 février 1810. Archives du Ministère de l'Instruction publique.
4. Règlement du 16 février 1810, art. 18 et 19.

confondus. C'est si vrai qu'à Paris même, à la distribution des prix du Lycée impérial, Luce de Lancival, professeur de belles-lettres, chargé du discours d'usage, disait indifféremment l'un pour l'autre le lycée ou la faculté des lettres[1].

Au fond, Paris mis à part, il y a beaucoup plus d'analogies qu'on ne le supposerait au premier abord entre ce système et celui des anciennes universités. C'est la même stratification de l'enseignement : au plan supérieur, la théologie, le droit et la médecine ; au plan inférieur, les lettres et les sciences, rattachées aux lycées, comme autrefois la faculté des arts aux collèges ; c'est la même prédominance des études professionnelles sur les études littéraires et scientifiques, la même absence dans toutes les facultés d'un principe commun de vie et d'action. Sans doute, l'institution nouvelle a un tout autre aspect que l'ancienne ; mais la transformation subie est surtout administrative ; elle n'est pas organique. Le mode de fonctionnement du mécanisme a été changé ; le plan général en est resté le même ; aussi les produits n'en seront-ils guère différents. Où la chose est surtout sensible, c'est dans les lycées, les lycées-facultés qui tiennent à la fois de l'enseignement secondaire et de l'enseignement supérieur. On y a fait aux sciences, surtout aux sciences mathématiques, la place exigée par le recrutement des écoles savantes, mais à côté on a repris tout des anciens collèges, les auteurs et les méthodes, les divisions et la gradation de l'enseignement, la rhétorique et l'esprit formel. Fontanes, le premier

---

1. 16 août 1808 : « Je dois, me renfermant dans ce qui concerne la Faculté des lettres ».

Grand-Maître, répondait bien mieux que ne l'eût fait Fourcroy à ce qu'on attendait de l'Université naissante, et il personnifiait à merveille l'enseignement restauré, l'élégance de la forme et le vide des idées.

Pendant toute la durée de l'Empire, l'enseignement supérieur n'a guère d'histoire que celle de son organisation. A l'origine, il devait y avoir six facultés de théologie catholique, deux facultés de théologie protestante, cinq facultés de médecine, douze facultés de droit, vingt-sept facultés des sciences et vingt-sept facultés des lettres. Ce cadre ne fut pas rempli, et en même temps il fut dépassé ; on n'organisa pas toutes les facultés créées dans le principe, mais on fut conduit, à mesure que l'Empire reculait ses frontières, à en créer de nouvelles sur un territoire sans cesse grandissant.

En 1814, l'Empire en était venu à comprendre quarante académies. Dans ce nombre démesuré de circonscriptions universitaires, il y avait cinq facultés de théologie protestante, dix facultés de théologie catholique, dix facultés de médecine, y compris l'École spéciale de médecine de Mayence, dix-sept facultés de droit, dix-huit facultés des sciences, trente et une facultés des lettres. Si de ces chiffres on retranche les facultés qui devaient bientôt cesser d'être françaises avec le sol qui les portait, il reste, pour ce qui fut la France après 1815, sept facultés de théologie catholique, deux facultés de théologie protestante, trois facultés de médecine (les anciennes écoles de la Convention), neuf facultés de droit (les écoles du Consulat), dix facultés des sciences et vingt-deux facultés des lettres.

Ces chiffres manquent d'équilibre. Nous en avons déjà vu la raison. C'est que chaque ordre de faculté dérive non d'une conception commune, mais d'une idée particulière, souvent artificielle. Il fallait plus de facultés de théologie catholique que de facultés de droit : non pas qu'on eût besoin de plus de théologiens que de magistrats et d'hommes de loi, mais parce que chaque siège archiépiscopal devait être flanqué d'une faculté de théologie. Il eût fallu vingt-sept facultés des sciences et vingt-sept facultés des lettres ; plus tard, l'Empire s'étant accru, il en eût fallu quarante de chaque ordre, parce qu'on avait décidé que toute académie aurait au moins ces deux facultés, et qu'il y aurait autant d'académies que de cours d'appel, et parce qu'ayant assigné pour fin à ces deux sortes d'établissements, non pas l'enseignement supérieur des lettres et des sciences, mais simplement la collation des grades, il fallait multiplier les jurys de baccalauréat pour la commodité des candidats. On atteignit presque ce chiffre fabuleux pour les facultés des lettres. Si, pour les sciences, on resta beaucoup en deçà, c'est que le baccalauréat ès sciences, n'ayant pas à beaucoup près la même clientèle, il devenait inutile de multiplier autant les jurys de cet ordre. C'est le triomphe de l'empirisme.

Dans l'organisation intérieure des facultés, nul indice de vues plus élevées et plus scientifiques. Par bonheur, les écoles de médecine avaient reçu une constitution qui pouvait suffire, pour longtemps encore, au progrès de la science ; on la respecta. Mais pour les écoles de droit, si petitement conçues, si faiblement outillées, non seulement on ne fit rien de plus, mais on ne fit même pas tout ce qu'avait promis et prescrit la loi. Elle voulait qu'outre les matières purement professionnelles, on enseignât les éléments du droit naturel et du droit des gens. Nulle part, sauf à Turin et à Gênes, cette prescription ne fut respectée. Elle voulait que le droit public français et le droit civil dans ses rapports avec l'administration publique fussent enseignés à la suite du droit civil[1]. On n'en tint compte qu'à Paris, et encore y fit-on du droit français une annexe du cours de code civil approfondi. Dans les autres facultés, on se limita au droit romain, au code Napoléon et à la procédure.

Primitivement, les facultés des sciences et les facultés des lettres ne devaient avoir qu'un nombre dérisoire de professeurs, quatre pour le domaine entier des sciences mathématiques, des sciences physico-chimiques et des sciences naturelles, trois pour la philosophie, pour toutes les branches des littératures anciennes et modernes, pour l'histoire et pour la géographie. On fut un peu plus large à l'exécution. Les quelques facultés des sciences qui furent constituées le furent à cinq et parfois à six professeurs. Ainsi Dijon eut deux professeurs de mathématiques, deux d'histoire naturelle, un de physique et un de chimie; Montpellier en eut six, deux pour les mathématiques et quatre pour la zoologie, la minéralogie et la géologie, la chimie et la physique. De même, on donna aux facultés des lettres un et parfois deux professeurs de plus qu'on n'avait promis. Mais quelles étranges choses on y

---

1. Décret du 4e complémentaire, an XII, art. 10.

relève. Et comme on voit bien que leur destination véritable est de recevoir des bacheliers et non d'enseigner. Ici le recteur de l'académie est en même temps professeur à la faculté : comme recteur, il commande au doyen ; comme professeur, il reçoit ses ordres ; là, et c'est le cas dans onze académies, il cumule le rectorat, le décanat et le professorat. Ailleurs, à Pau, le cumul est poussé plus loin encore et réunit sur la même tête quatre fonctions : celles de recteur, de doyen, de professeur de la faculté et de proviseur du lycée. Ajoutons qu'en plus d'un endroit les cadres restent vides : à Douai, par exemple, il n'y a, en 1814, qu'un seul professeur à la faculté des lettres.

Nous avons vu plus haut quelles circonstances avaient forcé, à Paris, d'élargir les cadres. D'autres circonstances, d'ordre tout politique, firent conserver dans les pays conquis et annexés ceux qu'on y trouvait établis. Nous l'avons déjà noté pour Gênes et Turin. La même politique fut suivie ailleurs. Ainsi, pour se borner à un seul exemple, la Faculté des lettres de Pise conserva une chaire de langues orientales, alors qu'il n'y en avait dans aucune des facultés de l'ancien territoire français.

Ainsi conçues et organisées, l'unique affaire des facultés est la collation des grades, et, dans la médecine et le droit, la préparation aux grades. A cela se réduit toute leur vie intérieure. D'enseignement supérieur proprement dit, de science et de recherches savantes, il n'est pas et il ne pouvait être question, si ce n'est à Paris, au voisinage et pour les besoins de l'École normale. Nous avons le tableau des grades conférés pendant l'Empire ; nous pouvons supputer ainsi avec exactitude le produit des facultés. Dans le droit, il fut fait, de 1809 à 1814 inclusivement, trois mille cent licenciés, soit une moyenne de cinq cents par an, et soixante-treize docteurs, soit une moyenne annuelle de douze. Dans la médecine, les chiffres sont moins élevés; pendant ces six années, il ne sortit des facultés de médecine que mille quatre cent cinquante-six docteurs en médecine et cinquante-deux docteurs en chirurgie. Dans les lettres, à ne considérer que les grades supérieurs, licence et doctorat, la production est beaucoup plus faible; cent cinquante-trois licenciés et cinquante-six docteurs pour vingt-trois facultés, et sur ces cent cinquante-trois licenciés, soixante-dix-neuf, presque tous élèves de l'École normale, reviennent à la Faculté de Paris; les soixante-quatorze autres se répartissent inégalement entre treize facultés des départements; neuf facultés n'en ont pas même un seul. Dans les sciences, le rendement est plus faible encore : quarante licenciés seulement, dont trente et un à Paris, quatre à Caen et un seul à Besançon, à Lyon, à Montpellier, à Grenoble et à Strasbourg; rien à Toulouse, à Dijon et à Metz; dix docteurs, dont cinq à Paris [1]. Qu'on compare ces chiffres à celui des maîtres des lycées et des collèges, et l'on verra combien est petit le nombre des licenciés en exercice par rapport à celui des bacheliers. La licence pourtant eut dû être, ce semble, le grade professionnel. On se contenta couramment du baccalauréat, et cette mesure a pesé jusqu'en ces derniers temps sur une partie de notre enseignement secondaire.

1. État numérique des grades, in *Documents et enquêtes relatifs à l'Enseignement supérieur*, XXI.

Il ne faut pas chercher dans les facultés de ce temps autre chose que ce que voulurent y mettre leurs fondateurs. Les facultés de médecine et de droit enseignèrent utilement, mais sans grand éclat et sans visées savantes, la médecine et le droit; les autres n'enseignèrent pas ou enseignèrent peu. On ne leur avait pas, et à dessein, assuré de clientèle. Sauf à Montpellier, où les étudiants en médecine et en pharmacie suivaient les cours de physique, de chimie et d'histoire naturelle, les facultés des sciences des départements restèrent à peu près désertes. Les facultés des lettres furent réduites, comme on l'a vu pour la philosophie, à l'humble rôle de répétitrices au baccalauréat; ou bien, dans l'intermède des sessions d'examen, elles s'essayèrent çà et là à des leçons publiques de vulgarisation, versant fatalement dans un genre que le créateur de l'Université avait déclaré futile et inutile.

Paris fait exception. En faisant des deux facultés les institutrices du pensionnat normal, on les avait préservées de la nullité et de la platitude. En y nommant, surtout dans les sciences, des hommes de grand mérite, comme Biot, Gay-Lussac et Thénard, on leur assura un enseignement élevé et d'une réelle valeur. Peu à peu, à la Faculté des lettres, autour du noyau des élèves de l'École normale, se forme un plus vaste auditoire; peu à peu, l'étroit asile du Collège du Plessis, le seul, dit un contemporain, qu'on ait épargné pour l'étude, devient un rendez-vous pour tous ceux, hommes faits et jeunes gens, qui, dans ces jours de silence et de servitude, conservaient le souci d'une pensée libre et d'une parole indépendante. Déjà la chaire du professeur commence à devenir tribune, d'abord avec la Romiguière, qui popularisait doucement et finement l'idéologie au moment où l'idéologie était le plus mal en cour, puis, d'un tout autre ton, avec Royer-Collard. En même temps au Muséum, au Collège de France, des créateurs comme Cuvier et Silvestre de Sacy ouvrent à l'esprit humain des voies nouvelles. Mais partout ailleurs, c'est l'inertie, l'ombre et le néant, et la *Commission d'Instruction publique* à laquelle furent confiés, en 1815, les pouvoirs du Grand-Maître, était autorisée à porter des facultés de l'Empire ce jugement auquel l'historien doit souscrire : « Il ne paraît pas que l'intention du législateur ait été de faire de ces facultés des corps enseignants, distincts et entièrement séparés des lycées... Il paraît, au contraire, qu'il ne s'agissait que de confier à quelques professeurs des lycées le droit d'examiner et de conférer les grades... Les efforts pour attirer des élèves à des chaires presque généralement abandonnées dès le commencement ont été vains... Ces sortes de chaires furent donc en général des espèces de bénéfices destinés à exciter l'émulation des professeurs et à récompenser leurs anciens services [1]. »

1. *Procès-verbaux de la Commission de l'Instruction publique*. Archives du Ministère de l'Instruction publique.

LIVRE IV

LA RESTAURATION

CHAPITRE PREMIER

La Commission d'Instruction publique.

L'ordonnance de 1815. Démembrement de l'Université. — Les Cent-Jours. Maintien provisoire de l'Université. — La Commission d'Instruction publique. Royer-Collard. — État de l'enseignement supérieur : les écoles, les maîtres, les étudiants. — Attaques contre la Commission.

C'est une curieuse histoire que celle de l'Université pendant la Restauration. Des institutions impériales, il n'en était pas une qui parût plus qu'elle menacée de disparaître avec l'Empire. Tout semblait le présager, et son origine qui la reliait à la Révolution, et l'office politique qu'avait voulu pour elle son fondateur, et son monopole où l'on voyait une entreprise sur les consciences, et ses tendances réelles ou supposées qui la mettaient en antagonisme avec les nouvelles puissances du jour. De fait elle fut condamnée, et d'un verdict à peu près unanime ; on rédigea même et l'on publia sa sentence de mort. Pourtant elle continua de vivre, d'abord au jour le jour, de sursis en sursis, suspecte et tolérée, puis petit à petit raffermie, consolidée, plus tard réhabilitée et abritée par le pouvoir royal lui-même, finalement triomphante et incorporée plus complètement que sous l'Empire à l'organisme gouvernemental.

Des phases de cette histoire nous ne dirons ici que ce qui peut servir à l'histoire plus particulière de l'enseignement supérieur.

L'Université était deux choses à la fois : d'abord une forme de cette éducation nationale que déjà, dans les cahiers de 1789, tous les ordres de la nation avaient réclamée comme une nécessité publique, et dont la Révolution avait fait un devoir public ; puis une institution impériale que son fondateur destinait à être, dans ses mains, un instrument de règne. A ce double titre, elle était odieuse à ceux qui du retour des Bourbons concluaient au retour de toutes les choses de l'ancien régime, et à la suppression de l'œuvre entier de l'Empire et de la Révolution. Immédiatement, ils éclatèrent contre l'institution impie, « mélange impur de clercs et de laïques, de prêtres mariés, d'apostats, de déistes et d'incrédules, de banqueroutiers et de divorcés[1], » conception « de toutes les conceptions de Bonaparte la plus effrayante et la plus antisociale », « monument de la haine du tyran contre les générations futures[2] ».

C'était dans l'ordre. Mais, ce semble, il y était aussi, pour les modérés, pour les libéraux, pour ceux qui se flattaient, à l'aurore de la Restaura-

1. *Mémoire anonyme sur l'Université*, 1814.
2. La Mennais, *de l'Université impériale*, 1814.

tion, de faire vivre d'accord, dans la liberté reconquise, la monarchie de droit divin et la société sortie de la Révolution, de distinguer entre l'institution nationale et l'institution impériale, et tout en condamnant l'une, de défendre et de sauver l'autre. Il n'en fut rien pourtant. Rendus défiants par la tyrannie de l'Empire, soucieux de former la jeunesse à une tout autre école et de protéger le pays contre les retours offensifs du despotisme, dans l'Université, ils ne virent pas tout d'abord, derrière la machine politique, l'œuvre publique et nationale, et s'ils ne furent pas les plus violents de ses adversaires, ils commencèrent par en être les plus actifs et les plus puissants.

La première parole dite au nom du gouvernement touchant l'instruction publique avait été la négation du principe même d'un enseignement d'État. « Les formes et la direction de l'éducation des enfants seront rendues à l'autorité des pères et mères, tuteurs et familles [1]. » Le premier acte du gouvernement allait beaucoup moins loin. Au fond, l'Université était condamnée; seulement, comme il importait « de prévenir tout relâchement et toute interruption dans l'éducation de la jeunesse, » on la maintenait, mais à titre tout à fait provisoire, juste le temps « qu'on pût apporter à l'ordre actuel de l'éducation publique les modifications qui seront jugées utiles [2] ».

Ces modifications, l'Université crut habile, puisqu'on lui laissait quelque répit, de les rechercher et de les indiquer elle-même, bien qu'on ne l'invitât

1. Arrêté du 8 avril 1814.
2. Ordonnance du 24 juin 1814.

pas à le faire. Elle avait le sentiment de son double caractère, et elle ne crut pas impossible de montrer que, tout en restant une institution nationale, une institution de l'état nouveau, elle pouvait dépouiller son enveloppe impériale et devenir « monarchique et religieuse. » Qu'elle y fût poussée par ce besoin de conservation qui porte les corps aussi bien que les individus à s'adapter aux conditions changeantes des milieux et des régimes, cela n'est pas douteux; mais il n'est pas douteux non plus qu'en essayant de se sauver elle-même, elle ne crût, en toute sincérité, sauver aussi la forme moderne de l'éducation nationale dont les événements l'avaient rendue dépositaire. L'Église et elle, tout le temps de l'Empire avaient vécu côte à côte, sans hostilités et sans rivalités apparentes. Mais, avec la Restauration, l'Église redevenait une puissance, la grande puissance, et elle était prête à réclamer du pouvoir l'abandon de l'éducation publique. Il fallait donc compter avec elle, et sous peine de la voir tout demander, tout obtenir, lui offrir en partage les fruits d'un domaine dont le pouvoir civil conserverait l'intendance et la propriété.

C'est bien de cette double pensée que s'inspire le projet de revision des statuts universitaires qui fut alors élaboré par M. de Fontanes, par M. A. Rendu et par les Conseillers de l'Université : maintenir la corporation universitaire, et l'ouvrir à l'Église, sans en faire cependant une corporation religieuse.

D'après ce projet, à l'Université, à elle seule, restaient confiées, dans tout le royaume, « l'éducation et l'instruction publiques ». De son ancienne constitution, elle conservait tout l'essentiel : son monopole d'abord, à l'exception des séminaires et des écoles de services publics qui pourraient désormais se former en dehors d'elle, puis son Grand-Maître, ses dignitaires et son Conseil, ses revenus et ses biens, sa juridiction et ses grades, ses facultés et ses collèges. La différence était tout entière dans l'École normale. Celle-ci continuait d'être une école pédagogique ; mais elle devenait en même temps une école religieuse. Entre elle et les séminaires on établissait des communications et des échanges. On eût pu sortir de l'École normale, passer trois ans au séminaire, puis en revenir, la robe sur la soutane, aux collèges de l'Université. Réciproquement, on eût pu venir des séminaires à l'École normale. En même temps on laissait entendre que « les ecclésiastiques seraient préférés aux laïques pour toutes les places d'administration et d'enseignement », et qu'ainsi serait enfin réalisée cette disposition primitive du statut universitaire qui imposait aux professeurs le « célibat et la vie commune ». C'était donc l'Université ouverte à l'Église, pénétrée par l'Église ; mais c'était toujours, semblait-il, l'Université, c'est-à-dire une corporation civile, enseignant au nom de l'État et sous l'autorité du pouvoir civil.

Pendant qu'elle méditait ainsi un traité de partage et d'alliance, soudainement l'Université reçut un arrêt de démembrement. Par ordonnance du 17 février 1815, l'institution enseignante que Napoléon avait voulue « une et indivisible comme l'Empire français », disparaissait, et il lui était substitué dix-sept universités régionales qui devaient porter chacune le nom de son chef-lieu.

Cette ordonnance est une date dans l'histoire de l'enseignement supérieur. Elle marque la première apparition, au cours du siècle, d'idées opposées à celles qui avaient prévalu jusque-là, et qui bientôt allaient recommencer à prévaloir, sur l'organisation des hautes études. Non pas que ces Universités de Normandie, de Gascogne, de Flandre ou d'Auvergne, que la Restauration mettait à la place de l'unique Université de France, fussent la renaissance des universités de l'ancien régime, ou l'apparition d'universités semblables à celles qui commençaient à jeter tant d'éclat dans les pays étrangers. C'était plutôt une segmentation de l'Université impériale, chacune d'elles étant moins une véritable université qu'une académie ayant sa circonscription géographique, son recteur, son conseil, ses biens, ses facultés, ses collèges royaux et ses collèges communaux ; mais, pour la première fois, c'était une décentralisation de l'enseignement.

Les vrais auteurs de l'ordonnance, Royer-Collard et Guizot, avaient obéi à une double préoccupation d'ordre politique et d'ordre scientifique. Sans partager à aucun degré les colères violentes des royalistes intransigeants contre l'Université, ils se disaient cependant qu'une institution née du pouvoir absolu, façonnée par lui pour des desseins qui n'avaient rien de libéral, recélerait toujours un danger pour les libertés publiques. Ils n'étaient pas hommes à faire entre les mains de l'Église ou des anciennes corporations enseignantes abdication des droits de l'État ; mais ils pensaient que, si le régime nouveau ne pouvait pas renoncer à l'éducation publique, il ne devait la donner qu'avec de nouveaux organes.

Cette préoccupation apparaît très nettement dans le préambule de l'ordonnance : « Nous avons reconnu que l'instruction publique reposait sur des institutions destinées à servir les vues politiques du gouvernement dont elle fut l'ouvrage, plutôt qu'à répandre sur nos sujets les bienfaits d'une éducation morale et conforme aux besoins du siècle. » Elle est visible aussi dans les dispositions générales du système. Le dessein du gouvernement était « d'abolir le pouvoir absolu qui, dans l'Université impériale, disposait seul soit de l'administration des établissements, soit du sort des maîtres, et de placer les établissements sous une autorité plus rapprochée et plus contrôlée, en assurant aux maîtres plus de fixité, d'indépendance et de dignité dans leur situation[1] ». De là tout d'abord la multiplicité des universités ; de là l'organisation de chacune d'elles, leur personnalité, leur indépendance : un recteur pour chef, puis un conseil composé, avec le recteur, de l'évêque et du préfet, des doyens des facultés, du proviseur du collège royal et de trois notables ; de là les attributions de ce conseil, nommant sur présentation du recteur, proviseurs, censeurs et professeurs, percevant les revenus de l'Université, administrant ses biens, exerçant la discipline sur le personnel ; de là enfin, au lieu de la centralisation absolue qui faisait converger naguère toutes les tiges motrices de la machine vers la main du Grand-Maître, une large détente des attributions du pouvoir central, qui ne conservait plus que le droit de nom-

---

1. Guizot, *Mémoires*, t. I, ch. II.

mer les recteurs et celui d'assurer l'unité morale de l'enseignement par l'action de son Conseil royal, par la formation des maîtres à l'École normale et par les visites de ses inspecteurs généraux.

En même temps que la décentralisation administrative, on s'était proposé la décentralisation scientifique. Entre autres effets, la machine universitaire, telle que l'avait montée Napoléon, devait agir à la façon d'une pompe aspirante, appeler et retenir au centre presque toute la vie intellectuelle du pays. La preuve n'en était plus à faire ; l'insuccès à peu près absolu des facultés des départements n'était que trop avéré. A Paris seulement l'enseignement supérieur avait réussi. Mieux valait, à coup sûr, pour le bien du pays, au lieu d'un seul foyer central, surchauffé aux dépens du reste, plusieurs foyers distincts, répartis sur tout le territoire, et rayonnant chacun sur une région. On espérait, avec les universités régionales, « créer hors de Paris, dans les départements, de grands foyers d'études et d'activité intellectuelle ». Le corps des facultés n'eut pas à lui seul constitué l'université tout entière ; mais il en eut été l'organe dominateur, et c'est par les facultés qu'on avait l'espoir de susciter ou de ranimer dans les provinces la vie intellectuelle anémiée par la centralisation à outrance de l'Empire.

Que fût-il advenu de ces espérances? On ne sait. Quelques jours après l'ordonnance du 17 février, Louis XVIII fuyait à Gand. Napoléon rentrait aux Tuileries : en deux traits de plume, il rétablissait son Université à lui, et il lui rendait un Grand-Maître. Il faut donc juger théoriquement, et non par ses effets, cette réforme mort-née de 1815. Nul doute que, mise en pratique, elle n'eût imprimé un tout autre cours à l'enseignement public. Au lieu de cette uniformité qui, sans souci des aptitudes et des besoins locaux, impose à un pays, où survivent pourtant, dans une âme commune, tant de génies divers, mêmes règles, mêmes cadres, même discipline de vie intellectuelle, on aurait vu des systèmes d'écoles plus libres, plus variés, appropriés chacun aux usages, aux besoins, au tempérament d'une région, et c'eût été pour la France plus de richesse et plus de force. Ce n'est pas que tout fût sans défauts dans le nouveau régime scolaire. Les principes en étaient justes; mais on n'en faisait « qu'un essai timide » et non « une large et puissante application ». Le nombre des universités locales y était trop considérable. Il n'y a pas en France dix-sept foyers naturels de hautes et complètes études; quatre ou cinq suffiraient et pourraient seuls devenir grands et féconds. La réforme... avait un autre tort. Elle venait trop tôt; c'était le résultat à la fois systématique et incomplet des méditations de quelques hommes depuis longtemps préoccupés des défauts du régime universitaire, non pas le fruit d'une impulsion et d'une opinion vraiment publiques[1]. » Pourtant, à tout prendre, ce pouvait être pour l'enseignement supérieur le point de départ d'une évolution d'où fussent sortis non pas dix-sept, mais quatre ou cinq puissants foyers d'études et de science.

Après les Cent-Jours, les hommes qui avaient

1. Guizot, *Mémoires*, t. I, ch. I.

inspiré l'ordonnance de 1815 ne furent pas écartés des conseils du gouvernement. Ils ne crurent pas cependant devoir la faire revivre. Deux raisons les en empêchèrent. D'abord la pénurie du Trésor. Pour organiser ces dix-sept groupes universitaires, il eût fallu des ressources qu'on n'avait pas. Puis l'attitude des royalistes ultras. Ceux-ci sortaient des Cent-Jours irrités et implacables contre tout ce qui de près ou de loin tenait à la Révolution, brûlant de substituer une politique de vengeance et de châtiment à la politique de transaction qui avait été celle de la Charte de 1814[1]. Ce qu'ils remettaient en question, ce n'étaient plus seulement les institutions impériales, mais bien les institutions fondamentales de la société moderne ; ce qu'ils voulaient, c'était une capitulation solennelle de la Révolution tout entière devant l'ancien régime. Royer-Collard et ses amis n'hésitèrent pas. Ils se rangèrent du côté des institutions menacées, et faisant cette fois distinction, dans l'Université, entre ce qu'elle avait d'impérial et ce qu'elle avait de national, ils maintinrent l'Université, tout en la modifiant sensiblement.

Par l'ordonnance du 15 août 1815, « l'organisation des académies, — celle qu'avait rétablie Napoléon aux Cent-Jours, — était *provisoirement* maintenue ». « Notre ordonnance du 17 février n'ayant pu être mise à exécution, disait le préambule, et les difficultés des temps ne permettant pas qu'il soit pourvu aux dépenses de l'instruction publique, ainsi qu'il avait été statué par notre susdite ordonnance,

---

1. Cf. Thureau-Dangin, *le Parti libéral sous la Restauration*.

voulant surseoir à toute innovation importante dans le régime de l'instruction publique jusqu'au moment où des circonstances plus heureuses que nous espérons n'être pas éloignées nous permettront d'établir par une loi les bases d'un système définitif... » Ce n'était donc qu'un sursis, mais avec un sursis, c'était la vie, et tout allait dépendre de l'usage qui en serait fait. En même temps, et pour bien marquer les changements survenus dans l'État, on amoindrissait l'institution. Plus de Grand-Maître, plus de chancelier, plus de trésorier, plus de Conseil de l'Université; mais, à leur place, exerçant tous leurs pouvoirs, une commission de cinq membres, placée sous l'autorité du Ministre de l'Intérieur.

En elle-même, c'était une institution vicieuse que cette sorte de Conseil des cinq. Elle avait le tort de confondre, aux mêmes mains, des pouvoirs fort différents d'initiative, d'exécution, d'administration et de justice, que le statut de 1808 avait sagement répartis entre le Grand-Maître et le Conseil. Elle avait le tort plus grand encore de trop séparer le gouvernement de l'Université du gouvernement du pays; indépendance apparente qui pouvait promptement devenir une faiblesse irrémédiable. Ainsi constituée, cette Commission de l'Instruction publique ne pouvait valoir que ce que vaudraient les hommes. Elle valut beaucoup avec des hommes comme Royer-Collard et Cuvier[1]. Pendant près de cinq ans, elle exerça sur l'Instruction publique une véritable dictature, et si l'Université fut sauvée, c'est parce qu'il fût établi en ces cinq

1. Thiers, *Chambre des députés*, session de 1816.

années qu'elle pouvait être isolée de son auteur, et qu'en elle il n'y avait, au fond, rien d'incompatible avec la monarchie.

La tâche n'était pas aisée ; il y avait à désarmer bien des défiances, à vaincre bien des difficultés, à éviter bien des périls. Nous devons en borner le tableau à l'ordre de l'enseignement supérieur.

L'ordonnance du 15 août l'avait nettement avoué, une des causes du maintien provisoire de l'Université était la pénurie des finances. Force était donc de supprimer tout ce qui n'était pas strictement nécessaire. Sans tarder, on supprima d'un seul coup dix-sept facultés des lettres et trois facultés des sciences. Vraiment ce n'était pas une perte.

On sait par quelles vues s'était guidé le gouvernement impérial lorsqu'il avait créé tant de facultés inutiles. Beaucoup n'avaient eu qu'une existence nominale, et les autres n'avaient guère été, dans les départements, que des jurys d'examen. Sauf à Paris, on n'avait pu leur donner quelque vie. Voici, comme échantillon, ce qu'écrivait au Grand-Maître, en 1811, le Recteur de l'Académie de Nîmes : « La faculté des lettres a trois cours en activité... Le cours de philosophie compte neuf élèves; le cours de littérature française en a quatre ; celui de littérature grecque en a trois. Le cours de littérature latine n'est pas ouvert, soit parce que le professeur est absent par congé de Son Excellence, soit parce qu'il ne s'est pas présenté d'élèves; ce cours n'est guère susceptible d'en avoir dans cette ville : les jeunes élèves du lycée suivant le cours de rhétorique ne sont pas tentés de répéter cette classe à l'académie lorsqu'ils ont quitté le lycée; peu de personnes du monde s'adonnent à l'étude approfondie du latin; ils en savent toujours assez en quittant les bancs du collège; aussi cette chaire doit être unie à celle de la littérature française. La chaire d'histoire est sans but dans la faculté des lettres : on n'exige pas d'examen sur l'histoire pour prendre le grade de bachelier ou de licencié. Aussi elle est inutile et doit être supprimée. » — Ailleurs, même situation. Des élèves du lycée, des candidats au baccalauréat, voilà presque partout l'unique clientèle des facultés des lettres. A Cahors, en 1814, trente-cinq élèves inscrits au cours d'histoire; tous élèves du lycée. A Orléans, à la même date, vingt-six élèves, tous élèves du lycée ou de l'école secondaire ecclésiastique [1]. A Strasbourg, cent trente-six élèves; cent treize suivent le cours de philosophie en vue du baccalauréat. A Lyon, pour plus de facilité, le cours de philosophie se fait au lycée. Çà et là, cependant, quelques exceptions. A Caen, sur quarante-deux étudiants de la faculté des lettres, vingt-deux sont du lycée et vingt de la faculté de droit [2]. A Montpellier, cinquante et un élèves de la faculté de médecine sont en même temps inscrits à la faculté des lettres [3]. Au total, en 1814, il y avait dans les facultés des lettres, mille deux cent dix étudiants inscrits; lisez, défalcation faite des soixante-dix élèves de Paris, presque tous élèves de l'École normale, environ onze cents candidats au baccalauréat ès lettres. Candidats au baccalauréat et élèves des lycées sont aussi pour la

---

1. Archives nationales, F. 17 4657.
2. *Ibid.*, F. 17 4653.
3. *Ibid.*, F. 17 4657.

plupart les deux cent trente-sept étudiants inscrits la même année dans les facultés des sciences, sauf à Montpellier, où une cinquantaine d'étudiants en médecine suivent les cours de chimie et d'histoire naturelle, et à Metz où les cours de mathématiques sont fréquentés par une trentaine de candidats à l'École polytechnique et de soldats sapeurs. Seules les facultés de droit et de médecine ont vraiment une clientèle propre, les premières trois mille, douze cents les secondes [1]. Les trois écoles de pharmacie incorporées à l'Université ont à peine donné signe de vie [2].

C'était donc coupe de bois mort que cette suppression de vingt facultés, et on ne perdait rien à leur disparition. Un détail qui donne une idée de leur misère, de leur néant. En disparaissant, la faculté des lettres de Clermont laissait pour tout bien derrière elle « la masse et la chaîne de l'appariteur [3] ». Seulement on ne peut s'empêcher de regretter que cette coupe ait été menée d'une manière tout à fait empirique, uniquement d'après les résultats constatés, sans aucune vue d'avenir. Pourtant c'était le président de la Commission, Royer-Collard qui, l'année d'avant, avait voulu créer en province un certain nombre de centres et de foyers d'études. Puisqu'il fallait tailler, quelle occasion meilleure de tailler pour l'avenir et de préparer sur quelques points choisis des groupes complets de facultés?

A vrai dire, le trouble général des affaires, celui des partis, celui des esprits, rendaient difficiles les

---

1. Archives nationales, F. 17 4727.
2. Ibid., F. 17 4619.
3. Ibid., F. 17 4619.

longues pensées. Le souci de chaque jour était de gagner un jour. Maintenue à titre tout à fait précaire, sous l'annonce et la menace d'une loi qui pouvait tout changer, l'Université avait intérêt à ne pas laisser apparaître des projets à lointaine échéance. Sa fragilité lui était sans cesse rappelée. Elle est si bien tenue pour un établissement provisoire que dans les villes, dans les facultés même, à la cour, se manifestent ouvertement des tendances au retour des anciennes universités et des corporations privilégiées. Ainsi, dès 1814, l'ordre des avocats d'Angers demande au duc d'Angoulême le rétablissement de l'Université de cette ville. Deux ans plus tard, le conseil municipal renouvelle la requête[1]. Caen formule une semblable demande, et l'appuie sur les sentiments chrétiens de son Université disparue[2]. Montpellier, Bordeaux, Besançon, Orléans, Nancy, Bourges, Pau, Valence, émettent le même vœu[3]. Les professeurs de la Faculté de médecine de Montpellier demandent en grâce au roi « d'être séparés de l'Université, de reprendre l'existence isolée dont ils n'ont jamais cessé de jouir jusqu'à leur incorporation et de recouvrer les prérogatives qui leur avaient été accordées par les papes et les rois comme une noble récompense de leurs longs et pénibles travaux ». Ils réclament en même temps comme « un héritage de gloire », « le titre honorable de conseillers-médecins ordinaires du roi[4] ». Les chirurgiens de Paris demandent au roi le rétablis-

---

1. Archives nationales, F. 17 4727.
2. *Ibid.*
3. *Ibid.*
4. Archives de la Faculté de médecine de Montpellier.

sement de l'ancien Collège et de l'Académie de chirurgie, la restitution de l'école et de ses dépendances qu'ils tenaient de la munificence de Louis XV et de Louis XVI, et « la rentrée en jouissance des revenus payés par l'État, dont les fonds provenaient de donations faites par des chirurgiens bienfaiteurs [1] ». Une adresse signale la nécessité de réorganiser les écoles de médecine et de chirurgie conformément aux statuts et règlements de l'ancienne Faculté de médecine et de l'ancien Collège de chirurgie.

Et le roi encourage ces tendances, en chargeant une commission présidée par son premier médecin, le Père Élysée, d'étudier un projet qui eût constitué à part l'un de l'autre, et tous deux hors de l'Université, l'enseignement de la médecine et celui de la chirurgie [2]. Il manifeste ses propres sentiments à l'égard des institutions scientifiques de la Révolution en décomposant l'Institut, en rendant leurs anciens noms aux classes qui le constituaient, en en chassant sans respect pour la science, la gloire et le génie, des hommes comme Monge, David et Carnot [3]. Enfin il prend soin de rappeler lui-même à l'Université qu'elle est toujours suspecte, simplement tolérée et pour un temps seulement, en chargeant une commission où siégeait Chateaubriand, un adversaire irréductible, « d'examiner s'il ne convient pas de confier l'instruction publique à un corps enseignant dans lequel entreront les ecclésiastiques qui peuvent s'y destiner... les restes des congrégations ensei-

---

1. Archives nationales, F. 17-1727.
2. *Ibid.*, AD, VIII-32.
3. Ordonnance du 21 mars 1816.

gnantes, les congrégations ecclésiastiques autorisées ou qui pourront l'être[1] ».

Voilà déjà qui explique l'étroitesse de vues et la timidité de la Commission. Elle se trouvait en présence d'autres difficultés encore. Après les Cent-Jours, il avait fallu, dans l'Université comme ailleurs, épurer le personnel. Toutes les facultés ne ressemblaient pas à la Faculté de droit de Paris. Dès les premiers jours de la Restauration, celle-ci avait fait montre du plus ardent royalisme; aux Cent-Jours, un bataillon de ses élèves avait suivi le roi à Gand. Mais ailleurs il n'en était pas de même. Nombre de professeurs étaient ouvertement hostiles. A Grenoble, deux d'entre eux, Berriat Saint-Prix et Bilon, s'étaient mis à la tête de la fédération du Dauphiné. De même à Montpellier, Berthe et Virenque, professeurs à la faculté de médecine. A Dijon, un professeur de la faculté de droit, l'illustre jurisconsulte Proudhon, s'était hautement déclaré pour l'Empereur, au retour de l'île d'Elbe. A Poitiers, à Rennes, d'autres professeurs de faculté avaient affiché leur bonapartisme et pris rang parmi les fédérés de la Vienne et de l'Ille-et-Vilaine. On était aux jours de la Terreur blanche, en présence de la Chambre introuvable, dans la tourmente des passions déchaînées. Il fallait frapper. La Commission frappa, mais avec une modération relative. On a, dressée par elle, la liste de ses exécutions. Elle comprend « neuf recteurs, entre vingt-cinq, et cinq inspecteurs d'académie destitués, un inspecteur suspendu, un secrétaire d'académie déplacé. Dans les col-

---

1. *Moniteur* du 21 juillet 1816.

lèges royaux, trois proviseurs, un censeur, trente-six professeurs, trois économes et un très grand nombre de maîtres d'études destitués; deux proviseurs, un censeur, huit professeurs suspendus; deux proviseurs, quatre censeurs, quinze professeurs déplacés; treize principaux, soixante-dix-sept régents destitués; cinq principaux et dix-huit régents suspendus. Dans les facultés, neuf professeurs de droit et de médecine suspendus[1]. »

Au total, c'est beaucoup. Mais qu'on songe à ce qui se passait à côté, dans les autres administrations. Qu'on songe à Ney, à La Bédoyère, à Lavalette et aux cours prévôtales. D'ailleurs, bon nombre de ces suspensions n'étaient que provisoires; un délai était donné aux intéressés pour produire leurs justifications. Quelques-unes furent admises, entre autres celles de Proudhon et de Berriat Saint-Prix[2].

Après les écarts des maîtres, les troubles des étudiants. Au lendemain des Cent-Jours, il s'était produit çà et là quelques désordres, mais superficiels et passagers. Bientôt il en éclata de plus graves et d'un plus long retentissement, mutineries d'enfants dans les collèges, mais révoltes véritables dans les facultés. Ils n'avaient pas simplement pour cause les instincts frondeurs et batailleurs de la jeunesse; plus profonde en était la source. Il faut ici se représenter l'état d'âme de cette jeunesse, venue au monde avec la fin du dix-huitième siècle ou le commencement du dix-neuvième, et se souvenir de quels événements

---

1. *Procès-verbaux de la Commission d'Instruction publique.* Archives du Ministère de l'Instruction publique.
2. *Procès-verbaux des séances de la Commission d'Instruction publique,* passim, 1815-1816.

elle portait l'empreinte, de quels spectacles elle avait été témoin. Une révolution faite par ses pères ou contre ses pères, exaltée par les uns, maudite par les autres; les assises de la société changées; le droit humain substitué au droit divin; les excès de la licence et la tyrannie sanglante; la patrie menacée et sauvée; la France agrandie; puis l'empire d'un soldat, et pendant dix ans le fracas et la gloire des batailles, l'assoupissement et le silence de la servitude; à la fin la patrie épuisée, deux fois envahie; ses frontières diminuées; le roi d'autrefois ramené par l'étranger; les espérances contraires; la lutte des partis; l'esprit de liberté méconnu et trompé; la contre-révolution menaçante; la révolution réveillée, quelles causes de division, d'excitation, d'agitation! « Humiliés, a dit l'un d'eux, consternés, irrités cependant et pleins de ressentiment et de défiance envers les puissances de ce monde, les vaincues comme les victorieuses [1], » les plus nombreux se rangeaient résolument du côté de la Révolution, mais avec les sentiments, les tempéraments et les espoirs les plus divers, les uns pleins de foi dans les idées, attendant tout de leur puissance; les autres, plus confiants dans l'action, et donnant volontiers leur nom aux racoleurs des sociétés secrètes; ceux-ci acceptant franchement la monarchie, mais la voulant libérale; ceux-là, identifiant la Révolution avec l'Empire; quelques-uns enfin, de beaucoup les plus rares, rêvant de République et pour souverain n'admettant que le peuple.

Quand il y a dans la jeunesse de tels ferments, il suffit à l'éruption d'une fissure, d'un prétexte. Les

---

1. De Rémusat, *Réception de Jules Favre à l'Académie française.*

désordres des écoles en 1819, que les historiens de la Restauration ont tous notés comme un des symptômes du temps, n'eurent pour occasion que des faits sans importance : à Montpellier, une futilité, un débat avec un directeur de théâtre sur le prix des places ; à Paris, quelques sifflets à l'adresse d'un professeur libéral. Mais le trouble ne fut pas sans gravité. A Montpellier comme à Paris, la force armée dut intervenir ; le sang faillit couler ; les études furent suspendues, et il s'en propagea une longue agitation dans les autres écoles.

Naturellement, ces événements ébranlaient par contre-coup la Commission d'Instruction publique, et en particulier celui qui la présidait et l'incarnait, Royer-Collard. On ne manquait pas d'imputer ces désordres à l'esprit détestable de l'Université et d'en faire grief à ses chefs.

On leur avait rendu la vie dure depuis le premier jour. L'assaut leur était venu de toutes parts, de la tribune, de la presse, de la chaire, du camp des ultras, du camp même des libéraux. Dès le premier jour, à la Chambre introuvable, on avait suscité contre eux un inconnu, porteur des haines et des pensées de la majorité, et la majorité avait voté cette motion : « La religion sera désormais la base essentielle de l'éducation. Les collèges et pensions seront sous la surveillance immédiate des archevêques et évêques qui en réformeront les abus. Les évêques pourront augmenter le nombre des séminaires selon les besoins de la religion, les ressources et la population de leurs diocèses ; ils nommeront aux places de principal des collèges et pensions ; le principal nommera les professeurs ; néanmoins les évêques pourront renvoyer parmi ceux-ci les sujets incapables ou dont les principes seraient reconnus dangereux. Les universités, telles qu'elles existent aujourd'hui, subsisteront et seront sous la surveillance du Ministre de l'Intérieur. Il sera avisé aux moyens d'allier la religion et les mœurs, au soin de faire fleurir les talents littéraires. La Commission centrale d'Instruction publique dont les pouvoirs et les attributions remplacent ceux de l'ancien Grand-Maître demeure supprimée. »

Après la Chambre introuvable, l'offensive se déplace, mais elle reste aussi vive. C'est La Mennais revenant à la charge dans des pamphlets retentissants; c'est Chateaubriand, dénonçant dans l'Université « le double vice du despotisme et de la démocratie, » le despotisme dans son administration, la démocratie dans ses doctrines; ce sont des libéraux, comme Benjamin Constant, s'élevant contre le monopole universitaire au nom de la liberté, et limitant l'action du gouvernement à veiller et à préserver. Bientôt, les attaques reparaissent à la tribune. Une fois, c'est Voyer d'Argenson, un libéral, refusant de voter la contribution universitaire « parce que l'établissement de l'Université est une usurpation du despotisme sur les droits d'un peuple libre;... parce qu'un corps enseignant placé dans la main du pouvoir est la plus mauvaise de toutes les garanties contre les prétentions et les entreprises de certains autres corps voués à la même carrière[1] ». Une autre fois, c'est un membre de la droite, de Marcellus, tonnant contre les écoles licen-

---

1. Chambre des députés, *Discussion du budget de* 1819.

cieuses, séditieuses et impies[1]; un autre encore, de Puymaurin, dénonçant les « pédagogues jacobins » qui ont transformé « des chaires créées par la monarchie, en sentine de toutes les idées révolutionnaires et de l'athéisme, où l'on parle toujours de Sparte et d'Athènes, de Brutus et de Caton, » pour détruire dans le cœur des jeunes gens « l'amour du roi et de la légitimité. » A la fin, ce sont les amis mêmes du gouvernement reprochant à la Commission « d'avoir été involontairement l'instrument de beaucoup de passions, de s'arroger tous les pouvoirs de l'Université et d'échapper à toute responsabilité[2] ».

Royer-Collard était de ceux qui rompent. Il donna brusquement sa démission à la fin de 1819. Homme de doctrine, absolu comme les idées universelles, rigide comme leurs rapports, il avait conduit son administration comme une démonstration. Et de fait c'était bien d'une démonstration qu'il s'agissait. En acceptant de présider la Commission, il avait voulu démontrer que l'Université n'avait en soi rien d'incompatible avec la monarchie et qu'elle pouvait la servir. Cette preuve, il croyait l'avoir faite. On le contestait. Il se retirait.

Son administration n'avait été ni sans honneur, ni sans résultats. D'une manière générale, il avait eu à faire vivre l'Université. Quand il se retira, elle vivait toujours, si bien que quelques mois plus tard le pouvoir royal allait l'affermir davantage. Dans l'enseignement supérieur, il avait réalisé des changements d'importance, la transformation de l'École normale et la réforme de la Faculté de droit de

1. Chambre des députés, 29 mai 1819.
2 De Chauvelin, 10 juillet 1819.

Paris. Au début, l'École normale était une sorte de séminaire pédagogique, lettres et sciences, appareillé aux Facultés de Paris. Royer-Collard en fit un être en soi et par soi; les conférences intérieures, qui tout d'abord n'avaient été qu'une répétition des cours des facultés, devinrent des cours particuliers, sur des programmes propres, avec des maîtres spéciaux. Pour la Faculté de droit, le Consulat et l'Empire en avaient limité l'enseignement au droit romain, au code civil, au code pénal et au code de procédure. Royer-Collard en élargit les cadres et en fit une véritable école de sciences morales et politiques. Par l'ordonnance du 24 mars 1819, elle était divisée en deux sections, les deux avec des enseignements communs, chacune avec son enseignement particulier; pour enseignements communs, les éléments du droit naturel, du droit des gens et du droit public, le droit romain dans ses rapports avec le droit français, le code civil, la procédure civile et la législation criminelle; pour enseignements particuliers, dans l'une le code de commerce, dans l'autre le droit public positif et le droit administratif, l'histoire philosophique du droit romain et du droit français et l'économie politique.

CHAPITRE II

L'Université de la Restauration.

L'ordonnance de 1820. — Reconnaissance de l'Université. — Desseins des royalistes. — M. de Frayssinous. Suppression de l'École normale. — La jeunesse libérale. — M. de Vatimesnil. — La Sorbonne.

Après la démission de Royer-Collard, commence une période nouvelle pour l'Université. Pendant quelques mois, il n'y eut de changé que le président de la Commission d'Instruction publique. Mais bientôt l'institution elle-même est modifiée, et c'est, pendant quatre ans, toute une série d'actes organiques qui peu à peu lui rendent sa constitution primitive et finissent même par l'incorporer plus étroitement au pouvoir qu'au temps même de l'Empire. A les considérer en eux-mêmes, en dehors des hommes et des intentions, chacun de ces actes est, pour l'Université, un progrès et un gain.

En premier lieu l'ordonnance du 1er novembre 1820. On ne déclare pas encore l'Université organe royal de l'instruction publique; on parle encore d'une organisation définitive à venir; mais on se propose d'établir « sur des bases plus fixes la direction et l'administration du corps enseignant », et par ce qu'on fait, on laisse clairement entendre que dans cette organisation définitive l'Université ne sera pas sacrifiée. La Commission d'Instruction publique prend le titre de Conseil royal de l'instruction publique; un certain départ d'attributions est établi entre son président et ses autres membres; le président correspond seul avec le gouvernement; il signe les diplômes et ordonnance les dépenses; il propose au Conseil les candidats aux places vacantes; des autres membres du Conseil, l'un exerce les fonctions de chancelier, un autre celles de trésorier, un troisième est recteur de l'Académie de Paris, un quatrième est ministère public dans les affaires contentieuses et disciplinaires; les autres enfin se partagent la surveillance des facultés, des collèges et des écoles primaires.

Quelques semaines plus tard, nouvelle ordonnance, nouveau pas en avant[1]. Les pouvoirs du président se dégagent et s'affranchissent des pouvoirs du Conseil. Ce n'est pas encore le Grand-Maître; mais déjà on le sent renaître : « Les affaires continueront d'être décidées à la pluralité des voix, sur le rapport des conseillers qui les auront instruites; mais pour les nominations aux diverses places, le président prendra seulement l'avis du Conseil, qui discutera les titres des candidats. » En même temps, de ce président on fait un sous-secrétaire d'État, un membre du gouvernement.

L'année suivante disparaissent les dernières incertitudes. L'Université reprend son nom : elle recouvre son chef, avec son titre de Grand-Maître et ses attributions : « Le chef de l'Université prendra le titre de Grand-Maître; il aura, outre les attributions actuelles

---

1. Ordonnance du 27 février 1821.

du président du Conseil royal, celles qui sont spécifiées dans les articles 51, 56 et 57 du décret du 17 mars 1808[1]. » C'était la fin du provisoire, la remise de l'Université en possession de sa constitution, et sa reconnaissance comme établissement royal de l'instruction publique. Deux ans plus tard, de ce Grand-Maître, sorte de vice-roi de l'instruction publique, relevant du chef de l'État, mais dégagé de toute responsabilité gouvernementale, on fait un Ministre de l'Instruction publique[2], et par là, cette Université naguère suspecte et décriée, devient, comme l'armée, comme la magistrature, un compartiment organique des services publics, un rameau du pouvoir royal.

En eux-mêmes, tels sont les actes. Venons maintenant aux intentions. Nous sommes à ce moment aigu de la Restauration, où, suivant le mot de Royer-Collard, le gouvernement s'organise en sens inverse de la société française. Sur une nation fatiguée des excès de la Révolution et des guerres de l'Empire, mais toujours éprise d'égalité, un pays légal, divisé en lui-même, que la loi élargit ou rétrécit à son gré; superposée à ce pays légal, une monarchie de droit

---

1. Art. 51 : « Le grand-maître aura la nomination aux places administratives et aux chaires des collèges et des lycées ; il nommera aussi les officiers des Académies et ceux de l'Université, et il fera toutes les promotions dans le corps enseignant. » — Art. 56 : « Il pourra faire passer d'une Académie dans une autre les régents et les principaux des collèges entretenus par les communes, ainsi que les fonctionnaires et professeurs des lycées, en prenant l'avis de trois membres du conseil. » — Art. 57 : « Il aura le droit d'infliger les arrêts, la réprimande, la censure, la mutation et la suspension des fonctions aux membres de l'Université qui auront manqué assez gravement à leurs devoirs pour encourir ces peines. »
2. Ordonnance du 26 août 1824.

divin, qui a octroyé la Charte, mais qui s'en repent et qui cherche, après un essai de libéralisme, à reprendre une à une les libertés concédées; autour de cette monarchie, une noblesse dévote et un clergé militant qui voudraient effacer toutes les traces de la Révolution, rêvant même parfois d'une théocratie par laquelle le royaume de France deviendrait le royaume de Dieu et de ses prêtres, et c'est à ce moment que l'Université, fille de l'Empire, petite-fille de la Révolution, se trouve reconnue, consacrée, confirmée. On resterait confondu si la politique n'avait de ces surprises. On ne se l'expliquerait pas, si le parti, alors victorieux, n'avait pas cru pouvoir se faire, à son tour, un instrument de l'Université.

Destinée des institutions et sort particulier de l'institution universitaire! Ce que les libéraux lui reprochaient en 1815, d'avoir été, dans la pensée de son fondateur, un instrument de règne, lui faisait trouver grâce, quelques années plus tard, devant leurs adversaires, maîtres du gouvernement.

Qu'ils voulussent à leur tour se servir de l'Université pour façonner à leur type les jeunes générations, tout ce qui va suivre le prouve, et par là s'éclairent les actes que nous avons rapportés. Bien que la Congrégation soit au pouvoir, on ne songe pas à faire passer de l'Université à l'Église et aux corporations religieuses, toutes prêtes cependant à le prendre, le monopole de l'enseignement. C'eût été soustraire au pouvoir royal l'instruction nationale. On ne songe pas non plus à proclamer la liberté de l'enseignement, car la liberté ne se fractionne pas, et il eût fallu la donner aux laïques, comme aux prêtres et aux religieux. Le mieux sembla de maintenir les vieilles formes, mais d'en changer le contenu; de reconnaître l'Université comme organe du pouvoir, mais par là même de l'avoir plus en main; de laisser subsister son monopole, mais de le confier autant que possible à des gens d'église qui seraient en même temps gens de l'État. Hypocrisie, perfidie, dira Manuel à la tribune de la Chambre des députés; politique tout simplement, politique d'un parti qui entend faire servir à ses intérêts le pouvoir qu'il détient et qui s'efforce d'adapter au service de ses idées une institution par laquelle ses adversaires espéraient les combattre. Le choix des hommes mis par le gouvernement à la tête de l'Université, marque bien ses intentions et achève le sens de chaque ordonnance : d'abord un politique, M. Lainé, ancien président de la Chambre introuvable ; après lui un politique encore, M. de Corbière, doublure de M. de Villèle ; après lui, comme premier Grand-Maître de l'Université royale, comme premier Ministre de l'Instruction publique, un homme d'église, un évêque, M. de Frayssinous.

Voyons maintenant leurs actes. D'abord dans l'administration générale. Rien de plus significatif. Le document le plus important de cette période est l'ordonnance du 27 février 1821. Elle contenait d'abord une déclaration de principes : « Un corps enseignant, qui s'est trouvé par l'effet des circonstances hors d'état d'adopter des doctrines certaines, a besoin d'une surveillance forte et active,... la jeunesse réclame une direction religieuse et monarchique. Le corps enseignant prendra donc pour bases de son enseignement : la religion, la monarchie, la légitimité et la charte. » — Napoléon avait dit : « La religion catholique, la dynastie napoléonienne et les idées libérales. » Au fond, la formule restait la même. Ce qui était nouveau et ce qui marquait bien les intentions du gouvernement, c'étaient deux mesures relatives, la première à la surveillance des établissements universitaires, la seconde à la formation des novices enseignants. Cette surveillance, « forte et active, » dont le corps enseignant avait besoin, ce n'est pas par des fonctionnaires à lui, par des inspecteurs relevant de lui et recevant de lui leurs instructions, que l'État allait l'exercer; mais plaçant l'Université sous la surveillance de la haute police ecclésiastique, pour inspecteurs, pour censeurs, il lui donnait les évêques : « L'évêque diocésain exercera, pour ce qui concerne la religion, le droit de surveillance sur tous les collèges de son diocèse. Il les visitera lui-même ou les fera visiter par un de ses vicaires généraux et provoquera auprès du Conseil royal de l'Instruction publique les mesures qu'il aura jugées nécessaires. » L'École normale de Paris, où l'on n'entrait qu'à dix-huit ou vingt ans, le pli déjà pris, l'esprit déjà ouvert aux idées du siècle, paraissait une mauvaise pépinière pour les nouvelles essences de professeurs qu'on voulait acclimater. Il ne semblait pas encore possible de la supprimer; mais déjà l'on se préparait à la rendre inutile. Au chef-lieu de chaque académie, près du collège royal, on établissait une école normale partielle, où « un petit nombre d'élèves choisis » seraient préparés *dès l'enfance* non pas seulement aux études, mais *aux mœurs* qu'exige la profession grave et sérieuse de l'enseignement public.

La religion, la monarchie, la surveillance par le clergé, c'est de même ce qu'a tout d'abord à la bouche M. de Frayssinous. A peine institué Grand-Maître, il écrit aux recteurs : « En appelant à la tête de l'éducation publique un homme revêtu d'un caractère sacré, Sa Majesté fait assez connaître à la France entière combien elle désire que la jeunesse de son royaume soit élevée dans des sentiments religieux et monarchiques... Celui qui aurait le malheur de vivre sans religion ou de ne pas être dévoué à la famille régnante devrait bien sentir qu'il lui manque quelque chose pour être un digne instituteur de la jeunesse. Il est à plaindre; même il est coupable. » En même temps, il s'adresse aux évêques d'une voix plus douce, pour leur rappeler leur droit de surveillance sur les établissements universitaires et les prier d'avoir « la condescendance de lui céder quelquefois des ecclésiastiques capables de les diriger ».

Le dessein s'accuse donc nettement. Il s'agit bien de faire une Université religieuse et pour cela de la peupler de prêtres. Un évêque est à sa tête ; dans son Conseil siègent des abbés : le recteur de Paris est un abbé ; peu à peu l'occupation s'étend du sommet à la base ; quand une place vient à vaquer, si l'on trouve un prêtre, on le prend ; on en arrive à avoir vingt-trois proviseurs et cent trente-huit principaux abbés, si bien qu'un jour Benjamin Constant pourra dire : « Plusieurs recteurs sont prêtres ; tous les proviseurs, à très peu d'exceptions près, sont ecclésiastiques ; on en compte beaucoup aussi parmi les censeurs. Il y a, à Marseille, un collège où l'économe est prêtre. Il se trouve également des prêtres parmi les professeurs.

Ce sont eux qui remplissent à peu près toutes les chaires de philosophie. Des séminaristes sont maîtres d'études au collège de Nancy¹. » Pour les laïques, avant de les nommer, on s'assure de leurs sentiments religieux. Un petit fait qui en dit long à ce sujet. En 1827, la chaire de physique est vacante à la Faculté des sciences de Toulouse; elle est demandée par un M. de Boisgiraud, professeur au collège de Poitiers. Mais il est protestant : on hésite à le nommer, bien que plusieurs évêques l'appuient; pour plus de sûreté, on lui demande s'il ne consentirait pas à se faire catholique². Qu'eût-ce été pour une chaire de philosophie ?

Plus expressives encore sont les mesures contre les personnes. Pendant toute cette période, on poursuit le libéralisme avec une âpreté croissante, et, pour l'atteindre, on frappe à la tête, dans l'enseignement supérieur, là d'où les idées descendent. Déjà, sous la Commission d'Instruction publique, on avait dénoncé à la tribune Tissot, professeur au Collège de France, ancien jacobin, rédacteur de *la Minerve*, un journal d'opposition. Sous le couvert de l'allusion il tournait, disait-on, la royauté en ridicule et faisait l'apologie de la Révolution. Peut-être était-ce exact. Mais Royer-Collard avait tenu bon et protégé, dans une personne antipathique, les droits de l'enseignement et ceux des professeurs. Le Conseil royal et M. de Corbière n'eurent pas de ces scrupules. Prenant occasion d'un *Précis historique des guerres de la Révolution*, publié par Tissot, où il vantait la Convention d'avoir sauvé la patrie

---

1. Chambre des députés, 18 mai 1827.
2. Archives nationales, F 17 1151.

et ne lui faisait d'autre reproche que d'avoir accordé la paix aux Vendéens et traité avec trop d'indulgence les insurgés du 13 vendémiaire, on le révoqua, sans jugement, au mépris de l'inamovibilité du professeur.

Quelque temps auparavant, au lendemain même de la démission de Royer-Collard, on avait suspendu Victor Cousin, son suppléant à la Faculté des lettres de Paris. Qu'avait à lui reprocher le royalisme intransigeant et dévot du gouvernement? Son crime était de ceux qu'un tel gouvernement ne pardonne pas. Sans doute, pendant trois ans qu'il avait enseigné à la Sorbonne, pas une seule fois il n'avait fait appel aux passions politiques, pas une seule fois parlé du Roi ou de la Charte, de la Congrégation ou des Jésuites. Mais il avait été pour une jeunesse « qui se demandait, à l'entrée de la vie, vers quelle lumière se diriger et si elle n'était pas condamnée à rester le jouet des événements [1] », la voix du ralliement et de l'espérance. Rompant avec le matérialisme du dix-huitième siècle et avec l'idéologie subtile et stérile des premières années du dix-neuvième, il avait remis en pleine lumière l'âme et les idées nécessaires; dans son cours de 1818 en particulier, revenant d'Allemagne, « comme une sorte d'hiérophante [2], » il avait établi sur la notion de l'idéal une métaphysique, une esthétique et une morale. Avec lui l'enseignement supérieur s'était élevé et agrandi. Autour de lui, à sa parole ardente, une jeunesse enthousiaste se vouait au culte des idées et de la liberté. « On se représenterait diffici-

1. De Rémusat, *Réception de Jules Favre à l'Académie française*.
2. Paul Janet, *Victor Cousin*.

lement aujourd'hui, a dit un témoin, ce qu'étaient de telles leçons pour les générations qui les ont entendues. Par elles, les âmes renaissaient à l'espoir, à la confiance, à la fierté... C'est le temps où de jeunes cœurs firent vœu de se consacrer au culte du juste et du vrai, à la défense du droit, et acceptèrent la mission qui devait être celle de toute leur vie. Pour garantir le triomphe du vrai et du juste, il n'y avait qu'un moyen, et sur les débris de la grandeur et de la gloire, nous vîmes s'élever comme une image consolatrice, la liberté[1]. » — Pour le Conseil royal et pour son chef, c'était de la politique et la plus dangereuse de toutes, celle qui agit sur l'esprit public et a la puissance de le modifier. Victor Cousin fut condamné. On ne le révoqua pas, puisqu'il n'était pas professeur titulaire, mais on ne renouvela pas sa délégation annuelle à la suppléance de Royer-Collard.

Quelque temps après, le Collège de France voulut lui rendre la parole publique. La chaire de droit naturel étant devenue vacante, il fut unanimement présenté pour l'occuper. Le gouvernement passa outre et nomma un inconnu, M. de Portets, qui lui offrait toutes garanties de médiocrité et de bon esprit.

A son tour, Guizot fut frappé. Son enseignement à la Faculté des lettres n'avait pas le même éclat ni le même retentissement que celui de Cousin. Mais c'était aussi un enseignement d'idées, les idées dans l'histoire. M. de Frayssinous, nous dit son biographe, n'avait accepté la maîtrise universitaire que par obéissance : « Je n'espère pas faire beaucoup de bien dans l'Uni-

---

1. De Rémusat, *Réception de Jules Favre à l'Académie française.*

versité, disait-il, mais seulement y empêcher beaucoup de mal. » Un des maux qu'il se crut mission d'arrêter fut sans doute un protestant grave et sérieux, exposant philosophiquement l'enchaînement des événements humains. « Placé, nous dit un écrivain légitimiste, entre sa conscience et la loi, en cette occasion, il sacrifia la loi [1]. »

A rapprocher de ces actes, comme inspirés du même esprit, le refus, malgré la double présentation du Collège de France et de l'Académie des Sciences, de nommer à la chaire de Laënnec, Magendie, un des fondateurs en France de la science expérimentale, déjà célèbre par d'importantes découvertes en physiologie, et la nomination à sa place du candidat de la Congrégation, le docteur Récamier, inconnu la veille, ignoré le lendemain.

Guerre aux idées, à la philosophie, à la science, tel est donc le mot d'ordre. Il retentit partout, dans la presse légitimiste et religieuse, qui va jusqu'à publier un index où sont marqués tous les ouvrages du dix-huitième siècle sans exception ; à la tribune des deux Chambres : « Le gouvernement connaît le mal à détruire, dit le rapporteur du budget de 1821, le bien à opérer. Il a la volonté et les moyens d'empêcher l'un et de faire l'autre. Espérons donc que bientôt les principes religieux, les doctrines monarchiques et les saines maximes de l'enseignement qui ont produit les hommes immortels du grand siècle, l'emporteront sur ces extravagantes théories, qui, sous le spécieux et absurde prétexte d'une chimérique perfectibilité indéfinie, précipitent les

---

1. De Riancey, *Histoire critique et législative de l'Instruction publique*, etc., p. 312.

nations vers l'ignorance et la barbarie. » Condamnation en bloc de toute la pensée du dix-huitième siècle et de ce qui commençait à briller de la pensée du dix-neuvième.

La jeunesse n'assistait pas indifférente et passive à ces actes. Il en avait fallu moins pour l'agiter en 1819. La fermentation, un instant apaisée, recommence et bouillonne à peu près partout à la fois, à Paris, à Grenoble, à Toulouse, à Poitiers. On crie : « Vive la charte. » On crie aussi : « A bas les missionnaires. » Tout devient une occasion à la manifestation des sentiments libéraux, la première leçon du docteur Récamier, au Collège de France, et les obsèques du général Foy. Armé des règlements, le gouvernement frappe les individus.

Ce ne fut pas temps de chômage pour les conseils académiques. Jamais il ne leur fut déféré plus d'étudiants. Devant celui de Toulouse, par exemple, c'est, en 1822 et 1824, un véritable défilé : « Deux étudiants convaincus d'avoir troublé le spectacle en sifflant à deux reprises le refrain qui se trouve dans une des ariettes de l'opéra du *Déserteur :* « Vive le roi ! Vive à jamais le roi ! » exclus pour quinze mois de la faculté. Un étudiant convaincu d'avoir crié : « Vive la Charte ! » arrêté et renvoyé en police correctionnelle. Un étudiant convaincu « d'avoir chanté la *Marseillaise* sur une promenade », exclu pour un an. Un autre « convaincu d'avoir gardé son chapeau sur la tête pendant que la procession passait », admonesté. Deux autres, déjà condamnés en correctionnelle « pour avoir chanté publiquement des chansons séditieuses tendant à exciter à la haine et au mépris de la royauté, » exclus pour deux ans de toutes les facultés[1].

En même temps qu'aux individus, on s'en prend aux institutions. En 1821, « considérant que plusieurs étudiants de la Faculté de droit de Grenoble ont constamment figuré dans les troubles dont cette ville a été agitée à diverses époques, et qu'en dernier lieu un grand nombre ont fait partie des attroupements qui ont arboré des signes de rébellion, » M. de Corbière supprime cette faculté. Un instant même, dans les conseils du gouvernement, on se demande si pour couper le mal dans sa racine, le mieux ne serait pas de supprimer toutes les facultés de droit. On ne remédiera pas au mal, fait observer le Ministre de la Justice, en « transportant ces écoles de perdition d'un lieu dans un autre. Ces enfants inquiets n'y porteront-ils pas l'esprit irréligieux et révolutionnaire qui les agite? Le danger, c'est l'agrégation. Le scandale se renouvellera tant que l'on rassemblera et partout où l'on rassemblera les jeunes gens du siècle, scandale qui ne finira que lorsque les écoles de droit seront fermées, abrogées et remplacées par l'instruction privée. » Et il conclut ainsi, lui, le chef de la magistrature : « Toutes les écoles de droit sont et demeurent abrogées. Que le jeune homme qui aspire aux honneurs de la magistrature ou aux nobles fonctions du barreau étudie solitairement au sein de sa famille les monuments de notre législation[2]. »

M. de Frayssinous n'alla pas si loin. Il ne supprima

---

[1]. Archives nationales, F 17 1985.
[2]. Archives nationales, F 17 1649, *Observations communiquées par le Ministre de la Justice au Ministre de l'Intérieur.*

pas, comme on y avait convié son prédécesseur, les facultés de droit. Il rétablit même celle de Grenoble. Il se contenta de les assainir, en les purgeant de tout enseignement philosophique et historique. On a vu que Royer-Collard y avait introduit le droit naturel, le droit public, le droit des gens et l'histoire des institutions. Autant de matières à controverses théoriques, autant de sources d'idées générales et partant séditieuses. Le droit écrit, le droit positif, le code, les pratiques de la procédure, tout au plus, comme introduction, comme préparation logique, l'explication des *Pandectes*, voilà ce à quoi l'ordonnance du 6 septembre 1822 réduit l'objet des facultés de droit. D'écoles scientifiques, elles retombent écoles pratiques de jurisprudence. On espère que, détaché de toute philosophie, de toute histoire, le code ne sera pas pour les jeunes esprits un ferment dangereux.

A la Faculté de médecine, le ferment dangereux, ce n'étaient pas les enseignements en eux-mêmes, c'étaient les hommes. On profita de la première occasion pour s'en débarrasser. La Faculté de médecine n'était pas en bonne odeur auprès du trône et du gouvernement. Dès les premiers jours, on l'avait dénoncée au roi. Professionnellement, on lui reprochait de laisser les élèves sans guides, sans appels et sans interrogations, d'abréger la scolarité, de réduire l'enseignement à cinq mois de l'année, de conférer le doctorat à de trop jeunes gens et trop facilement, de laisser les chaires vacantes aux dépens de l'enseignement. Politiquement, on la dénonçait comme un foyer de bonapartisme et d'idées révolutionnaires. « Les professeurs sont les régulateurs de l'opinion des élèves. Ceux-ci se sont fait remarquer par leurs principes ultra-révolutionnaires. » Bref, « l'épouvantable réputation de l'École de Paris » exigeait pour le bien de tous une prompte et radicale réorganisation[1].

Cette réorganisation, le roi y avait consenti en principe, et c'est une commission présidée par un moine-chirurgien, le Père Élysée, qu'il avait chargée de la préparer. Elle avait conclu à la séparation de l'enseignement de la médecine et de l'enseignement de la chirurgie, à la création en dehors de l'Université, sous l'autorité du Ministre de l'Intérieur, de trois facultés de médecine et de trois facultés de chirurgie, comprenant chacune non pas seulement ses professeurs, mais comme les collèges corporatifs de l'ancien régime, tous les docteurs en médecine ou en chirurgie légalement reçus et résidant à son chef-lieu. Ce projet était demeuré sans suite; mais l'esprit de défiance et d'hostilité qui l'avait dicté persistait et veillait toujours, avivé par la part des étudiants en médecine aux troubles des écoles.

On le vit bien à la rentrée de 1822. La séance était présidée par le recteur de l'Académie de Paris. Ce recteur était un de ces abbés empruntés au clergé par le Grand-Maître pour en faire les plus hauts dignitaires de l'Université. L'occasion était bonne aux étudiants pour manifester leurs sentiments. Ils sifflèrent, ils huèrent l'abbé-recteur; en revanche, ils

1. *Adresse au roi et aux chambres sur la nécessité de réorganiser les Écoles de médecine et de chirurgie en France conformément aux statuts et règlements de l'ancienne Faculté de médecine et de l'ancien collège de chirurgie en leur faisant subir quelques légères modifications*, par J.-Th. Marquais, rapporteur de la Commission de médecine et de chirurgie nommée par le roi. Paris, chez Croulebois. 1817.

applaudirent et acclamèrent celui de leurs professeurs qui faisait le discours d'usage. Immédiatement, une ordonnance supprima la faculté. On eut pu simplement suspendre les cours; le scandale méritait répression. Mais on voulait atteindre les hommes, et pour cela il fallait raser la maison et la reconstruire de toutes pièces. Vainement à la Chambre des députés, l'on fit observer qu'une école créée par une loi ne pouvait être supprimée par une ordonnance; vainement l'on protesta contre la violation du droit des personnes. Cette fois encore M. de Frayssinous, « placé entre sa conscience et la loi, sacrifia la loi ». La suppression fut maintenue, et quelques mois plus tard une nouvelle faculté fut créée. C'était bien une faculté nouvelle. De l'ancienne, onze professeurs, célèbres pour la plupart, mais suspects au gouvernement, entre autres Dubois, de Jussieu, Vauquelin, Desgenettes, Pelletan et Pinel, étaient éliminés au mépris de tout droit. Sous prétexte que les professeurs sont responsables de l'ordre et de la discipline[1], on les destituait sans enquête, sans instruction, sans jugement, et, chose inouïe, plusieurs n'avaient même pas assisté à la séance où s'était produit le scandale.

L'École normale fut aussi supprimée[2]. Était-il exact qu'elle eût eu le tort, grand aux yeux du gouvernement, d'applaudir bruyamment, à la distribution des prix du concours général, le lauréat Jordan, fils du député libéral, Camille Jordan? Dans tous les cas, ce ne fut qu'un prétexte. En elle on voulait, et avec préméditation, éteindre un foyer d'idées et de libéra-

---

1. Considérant de l'ordonnance du 21 novembre 1822.
2. Ordonnance du 6 septembre 1822.

lisme. Victor Cousin, chassé de la Sorbonne, y enseignait toujours, et avec lui des hommes comme Jouffroy, Patin, Leclerc, Naudet, Mablin, Burnouf, Pouillet et Dulong. Ce n'était pas précisément un séminaire, et l'on y apprenait comment les dogmes finissent. Il n'en pouvait sortir des professeurs selon la formule de M. de Frayssinous. On la supprima donc, non pas, comme la Faculté de médecine, pour la refaire avec des matériaux neufs, mais définitivement. Maîtres de conférences et élèves cessèrent d'appartenir à l'Université ; aux uns et aux autres on donna, pendant deux ans, une indemnité mensuelle; la bibliothèque fut déposée au chef-lieu de l'Académie, les objets de collections et les instruments attribués à la Faculté des sciences [1].

Cette mesure hardie rentrait bien dans le système politique de M. de Frayssinous, et il y a vraiment quelque naïveté à lui reprocher, comme on l'a fait, d'avoir voulu « frapper l'Université au cœur et tarir la source même de son recrutement [2] ». Sans doute, il frappait au cœur l'Université libérale et philosophique. Mais de celle-là il ne voulait pas, il ne pouvait pas vouloir. S'il avait accepté les fonctions de Grand-Maître, s'il avait contribué à sauver de l'ancienne Université les formes et les cadres, c'était pour y mettre un personnel nouveau, pour y susciter un nouvel esprit. Son Université à lui, c'était une milice modeste, pieuse et passive, ne raisonnant pas, dévouée au trône et à l'autel. Il n'était pas éloigné de penser avec La Mennais que l'Université

---

1. Conseil royal de l'Instruction publique, séance du 5 novembre 1822.
2. Dubois, *Discours d'ouverture à l'École normale*, 4 novembre 1847.

impériale avait formé « une race impie dépravée, révolutionnaire ». Son devoir de prêtre et de légitimiste lui prescrivait de porter remède au mal. Il crut y réussir en recrutant l'Université dans les écoles normales partielles de M. de Corbière, ces noviciats obscurs où devaient se former, dès l'enfance, à l'esprit et aux mœurs de leur profession, les futurs professeurs. Ces écoles, il s'efforça, mais sans grand succès, de les organiser. Il s'y présenta fort peu d'élèves, et quelques années plus tard, il fallut rétablir à Paris, sous le nom d'École préparatoire, une école normale amoindrie et sans individualité[1].

Non, l'erreur n'était pas dans la logique du système ; elle était dans les prémisses, dans le principe. Ce n'est pas seulement en sens inverse de la société française qu'agissait le gouvernement, c'est à rebours de la direction que prenait alors le génie français. Il était déjà bien téméraire d'espérer que ce peuple oublierait ses idées d'égalité, et que, de guerre lasse, il finirait par subir passivement des institutions en désaccord avec ce qu'il entendait garder de la Révolution. Mais croire qu'on éteindrait en lui tout esprit de spontanéité, d'examen et de liberté, au moment même où il s'ouvrait, dans tous les sens, des voies nouvelles et s'exaltait à ses propres découvertes, c'était de la pure folie. On était alors à l'un de ces instants comme il y en a peu dans l'histoire d'un peuple. Après la longue jachère de l'Empire, dans le guéret de France, remué par les révolutions, ont germé tout à coup des semences inconnues, et c'est de toutes parts une floraison sans pareille. Création

---

1. Ordonnance du 9 mars 1826.

universelle, et non pas simplement renaissance. Littérature, art, science, tout se renouvelle, se développe et s'étend. Les vieilles formes classiques, prises et glacées dans le convenu et dans l'artificiel, font place aux formes neuves, riches et vivantes du romantisme. Devant la couleur de Delacroix, on oublie le crayon de Guérin. Devant la préface de *Cromwell*, on trouve plus pâles et plus menues encore les tragédies d'Ancelot, de Lemercier et de Soumet. Un courant de poésie lyrique, le plus ample et le plus puissant qu'elle ait encore connu, traverse notre littérature. Le roman s'élargit et se diversifie. La critique littéraire se constitue. La philosophie remonte aux hauteurs. L'histoire se fait savante et s'applique à reconstituer exactement la vie des peuples. L'érudition recommence et multiplie ses travaux, déchiffrant les hiéroglyphes des monuments égyptiens, découvrant la grammaire des langues primitives et des langues orientales. En même temps, les sciences proprement dites, les sciences expérimentales surtout, la physique, la chimie, l'histoire naturelle, la physiologie, affirment leur puissance par d'incessantes découvertes, et préparent une nouvelle philosophie de la nature. Non vraiment, quand l'esprit français créait ainsi tout un présent, tout un avenir, il n'était pas possible que l'esprit public se laissât ramener en arrière, au passé. Tant de spontanéité, tant de puissance dans l'ordre intellectuel, étaient incompatibles avec une abdication dans l'ordre politique.

Le ministère de Villèle le vit bien aux élections de 1827. La jeunesse libérale, qui avait fait bonne garde et vaillante campagne autour de l'idée des libertés publiques, eut raison contre lui, et la monarchie fut forcée, au moins pour quelque temps, de modifier son allure.

Le ministère Martignac fut pour l'Université une période de paix, de réparation et de succès. Tout d'abord on lui donna un ministre entier pour elle seule. Lorsqu'en 1824 on avait fait du Grand-Maître un ministre-secrétaire d'État, on lui avait attribué, — liaison ou subordination, mais liaison significative, si ce n'était pas subordination, — un double département, l'instruction publique et les affaires ecclésiastiques. L'ordonnance du 4 janvier 1828 sépara les deux choses, et le Grand-Maître de l'Université ne fut plus que Ministre de l'Instruction publique. L'année suivante, une autre mesure organique acheva d'incorporer l'Université à l'État, en l'adaptant au système représentatif du pays. Il y avait quelque vague dans les rapports du Grand-Maître et du Conseil royal. Le Conseil pouvait-il prendre des décisions? Le Grand-Maître, ministre responsable, pouvait-il s'en couvrir devant les Chambres? L'ordonnance du 26 mars 1829 régla la question, en décidant que toutes les délibérations du Conseil, sauf en matière disciplinaire ou contentieuse, seraient désormais soumises à l'approbation du Ministre-secrétaire d'État de l'Instruction publique.

Le nouveau Grand-Maître, le nouveau Ministre, était M. de Vatimesnil. A sa circulaire d'avènement, il fut clair qu'il y avait quelque chose de changé dans l'instruction publique. On n'avait pas encore ainsi parlé du respect dû à la liberté de conscience et à l'autorité paternelle aussi bien qu'à la Charte et aux lois du royaume, de l'alliance des principes monarchiques et des libertés nationales, et des « mesures sages et fortes qui avaient mieux consacré les libertés de l'Église gallicane ». Aux actes, ce fut plus clair encore.

En créant l'Université, Napoléon y avait compris les petits séminaires. En 1814, on les en avait fait sortir, mais en spécifiant nettement qu'ils ne devaient servir qu'à recruter le clergé. Petit à petit ils étaient devenus des écoles tout comme les autres, à cela près qu'elles échappaient à toute action de l'État; de leurs élèves, le plus petit nombre seulement se destinait au sacerdoce. La tactique avait été double : infiltrer l'Université par le clergé, et laisser fuir vers les écoles du clergé la clientèle de l'Université. Rapide avait été la fuite, car, en 1828, les écoles secondaires ecclésiastiques comptaient plus de cinquante mille élèves, contre trente-cinq mille dans les collèges royaux et communaux, et vingt-huit mille dans les pensions et institutions relevant de l'Université. Des pétitions avaient signalé aux Chambres la situation illégale des petits séminaires[1]. Le gouvernement résolut d'y mettre un terme. Une ordonnance du 16 juin, contresignée par le Ministre des Affaires ecclésiastiques, M. Feutrier, évêque de Beauvais, les ramena à leur destination véritable, et, pour qu'ils ne pussent s'en écarter, les enserra dans les règles suivantes : limitation dans chaque diocèse du nombre des écoles secondaires ecclésiastiques proportionnellement aux besoins du sacerdoce, limitation à vingt mille du nombre total de leurs élèves pour toute la France, répartition de

1. Session de 1827.

ce nombre entre les divers diocèses par l'autorité royale, interdiction d'avoir des externes et des demi-pensionnaires, obligation pour les élèves de porter la soutane à partir de quatorze ans, suspension de la remise du diplôme à ceux qui seraient reçus bacheliers, jusqu'à leur entrée dans les ordres, enfin agrément par le roi des supérieurs et directeurs nommés par l'autorité épiscopale.

Le même jour, une autre ordonnance, qui ne provoqua pas une moindre explosion de colère et de plaintes dans le clergé et dans le parti hier encore maître des affaires, atteignit les Jésuites. Expulsés de France par la monarchie avant la Révolution, ils n'avaient pas attendu la Restauration pour y rentrer. Dès les premières années de l'Empire, on les avait revus et reconnus sous le nom et le costume de Pères de la Foi. « J'ai fait demander au Pape, dit une fois Napoléon en séance du Conseil d'État, si les Pères de la Foi étaient des jésuites ; il m'a répondu que non ; j'ai fait saisir leurs papiers, j'ai trouvé la preuve du contraire. Comment voulez-vous croire à des gens qui se donnent mutuellement dispense pour mentir ? » Avec la Restauration, leur influence, sans se démasquer, avait grandi. C'est un jésuite, le Père Ronsin, qui avait créé la Congrégation, société de jeunes gens, à la fois religieuse et politique, où le ministère de Villèle avait puisé une bonne partie de son personnel gouvernemental et administratif. A la guerre à l'Université avait répondu la guerre aux Jésuites. Comme dernier épisode, un magistrat janséniste, de souche auvergnate comme Pascal, M. de Montlosier, venait de démontrer que contre eux les lois étaient toujours vivantes ; saisie par lui, la Cour de Paris avait conclu dans le même sens. Le gouvernement ainsi mis en demeure se décida à agir. Il ordonna que huit écoles secondaires « dirigées par des personnes appartenant à une congrégation non autorisée », seraient désormais soumises au régime de l'Université et que « nul ne pourrait être ou demeurer chargé soit de la direction, soit de l'enseignement dans une des maisons dépendantes de l'Université, ou dans une des écoles secondaires ecclésiastiques, s'il n'a affirmé par écrit qu'il n'appartient à aucune congrégation religieuse non légalement établie en France ».

A côté de ces mesures qui, suivant le mot de M. de Vatimesnil, « faisaient rentrer l'instruction publique dans l'ordre légal », on se contenta, dans le haut enseignement, de mesures moins caractérisées et qui n'étaient qu'à demi réparatrices. M. de Frayssinous avait supprimé l'École normale. On pouvait croire que M. de Vatimesnil la rétablirait. Il n'en fut rien. Il se borna à la détacher du Collège Louis-le-Grand auquel on l'avait incorporée, à l'établir en son particulier dans les bâtiments voisins du Collège du Plessis et à lui donner un directeur d'études. M. de Frayssinous avait biffé du programme de la Faculté de droit ce bel ensemble de sciences politiques et administratives qu'y avait inscrit Royer-Collard. M. de Vatimesnil n'en rétablit que des fragments, le droit administratif, le droit des gens, l'histoire du droit romain et du droit français.

Envers les personnes, plus complète et plus éclatante fut la réparation. Depuis sept ans, la chaire de philosophie était silencieuse à la Sorbonne, et dans la chaire d'histoire, au lieu de Guizot, on n'entendait que M. Durozoir. La parole fut rendue à Cousin et à Guizot. Immédiatement leurs chaires et, à côté d'elles, celle de Villemain, devinrent des « tribunes retentissantes, le mot est de Mignet, du haut desquelles les trois professeurs de la Sorbonne parlèrent à toute la France ».

Moment unique dans l'histoire de notre enseignement supérieur au dix-neuvième siècle, que cette magistrature intellectuelle de trois hommes de premier ordre, créateurs chacun en son genre, éloquents tous les trois, chacun à sa manière, attestant la puissance des idées par leur retour en chaire, et s'efforçant d'en perpétuer la victoire par leur enseignement. Moment unique à coup sûr, mais aussi moment critique pour le développement des hautes études en France.

Sans tradition, sans direction, dénué d'élèves réguliers, l'enseignement supérieur des lettres et des sciences avait à prendre parti entre deux voies : ou bien s'enfermer avec quelques élèves d'élite, les initier péniblement et sans éclat aux secrets et aux méthodes de la science, les rendre capables d'être à leur tour des maîtres, et de contribuer au progrès des connaissances humaines, comme faisaient alors au Collège de France Biot et Ampère pour la physique, Thénard pour la chimie, Sylvestre de Sacy pour le persan, Abel Rémusat pour le chinois, Chézy pour le sanscrit, ou bien s'ouvrir à tout venant, se donner pour mission la diffusion des idées, et faire de la chaire une tribune, du professeur un orateur, des auditeurs un public. De ces deux voies, les circonstances du temps, plus encore que leurs tempéraments et leurs talents personnels, engagèrent Cousin, Guizot et Villemain dans la seconde. Leur succès y entraîna, à leur suite, à peu près tout notre enseignement supérieur. Il suffisait alors aux orientalistes du Collège de France d'avoir pour élèves un Bopp ou un Burnouf. Aux professeurs de nos facultés il faudra désormais les grands auditoires et les émotions de la parole publique. Pour près d'un demi-siècle se trouve fixé leur idéal. Notre enseignement supérieur y gagnera un éclat extérieur inconnu dans les autres pays ; mais que de forces vives y seront perdues pour la science.

Intensité partout, mais intensité ici se concentrant sur elle-même, là s'épanchant au dehors, voilà en trois mots l'état de l'enseignement supérieur à Paris, aux dernières années de la Restauration. On sait quelle part revient, dans le mouvement intellectuel de cette époque, aux hommes qui enseignaient alors à la Sorbonne, au Muséum et au Collège de France : Cauchy, Dulong, de Blainville, Cousin, Guizot, Villemain, Leclerc, Delambre, Biot, Ampère, Thénard, Daunou, Quatremère de Quincy, Caussin de Perceval, Sylvestre de Sacy, Abel Rémusat, Chézy, Boissonade, J.-L. Burnouf, Alexandre Brongniart, Gay-Lussac, Adrien de Jussieu, Étienne Geoffroy Saint-Hilaire et Cuvier. La liste est belle, et chacun de ces noms rappelle de grands travaux ou de grandes découvertes.

En province, rien de comparable, même de fort loin. Nulle part, sauf à Montpellier, où a persisté une certaine tradition savante, pas un seul nom à relever, pas une seule école à signaler. On avait conservé six facultés des lettres et sept facultés des sciences, mais sans leur donner un personnel qui fût entièrement à elles, sans leur assurer d'élèves propres, sans leur assigner de tâche déterminée, sans leur fixer de destination spéciale. Aussi sont-elles indécises et flottantes, ayant tantôt des élèves et tantôt n'en ayant pas. Par exemple, en 1816, le recteur de Caen écrit : « Le nombre des étudiants de la Faculté des sciences qui suivent le cours de chimie s'élève à plus de cent ; il est nécessaire d'affecter à ce cours une salle plus vaste[1]. » Dix ans plus tard, aux relevés d'inscriptions, pas un élève à la même faculté. Il semble que les autorités universitaires ne voient pour elles, entre les sessions d'examen, que la préparation au baccalauréat. En 1822, on décide que les candidats à ce grade qui ne justifieront pas du certificat d'études dans un établissement d'enseignement secondaire devront justifier de quatre inscriptions dans une faculté. La même année, on impose aux étudiants en médecine, outre le baccalauréat ès lettres, le baccalauréat ès sciences. C'est dans les facultés des sciences qu'ils s'y prépareront.

Voici le bilan de la faculté des sciences de Montpellier en 1826 : deux cent soixante-huit auditeurs se décomposant ainsi : étudiants en médecine, cent cinquante trois ; étudiants en pharmacie, vingt-deux ; habitants de Montpellier, cinquante et un ; militaires de toutes armes et de tous grades, douze ; étrangers de toutes nations, trente. L'enseignement

---

1. Commission de l'instruction publique (séance du 30 janvier 1816).

est des plus élémentaires. Ainsi, en mathématiques, « le professeur n'a pas dû perdre de vue qu'il ne s'agissait pas de former des géomètres de profession, que l'étendue du cours était fort limitée, et qu'il parlait à des auditeurs qui, pour la plupart, n'avaient que très peu de temps à consacrer à un genre d'études qui, quelques fruits qu'ils puissent d'ailleurs s'en promettre, n'est pourtant pour eux qu'une sorte d'accessoire. Il a donc dû souvent sacrifier la rigueur à la clarté et l'élégance à la brièveté[1]. »

Dans les lettres, situation analogue. On y trouve d'abord à peu près partout la faculté de l'Empire, celle qui double le collège et prépare au baccalauréat. Pourtant à côté commence à se montrer, çà et là, la faculté oratoire, généralisant, vulgarisant et parlant au public. Voici, par exemple, la faculté des lettres de Toulouse. Les cinq cours en forment deux groupes bien distincts : dans l'un, au cours de philosophie, quatre-vingt-treize élèves; soixante-dix sont en même temps élèves du collège. A la faculté comme au collège, ce sont des écoliers. Le recteur les considère comme tels : « Ils ont été attentifs, écrit-il au Ministre, et ont rendu compte de leurs leçons. » Au cours de littérature latine, on explique *la Milonienne*; c'est une classe; elle est suivie par soixante élèves, « presque tous élèves de rhétorique, qui viennent à la faculté après la classe du collège royal. Mais dans l'autre groupe, au cours de littérature française, au cours d'histoire, c'est bien la faculté nouvelle, la petite Sorbonne; auditoire nombreux, deux cents personnes, et fort mélangé :

1. *Rapport du doyen*, Archives du Ministère de l'Instruction publique.

quelques élèves du collège, quelques étudiants en droit, des officiers, des magistrats, des gens du monde, des membres des sociétés littéraires; on n'explique pas d'auteurs, on n'a pas à répondre ; le professeur parle, et, à en juger par la rapidité vertigineuse de son enseignement, il parle sans rien approfondir. En cinq mois, il vient à bout de « l'histoire des Juifs et de leurs révolutions de Nabuchodonosor à Jésus-Christ, de l'histoire de Troie, de Sicyone, d'Argos et de Mycènes, de l'aristocratie de Corinthe et des lois de la Crète, des antiquités de Sparte, d'Athènes, de Thèbes, de Carthage, de Rome et de la Gaule ; enfin, de l'histoire du gouvernement représentatif chez les peuples anciens[1]. »

Tel était l'état de l'enseignement supérieur à la fin de la Restauration, sous le ministère Martignac. On pourrait s'arrêter là. Le ministère Polignac ne fut pas dur pour l'Université. Tout au plus lui fit-il une légère blessure d'amour-propre en réunissant en un même ministère, comme sous M. de Villèle, affaires ecclésiastiques et instruction publique. Il ne rapporta pas une seule des mesures prises par M. de Vatimesnil, mais il entendait s'en tenir là. Ainsi le Ministre de l'Instruction publique, M. de Guernon-Ranville, ayant proposé au Conseil des Ministres, pour décentraliser un peu l'enseignement et diminuer l'entassement des étudiants à Paris, la création d'écoles secondaires de droit dans les départements, il fut vivement combattu par ses collègues, pour qui « la multiplicité des écoles ne pouvait servir qu'à augmenter le

1. *Rapport du recteur de Toulouse*, Archives du Ministère de l'Instruction publique.

nombre des étudiants et jeter dans la carrière des emplois publics une foule de nouveaux aspirants ». — « J'y reviendrai, écrit M. de Guernon-Ranville quelques jours plus tard[1] ; je fais déjà une assez grande concession aux adversaires de la propagation de l'enseignement en ne donnant pas les trois facultés à chacune de nos vingt-six académies. » — On sait pourquoi il n'y revint pas.

1. *Journal d'un Ministre* (25 mai 1830).

LIVRE V

LE GOUVERNEMENT DE JUILLET

CHAPITRE PREMIER

Les conceptions : Universités, Facultés.

Deux tendances : Tendance à la création d'Universités : Guizot, Dubois, Victor Cousin. — Tendance à la multiplication des Facultés isolées : Villemain, de Salvandy. — Triomphe de cette dernière tendance. — Les raisons de son succès.

Autant l'histoire de l'Université avait été complexe et heurtée pendant la Restauration, autant elle est simple et unie sous le Gouvernement de Juillet. Il y a vraiment adéquation entre cette monarchie bourgeoise et libérale, et cette forme de l'instruction publique telle qu'elle sortait de la Restauration. Pour la première fois, le dessein de Napoléon est réalisé : un pouvoir et un corps enseignant en confiance mutuelle, s'inspirant des mêmes maximes, s'appuyant l'un sur l'autre.

On le sentit dès le premier instant. Avant même que fussent balayés les restes des barricades de Juillet, une ordonnance du Lieutenant général du Royaume rétablissait l'École normale[1]. C'était dire, et de la

1. Ordonnance du 6 août 1830.

façon la plus nette, ce qu'on entendait faire. Quelques jours plus tard, il est vrai, on inscrivit dans la Charte de la monarchie nouvelle[1], qu'il serait pourvu par une loi à l'instruction publique. Mais l'Université n'eut pas un instant d'inquiétude. Les hommes qui venaient de faire un roi des Français étaient siens, et ce n'était pas par eux que son existence pouvait être mise en question. De fait, elle fut maintenue et consacrée, par une sorte de reconduction tacite, tout le temps que dura le régime. Il y avait, dans le gouvernement et dans ses conseils, unanimité sur la nécessité d'un enseignement d'État. On ne s'arrêta pas à l'idée, un instant reproduite, de le distribuer, comme on l'avait tenté en 1815, entre plusieurs universités régionales[2]. On le voulait fort, et en accord avec la responsabilité ministérielle. Pour cela, on estima qu'il le fallait un. On s'en tint donc à l'Université. Pour marquer les changements survenus dans les choses, il suffit, à la tête, de quelques changements de personnes.

Pendant cette période, le récit des faits de l'enseignement supérieur est monotone et sans grand intérêt : des créations de facultés, des créations de chaires, et, à la fin, des projets d'organisation d'études, brusquement arrêtés par la Révolution de Février. Mais si des faits on passe aux idées directrices, il est intéressant de retrouver aux prises, comme sous la Révolution, les deux conceptions opposées qu'on peut se faire du haut enseignement, les écoles encyclopédiques et les écoles spéciales. Là encore, deux

---

1. Article 69.
2. Commission de 1831. Archives du Ministère de l'Instruction publique.

courants qui portent l'un à la concentration des facultés sur quelques points du territoire ; l'autre à leur multiplication et à leur dispersion. Cette fois encore, toujours pour des raisons étrangères au fond même de l'enseignement, la prédominance et le succès final de la seconde tendance. D'un côté, Guizot et Cousin ; de l'autre, Villemain et Salvandy.

Chez Guizot, ce ne furent que des intentions, mais c'était conviction ancienne et réfléchie. En 1815, il avait travaillé à l'ordonnance de Royer-Collard, par esprit de décentralisation politique et par désir de décentralisation scientifique. Il lui semblait déjà que, pour un grand pays comme la France, c'était un état anormal et malsain que la réunion à Paris de presque toutes les valeurs intellectuelles, et que mieux vaudrait, pour la santé générale, leur distribution « en quelques grands foyers d'étude et d'activité scientifique ». Ses succès personnels à la Sorbonne, à côté de lui ceux de Cousin et de Villemain, n'avaient fait que confirmer en lui cette opinion. Cet afflux de la périphérie au centre, il avait pu en mesurer lui-même toute l'intensité, et par là juger du dépérissement qui ne pouvait manquer d'en résulter ailleurs. « Paris, écrit-il dans ses *Mémoires*, attire et absorbe moralement la France. » Aussi « voyons-nous partout ailleurs qu'à Paris les belles études en déclin... La France d'aujourd'hui, bien mieux pourvue d'écoles élémentaires et de bons praticiens en divers genres qu'elle ne l'était jadis, offre, loin de sa capitale, bien moins d'esprits richement cultivés et noblement ambitieux qu'elle n'en possédait en 1789... » A ce mal il ne voyait qu'un remède : la création, en contrepoids à Paris, de quelques grandes universités dans les départements.

« Qu'il y ait, sur divers points de la France, de grands foyers d'étude et de vie intellectuelle, où les lettres et les sciences, dans toute leur variété et leur richesse, offrent à leurs adeptes de solides leçons, les instruments du travail, d'honorables carrières, les satisfactions de l'amour-propre, les plaisirs d'une société cultivée, à coup sûr les maîtres éminents et les jeunes gens distingués se fixeront volontiers là où ils trouveront réunis et à leur portée de tels avantages ; ils y attireront et y formeront peu à peu un public animé des mêmes goûts, sensible aux mêmes plaisirs, et Paris, sans cesser d'être, parmi nous, le théâtre de l'activité littéraire et savante, cessera d'être le gouffre où viennent s'engloutir tant d'esprits capables d'une vie plus utile et dignes d'un meilleur sort. »

Ces universités, il les rêvait complètes. « Pour répondre à leur destination, de tels établissements veulent être complets et un peu éclatants ; si la parcimonie scientifique ou économique s'en mêle, elle les tuera au moment même de leur naissance. Il faut que dans les nouvelles universités et dans leurs diverses facultés, lettres, sciences, droit, médecine, théologie (si l'Église s'y prête), le nombre et l'objet des chaires soient en harmonie avec l'état actuel des connaissances humaines, et que la condition des professeurs y soit assurée, commode et digne. » Mais pour les avoir complètes, il les voulait rares. « L'ordonnance de 1815, qui, dans chaque université régionale, créait un corps entier de facultés, les créait en beaucoup trop grand nombre. Il n'y a pas en

France dix-sept points où l'on puisse espérer réunir avec quelque chance de succès « toutes les parties de l'instruction supérieure, l'ensemble des connaissances humaines et des études nécessaires aux professions libérales[1]. » Trop multipliées, les universités provinciales se fussent neutralisées l'une l'autre, et n'eussent pas été une résistance à la force aspirante de Paris. Aussi se proposait-il d'en créer quatre seulement, à Strasbourg, à Rennes, à Toulouse et à Montpellier.

Il ne put donner suite à ses projets. Il n'en était pas là comme dans l'enseignement primaire. L'opinion publique n'y réclamait « aucune œuvre générale et nouvelle ». « En fait d'instruction supérieure le public, à cette époque, ne souhaitait et ne craignait à peu près rien: il n'était préoccupé à cet égard d'aucune grande idée, d'aucun impatient désir ; l'ambition intellectuelle faiblissait devant l'ambition politique; le haut enseignement tel qu'il était constitué et donné, suffisait aux besoins pratiques de la société qui le considérait avec un mélange de contentement et d'insouciance. » Et puis, le gouvernement et l'Université « n'étaient encore que peu empressés ou peu préparés » pour une telle réforme. Enfin, « ce qui manque de nos jours aux desseins un peu difficiles [2], » le temps, lui fit défaut.

Guizot n'était pas seul, dans l'Université, à vouloir des universités, et l'idée ne devait pas tomber avec lui. Nous la retrouvons, aussi nette, aussi délibérément exprimée dans le rapport sur le budget de l'instruction publique présenté à la Chambre des

1. *Mémoires*, t. III, ch. II.
2. *Ibid.*

Députés, en 1836, par P. Dubois, l'ancien directeur du *Globe*, alors député de la Loire-Inférieure, directeur de l'École normale et membre du Conseil royal de l'Université. Lui aussi se plaint de la prépondérance intellectuelle de Paris et indique comme remède les universités provinciales.

« Quand on jette les yeux sur la France, et que sur ce vaste territoire, couvert de trente-deux millions d'hommes, où fermente une jeunesse nombreuse et ardente, demandant et des carrières et de fortes études, on cherche quelles hautes écoles sont ouvertes à son zèle, le regard ne rencontre à vrai dire que celles de la capitale... Paris reste seul avec ses maîtres illustres, ses chaires de tout genre, ses immenses et magnifiques collections, ses milliers d'élèves accourus de toutes les extrémités du royaume, comme aux premiers jours de l'émancipation de la pensée. » Effet sans doute « de la centralisation, de la facilité des communications, de la supériorité incontestable et de l'admirable universalité de l'enseignement parisien ». « Mais le législateur n'a rien fait pour le corriger et pour puiser à ce foyer unique de vie les éléments d'une régénération des hautes écoles provinciales. »

Pendant ce temps « la science et l'émulation se meurent en province; il faut les y ranimer; les élèves se concentrent dans la capitale; il faut les retenir plus près des foyers paternels ». Pour cela, un seul moyen, la concentration des facultés; — « il n'y a ni vie ni élan dans les facultés isolées, » — et la constitution de quelques universités seulement; — « il faut des centres peu nombreux, mais véritables foyers de force et de lumière, en un mot, des colonies d'hommes voués au travail de la pensée dans toutes les directions. »

Ce furent encore les idées de Victor Cousin, ministre de l'Instruction publique en 1840, et, avec lui, à l'intention s'ajoute une tentative d'exécution. « Conformément à tout ce que j'avais dit et répété dans mes ouvrages[1], je me proposais de substituer peu à peu aux facultés isolées, éparpillées et languissantes sur une multitude de points, un système de grands centres scientifiques, où toutes les facultés fussent réunies, selon la pratique du monde entier. Oui, je ne le cache pas, si j'admire profondément l'unité de la France, je ne crois pas que cette précieuse unité fût en péril, parce qu'il y aurait de la vie ailleurs qu'à Paris... Je suis convaincu qu'il est possible d'établir dans un certain nombre de villes des foyers de lumière, qui, en projetant leurs rayons autour d'eux, éclaireraient et vivifieraient de grandes provinces, au profit de la civilisation de la France entière. »

Mais pour qu'elles fussent fécondes, comme Guizot, il pensait que ces universités devaient être fortes et

---

[1]. « Il est inouï de voir, en France, les diverses facultés dont se compose une université allemande, séparées les unes des autres, et comme perdues dans l'isolement... En vérité, si l'on se proposait de donner à l'esprit une culture exclusive et fausse, si l'on voulait faire des lettrés frivoles, des savants sans lumières générales, des procureurs ou des avocats, au lieu de jurisconsultes, je ne pourrais indiquer un meilleur moyen, pour arriver à ce beau résultat, que la dissémination et l'isolement des facultés... Hélas! nous avons une vingtaine de misérables facultés éparpillées sur la surface de la France, sans aucun vrai foyer de lumière... Hâtons-nous de substituer à ces pauvres facultés de province, partout languissantes et mourantes, de grands centres scientifiques, rares, mais bien placés... quelques universités, comme en Allemagne, avec des facultés complètes, se prêtant l'une à l'autre un mutuel appui, de mutuelles lumières, un mutuel mouvement ». (*Rapport sur l'instruction publique en Allemagne*, t. I, p. 174).

peu nombreuses. Nul mieux que lui n'a exprimé cette double condition : « Ce n'est rien de créer des facultés. Il faut les faire grandes et fortes. Les éparpiller, c'est les annuler. Le principe incontestable de cette matière,... c'est un petit nombre de grands foyers d'études, qui aient des professeurs éminents, et beaucoup d'élèves. Multipliez les facultés, vous abaissez l'enseignement... Voulez-vous donc renouveler les universités de Valence et d'Orange ? Il vous plaira de créer une faculté dans une ville. Fort bien ; il suffit pour cela d'une allocation au budget ; mais il n'y a qu'un malheur, c'est que les grands professeurs, qui sont la vie des facultés, vous manqueront, et puis il n'y viendra pas d'élèves. Il faudra mettre les cours le soir, afin d'attirer les dames et un certain nombre d'hommes oisifs, qui viendront y chercher un délassement aux travaux de la journée. C'est là une faculté d'agrément ; c'est une sorte d'Athénée où un bénévole auditoire vient écouter un frivole enseignement. Ce n'est pas là une institution sérieuse où se forme et s'élève la jeunesse d'un grand peuple [1]. »

En conformité de ces idées, il avait conçu le projet d'établir successivement, au cœur de chacune des grandes régions de la France, plusieurs facultés liées entre elles, se soutenant et s'animant l'une l'autre, mettant en commun leurs bibliothèques, leurs élèves, leurs lumières. Son plan était de commencer sur un point, puis de continuer sur un second, sur un troisième, sur un quatrième, lentement, méthodiquement, expérimentalement.

1. Chambre des Pairs, 15 mai 1844.

C'est par la Bretagne qu'il voulut commencer. Il y avait à Rennes une faculté de droit et une faculté des lettres. Il proposa d'y créer une faculté des sciences et une faculté de médecine, et d'y constituer ainsi une Université bretonne. Voici en quels termes il justifiait cette création dans l'exposé des motifs : « L'intention du Gouvernement est de créer sur quelques points de la France un certain nombre de grands centres d'enseignement supérieur, qui puissent devenir des foyers de lumières pour les provinces où ils seront placés. Des facultés isolées peuvent avoir leur avantage ; mais la plus grande force de ces établissements se tire de leur réunion. Une faculté de droit ne peut guère se passer du voisinage d'une faculté des lettres, et une faculté des sciences est à la fois le fondement et le couronnement d'une faculté de médecine. C'est ainsi que toutes les connaissances humaines se lient et se tiennent l'une l'autre et communiquent à ceux qui les cultivent une instruction solide et étendue... Il n'est pas non plus sans quelque intérêt social et politique de retenir dans nos provinces une foule de jeunes gens dont les talents, mûris dans les grandes écoles de leur pays, peuvent tourner à son profit et concourir à former et à fortifier cette vie provinciale, jadis si animée, aujourd'hui si languissante, et dont le retour serait un bienfait, sans aucun danger, dans la puissante unité de la France. »

Des deux facultés nouvelles qu'il demandait pour cette première expérience des universités, la Chambre vota sans difficulté la faculté des sciences. La faculté de médecine fut ajournée. Cousin se proposait de reprendre le projet à la session suivante, et de le soutenir de toutes ses forces. « On aurait bien vu, dit-il, si l'intérêt particulier aurait osé s'élever contre l'intérêt général. » Mais à lui aussi, encore plus qu'à Guizot, le temps manqua. Peut-être aussi un « projet plus grand, plus exigeant, eût obtenu plus de succès [1] ».

Entre Guizot et Cousin, et après Cousin, les hasards du régime parlementaire amenèrent à l'Instruction publique des ministres aux vues toutes différentes, entre autres Villemain et Salvandy. Avec eux, il n'est plus question de groupement et de concentration des facultés; l'idée de quelques universités largement pourvues est abandonnée, et périodiquement, l'on voit naître, ici ou là, sans plan d'ensemble, sans conception générale et organique, quelques facultés de plus. Il y avait, en 1830, six facultés des lettres et sept facultés des sciences. C'était plus qu'il n'en fallait pour une bonne organisation de l'enseignement supérieur. Dès 1835, on en augmente le nombre; on continue en 1838; on recommence en 1845, en 1846, en 1847 et l'on eût recommencé encore en 1848, si la Révolution n'était venue arrêter ce mouvement accéléré. On créa des facultés des sciences à Lyon, à Bordeaux, à Besançon ; des facultés des lettres à Bordeaux, à Lyon, à Montpellier, à Rennes, à Poitiers, à Aix et à Grenoble. On s'était proposé d'atteindre la douzaine; on devint promptement plus ambitieux, et c'est à vingt que l'on tendait, quand le mouvement fut enrayé. Au projet de budget de 1848, on demandait les fonds pour une

---

1. Guizot, *Mémoires*, t. III, ch. XVIII.

nouvelle faculté des sciences et pour une nouvelle faculté des lettres, et ce n'était pas le dernier mot : « Que les facultés de tout ordre, disait le rapport au Roi, que ces flambeaux allumés sur une vingtaine de points du territoire ne soient grandement utiles par la lumière qu'elles dispensent à nos provinces, personne ne le conteste. » Et la commission du budget répétait ce chiffre en se l'appropriant, et elle concluait : « Le chef de l'Université a donc raison de vouloir doter de ces fanaux, qui leur manquent encore, quelques académies importantes, celles où une grande activité des intérêts et des esprits leur promettent éclat et succès. »

Contre cette multiplication excessive, les avis n'avaient pas manqué et dans le Conseil royal et à la Chambre des députés. Au Conseil royal, on avait nettement déclaré, en 1838, qu'il n'y avait pas lieu de créer de nouvelles facultés des sciences [1] ; en 1842, on avait repoussé un projet de faculté des lettres à Aix, en donnant pour motif du rejet « qu'il n'existe que peu d'élèves suivant les cours de la faculté de droit de cette ville, et qu'il est probable que les cours ne pourraient réunir qu'un petit nombre d'auditeurs ; que cette opinion se fortifie du peu de succès des facultés des lettres établies dans ces dernières années à Rennes et à Montpellier ; que si une faculté des lettres était créée à Aix, les villes de Grenoble, de Poitiers, demanderaient qu'une faveur semblable leur fût accordée, et qu'il en serait de même de Besançon qui réclamerait une faculté des sciences ;... que, sans doute, il faut établir de grands centres

---

1. 9 mars 1838, 11 février 1842.

d'instruction, mais qu'il ne faut pas, pour cela même, trop multiplier les facultés..., » A la Chambre, P. Dubois avait signalé au ministre l'empirisme de sa méthode et le danger de ses créations. « Eh quoi ! sans qu'un système général ait été étudié et présenté, avant qu'on ait pu examiner si le système ancien est bon et en quoi il doit être conservé ou modifié, en face de ce principe de la proclamation de la liberté, vous allez multiplier les centres d'enseignement supérieur sur tous les points du royaume, et cela, sans discussion approfondie et comme par accident, dans un vote du budget, toujours mêlé d'un peu de précipitation... Songez-y, pendant que vous allez semer vos forces sur les diverses parties du territoire, on vous observe ; il y a des hommes habiles, prévoyants, hardis, qui, j'en suis sûr, ne commettront pas la même faute. Le jour où vous proclamerez la liberté d'enseignement, quelques universités indépendantes, dont les maîtres sont prêts et les ressources assurées, s'élèveront sur trois ou quatre points cardinaux du royaume, avec la puissance et l'unité de leurs doctrines, la gloire de leur passé, l'éclat nouveau de leur institution et de leurs vertus renouvelées par l'épreuve. Ils vous feront la guerre. Et vous, avec vos écoles semées, dispersées, sans vigueur, sans enseignement complet, sans disciples nombreux, que ferez-vous alors[1] ? » Vains avis, objurgations inutiles.

Quelles raisons avait donc le ministère pour passer outre ? Il en avait de deux sortes : les raisons de

---

1. Session de 1838. Discussion du budget de 1839.

premier plan, celles qui servent surtout à masquer les autres, et les raisons déterminantes. Tout d'abord on était parti de cette idée « que les facultés des lettres et des sciences devaient être instituées partout où se rencontre une de ces deux circonstances : un grand centre de population ou un grand centre d'études,... des métropoles comme Lyon et Bordeaux, ou des villes qui rassemblent une jeunesse studieuse dans les écoles de droit et de médecine [1] ». Comme il y avait alors neuf facultés de droit et qu'on ne songeait pas à en créer de nouvelles, c'eût été au total onze groupes de facultés, Paris compris. Très promptement, cette limite est atteinte ; à peine atteinte, elle est franchie ; et aussitôt, voilà de nouvelles villes en instance et partant de nouvelles facultés en expectative, non plus des métropoles comme Bordeaux et Lyon, non plus des villes ayant déjà une faculté de droit comme Rennes ou Aix, mais Bourges [2], Clermont, Nancy, Douai, Lille, Pau et même Avignon.

A mesure que le cercle s'élargit, les raisons de l'élargir, celles du moins qu'on met en avant, deviennent plus diffuses. On avait commencé par dire : « Les facultés des sciences et des lettres trop peu nombreuses et comprenant un trop petit nombre de cours étaient loin de répondre à l'importance de leur mission et à l'attente du pays. Et qu'on le sache bien, la stagnation de l'instruction supérieure, dont le résultat direct est d'arrêter, dans l'élite de la jeunesse française et dans l'avenir de toutes les professions éclairées, l'essor du génie national, a cette

---

1. Budget de 1838. Rapport au Roi.
2. Budget de 1847. Rapport au Roi.

autre conséquence de frapper de langueur l'instruction secondaire elle-même, parce qu'elle comprime tout élan chez les maîtres et chez les élèves [1]. » On en vient à invoquer d'autres intérêts que ceux des hautes études, compromis et non servis par ces créations incessantes ; on met en avant « le barreau, la magistrature, le clergé, » qui « puisent avec empressement à ces sources d'instruction, où le goût s'épure, où les esprits s'éclairent, où les connaissances libérales se propagent [2] ».

Autant de mots dont on n'était pas dupe. La vraie raison, la raison déterminante, il faut la chercher ailleurs, non pas dans l'enseignement supérieur en lui-même, mais en dehors, dans la liberté de l'enseignement secondaire. Ceci demande explication.

En face du monopole universitaire, la question de la liberté de l'enseignement devait fatalement se poser. Elle s'était posée en effet, et dès les premiers jours de la Restauration, d'abord en revendications isolées, puis, à mesure que s'était dessinée l'intention du gouvernement royal d'exploiter à son tour le monopole universitaire, d'une façon plus générale et avec une force croissante, si bien qu'après la Révolution de Juillet, au nombre des libertés essentielles du nouveau régime, on avait inscrit la liberté de l'enseignement.

Cette liberté nouvelle, le difficile n'était pas de l'écrire dans la Charte, comme un principe, mais de l'organiser et de la faire passer de la Charte dans la loi. La Charte avait dit : la liberté de l'enseignement, sans rien de plus. Serait-ce une liberté absolue;

---

1. Budget de 1839. Rapport au Roi.
2. Budget de 1847. Rapport au Roi.

sans restriction, sans garantie? Serait-ce, au contraire, une liberté limitée par les droits et les intérêts de l'État et de la société? Mais, dans ce cas, quelles en seraient les limites, à quelles garanties serait-elle subordonnée? Autant de questions auxquelles, en 1830, l'opinion n'était pas encore faite. Le gouvernement crut qu'il fallait lui donner tout le temps de se former, et, sans renier les engagements du pacte constitutionnel, il usa de longueur et de temporisation. Cette tactique lui semblait commandée par l'importance des intérêts en jeu : intérêts des études qu'une concurrence trop libre des établissements particuliers et des établissements universitaires pouvait compromettre; intérêts de la liberté religieuse qu'un partage du monopole universitaire avec l'Église, la seule personne en France qui fût alors en mesure de profiter de la liberté d'enseignement, pouvait troubler; intérêts de l'État qui, en renonçant au monopole de l'instruction publique, ne pouvait manquer de s'affaiblir; intérêts de la société, pour qui l'unité de l'enseignement national paraissait une garantie d'unité morale et de paix.

Il voulut donc gagner du temps, espérant même peut-être qu'à force d'en gagner, il finirait par ajourner indéfiniment une liberté qu'au fond il jugeait dangereuse; mais par là même il réveilla les revendications et les rendit plus âpres et plus exigeantes. Lorsque après plusieurs années de règne, après l'échec de deux projets de loi, on vit que cette liberté d'enseignement réclamée et concédée en principe comme une liberté des consciences, sommeillait toujours dans la Charte, ce fut, à la tribune, dans la presse, dans la chaire, une prise d'armes générale de l'Église contre l'État. On accusa le gouvernement de vouloir, contre tout droit, refuser ce que la Charte avait promis, et l'on mena contre l'Université, hommes et doctrines, une campagne sans merci.

L'Université avait alors une philosophie, celle de Victor Cousin. Cette philosophie, on la dénonça comme irréligieuse, rationaliste et panthéiste. « Nous ne sommes pas à ce point abâtardis, s'écriait de Montalembert, le chef de cette croisade, qu'il nous faille abdiquer notre raison entre les mains du rationalisme, livrer notre conscience à l'Université, notre dignité et notre liberté aux mains de ces légistes dont la haine pour la liberté de l'Église n'est égalée que par leur ignorance profonde de ses droits et de ses dogmes. » On fit tout pour alarmer la conscience des parents. On ne se borna pas à dénoncer l'enseignement universitaire comme corrupteur de la foi; dans les collèges suspects, on supprima les aumôniers, on mit les chapelles en interdit, et, de toutes parts, on fit affluer au Parlement des pétitions réclamant, comme un droit acquis et garanti par la Charte, la liberté de l'enseignement. Pour avoir trop temporisé, les pouvoirs publics allaient avoir la main forcée.

Du moins le Gouvernement voulut-il, avant et après le dépôt du projet de loi de 1844 sur la liberté de l'enseignement secondaire, assurer à l'État quelques réserves essentielles. De ce nombre était la collation des grades. De là cette multiplication excessive des facultés.

Il ne semble pas qu'à ce moment on se soit préoccupé de la liberté de l'enseignement supérieur.

La lutte était circonscrite à l'enseignement secondaire. Ce que poursuivaient les évêques, c'était, pour leurs petits séminaires, la fin du régime des ordonnances de 1828; aucuns même se fussent contentés de pouvoir présenter leurs élèves au baccalauréat. Ce que voulaient les laïques ultramontains, comme de Montalembert, c'était la suppression de l'autorisation préalable pour les établissements particuliers d'instruction, et celle du Certificat d'études. De facultés particulières et libres, il n'était pas question. « De quelle liberté s'agit-il? » disait, au plus fort de la lutte, Villemain à la Chambre des Pairs, en réponse à un discours de Montalembert. « Est-ce de la liberté de tous les enseignements? Je ne crois pas que la Chambre soit disposée à vouloir que l'enseignement de la médecine, par exemple, cet enseignement qui tient de si près à l'hygiène, à la sûreté, à la décence publique, soit tout à coup laissé à la concurrence universelle. Est-ce l'enseignement du droit? Je ne pense pas que cet enseignement, à la fois si important et si difficile, puisse être également laissé à la spéculation individuelle. C'est donc là liberté de l'instruction secondaire dont il s'agit seulement [1]. » Et ces paroles ne provoquaient aucune contradiction.

Mais si l'on ne visait pas encore à créer des facultés indépendantes de l'État, on voulait du même coup enlever à l'État un double monopole, celui de l'enseignement et celui de la collation des grades. On les liait l'un à l'autre, espérant, par la ruine de l'un, entraîner celle de l'autre. Serait-ce vraiment un en-

---

1. Chambre des Pairs, discussion du budget de 1843.

seignement libre que celui qui ne pourrait faire, lui aussi, ses bacheliers ? Sa liberté ne serait-elle pas un leurre, si l'État conservait juridiction sur ses élèves pour les examiner, pour les juger ? La plupart des pétitions de l'époque demandent deux choses à la fois, et comme corrélatives : la liberté d'ouvrir des écoles secondaires et, pour examiner les élèves de ces écoles, des « jurys étrangers à l'Université, des jurys indépendants ».

De tels jurys, l'État n'y pouvait consentir. Qu'il organisât la liberté de l'enseignement, la Charte lui en faisait obligation ; mais elle n'avait pas dit que les grades cesseraient d'être des grades d'État. Grades d'État ils étaient depuis le commencement du siècle ; grades d'État ils devaient rester. Conférant des privilèges publics, ils devaient continuer d'être conférés eux-mêmes par la puissance publique. Donc, sur le principe, pas de concession possible. Mais, dans la pratique, les choses n'allaient-elles pas de façon à provoquer des réclamations légitimes ? La Restauration n'avait laissé subsister que six facultés des lettres, arbitrairement réparties sur tout le territoire. Ce n'était pas assez pour un service régulier et commode des examens, surtout avec les lentes communications de l'époque. Aussi, aux jurys de faculté, avait-on ajouté, pour le baccalauréat, des jurys d'autre sorte, composés de professeurs des collèges royaux. Au fond, entre ces deux espèces de jurys, la différence n'était guère que de pure forme, puisque bon nombre de professeurs de faculté, étaient encore, en même temps, professeurs dans les collèges royaux. Mais l'opinion, même la plus éclairée, s'en tenait aux apparences ; il lui répugnait de voir les élèves des établissements libres jugés par les professeurs mêmes des collèges royaux ; au contraire, les professeurs de faculté, inamovibles, lui semblaient offrir plus de garanties d'indépendance et d'impartialité.

Par là, le Gouvernement fut conduit à multiplier les facultés des lettres et des sciences. La raison scientifique voulait qu'il y en eût seulement quelques-unes, fortes et bien pourvues. La raison d'État en réclamait un grand nombre. Cette fois encore, c'est la raison d'État qui l'emporta. On supprima les commissions de baccalauréat. A leur place on créa des facultés nouvelles. En les créant, on ne se demanda pas si elles seraient utiles ou nuisibles aux progrès du haut enseignement et de la science. On les fit uniquement pour être, au-dessus des collèges de l'État et des établissements libres, des jurys de baccalauréat indépendants et impartiaux.

Veut-on des preuves que telle fut la raison déterminante du gouvernement? Qu'on lise la discussion du projet de loi sur la liberté de l'enseignement secondaire à la Chambre des pairs [1]. La pensée ministérielle s'y manifeste crûment, sans réticences, sans fausses raisons. La commission proposait de supprimer les commissions d'examen pour le baccalauréat, et de faire examiner tous les candidats par les facultés. Mais, objectait-on, les facultés sont bien peu nombreuses. — « On les multipliera, » répondit le ministre. Et quelques jours plus tard, il le répétait, non plus, cette fois, en forme d'interruption ou de riposte, mais dans un discours à la tribune : « Avec

---

[1]. Session de 1844.

la liberté d'enseignement, il faut que les grades soient conférés par les facultés... Cette disposition entraîne l'augmentation du nombre des facultés. » Enfin, en transmettant à la Chambre des députés le projet voté par la Chambre des Pairs, il disait, dans les termes les plus explicites : « L'Université doit rester seule juge des grades. Pour qu'elle ne les confère que par l'entremise des facultés, comme le propose l'article 20 du projet, l'établissement de quelques facultés nouvelles et réclamées dès longtemps par les villes sera nécessaire. »

En vain Victor Cousin avait-il fait remarquer une fois de plus que « multiplier les facultés, c'était les rendre incapables de maintenir l'enseignement supérieur à la hauteur qui lui appartient et de conférer des grades avec autorité[1] » ; les convictions étaient faites.

Ces trois propositions : l'enseignement secondaire est libre ; la collation des grades appartient à l'État ; l'État les confère par l'intermédiaire des facultés, étaient liées désormais comme les trois termes d'un syllogisme, et ce sera, pour le Ministre de l'Instruction publique, sous les raisons de surface, la raison de fond pour créer des facultés nouvelles. « Les grades sont devenus une nécessité pour tout le monde, lisons-nous dans le Rapport au roi à l'appui du projet du budget de 1847. Les facultés, en se multipliant, se substituent aux commissions des lettres dans un vaste rayon. » De même, au budget de 1848, on demande des facultés nouvelles, sans doute pour « offrir à la jeunesse un complément d'études

---

1. Séance du 14 mai 1841.

sérieux », mais aussi « pour multiplier les centres d'examen pour les grades, notamment pour le baccalauréat ». Et voilà comment nous avons eu, au détriment des hautes études et de la science, tant de facultés inutiles.

CHAPITRE II

État de l'Enseignement supérieur sous le Gouvernement de Juillet.

Rôle professionnel de l'Enseignement supérieur. — Les Facultés de Droit; projets de réformes. — Les Facultés de Médecine; projets de réformes. — Les Facultés des Sciences et des Lettres; incertitude de leur destination. — État des établissements d'enseignement supérieur.

Pénétrons maintenant dans les facultés de chaque ordre. Qu'y fit le Gouvernement de Juillet? Que se proposa-t-il d'y faire?

Si les idées de Guizot et de Cousin l'avaient emporté sur la politique de Villemain et de Salvandy, ici se placerait, en tête de cette revue, une théorie générale de l'enseignement supérieur toute différente de celle qui avait prévalu sous le Consulat et sous l'Empire. La concentration des facultés implique entre elles de mutuels services; par suite elle relève théoriquement de deux idées : celle de la science et celle de l'unité des sciences. Avec des facultés isolées, dispersées et multipliées outre mesure, pour des besoins étrangers à ceux de l'enseignement lui-même, il n'est pas question, il ne peut pas être question de la parenté et de l'unité des sciences. L'organisme n'est pas adapté à cette fin. Fatalement même, l'idée de la science, reléguée aux arrière-plans, perd de son importance et de son efficacité. Au lieu d'être dominante et directrice, elle devient subordonnée. Ce qui passe au premier plan c'est l'utilité professionnelle, et la science, au lieu d'être envisagée en elle-même et pour elle-même, n'est qu'un moyen qui ne vaut et n'est apprécié que par sa contribution à des résultats pratiques. Aussi, pendant toute la période que nous étudions ici, les facultés, malgré de réels progrès, demeurent-elles des écoles spéciales et professionnelles.

Dans le gouvernement, dans les chambres, on ne se fait pas d'elles une autre idée ; on ne leur demande pas d'autres services. Un ministre de l'instruction publique, Villemain, assigne pour but à l'enseignement secondaire de préparer au baccalauréat et aux Écoles spéciales. Un premier ministre, Thiers, définit ainsi l'instruction supérieure : « A la fois plus profonde et plus restreinte, elle s'adresse aux jeunes gens pressés de devenir des hommes et les prépare aux professions particulières auxquelles ils sont destinés, les uns aux arts de la guerre, les autres aux arts de la paix, ceux-ci à la jurisprudence, ceux-là à la médecine ou aux lettres. » De cette haute culture générale, qui, loin de faire tort aux éducations particulières et professionnelles, les éclaire et les élargit, en portant les esprits aux réflexions et aux conceptions d'ensemble, pas un mot, pas même un soupçon. L'utilité, rien que l'utilité, les résultats pratiques et par les voies les plus rapides; le droit pour le barreau, la médecine pour l'art de guérir, les lettres et les sciences pour le baccalauréat et, en surplus, pour l'agrément des gens de loisir.

Le droit pour le barreau. Prise à la lettre, la formule serait inexacte et injuste. Il n'est pas en effet de gouvernement qui, plus que celui de Juillet, ait fait effort pour élargir le champ des facultés de droit. Elle n'est vraie que comme expression de l'isolement où, malgré toutes les réformes et tous les projets de réforme, on laisse ces facultés comme les autres. Mais sans modifier leur destination professionnelle on entend leur remettre la préparation à des professions plus nombreuses. Avec les avocats et les magistrats qu'elles ont fournis de tout temps, on entend leur demander désormais des administrateurs, des économistes, des diplomates, des politiques, des hommes publics.

Elles avaient, en 1830, trois mille cinq cents élèves. Promptement accru, ce nombre n'avait pas tardé à dépasser cinq mille. Si rapide même avait été la crue qu'on en avait conçu quelque alarme. « Ce nombre est trop grand, disait M. Beugnot à la Chambre des Pairs ; par là on crée des existences inquiètes, malheureuses et quelquefois redoutables.... Le nombre des fonctions où les connaissances que l'on acquiert dans les écoles de droit sont requises est très restreint.... Il doit y avoir dans ces professions une concurrence désordonnée. » Et il concluait : Diminuez le nombre des étudiants en droit [1].

Autre était la conclusion du Gouvernement. Au lieu de refouler loin des facultés les étudiants en excès, en élevant les frais d'études et d'examens, il lui semblait d'une meilleure politique de leur ouvrir de nouvelles carrières, et pour cela d'introduire

---

1. Discussion du budget de 1843.

dans les facultés de droit des enseignements plus variés. Elles formeront alors « à l'État des magistrats, des administrateurs, des représentants de l'intérêt et du droit de la France au dehors »; elles attireront « aussi ces jeunes hommes des classes éclairées qui vont s'inscrire aux écoles de droit sans se destiner au barreau, ceux qui, sans se mettre directement au service de la chose publique, aspireraient simplement à tenir leur place honorablement dans la commune, dans le département, dans l'État[1] ».

Au fond, la préoccupation était moins d'ordre scientifique que d'ordre politique; il s'agissait beaucoup moins d'instituer de nouveaux objets d'étude et de recherche, que d'initier un plus grand nombre de citoyens aux études jusque-là fort peu répandues, du droit public et de l'économie sociale et politique. En cela le Gouvernement de Juillet se montrait fidèle à son principe. Sous un gouvernement absolu, il suffit que le principe des institutions soit connu de ceux-là seuls à qui le maître les confie. La vie nationale peut se maintenir et se développer au milieu de l'inconscience des autres. Mais sous un gouvernement parlementaire, avec les variations d'un suffrage public, qu'il soit restreint ou qu'il soit universel, il n'en est plus de même. En fin de compte, c'est l'opinion qui dirige, et pour qu'avec elle soient assurés la liberté, l'ordre et le progrès, il faut qu'elle ait, aussi claire, aussi complète que possible, la conscience des idées qui sont au fond des institutions. D'où, pour un gouvernement parlementaire, la nécessité de larges études de droit public.

1. De Salvandy, *Rapport au Roi*, 20 février 1815.

Le Gouvernement de Juillet l'avait compris dès ses débuts. Un des premiers actes de Guizot avait été la création à Paris d'une chaire de droit constitutionnel. Quelques années plus tard, un de ses successeurs avait donné à cinq facultés des départements la chaire de droit administratif qui leur manquait encore.

Salvandy rêvait mieux, voulait mieux, et la réforme des facultés de droit fut un des soucis dominants de sa longue administration. Dès son premier ministère, il avait institué pour la poursuivre une commission de hautes études avec le large programme que voici : Enseignement philosophique : il n'existe pas; les diverses parties du droit sont disloquées, sans un enseignement général qui les relie et les rattache aux idées communes d'où elles dérivent; en aucun lieu ne « se trouve déployée aux yeux de la jeunesse française la chaîne qui lie le droit écrit des sociétés aux lois plus hautes dont il doit être l'image ». Cet enseignement général et philosophique, faudra-t-il le créer, soit dans toutes les facultés, soit dans quelques-unes, soit même seulement à Paris ? — Enseignement historique : il n'existe pas davantage. Cependant « n'est-il pas étrange et fâcheux que nulle part ne soit professée l'histoire des institutions judiciaires de la France, de ces institutions qui ont fait nos mœurs, notre esprit public, nos institutions politiques » ? Faudra-t-il combler cette lacune partout ou sur quelques points d'élection ? — Enseignements de droit public : ils existent à peine, limités qu'ils sont au droit administratif, et, à Paris, au droit administratif et au droit constitutionnel. Faudra-t-il les compléter et les étendre, fortifier ce qui existe et y ajouter le droit public des grands États étrangers? Faudra-t-il faire de ces enseignements de droit public une section, la section politique des facultés de droit, à côté de la section juridique, ou bien l'objet d'une faculté spéciale, la faculté des sciences politiques et administratives, ou bien encore celui d'une école spéciale, sorte d'école normale ou polytechnique administrative? Enfin, comme conséquence de ces vues, n'y aurait-il pas lieu de distinguer des facultés de deux degrés, les unes vouées à la culture professionnelle, interprétant le droit écrit en vue des besoins pratiques des individus et de la société, les autres, en plus petit nombre, alliant à cet enseignement général et uniforme, « toutes les parties élevées de la science, toutes les matières dont l'étude n'est pas nécessaire à tous »?

Redevenu ministre sept ans plus tard, c'est à ce projet, négligé par Villemain, qu'il se remet tout d'abord. Il le reprend, le précise et l'accentue, et cette fois, par une innovation heureuse, il le soumet aux facultés elles-mêmes. Ce qui lui tient toujours le plus au cœur, c'est l'organisation d'un enseignement complet des sciences administratives et politiques. Il voudrait y voir « la diplomatique et toutes ses branches, le droit des gens, le droit international, l'histoire des traités, qui est l'histoire même de la constitution des États, le droit public de l'Europe actuelle, le droit maritime, si essentiel aux rapports des nations commerçantes, les codes et juridictions militaires, notre système de gouvernement et d'administration, notre régime financier, l'économie politique, notre ancien droit coutumier, notre nouveau droit constitutionnel, les institutions comparées des grands gouvernements représentatifs, enfin le droit ecclésiastique qui a eu une si grande part dans l'origine et la suite de toutes les institutions civiles[1] ».

Sollicitées de dire s'il convenait de créer ce corps d'enseignements nouveaux, et, dans ce cas, où il fallait le placer, à Paris dans la faculté de droit ou bien dans une faculté spéciale qui se serait appelée, comme plusieurs institutions de l'étranger, faculté des sciences politiques et administratives, les facultés de droit accueillirent sans grand enthousiasme les idées du ministre. Pénétrées de l'esprit juridique, à peu près fermées alors aux études historiques et philosophiques, ayant des affinités d'origine et des réciprocités de services avec le barreau et la magistrature, elles étaient loin d'être mûres pour une conception plus large de leur destination scientifique et sociale.

La Faculté de Paris, en particulier, ne semblait pas éloignée de croire que tout était pour le mieux dans la meilleure des facultés. Le but des facultés de droit, disait-elle, n'est pas « d'embrasser le détail de toutes les parties de la législation, mais d'enseigner les principes et les éléments ». Avec l'organisation présente, avec le droit romain, les cinq codes, le droit administratif et les chaires spéciales, « le but est atteint et peut-être dépassé ». Cependant, tout en se déclarant nettement hostile à l'idée d'une faculté nouvelle, aussi bien qu'à l'établissement dans les facultés de droit d'une section propre aux sciences politiques et administratives, elle ne repoussait pas,

---

1. *Rapport au Roi*, 1815.

à la suite d'un cours d'études uniforme, uniquement composé des matières ordinaires, l'établissement de quelques cours spéciaux, avec un examen particulier, « pour les licenciés aspirant à certaines carrières ».

Seule la faculté de Strasbourg, plus accessible aux innovations et mieux au courant des choses de l'étranger, par un contact incessant avec l'Allemagne, élabora un projet qui mérite d'être mentionné. Pas de faculté spéciale, mais, dans la faculté de droit elle-même, une section des sciences politiques ; des enseignements communs à tous les étudiants : les *Institutes* de Justinien, l'introduction à l'étude générale du droit et de la méthodologie ; un aperçu de l'ensemble du droit public et privé ; le droit constitutionnel et le droit administratif ; puis des enseignements spéciaux : pour les juristes, le code civil, la procédure civile, le droit criminel et le droit international privé, et, au doctorat, les *Pandectes* et l'histoire du droit ; pour les politiques, la statistique civile et politique, l'économie politique et la science financière, le droit des gens, avec l'histoire des traités et le droit public maritime, enfin, au doctorat, le droit public européen et la diplomatie[1].

Des travaux de la commission, de la consultation des facultés, il sortit un projet de loi qui, comme tous les projets élaborés de la sorte, était un compromis entre les idées personnelles du ministre et les résistances qu'il avait rencontrées. De faculté spéciale pour les sciences politiques et administratives, il n'était plus question, non plus que de section

---

1. Délibérations des Facultés de droit sur les questions proposées à la haute Commission, par M. le Ministre de l'Instruction publique, 1845.

spéciale pour ces sciences dans les facultés de droit. Mais aux matières juridiques qui jusqu'ici en avaient été le tout, venaient s'ajouter des matières nouvelles, l'histoire du droit, le droit des gens, le droit constitutionnel, l'économie politique, le droit maritime, l'histoire des traités et les législations comparées. On les répartissait en deux groupes, les cours fondamentaux imposés à tous les étudiants et aboutissant à la licence, savoir : l'introduction générale à l'étude du droit ou droit naturel, le code civil, le code de procédure civile, le code d'instruction criminelle et le code pénal, le code de commerce, le droit administratif et le droit romain ; puis, pour le doctorat, les matières spéciales plus haut énumérées, à doses variables, suivant les facultés [1].

Un changement de ministère, en 1838, avait retardé de dix ans le dépôt du projet. Une révolution l'empêcha d'aboutir.

Elle coupa court aussi à un autre projet de loi sur la médecine. Là régnait toujours la loi de ventôse. Œuvre de circonstance et de nécessité publique, elle avait paré au plus pressé. Certaines parties en étaient excellentes et durables ; mais d'autres avaient vieilli, et n'étaient plus nécessaires. En particulier l'institution des officiers de santé. On les avait créés par pénurie de docteurs, pour avoir des médecins dans les campagnes, médecins de second ordre, en tout inférieurs aux autres, et par les origines, et par l'éducation première, et par l'instruction professionnelle, et par les droits et les attributions, mais après

---

1. Projet de loi sur l'Enseignement du droit, présenté à la Chambre des Pairs, le 9 mars 1847. V. *Pièces justificatives*, A.

tout médecins utiles en un temps où manquaient les docteurs. Ce temps semblait passé, et depuis fort longtemps déjà on songeait à faire, sur l'exercice et l'enseignement de la médecine, une loi mieux en rapport avec les réalités et les besoins du présent. A plusieurs reprises, le Gouvernement de la Restauration l'avait tenté, mais sans succès. Le Gouvernement de Juillet y appliqua ses efforts, avec une constance qui vraisemblablement eut forcé l'indifférence d'un Parlement absorbé par d'autres soucis, si la Révolution de Février n'eût éclaté juste au moment où la Chambre des Pairs, saisie par Salvandy, allait prendre parti.

Quelques années plus tôt, après une lente élaboration, on avait rédigé un premier projet supprimant les officiers de santé et les jurys médicaux devant lesquels ils subissaient leurs examens, créant trois nouvelles facultés, Lyon, Bordeaux et Rennes, ce qui, avec les trois Facultés de Paris, de Montpellier et de Strasbourg, en eût fait six, instituant enfin régulièrement dix-huit écoles secondaires, surtout au voisinage de Paris, pour en dégager la faculté, crevant déjà par surabondance d'étudiants. Le projet de 1847 supprimait aussi les officiers de santé et les jurys médicaux ; il donnait aussi une constitution régulière aux écoles secondaires; mais il n'augmentait pas le nombre des facultés de médecine. Il avait paru au Conseil supérieur de l'Université qu'il suffisait de trois. Les dispositions les plus originales avaient trait aux grades et aux études. Jusqu'ici, les grades des facultés de médecine, officiat de santé et doctorat, n'étaient pas en parallélisme avec ceux des autres facultés, baccalauréat, licence et doctorat. L'officiat de santé supprimé, on proposait de les y mettre. Il y eut donc eu en médecine, comme en droit, en sciences et en lettres, un baccalauréat, une licence et un doctorat. Seulement, en vertu d'une longue tradition, le doctorat fut resté le grade professionnel ; baccalauréat et licence n'eussent été que des grades préparatoires ne conférant aucun droit d'exercice. A la hiérarchie des grades correspondait celle des écoles : d'abord les écoles préparatoires, donnant deux ans d'études complètes, en vue du baccalauréat ; puis les facultés, conférant elles aussi le baccalauréat, mais conférant seules la licence et le doctorat.

Pour la pharmacie, réforme analogue : un seul grade professionnel, le diplôme de pharmacien ; deux sortes d'écoles : les écoles préparatoires et les écoles supérieures [1].

On a vu ce que sont essentiellement, par décret du pouvoir, les facultés des sciences et les facultés des lettres : des machines à examen. A cette fin dominante se rattache tout ce qu'on fait pour elles. Ainsi les agrégés. On les crée juste au moment où l'on supprime ces jurys de baccalauréat, formés de professeurs des collèges royaux, que la susceptibilité des partisans d'un enseignement secondaire libre taxait de partialité. Et l'on fait d'eux, avant tout, des juges auxiliaires pour les examens. Ils pourront bien être « autorisés par le Grand-Maître à faire près les

---

1. Projet de loi sur l'enseignement et l'exercice de la médecine et sur l'enseignement de la pharmacie, présenté à la Chambre des Pairs, le 15 février 1847. V. *Pièces justificatives*, B.

facultés des cours auxiliaires, à remplir les lacunes qui pourraient exister soit dans l'enseignement général de la faculté, soit dans le cadre particulier d'un enseignement[1]. » Besogne accessoire et rarement faite. Leur vraie destination, leur principale raison d'être, c'est de renforcer la faculté pour les examens.

Vouées ainsi à une tâche sans grandeur, les facultés des sciences et des lettres demeurent entourées d'indifférence. Quand il s'agit d'en créer de nouvelles, les villes entrent en compétition, et, comme toujours en pareil cas, rivalisent de promesses. Promesses vite oubliées une fois les facultés obtenues. On les installe dans le premier local venu, aux moindres frais possibles, et on les laisse là, oubliées, indéfiniment. A Toulouse, elles n'ont, à elles deux, que deux salles, sans un laboratoire, sans un local pour les collections, sans une bibliothèque. A Bordeaux semblable étroitesse, misère égale[2]. A Aix, il n'y a même pas de concierge ; sauf aux heures de cours, la porte est fermée[3]. Les instructions données aux inspecteurs généraux : « Visiter les bibliothèques et les dépôts des facultés, constater s'ils sont gardés avec soin et augmentés graduellement, provoquer à cet égard l'émulation patriotique des villes, engager les magistrats à favoriser des dotations municipales qui deviendraient utiles à la science et par cela même au plus grand nombre des citoyens[4], » sont excellentes ; mais

1. Ordonnance du 22 janvier 1817.
2. Conseil royal, 1840.
3. Notes de l'inspection générale, 1841.
4. Conseil royal, 11 septembre 1830.

presque partout la mission ne rencontre qu'indifférence et mauvais vouloir.

A Paris même, on n'aboutit pas davantage. A peu près chaque année, ce sont doléances respectueuses de la Faculté des sciences sur l'insuffisance de ses locaux et de sa dotation : ses salles de collections sont trop petites, ses laboratoires trop étroits, ses amphithéâtres obscurs ou mal disposés. Faute d'installations et de ressources en rapport avec sa fonction, elle reste à demi stérile. On en tombe d'accord ; on fait dresser les plans d'un « bâtiment vaste et bien ordonné », les devis « d'un matériel complet et digne de la France ». Mais plans et devis languissent dans les cartons de l'architecte et de la Commission du budget, et le Gouvernement de Juillet s'effondre avant qu'ils en soient sortis.

Il faut bien l'avouer, cette apathie générale des villes et de l'État avait pour cause principale et pour excuse l'incertitude où l'on était alors sur la destination des facultés des lettres et des sciences. En dehors du service des examens, on ne voit pas assez nettement en elles cet autre service, le plus relevé de tous, d'ordre intellectuel et d'ordre moral, qui consiste à former l'esprit public par le progrès et la diffusion de la science, et ne le voyant pas, on ne songe pas à leur donner les moyens de le réaliser pleinement. Pour la science, on réorganise l'École des Chartes; on crée l'École d'Athènes[1]; mais on néglige de mettre en valeur ce que les facultés peuvent recéler de forces.

---

1. Ordonnance du 11 septembre 1846.

Sans doute, en outre des examens, on leur demande autre chose, un enseignement public. Mais sur le but et le caractère de cet enseignement, que d'indécisions, que d'oscillations, que de changements de front ! Sur ce point, le point essentiel cependant, puisque de là découle la direction même de l'enseignement, aucune doctrine fixe, ni chez les ministres, ni dans le Conseil royal, ni dans les Chambres, ni dans les facultés elles-mêmes. Puisqu'elles doivent enseigner, il leur faut un public. Mais comme l'organisation des études ne leur en assure pas un naturel et obligé, on s'évertue à leur en procurer un autre, factice et bénévole, tantôt le *grand public*, oisifs et curieux, tantôt le public étudiant des autres facultés. Mais pour ces étudiants mêmes, étudiants en droit, étudiants en médecine, qu'on voudrait attirer aux auditoires des facultés des lettres et des facultés des sciences, on n'a pas de vues bien arrêtées. On parle souvent de leurs loisirs, loisirs dangereux desquels on les préservera par de belles leçons de littérature et de morale[1]. D'autres fois on rêve pour eux, dans les facultés inutiles, de cours où ils compléteraient leur instruction secondaire[2]. Mais grand public de gens du monde, ou public d'étudiants emprunté aux facultés professionnelles, ce n'est pas là le vrai public des facultés des sciences ou des lettres ; leçons oratoires de vulgarisation, ou cours complémentaires des classes du collège, ce n'est pas là un enseignement supérieur des lettres et des sciences.

1. De Salvandy, *Rapport au Roi*. — Gillon, *Rapport sur le budget de* 1839.
2. De Salvandy, *Rapport de* 1845.

Quelques-uns n'étaient pas sans le voir et sans le dire, par exemple l'auteur anonyme d'un mémoire sur les facultés des lettres, adressé au Ministre de l'Instruction publique, en 1838[1]. « Jusqu'à présent, disait-il, ces facultés n'ont pas répondu à leur destination ; elles n'ont fait que végéter, et c'est pourquoi elles n'ont obtenu ni l'influence qu'on en attendait, ni la considération à laquelle elles ont droit. » « Les facultés des lettres, disait-il encore, dans l'ordre actuel des choses ne peuvent remplir leur destination que si elles ont leur sphère d'action déterminée dans l'éducation de la jeunesse. » D'où cette double conséquence : les supprimer, ou les rendre utiles, et, pour les rendre utiles, les rendre nécessaires. Partant de là, il proposait tout un plan d'organisation : au premier degré, pour tous les étudiants, pour les futurs médecins et pour les futurs juristes, entre le collège et les facultés spéciales, un complément de l'éducation classique et générale, avec ses obligations et ses sanctions ; puis, plus haut, pour ceux dont ce serait la carrière d'enseigner les lettres, l'histoire et la philosophie, des enseignements spéciaux en vue de la licence et du doctorat, et pour donner à ces cours leur auditoire naturel, la licence imposée à quiconque voudrait entrer dans l'enseignement public ou libre, fût-ce comme maître d'études, et le doctorat exigé de tous les candidats aux chaires de rhétorique et de philosophie des collèges royaux.

C'est aussi de semblables idées que s'inspirait la Faculté des sciences de Paris lorsque, dans un plan

---

[1]. *Journal général de l'Instruction publique*, 1838.

de réformes soumis au Ministre à peu près à la même époque[1], elle divisait ainsi son rôle, « répandre dans le public la connaissance des sciences exactes par des cours publics, » et « préparer la jeunesse aux épreuves de la licence ès sciences, de l'agrégation et du doctorat ès sciences, » réclamant pour cette seconde tâche tout ce qu'elle n'avait pas, des laboratoires, des amphithéâtres plus vastes et plus nombreux, des collections qui pussent être montrées, et une bibliothèque ouverte aux étudiants, où ils trouveraient « les journaux scientifiques les plus importants de l'Europe et de l'Amérique et les ouvrages nécessaires à leurs études en autant d'exemplaires qu'il serait nécessaire ».

Projets justes, projets pratiques, faciles, ce semble, à réaliser, avec un peu de méthode et de persévérance, mais qui malheureusement restèrent sans effet. A la dernière heure cependant, mais à une heure tardive, Salvandy voulut tirer meilleur parti des facultés des lettres et des sciences. L'École normale de Paris était loin de subvenir au recrutement de tous les collèges: aux collèges royaux elle fournissait à peu près tous les professeurs dont ils avaient besoin; mais elle n'en pouvait donner aux collèges communaux. L'idée de Salvandy était de transformer en écoles normales secondaires les facultés des départements. « C'est dans ce but que j'ai annoncé, avec la vive adhésion de tous les chefs et de tous les amis de l'Université dans les départements, la création d'écoles normales secondaires, destinées à rendre à nos trois cent douze collèges

---

1. *Rapport de la Faculté des sciences de Paris*, 1837.

communaux les services que la grande École normale doit rendre aux cinquante-deux collèges royaux aujourd'hui constitués [1]. » Par là les facultés eussent eu un but précis et un point d'application déterminé, et il se fût établi entre l'enseignement supérieur et l'enseignement secondaire des courants alternants. Mais il en fut de ce projet comme de plusieurs autres ; la Révolution de Février l'emporta.

Faut-il s'étonner qu'au milieu de ces incertitudes, les pauvres facultés des sciences et des lettres n'aient eu qu'une vie médiocre, souvent artificielle? Elles font effort pour se créer un public et le retenir. Elles y réussissent quand elles ont des professeurs éloquents ou spirituels. On aime en France, une belle ou fine parole. Certaines facultés des lettres eurent alors des jours brillants, Lyon par exemple, où l'éloquence retentissante de deux professeurs, Edgar Quinet et M. François, appelait un tel concours d'auditeurs, qu'il fallut successivement élargir l'auditoire en passant de la faculté à la mairie, et de la mairie à la cour d'assises [2]. Montpellier aussi, où à certains cours, « on refusait du monde, » ce qui est assurément le comble du succès. Mais, ailleurs, on végète; on est mécontent, on se plaint. « Tant que le haut enseignement littéraire ne sera pas le complément indispensable de l'enseignement secondaire, écrit le doyen de Caen, et que les candidats à la licence même seront dispensés d'inscription et d'assiduité aux cours, c'est en vain

---

1. Projet de budget de 1848; *Rapport au Roi.*
2. *Rapport d'inspection générale*, 1839. Archives du Ministère de l'Instruction publique.

que les professeurs redoubleront de zèle et d'efforts. La jeunesse continuera à considérer comme un objet de luxe cet enseignement des facultés dont elle peut faire usage ou se dispenser à son gré. » Et son collègue des sciences n'est pas plus optimiste : « En ce qui touche particulièrement la faculté des sciences, il fallait que dans nos départements elle eût en elle-même quelque principe de vie pour vivre encore. Toutefois il est grand temps qu'on vienne à son secours. Elle ne continuera de vivre en province que si on s'occupe d'elle [1]. »

A Paris, l'École normale est laborieuse. On travaille aussi, comme par le passé, dans certains compartiments du Muséum et du Collège de France ; la tradition savante s'y perpétue avec les vieux maîtres, Gay-Lussac, Ad. de Jussieu, Geoffroy Saint-Hilaire, de Blainville, Biot, Thenard, Ampère et Burnouf. A côté d'eux, ou après eux, débutent Milne-Edwards, Flourens et Magendie. Mais aux facultés, surtout à celle des lettres, ce n'est plus le brillant éclat de la Restauration ; un mal profond, plus d'une fois, mais toujours en vain signalé à la tribune des Chambres[2], le mal des suppléances, y sévit sur la plupart des chaires. Presque tous les professeurs titulaires, quelques-uns pendant vingt ans de suite, sont remplacés par des doublures. Ce n'est plus à la Sorbonne, mais sur un autre théâtre, à la Chambre des Députés ou à la Chambre des Pairs, que se fait entendre le grand trio, Cousin, Guizot, Villemain. De la Sorbonne, l'éclat, le bruit et la popularité sont

---

1. Janvier 1840. Archives du Ministère de l'Instruction publique.
2. Chambre des députés, discussion du budget, 1839, 1841, 1842, 1843.

passés au Collège de France avec Michelet, Quinet et Mickiewicz, Michelet, « interprète inspiré du génie de la France et de l'âme du peuple; » Quinet, « grave et austère, devenu étranger aux réalités vulgaires par la noble obsession de l'idée du devoir »; Mickiewicz, « joignant aux intuitions des prophètes parfois leurs illusions, mais toujours plein d'une imperturbable foi dans l'avenir de l'humanité, » tous trois ayant en partage le don suprême des grands hommes, « l'art de gagner les cœurs[1], » tous trois éloquents, passionnés, suspects au pouvoir et chers à la jeunesse.

Tels furent, dans l'enseignement supérieur, les faits et les projets. Quant à l'institution universitaire elle-même, nous avons déjà dit que sous aucun régime il n'y avait encore eu entre elle et le pouvoir pareille réciprocité de confiance. Toujours attaquée sans doute, mais cette fois du dehors et non plus du dedans; toujours menacée, mais cette fois uniquement dans son monopole et non plus dans son existence, elle vit honorablement, sans grandes vicissitudes, solide et respectée. Cependant une importante mesure, prise dans un dessein bienveillant, altère sa constitution première, et prélude à la transformation qu'elle subira en 1850. Napoléon l'avait constituée à l'état de corporation. Pour la soutenir il lui avait donné des biens, une dotation, et le droit de lever des taxes. Il avait fait d'elle un corps indépendant, non pas de lui sans doute, mais de la machine gouvernementale et administrative.

---

1. Renan, *Discours et Conférences*.

Peu à peu, sous la Restauration, quelques-uns de ses traits primitifs disparaissent; son chef n'est plus seulement Grand-Maître, il devient un ministre, un ministre soumis aux fluctuations de la politique, apporté et emporté par elles; son conseil n'a plus, sauf en matière de juridiction, que voix consultative; ses avis ne deviennent décisions qu'avec l'approbation du ministre responsable devant les Chambres. Mais elle conservait encore son budget, c'est-à-dire la première assise de son indépendance. La loi de 1835, sans le supprimer complètement, l'incorpore au budget de l'État.

Cependant Guizot, qui prépara cette loi et la fit accepter des Chambres, était de ceux qui ont le mieux compris combien, pour un service moral comme est celui d'un corps enseignant, l'indépendance financière est la garantie de toute indépendance. « Il importe, disait-il, à la prospérité comme à la bonne direction de l'instruction publique que les hommes qui s'y vouent soient investis, dans leur modeste situation, d'un haut degré de dignité, de consistance, et animés d'un esprit commun et permanent; double but qui ne serait point atteint s'ils n'étaient pas gouvernés par quelques-uns de ces principes et unis entre eux par quelques-uns de ces liens qui fortifient et grandissent les individus, en les arrachant à l'égoïsme ou à la faiblesse de l'isolement. A cette condition seule; les établissements d'instruction publique peuvent répondre à ce que leur demande la société. On a trop souvent méconnu les différences profondes qui séparent les services dans lesquels il s'agit uniquement de faits matériels, comme la perception des impôts, et les services qui s'appliquent à des faits moraux, comme la propagation des saines études et l'éducation de la jeunesse. Pour les services matériels, la puissance du mécanisme est suffisante; pourvu que chaque rouage exécute sa fonction, la machine marche et le but est atteint. Tout peut se faire avec la simple hiérarchie de l'administration, sans que le corps administratif lui-même ait ce caractère de permanence et de vitalité propre qui n'appartient qu'aux fondations. Il n'en est pas de même des services moraux; comme ils sont d'une autre nature, ils ne s'accomplissent aussi qu'à d'autres conditions; il leur faut quelque chose de plus fixe, de plus libre, et pour ainsi dire une organisation vivante, qui, dans certaines limites, se développe, agisse, subsiste par elle-même, et ne puisse pas être détruite ou modifiée selon les idées d'un jour et par un simple acte d'administration. »

« Cette constitution et ce caractère particuliers que réclame l'intérêt social pour les services de ce genre, la propriété seule peut les donner. Ce principe est d'une telle vérité que là même où les faits matériels et les faits moraux se mêlent et se confondent, comme dans les hospices, par exemple, c'est toujours au moyen de fondations et d'établissements propriétaires que, dans tous les temps et chez tous les peuples, on a cherché à accomplir une œuvre pour laquelle le mécanisme de l'administration ne semblait pas offrir assez de ressources et de garanties[1]. »

Mais il y avait les attaques incessantes contre les

---

1. *Rapport au Roi*, 18 novembre 1833.

taxes universitaires : il y avait surtout l'antipathie croissante du Gouvernement et des Chambres contre les spécialités financières, et ce principe, que dans le Trésor doivent se déverser et se mêler toutes les recettes, sans distinction d'origine, et que du Trésor doivent sortir toutes les dépenses, sans distinction d'application. Toutefois la loi de 1835 fut un compromis entre les besoins moraux du corps enseignant et les exigences de la politique financière du gouvernement. Elle ne touchait pas à la personnalité civile de l'Université; elle lui laissait le droit de posséder et d'acquérir; elle respectait ses biens; elle ne supprimait pas ses taxes particulières; elle lui conservait même le privilège de les établir et de les asseoir elle-même; mais son budget disparaissait; sa caisse était liquidée et supprimée; le produit de ses biens allait droit au Trésor, sans passer par ses mains; de même ses taxes d'études et d'examens désormais perçues non plus par ses agents, mais par ceux du fisc; enfin ses dépenses, fondues dans le budget général de l'État, étaient dorénavant inscrites au budget du Ministre de l'Instruction publique et ordonnancées par lui.

LIVRE VI

LA SECONDE RÉPUBLIQUE

CHAPITRE UNIQUE

Le Gouvernement provisoire. La loi de 1850.

Le Gouvernement provisoire et l'Instruction publique. — L'École d'administration. — La réaction. — La liberté de l'Enseignement. — Prélude et préparation de la loi de 1850. — La loi de 1850.

Deux périodes nettement tranchées s'étendent entre la Révolution de Février et le coup d'État du Deux Décembre : la République avec le Gouvernement provisoire, la réaction avec le Gouvernement présidentiel de Louis-Napoléon Bonaparte.

Dans plusieurs des chaires de l'enseignement supérieur, la Révolution de Février avait été saluée comme une délivrance et comme l'avènement d'une ère de liberté et de vertus[1]. Mais l'enthousiasme était loin d'être général. On n'était pas sans inquiétudes

---

1. A la Faculté des sciences de Paris, J.-B. Dumas s'exprimait ainsi dans sa première leçon, après la Révolution de Février : « Nous avons aussi à inaugurer un grand événement, fait pour porter au plus haut degré la grandeur morale et la prospérité matérielle de la France... Saluons avec confiance une ère nouvelle, que le courage, la science et

sur les choses et sans défiances envers les hommes. Ce qui venait d'être vaincu, c'était la bourgeoisie censitaire ; ce qui se levait, c'était le suffrage universel et le prolétariat. Institution faite pour la bourgeoisie, l'Université triomphante sous un gouvernement bourgeois, n'était-elle pas menacée, sinon de succomber avec lui, du moins d'être affaiblie par sa chute ? Habituée à des chefs sortis de ses rangs, imbus de son esprit, comment se trouverait-elle d'un ministre saint-simonien, assisté de conseillers saint-simoniens ? Au premier instant, on ne se rendait pas bien compte que la Révolution avait été une surprise, et que les hommes, brusquement devenus par elle les directeurs du pays, apportaient à cette tâche plus de nobles sentiments que d'idées précises et

la vertu sauront parcourir avec fermeté. » — A la Faculté des lettres, Ozanam prononçait un véritable dithyrambe en l'honneur de la Révolution : « En reparaissant devant vous après les grands événements qui viennent de s'accomplir, le premier usage que j'ai besoin de faire de la parole publique, c'est de rendre hommage à cette majesté nouvelle qui sort des ruines du passé, à cette majesté du peuple, juste, magnanime dans la victoire, et trop maître de sa colère pour ne pas rester à jamais le maître de ses destinées. Pour moi, je suis heureux de ne trouver dans le souvenir d'un long enseignement aucune opinion que j'aie à retirer aujourd'hui. Vous m'avez toujours connu passionné pour la liberté, pour les conquêtes légitimes des peuples, pour les réformes qui moralisent les hommes en les relevant, pour ces dogmes d'égalité et de fraternité qui ne sont que l'avènement de l'Évangile dans la société temporelle. Vous m'avez entendu joindre mes protestations aux vôtres contre une politique matérialiste qui fondait le règne des intérêts sur le mépris des idées. » — A la Faculté des lettres de Lyon, V. de Laprade faisait sa leçon du 11 mars sur le *Principe moral dans la République*, et il y disait : « Libre désormais de l'odieuse fatalité de 1815, rejetant l'institution des formes britanniques, l'esprit français va rentrer dans ses voies légitimes, et l'humanité l'y suivra. Cette ère nouvelle qui commence, la littérature et la poésie ne sauraient être les dernières à la saluer !... J'en atteste le sang qui coulait hier pour le triomphe non pas d'un intérêt, mais d'un principe ; ce n'est pas au moment d'une aussi pure, d'une aussi belle victoire remportée au nom du droit, que peut faiblir chez les vainqueurs la notion, du dévouement et du devoir. »

mûries; qu'en matière d'instruction publique en particulier, à l'exception de deux principes, — l'instruction gratuite et obligatoire pour le peuple et l'enseignement libre à tous les degrés, — ils n'avaient pas de système. Quant aux nouveaux chefs, si l'on savait que le Ministre, H. Carnot, et ses collaborateurs intimes Jean Reynaud et Charton, avaient été de l'église saint-simonienne, on ignorait ce qu'ils y avaient été, protestant toujours contre l'abus du principe d'autorité, et se séparant d'elle le jour où elle leur paraissait menacer la famille et la propriété[1].

Du reste, aux actes, on ne tarda pas à se rassurer. Il n'y eut pas de révolution dans l'Université. L'urgent besoin, le grand devoir était l'éducation du peuple; celle des classes aisées, assurée par l'Université dans les collèges et dans les facultés, n'avait été attaquée sous le précédent régime que par l'Église; l'opinion, même la plus avancée, n'y réclamait aucun changement profond, et nulle conception générale pouvant en modifier les assises et l'économie n'avait surgi dans les esprits. Aussi les actes révolutionnaires d'un ministre provisoire, de nature conciliante et modérée, se bornèrent-ils à quelques mesures contre les personnes. On déclara « brisée par la victoire du peuple, comme son ministère, » la chaire dont Guizot restait le titulaire à la Sorbonne, sans l'occuper, et l'on mit à sa place Henri Martin, « le plus démocratique de nos historiens nationaux[2] ». On déclara vacante à la

---

1. Cf. H. Carnot, *Le Ministère de l'Instruction publique et des Cultes depuis le 24 février jusqu'au 5 juillet* 1848.
2. Rapport de M. Charton au Ministre de l'Instruction publique, 5 avril 1848.

Faculté de droit la chaire de droit constitutionnel de Rossi, lequel, au lendemain de la Révolution, avait quitté la France et pris service auprès d'un gouvernement étranger[1]. On transforma, pour des besoins nouveaux, quelques chaires du Collège de France suspectes par leurs titres et par leurs titulaires; enfin on remplaça le doyen de la Faculté de médecine de Paris par un républicain[2]. Ce fut à peu près tout.

Au fond, le Gouvernement provisoire prit la suite du Gouvernement de Juillet. Celui-ci avait constitué deux grandes commissions pour la réforme des études dans les facultés de droit et dans les facultés de médecine. Le Gouvernement provisoire en constitua une autre pour les sciences et pour les lettres. Il la fit nombreuse et variée. Béranger y siégeait à côté de savants, d'érudits, de professeurs et de politiques. Il ne semble pas qu'elle ait agité quelque grand projet de réforme. Les opinions y étaient trop diverses pour aboutir à des vues d'ensemble, et déjà la vague appréhension d'événements prochains planait sur les esprits et les paralysait en partie.

La seule création du Gouvernement provisoire, dans l'ordre du haut enseignement, fut l'École d'administration[3].

En se proposant d'organiser en France un enseignement supérieur de la politique, la République se montrait à la fois fidèle à ses traditions et soucieuse de ses besoins. Qu'on se rappelle les plans de la Constituante et de la Législative. Une large place y

---

1. 15 juin 1848.
2. 28 février 1848.
3. Arrêté du 8 mars 1848.

était faite, à côté des sciences mathématiques et des sciences de la nature, aux sciences de l'homme et de la société. Les instituts de Condorcet auraient eu une section de politique et d'économie sociale. D'autre part, avec la souveraineté du peuple pour principe et le suffrage universel pour organe, la République avait besoin, plus que les monarchies auxquelles elle succédait, d'un enseignement de nature à lui donner des administrateurs et des agents, et en même temps à élaborer les idées dont la diffusion nourrit et renouvelle l'esprit public.

De ces deux fonctions, si le Gouvernement provisoire avait eu principalement en vue la seconde, peut-être eût-il placé le nouvel enseignement au sein même des facultés, à portée de toute la jeunesse française, au milieu de ces enseignements dont les études politiques et administratives ne sauraient se passer, l'histoire, le droit, la philosophie. Le parti qu'il prit de créer, en un point unique du territoire, sur le type de l'École polytechnique, ou plus exactement de l'École normale, une École d'administration enfermée dans les murs d'un vieux collège, et se recrutant, en nombre limité, par des concours annuels, prouve qu'il se préoccupa surtout de former des administrateurs. Du reste, les esprits en étaient toujours à la conception napoléonienne de l'enseignement secondaire et de l'enseignement supérieur : par le premier, la culture générale ; par le second, les éducations spéciales, et, pour celles-ci, les écoles spéciales semblaient toujours le meilleur instrument. Toutefois, avec l'École d'administration, on réalisa un type mixte, assez voisin de ce qu'avait été à l'origine l'École normale, longtemps tributaire de la Faculté des sciences et de la Faculté des lettres, une école fermée, avec son appareil interne d'élèves, de surveillants, de répétiteurs et de maîtres de conférences, et en même temps un enseignement public, ouvert à tous.

A l'École, on donna pour abri l'ancien Collège du Plessis, naguère abandonné par l'École normale. Quant à l'enseignement public, on crut le trouver, avec certains remaniements de chaires et certains changements de personnes, dans le Collège de France. Rien de plus curieux qu'un ministre révolutionnaire invoquant, pour justifier cette métamorphose, la pensée royale qui avait créé le Collège de France : « Il a de tout temps servi aux enseignements nouveaux,... il a toujours joui de privilèges particuliers,... il relevait directement des rois, et son indépendance de l'Université lui permettait de se transformer selon les temps. Il se rattache donc d'une manière toute spéciale au pouvoir gouvernemental, et peut se modifier conformément aux connaissances nouvelles dont l'enseignement est reconnu nécessaire par l'État : c'est son caractère, c'est son importance propre[1]. » On décréta donc que certaines chaires y seraient supprimées, et qu'à la place il y serait institué une série de cours, les uns d'ordre général, les autres d'ordre technique, destinés particulièrement aux élèves de l'École d'administration.

Ainsi organisée, était-ce création viable ? Elle a vécu trop peu pour qu'on le sache. Promptement la politique allait la faire disparaître[2].

---

1. H. Carnot, *Le Ministère de l'Instruction publique et des Cultes depuis le 24 février jusqu'au 5 juillet* 1848.
2. Dès le 14 novembre, l'Assemblée nationale rétablissait les cinq

Bientôt en effet la réaction éclate contre la République, sous raison de salut social, et c'est l'Église qui mène la campagne. Immédiatement on s'en prend à l'Université. Elle était à sa manière un pouvoir spirituel que ne pouvait envisager, sans songer à l'abattre, cet autre pouvoir spirituel, séculairement habitué à l'empire des âmes et sachant que, pour les bien posséder, le mieux est de les avoir formées. Entre les deux, l'antagonisme était fatal, et, dès le premier jour, la lutte s'était engagée, tantôt sourde et dissimulée, tantôt ouverte et violente, selon les temps et selon les alternatives de force et de faiblesse du pouvoir civil. Tenue en bride par Napoléon, la passion de l'Église contre l'Université se déchaîna aux débuts de la Restauration. Tout d'abord elle ne visait à rien moins qu'à détruire, jusque dans ses fondements, la rivale détestée. Assagie par les politiques et rendue plus habile, elle s'était ingéniée plus tard à transfor-

---

chaires du Collège de France qu'avait supprimées le Gouvernement provisoire. Le 22 janvier 1849, M. de Falloux déposait le projet de loi suivant : « Art. 1ᵉʳ. Il est fondé dans toutes les facultés de droit de la République un enseignement du droit public et administratif... — Art. 2. L'enseignement du droit public et administratif comprend deux années. — Art. 3. Après la seconde année d'études, les élèves inscrits pourront obtenir le grade de licencié en droit public et administratif. — Art. 4. Nul n'est admis à s'inscrire s'il n'est pourvu du diplôme de bachelier en droit, sauf l'exception spécifiée plus bas. — Art. 5. Des règlements d'administration publique détermineront les fonctions administratives pour lesquelles le grade de licencié en droit public et administratif sera exigé. — Art. 6. Les élèves faisant actuellement partie de l'École d'administration annexée au Collège de France par le décret du Gouvernement provisoire du 8 mars 1848 seront admis à se faire inscrire pour les cours de droit public et administratif sans avoir à justifier du diplôme de bachelier en droit. » — Le 9 août suivant, une loi supprimait l'École d'administration, mais sans organiser dans les facultés de droit l'enseignement du droit public et administratif.

mer l'institution et, en y changeant graduellement les personnes et l'esprit, à s'en faire un instrument. Mais, attaques violentes de front ou tentatives sinueuses, tout pendant cette période tourne à la victoire de l'Église sur l'Université.

Avec le Gouvernement de Juillet, changement de positions et péripétie. Le pouvoir civil reprend ses droits, et aussitôt l'Université reprend l'avantage, et le garde. Non pas que l'adversaire ait désarmé; mais dans ses attaques il n'a plus pour allié l'État lui-même. L'État est passé à l'Université, et il la défend comme un des soutiens de la société civile. Il veut si bien la protéger que, crainte de l'affaiblir, il commet la faute de ne pas régler à temps la question de la liberté de l'enseignement.

Ouverte aux derniers jours de la Restauration, cette question avait été résolue en principe par la Charte de 1830. La promesse formelle de la liberté de l'enseignement y était inscrite. Le gouvernement crut habile d'en différer l'exécution. De commission en commission, de projet en projet, de discussion en discussion, on traîna si bien qu'à la Révolution de Février on n'avait abouti à rien, si ce n'est à grossir les colères et à exaspérer les revendications. Pourtant la solution était alors relativement facile, et celle qu'on eût adoptée, avec le sentiment très vif qu'on avait dans le gouvernement et dans les Chambres des droits de l'État et de la société civile, eût évité celle qu'apporta la loi de 1850. On ne s'en prenait sérieusement alors qu'au monopole universitaire; on ne réclamait que le partage du droit commun; plusieurs évêques se fussent même contentés du retrait de l'ordonnance de 1828 sur les petits séminaires. Pour avoir temporisé et paru refuser ce que la Charte avait solennellement promis, on allait se trouver en présence de tout autres exigences.

La Constitution de 1848 portait :

« L'enseignement est libre.

« La liberté d'enseignement s'exerce selon les conditions de moralité et de capacité déterminées par les lois et sous la surveillance de l'État.

« Cette surveillance s'étend à tous les établissements d'éducation et d'enseignement sans aucune exception. »

On ne tarda pas à s'apercevoir que, sous couvert de liberté d'enseignement, on allait mettre en cause l'existence même de l'Université. On a dit que la loi de 1850 sortait des Journées de Juin; sans aucun doute, et nous le verrons bientôt ; mais elle en sortait comme d'une cause occasionnelle et non d'une cause efficiente. Les Journées de Juin firent la majorité qui vota la loi ; elles ne firent pas le dessein que cette loi réalisait[1]. Il existait auparavant, et déjà des esprits clairvoyants l'avaient entrevu et dénoncé sous d'autres manifestations à l'Assemblée constituante. Qu'on lise, par exemple, la séance du

1. On trouve dans une lettre de M. Dupanloup publiée, le 13 novembre 1849, par l'*Ami de la Religion*, le programme des promoteurs de la loi. Il comprenait les points suivants : « L'affranchissement des petits séminaires; l'admission des congrégations religieuses et des Jésuites; l'abolition des grades ; la destruction des écoles normales; la réforme radicale de l'instruction primaire; la dislocation profonde et irrémédiable de la hiérarchie universitaire; la liberté des pensionnats primaires et de l'enseignement charitable; enfin la grande place réservée à nos seigneurs les évêques dans les Conseils de l'Instruction publique. »

9 novembre 1848, et l'on s'édifiera. Il s'agit du budget rectifié de 1848. Le Comité des Finances, — rapporteur M. Sauvaire de Barthélemy, un ami de Montalembert, un des futurs membres de la Commission de 1850, — a fait de larges coupes au budget de l'enseignement supérieur, tandis qu'au budget des cultes, gros de quarante millions, il n'a proposé qu'une économie dérisoire. Le contraste est si frappant qu'il arrache des protestations : « Je ne veux pas, s'écrie Ch. Dupin, qu'on frappe l'intelligence, lorsqu'on respecte les cultes. » « Vous avez cru faire une économie d'argent, s'écrie à son tour Victor Hugo : c'est une économie de gloire que vous faites. » — Il est si expressif qu'il pousse M. Boulatignier à dire : « Lorsqu'il s'est agi de la question universitaire, j'ai rencontré des personnes qui, sous des questions de chiffres, sous des questions de détail, poursuivaient un but : celui, je ne crains pas de le dire, sinon de l'anéantissement complet, au moins du ravalement de l'Université. »

La liberté de l'enseignement n'était pas repoussée par le parti républicain. C'est très sincèrement qu'il l'avait inscrite dans la Constitution, et c'est très sincèrement aussi qu'une commission présidée par M. Barthélemy Saint-Hilaire, avec M. Jules Simon pour secrétaire-rapporteur, avait élaboré une loi qui l'aurait appliquée sur les bases du droit commun et sous les garanties de capacité, de moralité et de contrôle public fixées par la Constitution elle-même. Mais le droit commun, c'est peu pour l'Église ; elle ne s'y résigne que par force et à défaut du privilège.

Or, les circonstances lui étaient promptement

devenues favorables. La réaction contre la République allait s'accélérant, précipitée par la peur qu'avaient répandue dans les classes moyennes les tristes Journées de Juin. Le Ministre de l'Instruction publique du Prince-Président était M. de Falloux, aussi profond politique que catholique ardent. Il avait, paraît-il, mis comme condition à son entrée au ministère le dépôt d'un projet de loi sur l'enseignement[1]. Il vit juste ce qui pouvait se faire; il vit juste l'instant précis où le succès était possible, et, avec un tact infaillible, il détermina ou saisit les circonstances opportunes.

Trois faits se lient, comme les propositions d'un syllogisme, dans la courte carrière de M. de Falloux : la fermeture des ateliers nationaux faisant éclater les Journées de Juin; les Journées de Juin provoquant la terreur bourgeoise; la terreur bourgeoise imposant la loi de 1850 comme un préservatif social. Chose unique dans l'histoire de l'Université, ses meilleurs défenseurs de la veille sont les premiers à faire alliance avec ses adversaires. Sans la renier, ils l'abandonnent, parce qu'il ne leur semble pas trop de ses forces et de celles de l'Église combinées pour prévenir de nouvelles explosions du mal social. « Il y a un grand principe, dit Victor Cousin, sans lequel il sera impossible de réaliser aucun bien durable : l'accord du clergé et de l'Université..... Tout le secret est à mon sens dans cette maxime : Ne pas donner l'Université au clergé, mais mettre le clergé dans l'Université. » Et, quoi qu'il lui en coûte, pour sceller cet accord, il finit « par livrer le mot

---

1. E. Spuller, *Histoire parlementaire de la seconde République*, 3ᵉ part., XII.

d'Université¹. » M. Thiers est plus vif et plus décidé : « Quant à la liberté d'enseignement, écrit-il à Madier de Montjau, je suis changé. Je le suis non par une révolution dans mes convictions, mais par une révolution dans l'état social..... L'enseignement du clergé, que je n'aimais point pour beaucoup de raisons, me semble meilleur que celui qui nous est préparé..... L'ennemi c'est la démagogie². » Et, dans la Commission chargée de préparer la loi³, il répète : « Les quarante mille instituteurs, quarante mille curés de l'athéisme et du socialisme. » « Marchons résolument..... Ma répulsion est sans bornes à l'égard des antisociaux. » « La société vaut bien l'Université⁴. » Ce mot dit tout ; il explique tout.

Le but apparent et avoué de la loi était donc, suivant les paroles mêmes du rapporteur, M. Beugnot, « de recueillir toutes les forces morales du pays, de les unir les unes aux autres pour combattre et terrasser l'ennemi commun, le socialisme, qui,

1. De Lacombe, procès-verbaux de la Commission administrative qui prépara le projet de loi.
2. *L'Ami de la Religion*, 18 juin 1818.
3. Il s'agit de la Commission administrative formée par M. de Falloux pour préparer le projet de loi, et dont les procès-verbaux, disparus du ministère de l'Instruction publique, ont été publiés dans le *Correspondant*, par M. de Lacombe. La Commission parlementaire nommée par l'Assemblée législative pour examiner le projet ne tint pas procès-verbal de ses séances. En tête du dossier de cette loi, *Archives de la Chambre des députés*, 945, se trouve la note suivante :

« Les procès-verbaux de la Commission chargée, en 1850, de l'examen du projet de loi sur l'instruction publique ne doivent pas être confondus avec ceux de la Commission administrative chargée de préparer le projet de loi de M. de Falloux, qui ont été publiés dans le *Correspondant*.

« Les procès-verbaux de la Commission parlementaire n'ont jamais été rédigés, d'un commun accord entre la Commission et M. Thiers, qui en était le président, et sur sa proposition. »

4. De Lacombe, *ibid*.

victorieux, ne ferait grâce à personne, ni à l'Université, ni à l'Église ». Les frais du pacte devaient être payés par l'Université.

Un pacte, ce n'était pas pour satisfaire les ardents du parti catholique, qui avaient rêvé une possession exclusive de l'enseignement tout entier et qui croyaient le moment venu de la saisir. Un pacte, que pouvait-ce être à leurs yeux? « Un leurre, » « une monstrueuse alliance des ministres de Dieu et des ministres de Satan ». Ils allèrent, dans leur indignation, jusqu'à taxer M. de Falloux et M. Dupanloup « d'apostasie et de schisme[1] ». Du moment qu'on ne prenait pas tout, on trahissait.

Ils ne voyaient pas, ceux-là, que le pacte, puisque pacte il y avait, n'était qu'à la surface, et qu'au fond les auteurs de la loi avaient pris tout ce qu'on pouvait prendre, s'arrêtant juste à la limite qu'il n'eût pas été prudent de franchir. Toute l'éducation nationale remise au clergé et aux congrégations, était-ce possible?

« Deux choses, a dit plus tard M. de Falloux, auraient manqué aux maisons religieuses : des prêtres pour les diriger, des familles pour les remplir[2]. » Il eût pu ajouter qu'à une telle loi, eût manqué une majorité pour la voter. La loi fut votée, a dit un témoin non suspect, par une assemblée « où on ne comptait qu'une centaine de voix pour la vraie liberté d'enseignement, et où tout le reste de la majorité, dite parti de l'ordre, se composait d'anciens conservateurs, incorrigibles dans leurs errements, qui auraient voté avec les montagnards si les catholiques

---

1. Ap. de Lacombe, *ibid.*
2. Ap. Gréard, *Discours de réception à l'Académie.*

ne s'étaient pas entendus ou avaient trop exigé d'eux [1] ».

Ce que les ardents ne voyaient pas non plus, c'étaient les avantages avoués ou secrets stipulés pour l'Église. On a dit de cette loi qu'elle fut une transaction, un « concordat », et même « l'édit de Nantes du dix-neuvième siècle... [2] ». Je le veux bien; mais transaction, concordat ou « édit de Nantes », des deux puissances qui traitent, celle qui transige, celle qui concède, ce n'est pas l'État, c'est l'Église, et elle ne transige que dans la limite imposée par les circonstances ; elle ne concède que ce qu'elle ne peut pas retenir.

Tout d'abord elle biffe le nom d'Université, et avec le nom disparaissent les dernières franchises du corps enseignant [3] : plus de Grand-Maître, plus de

---

1. Le P. A. de Ponlevoy, *Vie du R. P. de Ravignan*, t. II, chap. xx.
2. P. Lacordaire. Ap. de Lacombe.
3. Il est hors de doute qu'avec la loi de 1850, l'Université disparaît. Il y est substitué un service public d'instruction. Dans le projet élaboré en 1849, et dont M. Jules Simon était le rapporteur, l'Université était maintenue. « L'instruction nationale, y lisait-on, est placée sous la protection et la surveillance de l'État : elle se divise en instruction publique, donnée par l'État sous la direction de l'Université, et en instruction privée. » Dans la loi de 1850, le mot Université ne se trouve pas une seule fois; l'enseignement donné par l'État et les communes est qualifié instruction publique. Sans doute aucun texte n'a expressément porté suppression de l'Université : cette suppression s'est faite par prétérition. Que telle fût la pensée des auteurs de la loi, c'est ce que prouvent et la discussion de la loi elle-même et les actes qui la suivirent. Dans la séance du 11 janvier 1850, M. Barthélemy Saint-Hilaire s'exprimait ainsi : « Quels sont les griefs par lesquels on justifie cette destruction de l'Université?... Je ne dis pas que l'Université soit sans défaut : il fallait la corriger; mais il ne fallait pas la détruire, ni penser à la détruire. » Dans la même séance, M. Flandin déposait un amendement ainsi conçu : « L'Université de France se compose des Académies départementales... », dont l'objet, disait-il, était « de maintenir l'Université, en modifiant certains décrets impériaux ». Après un discours assez confus du ministre, M. de Parieu, l'amendement de M. Flandin ne fut pas pris en considération. — Quelques mois plus

Conseil, plus de biens, plus de personnalité civile. La dotation de l'Université est rayée du Grand-Livre; ses biens sont incorporés au Domaine. Au corps Université est substitué un service public de l'enseignement, sans conseils propres, sans biens personnels, absolument soumis, comme les autres administrations, au pouvoir central. Que l'Église conserve, comme elle l'espère, son ascendant sur le gouvernement, et c'est elle qui régentera l'instruction publique.

D'ailleurs, cet enseignement public, on fait tout pour l'amoindrir « dans son autorité, en morcelant les grandes régions académiques ; dans son indépendance, en le mettant en tutelle au sein des conseils appelés à régler ses intérêts ; dans sa valeur, en abaissant les programmes de l'École normale ; dans son honneur, en jetant le discrédit sur l'élite de ceux qui le servaient[1] ».

Par contre, pour l'enseignement libre, partout le privilège, partout un régime d'exception : le silence absolu sur les congrégations d'hommes interdites par les lois, et, dans ce silence, leur droit à enseigner tacitement impliqué ; la lettre d'obédience tenant lieu de titre de capacité pour les institutrices congréganistes ; l'inspection des écoles libres orga-

---

tard, la loi de finances du 7 août 1850, disposait que « les propriétés immobilières et revenus fonciers qui appartenaient à l'Université feront retour au domaine de l'État » ; « que la rente de 523 433 francs inscrite au nom de l'Université est annulée et sera rayée du Grand-Livre de la dette publique ». Enfin, détail qui n'est pas sans importance, jusqu'au mois de novembre 1850, date à laquelle la loi était exécutoire, les actes ministériels portaient : « Le Ministre de l'Instruction publique, Grand-Maître de l'Université. » A partir de cette date, ils ne portent plus que : « Le Ministre de l'Instruction publique. »

1. Gréard, *Discours de réception à l'Académie.*

nisée de façon à demeurer sans prise ; l'ouverture de ces écoles soumise au minimum des conditions : un simple diplôme de bachelier, ou, moins encore, un certificat délivré par un jury nommé par le conseil académique, ce nouveau conseil académique où l'évêque est le personnage influent, une attestation de stage dont le même conseil peut accorder dispense ; et pour les professeurs, rien ; pour les surveillants, rien ; la faculté pour les établissements libres d'obtenir des communes, des départements et même de l'État, des subventions et un local ; le droit pour tout curé, desservant ou vicaire, de tenir école de latin à quatre élèves ; le droit pour tout évêque d'avoir école secondaire, sans directeur responsable, sans déclaration préalable d'ouverture, sans sujétion à l'inspection des écoles libres, sans même que les élèves en soient nécessairement de futurs séminaristes. Concordat, « édit de Nantes, » mais concordat au profit de l'une des puissances contractantes au détriment de l'autre ; « édit de Nantes, » par lequel l'Église ne s'assurait pas simplement quelques places de sûreté.

Ce n'est pas sans regret qu'on avait renoncé à quelques-unes des positions convoitées et que d'avance on s'était proposé d'occuper, par exemple à la collation des grades. M. Dupanloup déclarait « exorbitante », « déraisonnable, » « injuste, » la prétention qu'avait toujours eue l'État, depuis la Révolution, de les délivrer seul. Il n'insista pas, satisfait d'avoir obtenu gain de cause sur les autres points de son programme et désireux aussi d'aller vite et de ne pas laisser à l'ardeur de ses alliés le temps de s'attiédir.

Du reste, il pouvait sembler que sur ce point ce fût simplement partie remise. Il n'était traité dans la loi que de l'enseignement primaire et de l'enseignement secondaire. Pour l'enseignement supérieur, en attendant une loi spéciale, on en maintenait provisoirement le régime.

LIVRE VII

LE SECOND EMPIRE

CHAPITRE PREMIER

Le Décret de 1852. — La loi de 1854.

Le coup d'État et le corps enseignant. — Le décret de 1852. — Le projet de loi de 1852. — La loi de 1854. — Le rôle qu'elle assignait à l'enseignement supérieur. — L'Administration de l'enseignement supérieur.

Les premières années du second Empire ont été, de l'aveu général, la période la plus pénible qu'ait eue à traverser l'instruction publique en ce siècle, et il n'en est pas une autre qui ait laissé d'aussi mauvais souvenirs. Nulle part les consciences n'étaient plus simples et plus honnêtes que dans le corps enseignant; nulle part elles ne furent plus révoltées, ouvertement ou tacitement, contre le coup d'État; nulle part aussi elles n'eurent à subir, en retour, compression plus intense. Ainsi le voulait le régime qui venait de s'élever. Avec un pouvoir absolu qui interdisait la discussion de ses origines et de ses actes et cherchait à donner l'illusion de la paix publique par le silence public, alors que tout se taisait, la tribune et la presse, il fallait bien faire taire aussi ces professeurs qui parlaient volontiers à la jeunesse de droits et de libertés, et pour cela refouler en eux l'esprit de censure et d'indépendance, et, à défaut du respect, leur inspirer la crainte. Rien n'y fut épargné.

On commença par rayer d'un trait de plume les garanties dernières que leur avait laissées la loi de 1850. Si profondément qu'elle eût bouleversé le vieil organisme universitaire, cette loi s'était montrée respectueuse des juridictions établies. On n'en voulait qu'à l'institution, et il suffisait de la démanteler, sans se donner l'odieux d'attenter aux droits des personnes. Après comme avant 1850, nul professeur ne pouvait être révoqué qu'après avoir été entendu et jugé, et nul n'était jugé sans appel. Quelques semaines après le coup d'État, un décret rendu sur la proposition du nouveau Ministre de l'Instruction publique, M. Fortoul, venait brusquement biffer la loi[1].

Dans ce décret, deux mots deux fois répétés, deux mots qui sont à vrai dire le décret tout entier, font une saillie menaçante : « Le Président de la République nomme et révoque... » « Le Ministre de l'Instruction publique nomme et révoque... » C'est bref et net. Pour le choix, plus de garanties ; pour la destitution, plus de juridictions. A leur place, le pouvoir discrétionnaire et absolu du ministre et du chef de l'État, et cela dans tous les ordres de l'enseignement, pour le professeur de la Sorbonne et du Collège de France aussi bien que pour l'humble

---

1. Décret du 9 mars 1852.

régent de collège communal. Et ce décret n'était pas une simple menace, affichée en manière d'épouvantail. C'était une arme pour des exécutions préméditées et immédiates. Aussitôt, on s'en sert. Longue serait la liste des victimes. J'y relève, sans parler de Guizot et de Victor Cousin mis d'office à la retraite, les noms les plus illustres, Michelet, Quinet, Mickiewicz, Jules Simon; Michelet et Quinet révoqués « pour avoir donné un enseignement de nature à troubler la paix publique[1] »; Mickiewicz, révoqué pour « n'avoir pas conformé son enseignement au titre de sa chaire[2] »; Jules Simon, suspendu pour avoir, à la Sorbonne, revendiqué l'honneur, s'il ne se trouvait au plébiciste qu'un bulletin de protestation, de l'avoir déposé[3]. Toutes bouches qu'il fallait fermer, et qu'on savait ne pouvoir fermer que par mesure de force.

A ces exécutions d'éclat s'ajoute, dans le corps tout entier, la persécution obscure et incessante des tracasseries administratives. On commence par envelopper le corps enseignant dans le terrible dilemme du serment ou de la démission[4]; puis on fait sentir sans ménagement à ceux qui sont restés, qu'en restant ils se sont soumis, et que la soumission doit être entière. Un jour, on leur enjoint de bien voter, c'est-à-dire de voter pour les candidats officiels[5]; le lendemain, on leur fait obligation de se couper les moustaches pour que la taille de leur

1. Décret du 12 avril 1852.
2. Décret du 12 avril 1852.
3. Arrêté du 19 décembre 1851.
4. Décret du 8 mars 1852 : « Le refus ou le défaut de serment sera considéré comme une démission. » Arrêté du 28 avril 1852.
5. Circulaire confidentielle du 23 février 1852.

barbe dénote la gravité de leurs fonctions[1]. C'est en tous lieux une suspicion constante, une surveillance étroite et mille vexations de détail. Les petits recteurs, dénués de toute autorité, petits devant les préfets, petits devant les évêques, petits devant les conseils académiques, sont des manières de lieutenants de police du Ministre de l'Instruction publique qui règne en despote sur un personnel épuré et rendu docile par la peur. Et si, dans les rangs du corps, il se trouve quelque indépendant ou présumé tel, on lui laisse si peu de repos, on le pourchasse si bien de ville en ville, d'un bout de la France à l'autre, qu'excédé et ruiné, il se décide à envoyer sa démission.

Mais il ne suffisait pas de maîtriser les hommes ; il fallait encore maîtriser les idées. Pour y parvenir, on réduit l'enseignement et on le mutile ; on s'efforce d'en exprimer tous les sucs dangereux. Il y avait à la Faculté de droit de Paris une chaire de droit constitutionnel, la seule qui fût en France. On la transforme en chaire de droit romain. Inutile est l'enseignement du droit constitutionnel, puisqu'on le trouve écrit tout entier en caractères nets et lisibles dans la Constitution ; dangereux il peut être, s'il sert de prétexte « à une histoire comparée des institutions politiques [2] ». Il y avait à la Sorbonne deux chaires d'histoire de la philosophie, l'une pour la philosophie ancienne, l'autre pour la philosophie moderne. On les fond en une seule, et de la première, la chaire de Victor Cousin, la tribune retentissante de la Restauration, on fait une chaire de grammaire

1. Circulaire du 20 mars 1852.
2. Rapport et décret du 8 décembre 1852.

comparée des trois langues classiques, enseignement plus calme, qui doit être « la base de l'enseignement de l'Université de France, et le but de ses investigations les plus sérieuses [1] ». Il y avait autant d'agrégations différentes que de subdivisions naturelles dans les études, philosophie, histoire, littérature, grammaire, sciences mathématiques, sciences physiques et naturelles. On les ramène à deux, l'une pour tout ce qui est lettres, l'autre pour tout ce qui est sciences, agrégations *omnibus*, portant sur tout, ouvertes à tous, dispersant l'effort, déconcertant les aptitudes, favorisant les médiocrités, mais prévenant par là même les ambitions et tenant les esprits au ras de terre des connaissances littérales [2]. Il y avait dans les lycées et collèges une classe de philosophie où, malgré d'étroits programmes et l'uniformité d'une doctrine quasi officielle, les jeunes esprits pouvaient faire connaissance avec les idées générales et les problèmes de la pensée. On en change le titre; on en rapetisse le programme; on en bannit tout ce qui est haute question ou libre discussion; on n'y tolère, sous le nom de logique, que « l'exposition des opérations de l'entendement et l'application des principes généraux » de l'art de penser à l'étude des sciences et des lettres [3]. « Humiliante infériorité » infligée par l'État à ses propres établissements, et que désavouent les auteurs mêmes de la loi de 1850 [4].

Où se marque le mieux l'esprit du temps, c'est dans les nouveaux règlements de l'École normale.

---

1. Rapport et décret du 23 novembre 1852.
2. Décret du 10 avril 1851, art. 7.
3. Décret du 10 avril 1852, art. 3.
4. Lettre inédite de M. de Montalembert à M. Duruy, 11 juillet 1863.

C'est là surtout qu'apparaît le type du parfait professeur, selon M. Fortoul. A la façon dont la machine est montée, on voit clairement la qualité des produits qu'on veut d'elle : des esprits cultivés, modestes, dociles, passifs, sans visées plus hautes que les programmes. Tout y est réglé, année par année, jour par jour, heure par heure. Nul jeu dans les engrenages ; nulle place pour les initiatives ; nulle liberté pour les mouvements. Grammaire, littérature, histoire, philosophie, sont coupées par tranches et dosées par années ; la méthode à suivre est fixée d'avance : l'histoire suivant l'ordre chronologique, et pas autrement ; le niveau où s'arrêtera la pensée est fixé de même : « la philosophie y sera enseignée comme une méthode d'examen pour connaître les procédés de l'esprit humain dans les lettres et dans les sciences[1]. » Toutes précautions sont prises pour prémunir les futurs professeurs contre les « entraînements de la science » et pour les maintenir « dans les conditions modestes et laborieuses de l'art d'enseigner. » Il n'en est pas moins pris pour modeler les caractères selon la formule voulue. Le règlement saisit l'élève à son lever, un élève qui a de vingt à vingt-cinq ans, et le suit jusqu'au coucher, lui prescrivant tout, point par point, ses pas, ses démarches, ses heures d'études, son mode de travail, son silence, ses lectures et ses prières. « Les livres dangereux ou futiles ne devront pas entrer dans l'École. La lecture des journaux, à l'exception du *Moniteur*, est défendue, comme étrangère aux études. » « La journée et les repas com-

---

1. Règlement d'études de l'École normale supérieure, 15 septembre 1852.

menceront et finiront par la prière. La prière du soir sera suivie d'une lecture religieuse[1]. » A un tel régime, il n'était pas à craindre que les imaginations prissent feu. C'est précisément ce qu'on voulait.

On le voulait et on avait voulu tout le reste pour des raisons multiples. D'abord pour mettre l'instruction publique en harmonie avec le nouveau régime qui venait de s'imposer au pays. L'essence de ce régime était l'autorité, autorité absolue, sans atténuations et sans contrepoids, concentrant tout pouvoir et toute responsabilité en un seul homme. Un tel mode de gouvernement ne pouvait s'accommoder d'un corps enseignant qui eût conservé quelques-unes des franchises d'autrefois. Il fallait donc que des restes de l'Université disparût tout ce qui pouvait rappeler encore l'ancienne corporation, et que le personnel entier fût placé sous la main du maître.

Il le fallait d'autant plus que le maître se défiait davantage de l'esprit libéral d'un corps où il se savait de nombreux adversaires, et qu'il inclinait davantage du côté de l'Église. L'alliance conclue, sous le coup des Journées de Juin, entre les deux pouvoirs pour le rétablissement et le maintien de l'ordre durait toujours, et le coup d'État, loin de la rompre, l'avait plus fortement serrée. Le pacte était tacite, mais les gages en étaient publiquement échangés. D'un côté, par exemple, les *Te Deum* d'actions de grâces célébrés dans toutes les cathédrales de France au lendemain du Deux Décembre; de l'autre, des déclarations

---

1. Règlement du 16 septembre 1852, art. 13 et 23.

comme celle-ci : « Je veux conquérir à la religion, à la morale, à l'aisance cette partie si nombreuse de la population qui, dans un pays de foi et de croyance, connaît à peine les préceptes du Christ[1]. » Est-il exact que dans le parti de l'Église, les mécontents de 1850, ceux qui regrettaient qu'on n'eût pas poussé jusqu'au bout les avantages, aient alors songé à profiter de ces dispositions pour occuper par surprise les positions au pied desquelles la prudence de leurs chefs avait, en 1850, arrêté leur élan ? Est-il exact qu'à l'Élysée on n'ait pas tout d'abord découragé leurs tentatives ou leurs espérances, et qu'il s'y soit engagé, de la bouche à l'oreille, de secrètes négociations pour supprimer l'enseignement de l'État et confier à l'Église et aux congrégations enseignantes l'éducation nationale? Je n'oserais l'affirmer. Si de telles négociations ont eu lieu, elles n'ont pas laissé de traces, et les négociateurs, aujourd'hui disparus, n'ont pas publiquement parlé. Mais ce que je sais, c'est que des témoins, en situation d'être bien informés, ont dit et écrit qu'en rapportant de l'Élysée le décret du 9 mars 1852, M. Fortoul s'était félicité de « l'avoir sauvée ». Elle, c'était l'instruction publique[2].

Quoi qu'il en soit, une chose est certaine, c'est que dans ce décret, dans les commentaires qui l'accompagnent, dans les mesures qui le suivent, tout peut s'interpréter à la fois et comme une mise au point de l'ancienne Université avec le nouveau régime, et comme un moyen de calmer les défiances et de dissiper les préventions. Sans doute M. Fortoul connaissait assez l'état de l'Université pour savoir qu'un décret

---

1. Discours de Bordeaux.
2. Cf. A. du Mesnil, art. FORTOUL, in *Dictionnaire pédagogique*.

draconien et des actes de rigueur n'y changeraient pas en un clin d'œil une réserve hostile en sympathie déclarée, et que partant de l'esprit même du corps on pouvait toujours se défier; mais il suffisait à son dessein de pouvoir donner au Prince l'assurance que de l'ordre, lui aussi, il répondait. Le but politique, l'ordre, par la domination absolue, devenait ainsi, pour le corps enseignant, une mesure de salut. Pour l'établir, cet ordre, ou pour le rétablir, on arme l'autorité de pouvoirs exorbitants, de vrais pouvoirs d'état de siège. Sous prétexte de responsabilité présidentielle, on supprime, comme entraves aux libres choix du pouvoir, « les concours et les présentations obligatoires des candidats » aux chaires du haut enseignement, ces garanties du savoir et de l'indépendance. Sous prétexte de lenteurs de procédure, on supprime, comme obstacles à l'action du pouvoir, les juridictions disciplinaires, ces sauvegardes du droit des personnes. Sous prétexte d'habitudes inconciliables avec une bonne marche des affaires, de clientèles injustement favorisées, on altère profondément la constitution du Conseil supérieur, on lui enlève les plus sérieuses garanties de son indépendance, et on le réduit à n'être guère qu'un rouage d'apparat, sans action personnelle [1].

Pour le composer, la loi de 1850 avait emprunté des éléments aux diverses « forces sociales », l'épiscopat, la magistrature, le Conseil d'État, l'Institut et le corps enseignant. Pour qu'il eût autorité et indépendance, elle avait décidé que ses membres, sauf les universitaires, seraient élus, et

---

1. Décret du 9 mars 1852 : Fortoul, *Rapport à l'Empereur sur la situation de l'instruction publique*, 19 septembre 1853.

que leur mandat serait de six années consécutives ; pour qu'il eût une action continue sur la direction de l'instruction publique, elle avait constitué, en lui, une section permanente que le Ministre était tenu de consulter dans des cas déterminés. La composition du Conseil est respectée ; on se borne à y introduire un élément politique pris dans le Sénat : mais comme on veut l'avoir dans la main, à l'élection on substitue la nomination directe par le chef de l'État ; au mandat de six ans, des pouvoirs d'une année, et comme on veut donner libre champ à l'action du ministre, on supprime la section permanente.

L'autorité avait donc les coudées franches ; rien ne gênait plus ses mouvements et sa main ; elle avait toute puissance pour élever ou abattre à son gré. L'ordre était assuré dans le service public de l'instruction publique, comme il l'était partout ailleurs.

A ces raisons de la politique et de la tactique de M. Fortoul s'en ajoutait une autre, moins hautement avouée, mais tout aussi réelle. Quelque jugement qu'on porte d'eux, on ne peut méconnaître que la plupart des ministres d'alors étaient hommes de gouvernement. Si quelques-uns n'avaient pas échappé à la panique de 1850, ils s'étaient vite repris, et maîtres du pouvoir, après le Deux Décembre, ils entendent que l'État ne relève que de lui-même, et ils se proposent de lui rendre peu à peu, sans bruit et sans éclat, la part de son autorité, que l'Église avait soutirée à elle. En fait, nous l'avons déjà dit, les deux mains qui s'étaient serrées après les Journées de Juin restent serrées après le Deux Décembre. L'Église demeure une puissance publique ; elle est de toutes les cérémonies officielles; elle continue d'exercer une action en dehors du domaine religieux; elle ne néglige aucune occasion d'affirmer son pouvoir et d'étaler son crédit; elle a ses entrées à l'Élysée : elle les aura de même aux Tuileries. Cependant l'État, qui a besoin d'elle et qui la ménage, n'entend pas qu'elle usurpe sur lui. Il l'accepte pour alliée, mais non pour suzeraine. Il la veut à sa place et à son rang, mais rien qu'à sa place et à son rang, et sous le visage déférent qu'il lui montre et qu'il est tenu de lui montrer, se cache la résolution de lutter contre ses empiétements.

Nulle part cette double partie n'est plus fortement engagée que sur le terrain de l'instruction publique. Ce terrain, l'Église avait prétendu le faire sien, sans cependant l'occuper tout entier. Il ne lui avait pas suffi de conquérir, dans l'enseignement primaire et dans l'enseignement secondaire, une liberté dont seule elle pouvait profiter, et de stipuler pour ses maîtres et ses établissements nombre de privilèges contraires au droit commun; elle avait aussi voulu, sans doute parce que l'instruction de la jeunesse est affaire d'âmes et que toute affaire d'âmes est de sa compétence, s'assurer une haute main dans l'enseignement même de l'État. Elle en avait affaibli l'autorité administrative en la fragmentant en autant de petites académies que de départements; elle s'était introduite dans ses conseils, se réservant au Conseil supérieur un banc de cinq évêques élus par elle, et plaçant dans chaque conseil académique, en face pour ne pas dire au-dessus d'un recteur sans prestige, l'évêque du diocèse ou son représentant choisi par lui. Elle avait en toute occasion ostensiblement affiché la protection ou la menace, donnant à croire que tout se faisait par elle, que sans elle rien ne se faisait. Or le nouveau gouvernement, tout en sauvant les dehors, tout en ménageant une alliée puissante et susceptible, entendait que l'État fût maître chez lui. Le décret de 1852, en même temps qu'une affirmation absolue d'autorité, était une reprise des droits de l'État.

Telle est certainement aussi l'intention d'un projet de loi sur l'instruction publique, préparé quelques semaines plus tard par M. Fortoul et soumis par lui au Conseil d'État[1]. Rendu pendant la période dictatoriale, le décret de 1852 avait force de loi. Toutefois ce n'était qu'un décret, avec deux signatures, celle du Président et le contreseing du Ministre, sans la sanction d'un pouvoir législatif. Mais dans le préambule on avait annoncé qu'une fois les choses remises en leur assiette, et une fois organisés tous les nouveaux pouvoirs prévus par la constitution, au décret on substituerait la loi. Élaboré peut-être au moment même où se signait le décret du 9 mars, ce projet met nettement en relief les intentions du Ministre, et par là, bien qu'il soit resté sans effet, il vaut la peine qu'on l'analyse en parallèle avec la loi de 1850.

Celle-ci, pour amoindrir le pouvoir des recteurs et accroître l'autorité des évêques, avait brisé les anciennes circonscriptions académiques et fait autant d'académies minuscules qu'il y avait de départements. Le projet revenait à l'ancienne organisation ; sur tout le territoire, il constituait quinze académies seulement, comprenant chacune jusqu'à neuf dépar-

---

1. *Pièces justificatives*, G.

tements, et possédant chacune à son chef-lieu des établissements publics d'instruction supérieure, d'instruction secondaire et d'instruction primaire.

La loi de 1850 avait organisé la liberté de l'enseignement de façon à en faire un véritable privilège pour le clergé et pour les congrégations enseignantes, et elle n'avait eu qu'un mince souci du contrôle et de l'inspection de l'État. Le privilège, il faut bien le subir; il y a possession, et on ne veut pas paraître dépouiller l'Église qui possède, mais au-dessus du privilège, on veut affirmer le droit de l'État; on veut que le privilège apparaisse bien pour ce qu'il est, une faveur, et non pour ce qu'il prétend être, un droit. De là le système du projet qui reprend, donne ce qu'il a repris, mais en marquant qu'il le donne et, au-dessus du privilège octroyé, maintient pour l'État le droit de reprendre. Dans ce système, plus de liberté proprement dite d'enseignement, c'est-à-dire plus de droit; non pas qu'on ait la pensée de revenir au monopole de l'État; c'eût été chimérique; mais pour affirmer dans sa plénitude absolue le droit de l'État, au lieu de la liberté et du droit, qu'elle implique, l'autorisation préalable, c'est-à-dire le don, toujours gracieux, à quelques conditions qu'il soit subordonné; partage entre l'État et l'Église du pouvoir d'autorisation; au chef de l'État ou à son ministre, l'autorisation pour les écoles et les établissements laïques; aux évêques, l'autorisation pour les ecclésiastiques de leur diocèse et les membres des congrégations vouées à l'enseignement, autorisées par les lois, ou reconnues comme établissements d'utilité publique. Mais pour l'État, droit de révocation des autorisations accordées, droit de fermature sur tous les établissements, qu'ils soient ecclésiastiques, congréganistes ou laïques. Si maintenant l'on veut bien considérer que l'État ne dépose ou n'émousse aucune des armes que lui a mises en mains le décret de 1852, que le Conseil supérieur reste ce qu'il était, nommé directement chaque année par le Président de la République, qu'aucune atténuation n'est apportée aux dispositions les plus dures de ce décret, que le Président peut toujours nommer un professeur de faculté ou du Collège de France en dehors des présentations, qu'il conserve intégralement son pouvoir discrétionnaire de révocation sur tout le personnel, on conviendra ou que le projet de M. Fortoul n'avait aucun sens, ou qu'il signifiait revanche de l'État contre la loi Falloux. Si visible était l'intention, que c'est là probablement ce qui l'empêcha d'aboutir. Le projet de 1852 ne fut pas soumis au Corps législatif, et jusqu'en 1854 on vécut sous le régime du décret du 9 mars.

En 1854 fut votée et promulguée une loi sur l'administration de l'instruction publique. On n'y retrouve pas les hardiesses du projet de 1852, mais au fond l'inspiration reste la même. Ministre et rapporteur s'accordent à dire, l'un avec ménagements, l'autre sans ambages[1], que le but est de « fortifier l'enseignement de l'État ». C'est la revision partielle de la loi de 1850. On déclare expressément qu'on ne touche pas à ces « droits consacrés qu'il est d'usage de désigner par l'expression collective de liberté de l'enseignement », qu'on respecte et qu'on

---

1. Exposé des motifs; — Rapport de J. Langlais au Corps législatif.

respectera toutes les garanties accordées à l'exercice de ces droits. Mais on déclare aussi, avec une égale netteté, qu'en débitant en tout petits morceaux l'autorité rectorale, la loi de 1850 a fait œuvre mauvaise, qu'elle a amoindri la fonction « au point de la rendre insuffisante à la direction et à la surveillance de l'instruction supérieure et de l'instruction secondaire », et que par là elle a affaibli le Gouvernement.

On déclare encore que le moment est venu, pour le Gouvernement, de reprendre plus de pouvoir dans un domaine qui lui appartient et n'appartient qu'à lui. Pour cela, on reconstitue les grandes académies; on les fait même moins nombreuses et plus fortes qu'elles n'avaient jamais été; du recteur on fait un fonctionnaire qui marchera de pair avec le premier président et le procureur général; on lui donne des pouvoirs et des attributions de nature à assurer son autorité. A côté de lui on place un conseil, le conseil académique, où le corps enseignant sera largement représenté, où sans doute « les autres forces sociales » auront place, mais sans être prépondérantes, où leurs représentants tiendront leur investiture de l'État lui-même, où l'Église aura entrée, en la personne d'un archevêque ou d'un évêque désigné par le Ministre, mais où elle ne sera pas souveraine.

Les adversaires sentirent l'atteinte. Impuissants à attaquer la loi de front et dans son principe, ils tentèrent du moins d'en atténuer les effets, et puisqu'il fallait de grandes académies, ils essayèrent d'y ménager l'influence de l'Église en réclamant place dans les nouveaux conseils académiques pour tous les archevêques et évêques de la circonscription[1]. Ils ne purent même pas obtenir que l'unique prélat qui devait en faire partie ne fût pas nommé par le Ministre. Le mot d'ordre de la majorité était : « Il faut conserver à l'autorité, qui a la responsabilité devant le pays, la liberté de son action, » et ce mot était, à vrai dire, la loi tout entière, la reprise qu'elle exerçait sur les abandons de 1850.

Tels sont les traits généraux du régime de l'instruction publique pendant la première partie du second Empire. Il était nécessaire de les indiquer pour bien caractériser le milieu où se trouve l'enseignement supérieur. Quels furent pendant la même période les traits particuliers et le sort de cet ordre d'enseignement? On chercherait vainement dans la littérature ministérielle de cette époque une théorie générale de l'enseignement supérieur. Les ministres, MM. Fortoul et Rouland, ont cependant leurs idées sur ce qu'il doit être ; ils les appliquent à l'occasion, et nous aurons à les démêler dans leurs actes. Toutefois, il y a lieu de croire que M. Fortoul ne désavouait pas la doctrine que nous trouvons exposée tout au long, sans qu'il se soit inscrit contre elle, dans le rapport présenté sur la loi de 1854, par M. Langlais, alors député de la Sarthe, plus tard conseiller d'État.

On l'a vu plus haut, cette loi avait pour but de fortifier l'enseignement de l'État, et, pour moyen, elle reconstituait de grandes académies. Le Ministre

---

1. Amendements d'Andelarre, Briot de Monrémy, David (de la Gironde), Viard, Baragnon, Janvier, de la Guéronnière, de La Tour, de Cuverville.

voulait des recteurs investis d'une autorité incontestable, et il semblait estimer que leur autorité croîtrait en raison de l'étendue du territoire administré par eux. Plus profonde était la pensée de la commission. Elle voulait, elle aussi, rendre plus fort l'enseignement de l'État ; elle croyait, elle aussi, qu'un bon moyen d'y parvenir était la constitution de grandes académies ; mais, à ses yeux, la grandeur de ces académies devait consister moins dans la surface de leur circonscription que dans la présence en chacune d'elles d'un foyer de haute culture intellectuelle. L'idée dont elle s'inspire est avant tout une idée de décentralisation scientifique. « Est-il bon, est-il nécessaire, dit le rapporteur, que dans un grand pays comme la France, il n'y ait qu'une seule ville où vienne se concentrer toute la vie intellectuelle de la nation ; qu'il y ait, au contraire, plusieurs points où cette vie intellectuelle et littéraire et scientifique, puisse être sérieusement développée ? Personne ne pourrait le contester. » Et à l'appui de sa thèse, il évoque le souvenir des universités de l'ancien régime : Montpellier, Orléans, Angers, Poitiers ; il invoque les services et l'éclat des universités de l'étranger, Berlin, Munich, Heidelberg, Oxford et Édimbourg. Pour lui, si l'on veut que la loi soit féconde, à l'idée d'académie, idée d'ordre purement administratif, doit se surajouter celle d'université, idée d'ordre à la fois intellectuel et moral ; il faut que les académies restaurées soient en même temps la restauration des universités. « La loi ne se borne pas à donner à l'instruction secondaire ce gouvernement fort et éclairé dont elle a besoin. Elle relève, elle raffermit le haut enseignement ; sous le nom d'académies, elle reconstitue les anciennes universités, qui, reliées entre elles, pénétrées de l'esprit de l'État, seront autant de foyers de science et d'études pour la jeunesse de nos départements. »

Et ces universités, ce ne sont pas simplement les universités-circonscriptions un instant rêvées par Fourcroy, au début du premier Empire, groupement artificiel de quelques départements autour d'un centre déclaré siège de l'académie. Ce sont des touts naturels. Sans doute elles comprennent chacune plusieurs départements; sans doute elles ont chacune un centre. Mais qu'est ce centre? C'est un groupe de facultés environné de départements tributaires. « Les facultés sont la vie et l'âme des académies, des universités. » Il ne doit y avoir d'académie que là où se trouvent « des facultés, un foyer intellectuel de quelque puissance, un centre d'où l'instruction puisse se répandre utilement ». « Quel est le signe, quel est l'aliment de ces foyers de science, de culture intellectuelle? Ce sont les facultés. Ce sont ces grands corps qui attirent la jeunesse, qui la font vivre au pied des chaires, dans les bibliothèques, dans les laboratoires, dans les amphithéâtres, au milieu des collections de tout genre. » L'académie ne se lie donc ni au département, ni à la cour d'appel, ni à aucune autre circonscription administrative. Elle a sa raison en elle-même ; elle est parce qu'en un lieu il existe un foyer de haut enseignement et de vie scientifique, et qu'autour de ce foyer se distribuent plusieurs départements, comme les versants d'un bassin naturel. « Voilà, dit le rapporteur, tout le projet de loi. »

Puisque là était toute la loi, il était nécessaire de donner sans retard à ces facultés, si importantes, mais si négligées, les ressources qu'elles n'avaient pas. Le Ministre ne faisait aucune difficulté d'avouer leur misère : « On ne trouve aujourd'hui, dans nos facultés, disait-il, ni laboratoires suffisants pour les études pratiques de physique, de chimie ou de mécanique, ni salles pour les conférences. Les collections, si nécessaires à l'étude de l'histoire naturelle, sont incomplètes et mal entretenues ; les bibliothèques consacrent à peine, chaque année, quelques centaines de francs à l'acquisition de nouveaux ouvrages, et elles n'offrent, en général, que des ressources dérisoires aux étudiants laborieux. Cette situation est d'autant plus affligeante que, dans les pays voisins, en Angleterre et en Allemagne, on fait les plus grands efforts pour disputer à notre pays la supériorité des hautes études [1]. »

Il aurait pu dire aussi que ces facultés, dépourvues de ressources, manquaient de maîtres; que leurs maîtres manquaient de méthode, souvent de savoir ; qu'en elles s'étaient acclimatées de détestables habitudes d'indolence ou de déclamation, que les unes s'en tenaient au terre à terre d'un enseignement étroitement professionnel, et que les autres ou languissaient ou cherchaient un succès de mauvais aloi dans des leçons d'apparat fort éloignées du mode qui convient à un véritable enseignement supérieur, et que si l'on voulait vraiment avoir sur quelques points du sol français des foyers de vie intellectuelle, il fallait avant tout y susciter la vie et l'y entretenir.

1. Exposé des motifs du projet de loi.

On se bornait à constater les besoins matériels, et, pour les satisfaire, on se flattait de trouver des ressources sans recourir au Trésor.

L'enseignement supérieur était alors inscrit au budget de l'instruction publique pour une somme de deux millions huit cent mille francs. Il rapportait au Trésor deux millions environ en droits divers, droits d'inscription, droits d'examen. La dépense réelle à la charge de l'État n'était donc que de huit cent mille francs. Cette charge, on ne voulait pas l'accroître, et cependant on voulait augmenter les ressources des facultés.

Pour résoudre ce problème, en apparence insoluble, on eut recours à deux moyens fort simples. Tout d'abord on augmenta les droits d'études et d'examen ; puis, au lieu de les laisser aller se fondre avec tous les autres impôts dans les caisses impersonnelles du Trésor, on décida qu'ils seraient versés dans une caisse spéciale, la caisse des facultés, aux dépenses desquelles ils devaient pourvoir avec une subvention du Trésor[1]. Ces mesures avaient des avantages : l'enseignement supérieur n'est pas et ne peut pas être gratuit ; il coûte plus que les autres ordres d'enseignement. Dès lors rien d'exorbitant à en faire supporter en grande partie les dépenses à ceux qui en profitent en vue le plus souvent de professions privilégiées, comme celle du médecin et de l'avocat. Rien de mieux aussi que de constituer pour l'enseignement supérieur un service financier spécial, soumis au contrôle des pouvoirs publics. Les droits d'études et d'examen ne sont pas des

---

1. Loi du 14 juin 1851. Titre II. Dispositions spéciales aux établissements d'enseignement supérieur.

impôts comme les autres. S'ils sont des taxes, ils sont en même temps des rétributions scolaires, et rien de plus naturel que d'en appliquer le produit aux dépenses de l'enseignement. De cette organisation, on se promettait des avantages divers : d'abord des ressources nouvelles, sans recours au Trésor; puis, par la faculté de reporter à l'exercice suivant les sommes restées disponibles, de bonnes habitudes d'ordre et d'économie dans les établissements. Mais, pour pleinement réussir, il aurait fallu pousser plus loin le système, et au lieu d'une caisse collective de toutes les facultés de France, donner à chaque faculté, ou mieux encore, à chaque groupe de facultés, une personnalité bien distincte, un budget bien à part et ne pas exposer les économies des unes à combler le déficit des autres. Il aurait fallu surtout que le gouvernement n'eût pas d'arrière-pensée, et que dans l'augmentation des recettes des facultés il n'eût pas secrètement escompté une diminution de la subvention du Trésor.

Telles étaient les dispositions de la loi de 1854 relatives à l'enseignement supérieur. La lettre en était claire; mais l'esprit en différait sensiblement selon que parlait le Gouvernement ou le rapporteur. A l'exécution, le Gouvernement restait seul et reprenait tout pouvoir. Aussi l'exécution fut-elle loin de réaliser les larges vues qu'avait exprimées le rapporteur.

Il y avait d'ailleurs entre les intentions exprimées et la lettre de la loi une contradiction manifeste. Pour créer les nouvelles académies, on semblait avoir pris comme critérium la préexistence de « foyers de vie intellectuelle. » Reprenant à son compte une parole de Victor Cousin, le rapporteur avait dit : « Pour créer une faculté, il suffit d'une allocation au budget. Seulement il ne manquera que deux choses : des professeurs et des élèves. Vous aurez un athénée pour des oisifs ; vous n'aurez pas une faculté sérieuse, ni l'éducation qui convient à la jeunesse d'une grande nation. » Et il avait conclu : « Le siège naturel des académies est là, et là seulement où existent des facultés, et les facultés ne peuvent être que là où existe une vie intellectuelle d'une certaine intensité. La loi ne crée pas ces sortes de courants ; elle doit seulement les discerner. » Cependant, bien que bon nombre des facultés créées par le Gouvernement de Juillet fussent anémiques et stériles, bien que cet expérience eût une fois de plus démontré qu'on ne crée pas artificiellement, par décret de la puissance publique ce qui, de sa nature, doit se développer organiquement, on place des académies en plus d'une ville où les facultés étaient incomplètes et misérables, pis encore, en plus d'une ville où il n'y en avait pas.

Aussi qu'arrive-t-il? Il y avait déjà trop de facultés; on en crée de nouvelles. Il fallait concentrer les forces; on les éparpille davantage. D'un seul coup sont instituées huit facultés de plus, une faculté des sciences à Marseille et à Poitiers, une faculté des sciences et une faculté des lettres à Clermont et à Nancy, une faculté des lettres à Douai, une faculté des sciences à Lille[1].

Cette faute commise, pour l'atténuer, il eût fallu

---

1. Décret du 22 août 1855.

doter convenablement les facultés. On comptait pour le faire, sur les ressources à provenir du remaniement des tarifs, et sur les bons effets du nouveau régime financier. Et de fait, la première année de ce régime, le budget des facultés s'élève brusquement de 2 786 000 francs à 4 161 000, accroissement d'excellent augure, si la majeure partie n'en avait été absorbée par les facultés que l'on venait de créer. Mais ce phénomène n'était pas destiné à se reproduire : la crue s'était faite d'un seul coup ; à grand'peine l'étiage s'en maintient-il à ce niveau pendant quelques années ; bientôt même il s'abaisse sensiblement. En 1861, le budget total des facultés n'est plus que de 3 500 000 francs ; les recettes ont baissé de 3 185 000 francs à 2 693 000 ; la subvention de l'État elle-même a été ramenée de 976 000 francs à 800 000. On avait tablé sur l'esprit d'économie des facultés et sur les reports qu'il devait produire. Pas une seule fois on n'eut de report à inscrire au budget. Comment, en effet, économiser quand on n'a pas le nécessaire ? Les frais de cours, de chauffage et d'éclairage sont de 59 000 francs dans les facultés des sciences et de 52 700 dans les facultés de médecine, de 5 374 dans les facultés des lettres. Il est vrai qu'au budget de 1855 on a prévu 800 000 francs pour le renouvellement des collections, l'établissement de laboratoires, d'amphithéâtres, de salles pour les conférences et les exercices pratiques. Mais comme chaque année les dépenses du personnel vont croissant rien que par le jeu régulier de l'avancement, et comme, d'autre part, on ne se résout pas à accroître la subvention de l'État, chaque année c'est un déficit, et chaque année, pour le combler, on prend sur la précieuse réserve qui va ainsi diminuant et finit par n'être plus que de 120 000 francs. Déception pour les facultés qui légitimement avaient compté sur un accroissement de ressources, et demeuraient aussi pauvres qu'auparavant; déception pour le Gouvernement qui avait secrètement espéré qu'elles se suffiraient à elles-mêmes et qui se trouvait forcé de leur maintenir une subvention de l'État. Devant l'échec du système, on découvre sans détours la pensée fiscale d'où il était sorti : « L'administration et le Conseil d'État en préparant cette loi, le Corps législatif en la votant, avaient l'espoir que les rétributions acquittées par les étudiants s'élèveraient rapidement dans une assez forte proportion pour que le haut enseignement pût un jour *se suffire à lui-même avec ses propres ressources*. Mais l'événement n'a pas répondu à ces prévisions [1]. » Et l'on revient à l'ancien système : « A partir du 1ᵉʳ janvier 1862, les établissements d'enseignement supérieur, chargés de la collation des grades, cesseront de former un service spécial. Leurs dépenses seront inscrites au budget des dépenses publiques; le recouvrement des recettes aura lieu au profit de l'État [2]. » Mais, en les reprenant à son compte, l'État ne leur fait pas largesse. Le crédit qu'il demande et qu'il obtient pour elles est de 500 000 francs inférieur à leur budget de 1855.

Avec d'aussi maigres ressources, quel progrès était possible? On dote bien çà et là quelque laboratoire privilégié, par exemple celui de Sainte-Claire Deville à l'École normale; mais c'est une exception tout à fait rare, et pour y subvenir il faut la libéralité personnelle de l'Empereur. On crée bien aussi çà et là

1. Note préliminaire du budget de 1862.
2. Loi de finances de 1862.

quelques chaires nouvelles, une chaire de physiologie à la Sorbonne pour Claude Bernard, une chaire de paléontologie au Muséum, une chaire d'épigraphie et d'antiquités romaines au Collège de France, mais le plus souvent c'est une simple transformation, et pour une chaire qui apparaît, une autre disparaît.

Maintenant quel esprit apporte-t-on au gouvernement et à la direction de l'enseignement supérieur ? A la médecine et au droit on ne semble pas demander autre chose que leurs produits accoutumés, des praticiens, non des savants. On ne soupçonne pas que la destination professionnelle n'est qu'une partie de leur rôle et qu'elle ne peut même être pleinement réalisée si la recherche de la science pour la science ne s'y joint pas. Elles ont des programmes bien arrêtés ; elles ont des étudiants ; elles délivrent des grades. Cela suffit. Pour les sciences et pour les lettres, le problème qu'avait agité sans le résoudre le Gouvernement de Juillet restait toujours posé : quel est le rôle de ces facultés ? Est-ce simplement, en intermèdes aux sessions de baccalauréat, de vulgariser les sciences et les lettres pour des auditeurs de passage ? Est-ce au contraire de former aux méthodes de la science et des lettres des étudiants véritables ? Et, dans ce cas, pour quelle destination ? Ce problème, on ne l'aborde pas de front et l'on n'en donne que des solutions bâtardes. A vrai dire, on ne voit pas que ces facultés ont un but spécial ; on cherche à les utiliser puisqu'elles sont, mais simplement à titre d'auxiliaires. Ancien professeur de littérature française à Toulouse et à Aix, M. Fortoul avait connu les succès oratoires et mondains du professeur de faculté ; il était trop homme d'esprit pour n'en pas avoir reconnu la vanité et les dangers. Un de ses premiers actes ministériels fut d'accoupler les facultés des lettres aux facultés de droit, en prescrivant « que chaque année les étudiants des facultés de droit se feraient inscrire à deux cours de la faculté des lettres [1] ». De la sorte — et ce devait être en même temps profit pour les étudiants en droit que ce surcroît de travail prémunirait sans doute contre « les habitudes de dissipation des grandes villes » — les facultés des lettres auraient, elles aussi, un auditoire assuré. De la sorte aussi, l'enseignement secondaire et l'enseignement supérieur se trouveraient plus intimement rapprochés, plus méthodiquement coordonnés, et l'enseignement des facultés des lettres, trop souvent abandonné au caprice et à la fantaisie des professeurs, ayant désormais des obligations délimitées et étroites, se régulariserait.

On allait même jusqu'à déterminer par quels canaux il se distribuerait désormais, et c'étaient tous canaux d'irrigation sur le champ du voisin. Partant de cette idée que l'enseignement des facultés des lettres est fait pour les étudiants en droit et non pour de vrais étudiants en lettres, on le coupe et on le distribue parallèlement à l'économie des facultés de droit. Il y avait dans celles-ci trois années d'études. Il y en aura trois dans les facultés des lettres, et les professeurs de ces facultés « distribueront leurs leçons de telle sorte que, tout en variant le choix du sujet, ils puissent parcourir en

---

[1]. Arrêté du 7 mars 1853. — Rapport du 10 avril 1852.

trois années le cercle entier de leur enseignement, et présenter un tableau fidèle des principaux monuments qu'ils sont chargés d'expliquer à la jeunesse : ainsi le professeur de philosophie traitera, la première année, de la psychologie et de la logique ; la seconde, de la théodicée et de la morale ; la troisième, de l'histoire de la philosophie ; le professeur d'histoire, la première année, de l'histoire ancienne ; la seconde, de l'histoire du moyen âge, et la troisième de l'histoire moderne. » Et ainsi de tous les autres. A Paris même, où les enseignements sont plus nombreux et plus variés, on fixe de semblables règles : ainsi « le professeur de grammaire comparée prendra le sujet de son enseignement, la première année dans l'étude de la formation des langues grecque, latine et française et de leurs vocabulaires ; la deuxième année, dans l'analyse des parties du discours et des flexions des mots de ces trois langues ; la troisième année, dans l'exposition de la syntaxe des trois langues et dans l'examen des différences de leurs grammaires ». Ainsi agencé, débité, délimité, est-ce un enseignement supérieur des lettres ? Est-ce une revision et un complément de l'enseignement secondaire ?

Si encore, entre ces digues, on lui laissait un libre cours. Mais outre la direction et le niveau, on entend en régler la marche. Sans doute M. Fortoul n'avait pas tort de demander à ses anciens collègues « un enseignement sage, utile et pratique, » et de les mettre en garde contre « l'éloquence théâtrale », « les appels aux passions » et les « sacrifices aux

1. Arrêté du 7 mars 1853.

idées du moment et aux caprices de la mode », tristes moyens qui ne peuvent réussir que devant des auditeurs oisifs et blasés [1]. Mais il allait plus loin, et sa prétention était d'asservir les professeurs à des programmes approuvés par lui *ne varietur* [2]. Il y a de lui un mot d'une quiétude alarmante : « Le programme du professeur est tracé d'avance ; *il lui est impossible de s'en écarter.* » C'est bien clair. Il ne s'agit pas de science, mais de police. Le souci du Ministre, ce n'est pas que les cours de l'enseignement supérieur soient méthodiquement ordonnés, c'est qu'il ne s'y dise rien qui n'ait reçu son assentiment. Ce qu'il demande aux professeurs, c'est moins un programme qu'un engagement. Quant à savoir si l'enseignement supérieur peut s'accommoder de cette tutelle, si la rigueur de la méthode n'a pas pour condition même la liberté de l'investigation, si c'est un bon moyen de favoriser cette liberté que de lier pour une année entière le professeur aux divisions et aux subdivisions d'un programme intangible, M. Fortoul n'en a cure. Sa préoccupation est d'un autre ordre. Il faut surveiller, il faut tenir en main l'enseignement supérieur. La politique l'exige ; la science s'en arrangera comme elle pourra.

Et ce n'était pas mesure de circonstance, destinée à promptement disparaître. Tant que le régime impérial ne se sera pas détendu, elle sera rigoureusement maintenue, comme un moyen d'ordre et de gouvernement. A peine installé à la place de M. Fortoul, M. Rouland s'empresse de la rappeler. « L'institution des programmes annuels, dit-il, me paraît excel-

---

1. Rapport du 10 avril 1852.
2. Circulaire du 19 octobre 1852.

lente... Elle a déjà prévenu beaucoup d'écarts... Mais il ne suffit pas que MM. les professeurs aient rédigé un programme et que ce programme ait reçu l'approbation de l'autorité compétente. Il faut surtout qu'il soit fidèlement suivi ; il faut que des développements intempestifs... ne viennent pas troubler l'enseignement normal [1]. » Et il prescrit que dans la salle de chaque cours « une place particulière soit affectée au recteur ou à son délégué spécialement chargé de la surveillance de l'enseignement supérieur [2] ». Défiance et surveillance sont restées le mot d'ordre.

1. Circulaire du 15 mars 1858.
2. Règlement du 28 février 1858.

CHAPITRE II

L'École des Hautes Études

Les Facultés sous le second Empire : état matériel ; état moral. — Le Ministère Duruy. — Projets et programme de réformes. — L'École pratique des Hautes Études.

Passons maintenant du centre à la périphérie, du ministère aux facultés. Quel est leur état ? Quelle est leur vie ? Quelles sont leurs tendances ? Quelles sont leurs idées ? A ces questions, on peut répondre exactement, grâce aux souvenirs personnels des contemporains, grâce aussi à l'enquête ouverte par M. Duruy dès son entrée au ministère, après M. Rouland.

Les bâtiments d'abord. — Presque partout ils sont misérables. Nulle part ils ne sont suffisants. Il n'y a guère que Caen, Rennes, Nancy et Clermont qui aient décemment logé leurs facultés. Ailleurs, on les a mises provisoirement dans le premier local qui se trouvait disponible : à Lyon, au dernier étage du Palais Saint-Pierre ; à Toulouse, dans un vieux couvent ; à Bordeaux, dans les communs de l'Hôtel de Ville ; à Douai, dans un mont-de-piété abandonné ; à Lille, dans un coin du lycée ; à Marseille, dans un hôtel particulier ; à Montpellier, partie à la mairie, partie dans un labyrinthe de vieilles maisons, et elles attendent là, patientes et honteuses, la fin d'un provisoire qui ne finit jamais. Sous ces abris, elles n'ont même pas toujours le strict nécessaire. Aux facultés des lettres et aux facultés de droit, il suffit à la rigueur de quelques amphithéâtres de cours : mais les facultés des sciences et les facultés de médecine ont d'autres exigences ; il leur faut des salles de collections et des laboratoires. Presque partout elles en manquent, ou ce qu'elles ont sous ce nom, ne mérite pas ce nom : des sous-sols humides, des soupentes obscures, des chambres nues où s'entassent livres, instruments et objets de collection. C'est la misère des logements insalubres.

De presque partout, dans l'enquête de 1865, s'élève la même plainte : « L'amphithéâtre, construit en contre-bas du sol est sombre et humide ; le laboratoire de chimie n'a pas de place pour les objets de collection, ni de magasin pour les produits ; le cabinet de physique est un lieu de passage[1]. » « Les amphithéâtres étroits, sombres, nus, sont inférieurs à des classes de lycées[2]. » « Il faut exhausser par mesure d'hygiène le laboratoire d'histoire naturelle qui manque d'air ; il faut assainir le laboratoire de chimie dont le sol est empoisonné[3]. » Toutes ces doléances, un mot cruellement vrai de Claude Bernard les résume : « Les laboratoires sont les tombeaux des savants. »

A Paris, même insuffisance et mêmes dangers. Depuis la Restauration, il est question d'agrandir la Sorbonne. Le Gouvernement de Juillet a mis le projet à l'étude, le second Empire l'y remet à son tour, mais il se contente de poser solennellement

1. Lille.
2. Dijon.
3. Besançon.

une première et unique pierre de l'édifice à venir ; en attendant la suite, la Faculté des lettres continue d'étouffer dans des salles basses et enfumées, et la Faculté des sciences se passe de laboratoires. A la Faculté de médecine, l'École pratique avec ses salles de dissection, surplombées de toutes parts par les hautes maisons du voisinage, contiguës à l'hôpital des femmes en couches, sans air, sans dégagements, est un foyer d'infection que la police ferait vite fermer et raser si ce n'était pas un établissement public.

Dans la rue de l'Arbalète, la vieille École de pharmacie menace ruine de toutes parts et est étayée à tous les flancs. Au Collège de France, Claude Bernard travaille dans un sous-sol mortellement humide. Au Muséum, le Gouvernement de Juillet a élevé des serres et une galerie de minéralogie et de botanique ; mais aucun service n'a de laboratoire, et toutes les autres collections sont à l'étroit ; et des milliers de caisses, pleines d'objets non classés, vont s'entassant pêle-mêle dans les coins et recoins, dans les caves et greniers. L'École des Chartes n'a pas de chez soi ; elle reçoit l'hospitalité dans une petite et sombre annexe des Archives. Dans tout Paris, il n'y a guère qu'un bon laboratoire, celui de Sainte-Claire Deville, à l'École normale, créé et doté par la libéralité personnelle de l'Empereur.

Et dans ces pauvres bâtiments, les ressources font défaut. La dotation de l'enseignement supérieur est maigre. Répartie entre tant de services, elle devient dérisoire. La Faculté de droit de Paris reçoit 1 000 francs par an pour sa bibliothèque ; la Faculté des sciences doit pourvoir aux frais de tous ses cours et de tous ses laboratoires avec 8900 francs; à l'entretien et à l'accroissement de ses collections, avec 1500. Dans les départements, une faculté des sciences n'a pas plus de 1800 francs pour toutes les dépenses de chauffage, d'éclairage, de cours et de laboratoires; elle ne dispose que de 800 à 900 francs pour ses collections; pour sa bibliothèque, le plus souvent elle n'a rien.

Aussi dans l'enquête, est-ce partout un cri de détresse : « Le cabinet de physique manque d'instruments de précision; 700 francs suffisent très difficilement aux besoins annuels du cours de chimie[1]. » « Le professeur de physique se plaint de ne pouvoir acheter les instruments nouveaux dont il aurait besoin pour tenir ses auditeurs au courant de la marche de la science et répéter devant eux les expériences les plus récentes[2]. » « Le crédit de 400 fr. alloué aux collections ne permet pas de les maintenir au niveau du progrès de la science[3]. » « La Faculté manque absolument des instruments, des modèles et même des dessins nécessaires aux démonstrations des cours de mécanique et de machines. Les collections font également défaut pour le cours de dessin appliqué aux arts industriels et jusqu'ici le professeur en a supporté les frais[4]. » « Les instruments nécessaires aux expériences d'astronomie et de physique sont peu nombreux et insuffisants... Les moyens de démonstration manquent presque complètement[5]. »

1. Poitiers.
2. Strasbourg.
3. Bordeaux.
4. Lille.
5. Paris.

Et ce peu que l'on donne, va tout entier aux frais des cours publics. Pour les recherches personnelles des professeurs, rien, absolument rien. « Qui voudra me croire, écrit Pasteur, quand j'affirmerai qu'il n'y a pas, au budget de l'instruction publique, un denier affecté aux progrès des sciences physiques par les laboratoires[1] ? »

Ajoutez à cela que les auxiliaires manquent aux professeurs, qui souvent n'ont pas de préparateur, quelquefois même pas de garçon de laboratoire. Dans la brochure citée plus haut, Pasteur parle d'un membre de l'Académie des sciences qui depuis dix ans « n'a pas eu un seul jour, à son service, l'aide d'un garçon de laboratoire, n'a pas touché à un ustensile, n'a pas sali un verre, sans avoir été contraint de le nettoyer ensuite de ses mains. » Qu'ajouter à ce fait? Il dit tout.

En outre de ces misères, que de lacunes dans l'enseignement. Quelques années plus tard, un ministre de la République pouvait encore dire au Congrès des Sociétés savantes : « Vous le savez comme moi, dans nos facultés des lettres, il n'y a qu'une chaire de littérature ancienne ; les études latines et les études grecques sont confiées à un seul professeur. Pour l'histoire, c'est encore pis : le même professeur est chargé d'enseigner toute l'histoire et, de plus, la géographie, ce qui veut dire que la géographie n'est pas enseignée. C'est à Paris seulement qu'il y a un professeur spécial de géographie. Malgré l'importance que l'étude des littératures étrangères a prise dans notre siècle, nous n'avons qu'une chaire de

---

1. *Le Budget de la Science.* Paris. 1858.

littératures étrangères par faculté¹. » Et ce n'étaient là que des exemples. Combien d'autres lacunes ! Dans les facultés des lettres, aucun enseignement de l'histoire et de la littérature du moyen âge, du sanscrit, de la grammaire comparée, de l'archéologie ; dans les facultés des sciences, sauf à Paris, le triple enseignement de la zoologie, de la botanique et de la géologie imposé au même professeur; dans les facultés de droit, aucun cours de droit constitutionnel, d'histoire du droit, de droit maritime ; une seule chaire d'économie politique, celle de Paris.

Dans ces cadres étroits, dénuées du nécessaire, les facultés languissent. Celles de droit et de médecine, qui ont des étudiants, font leur besogne professionnelle, parfois avec éclat, toujours avec utilité. Mais les autres, celles des sciences et des lettres, qui n'ont pas d'élèves propres, sauf à elles toutes quelques douzaines de maîtres d'études, il leur faut bien se transformer en *athénées* et parler pour le *grand public*. Le grand public, c'est-à-dire le public anonyme, bigarré, fait de jeunes et de vieux, de messieurs et de dames, de passants et d'habitués, frivole et difficile, c'est pour le professeur de faculté le but et la récompense, mais souvent aussi le cauchemar et le corrupteur. On ne pense qu'à lui ; on s'ingénie à l'attirer, à le capter, à le retenir ; on note à ses amis comme un succès la présence « de dames et d'officiers de la garnison » ; à ce public, on sacrifie le sérieux de l'enseignement, ou bien, au prix du labeur de toute une semaine, on le lui dissimule

---

1. M. Jules Simon, *Discours prononcé à la séance annuelle des Sociétés savantes*, 1873.

sous les agréments d'une forme éloquente ou spirituelle. Malgré soi on se plie à ses goûts et à ses exigences ; comme l'allusion politique est toujours en France un moyen de succès, on flétrit les Vandales qui morcellent le jardin du Luxembourg, en faisant applaudir les vers de Ronsard sur les bûcherons de la forêt de Gâtine. Que de talent, que d'esprit, que d'efforts, parfois que de science, gaspillés et perdus, avec cette parole qui charme un instant l'auditeur et se dissipe ! Heureux quand les leçons se condensent en quelque livre remarquable, comme la *Cité antique* de Fustel de Coulanges et la *Famille* de M. Paul Janet, à Strasbourg ; les *Moralistes français* de Prévost-Paradol et les *Empereurs romains* de M. Zeller, à Aix ; les *Moralistes sous l'Empire romain* de M. Martha, à Douai.

A côté des favoris, il y a les délaissés, parfois des incapables, des invalides de l'enseignement secondaire qui, ne pouvant faire ou tenir une classe, ont reçu en échange une chaire de faculté ; parfois aussi de vrais savants qui, dépourvus de l'art de bien dire et n'ayant pas d'élèves à former, parlent devant des banquettes vides. Et ce contraste entre les divers auditoires d'une même faculté en dit long sur la vanité de l'enseignement. Voici, sans un trait de satire, d'après les notes d'un témoin impartial, l'image d'une faculté des lettres de ce temps, dans une ville de moyenne importance qui s'est toujours piquée de goût pour les choses de l'esprit. « Cours de littérature ancienne. Le professeur, un savant fort érudit ; parole simple, facile et précise. Il expose la métrique des chœurs d'*Œdipe roi*. Trois auditeurs, maîtres d'études au lycée, qui écoutent, ennuyés, comme à une corvée. — Cours de philosophie. Vieux professeur infirme; désormais incapable de l'effort qui lui a valu autrefois des succès d'homme d'esprit. Parle au hasard, sur un sujet quelconque. Deux auditeurs : l'appariteur et moi. — Cours d'histoire. Professeur jeune, instruit, éloquent. Traite de Jeanne d'Arc. Public nombreux; sur l'estrade, derrière le professeur, une double couronne de jeunes filles et de dames; sur les bancs de l'amphithéâtre, la jeunesse de la ville: *spectatum veniunt...* — Cours de littérature française. Professeur homme d'esprit et de savoir, mais fatigué et désabusé. Se contente le plus souvent de lire d'une façon remarquable quelques passages des auteurs qu'il explique. Très peu de monde d'ordinaire. De temps à autre, l'École normale primaire vient tout entière au cours. Alors c'est fête. Le professeur retrouve les accents d'autrefois et se fait applaudir. — Cours de littérature étrangère. Professeur de talent, fort instruit. Chacun de ses cours annuels est un livre; chaque leçon est un chapitre de ce livre. Pourtant ne parvient pas à forcer le succès; sa parole embrouillée n'attire pas. »

D'un tel enseignement, il ne sort pas, il ne peut pas sortir d'élèves. D'où viendraient-ils? Où iraient-ils? De quoi feraient-ils l'apprentissage? Le seul fruit de ces cours, quand ils réussissent, c'est d'entretenir dans le public qui les fréquente un certain amour, parfois prétentieux, des lettres, « ce répertoire unique des carrières les plus diverses ». Cela, nul ne l'a jamais mieux dit que J.-J. Weiss, qui fut professeur de faculté, avec des succès inégaux, à Aix, puis à Dijon : « Mon auditoire d'Aix en Provence m'a rendu pour toujours classique. C'étaient environ deux cents personnes de tout âge, depuis seize ans jusqu'à soixante, la plupart de condition moyenne, un fonds d'étudiants fourni par la Provence, le Comtat, la Corse, l'Algérie, les Échelles du Levant, des conseillers à la Cour et des magistrats de tout grade, des intendants et des officiers d'intendance, réunis en ce moment à Aix pour le règlement définitif des comptes de la guerre de Crimée, un certain nombre de femmes, quelques juifs. Tout cela formait un auditoire attentif et redoutable, en qui la nourriture était riche et solide, dont le goût surgissait par éclairs, prompt et fin. Le jeudi, vers quatre heures de l'après-midi, je traversais le Cours, principale artère de la ville, pour me rendre au coin retiré et silencieux où s'abritait la salle des conférences de la Faculté. Le soleil dardait encore, ses rayons expiraient, mais violemment, et je pouvais quelquefois me demander si l'excès de la chaleur n'aurait pas retenu à la maison une partie de mon public. Mais ils étaient tous là, mes fidèles auditeurs, si appropriés aux choses dont j'allais les entretenir, si munis pour m'y approprier moi-même par toute la curiosité intelligente qui s'échappait de leurs physionomies! Au-dessus de nos têtes, entre eux et moi, une Muse flottait, invisible et transparente sous son éther, semant le feu poétique qui allume les âmes et qui les transporte ou les tient au niveau des hauts et profonds poètes ou des poètes dégagés, qui nous met à l'unisson de leurs grandes paroles, de leurs jeux et de leurs ris, qui nous fait créer à nouveau les belles œuvres dans le moment que nous les lisons, les sentons et les expliquons. Cet état d'esprit apparaissait alors libre et discipliné tout ensemble, cohérent et diffus dans une réunion de deux cents personnes de toute condition et de tout âge. Il n'est pas commun. Je ne sais si on le retrouverait aujourd'hui dans aucun auditoire, à ce degré et avec ces qualités. Je ne me flattais pas de l'avoir éveillé, il me suffisait de m'y sentir adéquat. Il était le produit d'un esprit plus général créé et entretenu par l'éducation qu'avait donnée pendant quarante ans l'Université impériale (1808-1850) aux enfants des classes aisées ou cultivées de la nation, aux enfants de tous ceux qui cherchaient à s'élever vers l'aisance ou la culture par le travail continu et l'épargne acharnée...

« Si méthodique que fût mon cours, ceux qui voulaient bien venir l'écouter ne pouvaient deviner ni pressentir la veille de quoi je leur parlerais le lendemain, si c'était du *Philosophe marié*, ou d'*Annette et Lubin*, ou des *Trois Sultanes*.

« Cependant ils se trouvaient être aussi imprégnés que moi de mon sujet. Moi, je savais, du matin seulement, les vers que je leur récitais avec admiration et leur savourais. Ma mémoire avait beau être fraîche et fidèle, quelquefois elle bronchait. Je disais la « moralité » des *Trois Sultanes*, l'eunuque Osmin remercié :

> ... Me voilà cassé !
> Ah ! qui jamais aurait pu dire...

« Et j'hésitais. Et tout à coup un conseiller de soixante-cinq ans, assis au pied de ma chaire, me soufflait le reste :

> Que ce petit nez retroussé
> Changerait les lois d'un empire ? [1].

---

1. J.-J. Weiss, Préface des *Essais sur l'histoire de la Littérature française*.

Charmant, à coup sûr, ce vieux conseiller qui souffle à un jeune maître dont la mémoire hésite « le nez retroussé » de la sultane. Mais est-ce bien pour cela qu'il y a des facultés ?

En regard de ce tableau, voici la contre-partie :

« ... Comme la gratuité absolue était et devait être la loi de ces établissements, on adopta pour l'admission du public le régime le plus singulier. Les portes furent ouvertes à deux battants. L'État, à certaines heures, tint salle ouverte pour des discours de science et de littérature. Deux fois par semaine, durant une heure, un professeur dut comparaître devant un auditoire formé par le hasard, composé souvent à deux leçons consécutives de personnes toutes différentes. Il dut parler sans s'inquiéter des besoins spéciaux de ses élèves, sans s'être enquis de ce qu'ils savent, de ce qu'ils ne savent pas. Quel enseignement devait résulter de telles conditions ? On l'entrevoit sans peine. Les longues déductions scientifiques, exigeant qu'on ait suivi toute une série de raisonnements, durent être écartées. L'auditeur vient ou ne vient pas au cours, selon ses occupations ou son caprice. Faire une leçon qui suppose nécessairement que l'élève a assisté à la leçon précédente, qu'il s'est préparé avant de venir, c'est faire un calcul qui sera sûrement couronné de peu de succès. Que signifie, dans un tel régime, ce mot terrible « avoir peu de succès » ? C'est avoir peu d'élèves ; en d'autres termes, ce qui est le signe d'un enseignement vraiment supérieur devait devenir une sorte de reproche. Laplace, s'il eût professé dans de pareils établissements, n'aurait certainement pas eu plus de douze auditeurs. Ouverts à tous, devenus le théâtre d'une sorte de concurrence dont le but est d'attirer et de retenir le public, que seront les cours supérieurs ainsi entendus? De brillantes expositions, des « récitations » à la manière des déclamateurs de la décadence romaine. Qu'en sortira-t-il? Des hommes véritablement instruits, des savants capables de faire avancer la science à leur tour? Il en sort des gens amusés durant une heure, d'une manière distinguée, il est vrai, mais dont l'esprit n'a puisé dans cet enseignement aucune connaissance nouvelle[1]. »

Avec ce genre de vie faut-il s'étonner qu'entre professeurs d'une même faculté il n'y ait pas de liens? En fait, la faculté n'est qu'une entité administrative, elle n'est pas un corps; ses professeurs ne se rencontrent que sur l'affiche ou devant les tables des jurys d'examen. Hors de là, chacun vaque, à sa guise, à son enseignement propre. Aucun but commun; aucune coordination d'efforts; nulle communauté d'intérêts; nulle collaboration. Isolement individuel et égoïsme.

De faculté à faculté, même absence de cohésion et de liens. Rien ne rapproche; tout sépare au contraire, les origines et les affinités; littérateurs et scientifiques viennent en général de l'École normale; juristes et médecins ne sont pas universitaires; les uns sont des professionnels, les autres des théoriciens; pour ceux-ci, l'enseignement, les livres et le laboratoire sont la vie du professeur; pour ceux-là, la leçon n'est que l'accessoire, l'essentiel est le barreau ou la clientèle.

Et puis on a prétendu faire de chaque faculté un

---

1. E. Renan, *Questions contemporaines*.

tout complet et indépendant; on n'a pas vu qu'entre les sciences et la médecine, les lettres et le droit, il y a des rapports qui devraient se retrouver dans l'organisation même des enseignements. Aussi les facultés diverses qu'un hasard, beaucoup plus qu'un dessein concerté, a placées dans une même ville, demeurent-elles l'une à côté de l'autre à la façon de compartiments étanches et impénétrables. Leurs professeurs ne se rencontrent qu'une fois l'an, à la messe du Saint-Esprit et à la séance de rentrée. Ils n'ont rien à faire en commun.

Le pis, c'est que presque partout on s'est fait si bien à ce régime qu'on est venu à n'en pas concevoir d'autre. Les doléances sur la misère des bâtiments et sur la pénurie du matériel sont nombreuses dans l'enquête de 1865. Elles sont beaucoup plus rares sur l'état moral des facultés et sur la fausse direction qu'a prise l'enseignement supérieur. Plus rares encore sont les vues de réformes. Le mal s'est généralisé au point de n'être plus senti, et même de paraître un bien. On ne demande ni réforme d'ensemble, ni réforme de détail; tout au plus réclame-t-on çà et là quelques chaires nouvelles. Une seule voix, celle d'un recteur, M. Chéruel, s'élève de Strasbourg, franche et hardie, pour signaler le mal et demander des remèdes.

« ... Les libérales concessions du pouvoir, sollicitées par mille convoitises locales, ont multiplié les écoles secondaires de médecine, les facultés des sciences, des lettres, celles même de droit. Le savoir, fractionné comme une monnaie courante, a été répandu par petites sommes, et les écoles restreintes pullulent au détriment des grandes.

« Dans l'acception la plus élevée du mot, une *École* est un faisceau de doctrines que relie un esprit commun, unité féconde qui se prête à la variété des recherches et des résultats. Ces foyers de lumière ne s'allument pas partout ; il leur faut un sol favorable et un ciel ami... Partout où s'implante et fructifie le génie des fortes études, il se constitue, pour ainsi dire, un climat universitaire. J'entends par là un ensemble d'idées, de mœurs, de goûts, de principes, que les pères transmettent aux fils... Ceux qui naissent et grandissent dans l'atmosphère d'Oxford ou de Gœttingue y respirent à pleins poumons le souffle qui nourrit les philologues, les critiques et les penseurs.

« La France a-t-elle bien conservé la religion des hautes études ? Où retrouver chez nous la filiation des doctrines, leurs fécondes alliances, leur harmonique épanouissement ? L'esprit universitaire s'est éteint partout...

« Le voyageur qui visite nos centres académiques y admire surtout l'absence de vingt chaires magistrales qui font la renommée des universités étrangères, et autour desquelles se pressent les linguistes, les archéologues, les ethnographes, les publicistes, les économistes, les diplomates. Après avoir lu nos programmes, il nous demande ce que nous entendons par *académie*, et nous prie de lui donner une définition qui s'applique également à Strasbourg, à Douai et à Clermont. Nous sommes obligés de répondre qu'en matière d'instruction supérieure, la France et l'Allemagne procèdent en vertu de principes diamétralement opposés. Chez nous, les facultés sont disséminées de manière à partager la science entre un plus grand nombre de villes ; chacune aussi n'en peut avoir qu'une petite part... A cet éparpillement, on préfère, au delà du Rhin, la concentration. Chaque université porte en ses flancs l'encyclopédie des hautes études...

« Pour nous rendre compte des deux systèmes, considérons-les dans leur nature et dans leurs conséquences. L'intention, louable sans doute, qui dota Aix et Douai du droit et des lettres, Marseille et Lille des sciences, a réparti les denrées au gré des consommateurs... Mais les esprits avides de connaissances variées ne se résignent point à cet étroit partage. L'étudiant jaloux d'étendre son horizon peut-il prendre chaque jour la voie ferrée pour aller entendre des leçons, ici de droit public, là d'hygiène, plus loin de géologie? Voilà pourquoi nos voisins rassemblent dans leurs centres universitaires toutes les connaissances humaines. Ils ne se contenteraient pas d'un enseignement fragmentaire dont les membres disjoints sont jetés aux quatre coins du pays. Ils veulent que les éléments de la science universelle, rapprochés, combinés, unis sans être confondus, éclairés et fécondés par une réciproque influence, forment un tout et vivent d'une vie commune, au sein de chaque université [1]. »

Et ce qui rend plus pénibles encore l'insuffisance des ressources et les défauts de l'organisation générale, c'est qu'à ce moment se manifeste, surtout dans le domaine des sciences de la nature, une merveilleuse fécondité d'invention. C'est l'époque où Claude Bernard achève de créer la médecine expérimentale,

---

1. *Enquête de* 1865, Archives du Ministère de l'Instruction publique.

ébauchée par Magendie ; où Wurtz élargit la chimie organique ; où Charles Robin constitue l'anatomie moléculaire ; où Verdet, trop vite disparu, renouvelle certaines parties de la physique ; où Sainte-Claire Deville découvre les lois de la dissociation ; où Berthelot accomplit une révolution dans la philosophie naturelle, en découvrant la synthèse organique ; où Pasteur en prépare une autre par ses premiers travaux sur les générations spontanées et les fermentations. Pleines et riches semences, mais exposées à ne pas donner tous leurs fruits si l'on ne se décidait pas enfin à amender le sol sur lequel elles tombaient.

Heureusement cette nécessité fut comprise par le ministre qui succédait à M. Rouland. De M. Duruy date l'ébranlement dont les ondes se sont propagées jusqu'à nous et iront au delà. Dans l'histoire politique du second Empire, M. Duruy a laissé, malgré la révocation de Renan, la réputation d'un ministre libéral. Dans l'histoire plus particulière de l'enseignement public, personne ne lui refusera celle de ministre novateur. Avec lui, les questions d'enseignement public prennent une plus large place dans les préoccupations du gouvernement, et l'enseignement supérieur en particulier est enfin tenu pour autre chose qu'une officine à fabriquer des avocats, des médecins et des pharmaciens. Pour la première fois au cours du siècle, un ministre déclare qu'il « répond à de grands intérêts » ; que chez un peuple régi par des institutions démocratiques, plus que chez tout autre peuple, « il importe de ne point laisser dépérir le goût des études sévères ; qu'il faut encourager et recruter le groupe des hommes d'élite dont la gloire rejaillit sur le pays tout entier et se continue dans son histoire »; qu'enfin « les grandes études réagissent sur les études inférieures qu'elles entraînent à leur suite pour les porter plus haut et plus loin[1]. » Mais que la réalité était loin de cet idéal! L'enquête de 1865 n'avait guère mis au jour que des misères, misères matérielles et misères morales. Sous peine de les perpétuer et de les accroître en les perpétuant, il fallait susciter dans l'enseignement supérieur l'esprit d'activité et de progrès, lui faire entrevoir, comprendre et accepter des tâches nettement définies, et, au lieu de la gêne, lui procurer l'aisance.

Fallait-il en modifier l'organisation générale? M. Duruy ne semble pas l'avoir pensé. On se demanda bien un instant, autour de lui, si le mieux, pour faire vivre les facultés, n'était pas d'en diminuer le nombre, ou, à défaut de ce remède héroïque, d'en avoir de deux sortes, de deux degrés, les unes complètes, les autres incomplètes. Mais des considérations politiques firent écarter cette idée, et l'on s'en tint à la vieille organisation composite et sur tant de points artificielle, qui, depuis 1808, s'était faite et modifiée, un peu à l'aventure, au caprice des événements, et non sous la logique continue d'une même idée directrice. « L'organisation de notre enseignement supérieur, déclarait M. Duruy, dans le rapport à l'Empereur placé en tête de la *Statistique* de 1868, n'exige pas de grandes réformes: l'édifice est ancien, mais solide en ses assises; il n'y

---

1. *Statistique* de 1868. Rapport à l'Empereur.

faut que des appropriations pour des nécessités nouvelles. » Il part de cette idée familière au Consulat et à l'Empire que, sauf de très rares exceptions, savants et lettrés se distribuent en deux catégories, le plus souvent exclusives l'une de l'autre : d'un côté les chercheurs, de l'autre les professeurs ; d'un côté ceux qui trouvent, de l'autre ceux qui enseignent. D'où, par voie de conséquence, toute une série de distinctions, de divisions et de séparations : d'abord la distinction de deux fonctions dans l'enseignement supérieur, le progrès de la science et la diffusion de la science ; puis la séparation des établissements où la science se fait de ceux où s'enseigne la science faite ; enfin la division du devoir de l'État envers les hautes études : d'une part développer les études théoriques, de l'autre développer l'enseignement ; assurer les meilleurs moyens de produire et fournir les meilleurs moyens d'enseigner.

De là, dans le programme général de M. Duruy, deux parties parallèles. En premier lieu, développer l'enseignement supérieur enseignant. On sait ce qu'il était. M. Duruy lui assigne pour but « de mettre l'auditeur en possession des méthodes qui lui apprendront les sciences que ces méthodes ont créées ». C'est toute une révolution, du moins pour les facultés des lettres et des sciences, que cette définition. Mettre l'auditeur en possession des méthodes de la science, tel n'avait pas été jusque-là le souci des professeurs ; tel n'avait pas été davantage celui des auditeurs. Pour s'initier aux méthodes, ce qu'il faut, ce ne sont pas de ces auditeurs de passage, gens de tout âge et de toute condition, que le talent des professeurs appelait au pied des chaires ; ce sont des élèves, de vrais élèves, qui seront pour les maîtres des compagnons d'atelier. Et c'est bien là ce que voulait M. Duruy. « Nous avons, disait-il, un problème à résoudre, celui de donner à nos professeurs, au lieu d'un auditoire flottant et sans cesse renouvelé, de véritables élèves. » Non pas qu'il songeât à fermer brusquement les portes des facultés à quiconque ne pourrait montrer carte d'étudiant ; non, les leçons au *grand public* lui semblaient même d'un effet bienfaisant, en provoquant une certaine « agitation intellectuelle » dans des villes où, sans elles, « il n'y en aurait pas » ; mais il entendait que désormais, au lieu d'être « le principal », elles devinssent « l'accessoire ».

Mais les élèves, d'où les faire sortir? Des lycées et des collèges où jusqu'ici ils ont vainement attendu l'appel des facultés. On se souvient qu'à la fin du Gouvernement de Juillet, Salvandy avait voulu donner aux facultés, surtout à celles des départements, un objet précis d'action, en faisant d'elles autant d'écoles normales secondaires. M. Duruy reprend le projet à son compte. Il demande aux facultés de consacrer le meilleur de leurs efforts à la préparation aux grades académiques. Qu'elles donnent un enseignement propre à former des licenciés, qu'elles entrent en correspondance avec les milliers de bacheliers des collèges communaux qui, faute d'excitant et de moyens de travail, risquent de rester bacheliers toute leur vie, et elles auront une clientèle régulière et fixe d'étudiants véritables. Comme les facultés de droit et de médecine, elles auront à leur tour leurs élèves professionnels, et le talent de leurs maîtres ne se consumera plus dans les effets incertains du cours public ; il aura des résultats plus utiles, en propageant les méthodes de la science parmi ceux qui, à un degré plus bas, ont pour fonction, eux aussi, de propager la science.

Mais, il faut bien le dire, à ce but nouveau répondaient assez mal les cadres des facultés. Un seul homme pour enseigner l'histoire universelle et la géographie! Un seul, pour initier aux méthodes de la zoologie, de la botanique et de la géologie! Était-il possible, avec des moyens aussi réduits, d'espérer pour les facultés françaises, « la variété, le mouvement et la vie d'universités autrement composées »? N'était-il pas à craindre que l'enseignement des facultés ne s'en tînt toujours aux généralités vagues, sans les précisions de détail qui sont l'œuvre du travail divisé, et que par suite ne fût manquée la fonction nouvelle qu'on assignait aux facultés? M. Duruy sentait la difficulté. Mais, pour la résoudre, il faisait fond sur un moyen douteux.

Les nombreuses créations d'enseignements qui eussent été nécessaires, il n'y fallait pas songer, non pas, comme le disait le ministre, qu'il y eût obligation de respecter « l'économie si bien réglée de notre enseignement » ; mais parce que le budget ne le permettait pas. Pour combler les lacunes et mettre dans l'enseignement supérieur « la variété qui attire, le mouvement qui fait la vie, l'émulation qui garantit le progrès, » M. Duruy comptait sur les enseignements libres. Il en avait fait, en dehors des facultés, une expérience heureuse. A son instigation, et bien que la liberté de l'enseignement supérieur ne fût pas encore inscrite dans les lois, il s'était créé, par toute la France, un très grand nombre de cours et de conférences littéraires et scientifiques. Le ministre espérait que du dehors l'usage des cours libres, encouragé par lui, pénétrerait au dedans des facultés elles-mêmes, et qu'autour des trop rares professeurs en titre, se formerait, comme en Allemagne, toute une légion de *privat-docenten*. C'était son dessein bien arrêté d'en favoriser la formation. «A nos facultés de médecine et de droit, disait-il, sont adjoints des agrégés qui rendent d'incontestables services. Comme ils ont tous le titre de docteur qui est indispensable pour professer dans l'enseignement supérieur officiel, ils pourraient être autorisés à ouvrir des cours, dans le local et avec le matériel de la faculté. Les facultés des lettres et des sciences ont eu aussi leurs agrégés. L'institution est tombée en désuétude... Ceux des agrégés des lycées qui sont en même temps docteurs, se trouveraient dans les conditions des agrégés de droit et de médecine et jouiraient des mêmes avantages. Ceux qui ne le sont pas pourraient du moins être associés, moyennant indemnité, à une partie des travaux que les écoles normales secondaires, si elles se développent et prospèrent, imposeront aux professeurs titulaires. Les thèses de doctorat, dans les facultés des lettres, constituent le plus souvent des ouvrages qui restent. Dans celles des sciences et de droit, ce sont encore des travaux considérables. Aussi le grade de docteur est-il, en France, bien plus difficile à conquérir qu'en tout autre pays. Cependant, au delà du Rhin, ce titre suffit à de nombreux *privat-docenten* pour ouvrir un cours à la faculté... Il serait à souhaiter qu'il en pût être de même en France. *L'adminis-*

tration de l'Instruction publique est disposée à favoriser de tout son pouvoir cette forme de l'enseignement libre. »

Tout cela impliquait dans l'enseignement supérieur, et surtout dans les facultés des lettres, un changement de front et une direction nouvelle, les études précises à la place des généralités oratoires. Historien de profession, M. Duruy savait le prix de l'érudition. Aussi n'hésite-t-il pas à la prêcher aux facultés. « En étudiant le mouvement littéraire de ce temps, on est conduit à penser que le goût du public français pour les études sévères s'émousse et s'affaiblit. Il semble qu'en dehors de l'Académie des Inscriptions et de l'École des Chartes, l'érudition nous effraye. On préfère les lettres pures, les vérités générales, la peinture des caractères et des passions, l'analyse du cœur humain, le style brillant des lectures faciles, et ces innombrables études de critique dont quelques-unes ne sont que la forme littéraire de cet esprit frondeur, une des formes les plus anciennes et les plus vives du génie national. Mais il y aurait péril pour les lettres elles-mêmes à dédaigner l'érudition, comme un objet de vaine et inutile curiosité. L'esprit français perdrait de sa force, puisqu'il laisserait tarir pour lui une des trois sources de vie, d'inspiration et d'études fécondes où les lettres se retrempent et se fortifient : l'homme et la société, Dieu et la nature, l'humanité et son histoire[1]. »

Voilà pour l'enseignement. Sur le second article de la réforme, développer les études théoriques, le

---

1. *Rapport à l'Empereur.*

programme de M. Duruy n'était ni moins large, ni moins nettement articulé. Tout d'abord, constituer enfin le budget de la science, puis, à l'aide de ce budget, fournir aux travailleurs des moyens de travail ; organiser des laboratoires de recherche, distincts des laboratoires d'enseignement ; multiplier les moyens d'information ; tenir les bibliothèques au courant de toutes les publications savantes ; créer des recueils périodiques pour rendre compte des travaux et des découvertes de la France et de l'étranger ; accroître le nombre des missions scientifiques ; favoriser les publications de science et d'érudition par des subventions ou des souscriptions ; assurer le recrutement des travailleurs et des chercheurs par des bourses de haut enseignement, complément nécessaire des bourses des lycées ; établir, pour des besoins constatés et non encore satisfaits, de nouveaux établissements, une École théorique d'agronomie au Muséum, un Observatoire central de physique et de météorologie au Parc de Montsouris ; faire effort enfin pour décentraliser la science, en groupant, dans chaque académie, autour des facultés, les sociétés savantes des départements, désorientées et stériles.

Pour réaliser pleinement ce double programme, il eût fallu à M. Duruy beaucoup d'années de ministère, beaucoup d'argent, et, dans les corps enseignants, beaucoup de bonne volonté et même quelque enthousiasme. D'années de ministère, il n'eut que cinq ; d'argent il n'obtint, en ces cinq ans, que 480 000 francs de plus au budget de l'enseignement supérieur ; de bonnes volontés croyantes et agissantes, il rencontra moins que de résistances et même que d'hostilités. Son programme cependant ne fut pas lettre morte. Il en sortit des directions générales qui ne sont pas encore épuisées, une institution durable et féconde, l'École des Hautes Études, et un premier ébranlement de l'opinion publique en faveur de l'enseignement supérieur. Les directions et le mouvement d'opinion se représenteront bientôt à nous. Ici se place, comme un nœud dans l'histoire de l'enseignement supérieur, la création de l'École pratique des Hautes Études.

Que l'on pèse chacun de ces quatre mots : École pratique des Hautes Études[1]. Ils disent à merveille l'institution tout entière, son but, son caractère, son originalité et ses services. L'École des Hautes Études, c'est un organe pour les recherches savantes de tout ordre; c'est une école, puisqu'on y enseigne, mais une école pratique, une sorte d'atelier où les élèves sont des apprentis, les maîtres des patrons. Telle que la conçut M. Duruy, elle devait avoir cinq sections : les mathématiques, les sciences physiques, les sciences naturelles, les sciences historiques et philologiques, et les sciences économiques. Mais il serait inexact de se la représenter comme un établissement unique, subdivisé, sous une administration centrale, en cinq compartiments contigus. Son siège était partout, partout où se trouvait un homme capable de faire œuvre de maître, au Muséum, au Collège de France, à l'École normale, à la Faculté des sciences, à la Faculté de médecine, sorte de

1. Nul, parmi les contemporains de cette époque, n'ignore que ce fut devant les résistances des facultés à se transformer, et en désespoir de les convaincre, que M. Duruy se résolut à créer l'École des Hautes Études.

colonie des sciences, distribuée, sans points d'attache immuables, sur tout le Quartier latin, de la Bièvre au Luxembourg. Son personnel n'avait rien d'une hiérarchie administrative, d'accès gardé, aux cadres fixes. Pouvait en faire partie quiconque avait un nom dans la science et voulait former des savants. Avec les titres si expressifs de directeurs d'études, de maîtres de conférences, c'était l'affiliation corporative des maîtres et des savants les plus autorisés.

A ces savants on donnait enfin quelques ressources pour leurs travaux personnels ; le titre de laboratoire des hautes études entraînait une subvention particulière ; à ces maîtres on assurait des élèves, voués eux-mêmes aux recherches scientifiques. Nul programme ; nul grade à l'entrée, nul grade à la sortie ; mais une liberté entière pour le maître et pour l'élève. Un seul mot d'ordre, un seul souci, le progrès de la science. Sans doute, pour les personnes qui aiment les lignes régulières et la belle ordonnance des architectures classiques, cette institution s'appuyant ainsi sur des bases disséminées et mobiles, tenant à la fois au Muséum, au Collège de France, à l'École normale, à la Sorbonne, sans être ni l'un ni l'autre, pouvait paraître un porte-à-faux. Qu'importe? Malgré sa structure irrégulière et la mobilité de ses assises, l'École des Hautes Études, a été un solide édifice. Nulle institution n'a plus contribué qu'elle au progrès de la science et des méthodes. Nulle aussi n'a plus contribué à répandre à l'étranger le renom scientifique de la France. Ainsi se terminait, par une création féconde, cette période de l'Empire, si triste au début et si longtemps stérile.

LIVRE VIII

LA TROISIÈME RÉPUBLIQUE

CHAPITRE PREMIER

La liberté de l'Enseignement supérieur.

La Charte de 1830. — La Constitution de 1848. — La loi de 1850. — La liberté de l'Enseignement supérieur devant le Sénat. — La loi de 1875. — La loi de 1880. — Les résultats.

Lorsqu'avaient commencé, sous la Restauration, les attaques contre le monopole universitaire, on s'en était pris seulement à l'enseignement secondaire. Non pas que les Facultés fussent sans porter ombrage et sans exciter de défiances. Mais elles tenaient si peu de place. Et puis, quand il leur arrivait de s'écarter du droit chemin, on avait pour les y ramener d'infaillibles moyens, suspension des cours, destitution des professeurs. Il n'était pas encore né d'opinion pour réclamer, comme un droit, la liberté de l'enseignement supérieur.

Il n'en était pas né davantage en 1830, et quand les auteurs de la Charte y inscrivirent qu'il serait pourvu par une loi à la liberté de l'enseignement, c'est surtout à l'enseignement primaire et à l'enseignement secondaire que, dans leur pensée, s'appliquait la formule. Seulement comme elle était écrite en termes généraux, les partisans de la liberté d'enseignement étaient autorisés à y lire liberté pour les écoles de tout ordre. C'est ainsi d'ailleurs que le comprit une commission chargée, au lendemain de la Révolution de Juillet, de préparer la loi promise par la Charte. Elle admit, sans discussion, comme une conséquence nécessaire du principe général posé par la Charte, la liberté de l'enseignement supérieur « dans toute son étendue, sans autre condition que de se conformer aux lois de l'État, et sans autre moyen de répression que la juridiction des tribunaux ordinaires [1], » sans autre réserve que la collation des grades. Cependant les revendications de l'opinion restèrent limitées aux collèges, et l'ardente et brillante campagne qui fut alors menée contre l'Université ne porta pas contre les facultés.

A la Chambre des Pairs, c'est à peine si la question de l'enseignement supérieur fut effleurée par quelques irréguliers [2]. Les chefs du parti ne commirent pas la faute de diviser leurs efforts et d'affaiblir leur

---

1. *Procès-verbaux de la Commission de 1831*, séance du 6 mai. Archives du Ministère de l'Instruction publique. — Cette Commission était composée de MM. Daunou, de Vatimesnil, Cuvier, Cassini, Thénard, Villemain, Broussais, Francœur, Charles de Rémusat et Dubois.
2. Dans les pétitions du 1844, une seule demanda la liberté absolue pour les universités et les collèges. Dans la discussion du projet de loi, un seul membre de la Chambre des Pairs, M. Dubouchage, réclama « pour le clergé comme pour tout le monde le droit de fonder des collèges et des facultés sous la surveillance de l'État ». — Lors de la discussion du budget de 1839, Jouffroy avait dit : « Ce qui est fait pour l'enseignement primaire, il faut le faire pour l'enseignement secondaire et pour l'enseignement supérieur. »

action en s'en prenant à des établissements où rien ne blessait et ne passionnait l'opinion. D'un bout à l'autre du règne de Louis-Philippe, il fut tacitement entendu que la liberté de l'enseignement supérieur n'était pas en cause, et, presque à la veille de la Révolution de Février, Salvandy pouvait dire sans soulever de protestations, ni même de contradictions : « Tant qu'on ne demandera pas à l'État de livrer la vie des hommes, d'abandonner l'honneur, la fortune, la tête des citoyens et l'interprétation quotidienne des lois au premier venu, l'État peut considérer son droit de distribuer et de vérifier la science comme lié à celui de circonscrire, de réglementer la profession, et de la préserver contre tout empiétement[1]. »

On a vu que la promesse de la Charte n'ayant pas été tenue, la Constitution de 1848 dut la renouveler. Comme la Charte, elle usa des termes les plus généraux : liberté de l'enseignement, sans distinction de catégories. Mais cette fois les demandeurs n'allaient plus se limiter à l'enseignement secondaire. Non pas que, dans la vie alors si languissante et si terne des facultés, il se fût produit de ces faits qui émeuvent l'opinion et la modifient. On ne prenait pas à partie les facultés elles-mêmes, comme on avait fait les collèges sous le Gouvernement de Juillet. Mais on se disait que d'un principe énoncé sans réserve, il serait illogique de ne faire que des applications partielles.

Toutefois la loi de 1850 n'organisa que la liberté de l'enseignement secondaire. Pour aller vite et

1. *Projet de loi sur l'enseignement du droit*, 1847. Exposé des motifs.

profiter du zèle tout chaud d'alliés imprévus, M. de Falloux avait eu l'habileté de diviser la question, se portant droit à l'essentiel, et remettant le reste au lendemain. Il avait bien senti que le succès pouvait être compromis si l'on s'attardait, peut-être indéfiniment, dans l'épineux problème de la collation des grades, que les uns réclamaient comme un corollaire inévitable de la liberté, et que les autres voulaient retenir comme un droit imprescriptible de l'État. On se contenta d'énoncer, dans le préambule du projet, comme un fait acquis, la liberté de l'enseignement supérieur, et d'inscrire, dans le dernier article de la loi, l'engagement de l'organiser bientôt.

« Jusqu'à la promulgation de la loi sur l'enseignement supérieur... », disait l'article. On en parlait donc comme d'un futur très prochain, sans paraître soupçonner que l'Empire allait venir, l'Empire autoritaire, ennemi né de toutes les libertés, allié sans doute à l'Église et s'appuyant sur elle, mais sans lui abandonner ce qu'il regardait comme le droit et l'autorité de l'État. L'Empire fit des lois et des décrets sur l'enseignement supérieur, mais il ne parut pas connaître l'engagement écrit dans la loi de 1850. D'ailleurs, à la suite du pacte tacitement conclu entre l'Église et l'État, les revendications s'étaient vite apaisées, et pendant quinze ans, tant que furent ministres M. Fortoul et M. Rouland, la question couva sous la cendre.

Elle se ralluma brusquement, violemment sous le ministère de M. Duruy. Pas plus que sous le Gouvernement de Juillet, quand il s'était agi de l'enseignement secondaire, ce ne fut une revendication générale des divers partis d'opposition, au nom des libertés publiques, mais la revendication personnelle de l'Église, sous couvert de la liberté des consciences.

Le signal partit de Rome, ou tout au moins le mot d'ordre. Aux approches du Concile, le cardinal Caterini, préfet de la Sainte Congrégation du Concile, avait écrit aux évêques. Entre autres choses, il leur disait : « Il est souverainement regrettable que..... les institutions publiques destinées à l'enseignement plus élevé des lettres et des sciences et à l'éducation de la jeunesse soient généralement soustraites, en beaucoup de lieux, à l'autorité modératrice de l'Église, à son action et à son influence, qu'elles demeurent absolument soumises à l'arbitraire de l'autorité civile et politique, au bon plaisir de ceux qui gouvernent et que tout s'y règle d'après les opinions communément reçues de nos jours. Que pourrait-on faire pour apporter un remède convenable à un si grand mal et assurer aux fidèles du Christ le secours d'une instruction et d'une éducation catholiques[1] ? » Une campagne d'escarmouches était déjà commencée çà et là. Aussitôt elle se généralisa et se régla.

Les circonstances étaient propices. Malgré sa fermeté de main et ses allures de procureur gallican, jamais M. Rouland n'avait inquiété la foi de l'épiscopat. Avec M. Duruy, ancien professeur de l'Université, imbu de son esprit libéral, partisan de l'enseignement laïque, suspect de libre pensée, tout devenait sujet d'alarmes, et ce qui se faisait par

1. *L'Enseignement supérieur devant le Sénat*, p. 361 ; Paris, 1868.

lui, et ce qui se faisait sans lui et hors de lui : la forte secousse qu'il venait d'imprimer à tous les ordres de l'enseignement public, l'enseignement secondaire des jeunes filles qu'il voulait créer partout avec les maîtres de ses lycées et collèges de garçons, les milliers de conférences littéraires, scientifiques, philosophiques et historiques qu'il autorisait, qu'il provoquait partout ; le développement rapide de la Ligue démocratique de l'enseignement ; le nombre croissant des bibliothèques populaires ; l'apparition d'une presse philosophique au service de la morale indépendante, et, par-dessus tout, au fond de tout, comme la cause immanente du mal et du danger, le progrès des méthodes savantes, dégagées de tout alliage théologique et métaphysique, ne se réclamant que des faits, suscitant des adeptes, provoquant des travaux dans tous les domaines de la libre recherche, dans la critique et dans l'histoire, aussi bien que dans les sciences de la nature.

Sous le Gouvernement de Juillet, pour perdre les collèges dans l'esprit des familles, on avait dénoncé le panthéisme sous les apparences spiritualistes de la philosophie qu'y enseignait la brigade de Victor Cousin. Cette fois, pour atteindre les facultés, les facultés de médecine en particulier, dans leurs méthodes critiques, dans leurs méthodes expérimentales, on dénonça le matérialisme et l'athéisme. Quelques textes tronqués, quelques paroles dénaturées, quelques faits travestis [1], servirent d'échafaudage à une pétition retentissante. Par cette pétition, la question de la liberté de l'enseignement supérieur

---

1. Cf. *L'Enseignement supérieur devant le Sénat*; Paris, 1868.

se trouvait portée devant le Sénat. On appelait son attention sur le mal des facultés, et comme remède on lui demandait « au nom de la morale publique, de l'ordre social, de la liberté de conscience, du progrès de la science, » la liberté de l'enseignement supérieur.

Ce fut un événement que la discussion de cette pétition, une lutte à la fois politique, religieuse, philosophique et scientifique, une bataille de doctrines en champ clos, d'un côté la foi, avec l'autorité, revendiquant la suprématie sur toutes les sciences humaines, de l'autre la science, avec la liberté, réclamant l'indépendance et la neutralisation dogmatique de son « diocèse[1] ». Le débat fut conclu par l'ordre du jour pur et simple. Mais tout en refusant de s'associer aux considérants des pétitionnaires, le Sénat n'avait pas dissimulé une certaine inclination pour la liberté qu'ils réclamaient. Du reste, le gouvernement ne s'y montrait pas hostile ; il avait même déclaré, au cours de la discussion, qu'il étudiait la question. En quoi il disait vrai. Quelques mois avant ce débat, M. Duruy avait préparé un projet de loi sur « l'enseignement supérieur libre ». Il y était écrit que tout Français pourvu du grade de docteur et non frappé d'incapacité par les lois pénales, pouvait ouvrir soit une école, soit un cours d'enseignement supérieur. Il n'y était rien dit de la collation des grades que le gouvernement continuait de tenir pour un droit régalien, et surtout pour une garantie d'ordre public dont

---

1. Discours de Sainte-Beuve, séance du 19 mai 1867.

l'État ne pouvait se dessaisir sans faillir à la société [1].

Ce fut par le gouvernement lui-même que, peu de temps après, la question devait être reprise. Une fois l'Empire devenu libéral, et sans doute comme un des gages de sa métamorphose, le Ministre de l'Instruction publique, M. Segris, forma une commission pour en préparer la solution ; cette commission était présidée par Guizot pour qui c'était une rentrée en scène honorable et discrète, et elle comprenait, avec nombre d'universitaires et de savants, des représentants de toutes les opinions non irréconciliables, des royalistes parlementaires comme le duc de Broglie et M. Thureau-Dangin, des libéraux ralliés comme Prevost-Paradol et Laboulaye, des hommes d'église comme le P. Captier et le P. Adolphe Perraud [2].

Ce qu'avait à résoudre cette commission, ce n'était pas une question de principe, mais des questions d'application et d'organisation. La question de principe, le gouvernement l'avait résolue, et la commission devait tenir la solution pour acquise. Sur ce point on paraissait d'accord, mais sous cet accord de surface, au fond subsistaient nombre de dissidences. La liberté de l'enseignement supérieur,

---

1. V. *Pièces justificatives*, D.— Quelque temps après, le 28 juin 1870, M. Duruy, alors sénateur, déposa au Sénat une proposition de loi sur la liberté de l'enseignement supérieur. *Pièces justificatives*, E.

2. La commission était ainsi composée : MM. Guizot, Andral, Bersot, Bertrand, Bois, Boissier, duc de Broglie, R. P. Captier, général de Chabaud-Latour, Darcy, Denonvilliers, Dubois, Dumas, général Favé, Franck, Léop. de Gaillard, Laboulaye, R. P. Ad. Perraud, Prevost-Paradol, Ravaisson, de Rémusat, Saint-Marc-Girardin, Saint-René-Taillandier, Serret, Thureau-Dangin, Valette.

sans aucun doute ; mais pour quelles raisons? à quel titre? et pour quel but? Des raisons de fait ou des raisons de droit ? A titre de concession ou à titre de restitution? Pour la science ou pour d'autres intérêts? Toutes prémisses sur lesquelles il y avait désaccord latent dans les esprits, et sur lesquelles pourtant il eût été bon de s'entendre avant tout, si l'on voulait faire œuvre sincère et ne pas simplement confectionner des compromis. N'exagérons rien cependant. Il semble bien, à la façon dont elle proposa de la réaliser, que la majorité de la commission voyait dans la liberté de l'enseignement supérieur un droit individuel.

On pouvait comprendre cette réalisation de deux façons fort différentes, par le dedans ou par le dehors. Suivant un mot de Guizot, dans la commission même, l'enseignement supérieur a toujours été asservi, tantôt à l'Église, tantôt à l'État. Le rendre libre, pouvait s'entendre d'y introduire la liberté sans pour cela le détacher de l'État. Appelé comme témoin devant la commission, Renan opposa à ces « petits lieux malsains pour l'esprit humain[1] », où s'enclosent et se conservent, loin du mouvement et du progrès, les doctrines jalouses et les traditions rebelles, les larges espaces des Universités allemandes, grands ouverts à toutes les idées, vastes arènes intellectuelles, où la liberté neutralise l'erreur et protège la vérité. N'était-ce pas là une façon de réaliser la liberté? Et si le bien de la science eût été seul en jeu, peut-être n'était-ce pas la façon la plus

---

1. *Procès-verbaux de la Commission.* — Ces procès-verbaux n'ont pas été publiés; mais on les a autographiés et distribués à un assez grand nombre d'exemplaires.

mauvaise. Doctrine contre doctrine, système contre système, méthode contre méthode, chaire contre chaire, au grand jour, sans entraves, il n'y a là rien que de très normal pour un ordre d'enseignement qui procède par appel à la réflexion personnelle et non pas à l'autorité, et où le but est beaucoup moins de munir l'élève d'idées toutes faites que de lui apprendre à s'en former lui-même. Ainsi comprise, la liberté de l'enseignement supérieur n'eût pas été pour tout citoyen le droit d'ouvrir école de hautes études, mais le droit pour toute tête bien munie de prendre part à l'enseignement public.

On était si loin dans la commission de la concevoir ainsi, que l'indication de Renan passa inaperçue ou parut une étrangeté. Par le fait, et bien que tout débat de principe eût été volontairement écarté, on se trouvait en présence de véritables demandeurs, l'Église et ses associations, auxquelles on prenait soin de joindre, pour renforcer la revendication et éviter l'apparence d'un face à face de l'Église et de l'État, les écoles scientifiques, les écoles philosophiques, les villes et les savants isolés. Or que demandaient-ils ? Un droit. Du moment qu'à leur requête on accordait la liberté de l'enseignement supérieur, ce ne pouvait être qu'à titre de droit. Aussi la commission se trouvait-elle consciemment ou inconsciemment conduite par la force des choses à voir dans la liberté de l'enseignement supérieur le droit pour les citoyens d'ouvrir, sous des conditions à déterminer, des établissements de haut enseignement, en dehors des établissements de l'État.

Mais de là sortait immédiatement la plus grosse des difficultés : qui conférerait les grades ? Autrefois, dans les vieilles universités, avant la Révolution, les grades ou les degrés n'étaient que des titres académiques. Depuis le Consulat, l'État moderne les avait transformés en titres professionnels. En les restaurant, il en avait fait des garanties sociales. Conférés par l'État, après des examens subis devant les professeurs de l'État, ils étaient l'estampille de l'État, apposée, après vérification, sur une valeur intellectuelle, la certifiant loyale et de bon aloi. L'État pouvait-il s'en dessaisir? Pouvait-il renoncer à ce qu'il avait jusque-là tenu pour une garantie nécessaire?

Non, disaient quelques membres de la commission, en particulier des universitaires. Liberté d'enseignement et collation des grades sont choses radicalement distinctes et non pas principe et conséquence. Que l'on puisse ouvrir écoles et facultés, que celui qui veut s'instruire ne soit pas forcé de venir chercher l'instruction dans les maisons de l'État, soit; mais quand il s'agit de grade et non plus d'instruction, quand on demande un diplôme, c'est-à-dire une garantie et un privilège, immédiatement l'État reprend ses droits, car ce qui est en cause, ce n'est plus la liberté, mais l'intérêt social pour la protection duquel l'État a été créé et mis au monde. La collation des grades est un office public. Partant, elle doit rester dans les mains de l'État.

A quoi les partisans de l'autre opinion répondaient : Donner et retenir ne vaut. Vous donnez la liberté et vous la rendez illusoire. Si d'avance vous frappez les facultés libres d'inégalité et d'infériorité morale, s'en ouvrira-t-il une seule? Et s'il s'en ouvre, auront-elles la liberté des programmes, la liberté des méthodes? Qui est maître des grades est maître des examens ; qui l'est des examens, l'est aussi des programmes, et qui l'est des programmes, l'est, en fin de compte, de l'enseignement lui-même, des méthodes, des doctrines. Programmes, méthodes, doctrines, l'enseignement libre ne devra-t-il pas adopter tout de l'enseignement de l'État, si ses élèves ont pour juges les professeurs de l'État ; non pas que ceux-ci soient suspects de partialité volontaire, mais il y a une partialité inconsciente, « celle de l'homme qui croit à la supériorité de sa méthode et de sa doctrine, » et qu'on ne supprimera pas tant que les hommes seront hommes. Il suffira que ce soupçon s'élève pour détruire l'effet d'opinion qu'on attend de la loi. Et ils concluaient : ou la loi sera un mensonge, ou, avec la liberté, elle donnera, comme un corollaire, le droit de conférer les grades.

Entre cette thèse et cette antithèse, la synthèse des esprits conciliants et politiques essayait de faire la part de chacun des deux intérêts en présence, celui de la société et celui de l'enseignement libre, sans les sacrifier l'un à l'autre. Dans cet ordre d'idées, le duc de Broglie proposa un système net et hardi qui supprimait les grades, tout en laissant subsister un contrôle public des capacités. A l'entrée des fonctions publiques et des carrières libérales, il proposait à l'État d'établir des examens spéciaux, quelque chose comme les examens d'état des pays de langue allemande, auxquels eussent pu se présenter, sans distinction d'origine, élèves des facultés officielles et élèves des facultés privées. De la sorte, facultés privées et facultés officielles, affranchies du souci des examens, allégées du poids qu'ils font peser sur les études, eussent pu vaquer à l'enseignement sans autres vues que la science. Par là se fût trouvée pleinement réalisée, dans les établissements de l'État comme en dehors d'eux, la liberté de l'enseignement supérieur.

De ce système on vit moins les avantages que les inconvénients. Son auteur avait le tort de supprimer les grades académiques, au lieu de les dépouiller simplement de leurs privilèges professionnels. D'où immédiatement cette objection : la difficulté n'est que déplacée. On redoute la maîtrise indirecte qu'exercerait l'État sur l'enseignement libre, par des jurys composés de ses professeurs. Ne l'exercera-t-il pas également par ces autres jurys, toujours nommés par lui? Et comme ces examens auront des programmes dictés par lui, en fin de compte c'est toujours lui qui restera souverain directeur de l'enseignement. On objectait encore que le système, loin d'affranchir les facultés et d'y favoriser les hautes études, les études désintéressées, les rendrait plus esclaves des examens, des programmes, et y réduirait le travail à la stricte préparation aux épreuves, en supprimant cette latitude de mouvements qu'on n'a jamais contestée aux professeurs faisant office d'examinateurs. On objectait enfin la contradiction qu'il y avait à récuser pour juges les professeurs des facultés et à demander des juges d'État à l'entrée des carrières. Pourquoi tant de confiance dans l'État-administration et tant de défiance envers l'État-faculté? Les professeurs seraient-ils donc moins impartiaux parce qu'ils sont inamovibles, moins capables parce qu'ils sont docteurs?

Ce qui l'emporta, malgré les inconvénients plusieurs fois signalés et reconnus du double étalon, ce fut le système compliqué et boiteux de Guizot qui consistait en ceci : les étudiants des facultés de l'État continueraient d'être jugés par leurs maîtres; ceux des facultés libres pourraient se présenter à leur gré, soit devant les facultés de l'État, soit devant un jury spécial nommé pour neuf ans, renouvelable par tiers tous les trois ans, et où ne siégeraient ni professeurs de l'Université en exercice, ni professeurs des établissements libres d'enseignement supérieur. Dans les deux cas, mêmes conditions d'âge, de stage, de scolarité, mêmes épreuves, mêmes programmes pour les élèves des facultés libres et pour ceux des facultés de l'État[1]. Aux yeux de quelques-uns, ce n'était là qu'un expédient, une transition, en attendant la majorité des établissements libres, une sorte de tuteur au pied d'une plante naissante et frêle, qu'on saurait bien arracher une fois la plante adulte et vigoureuse. Pour les autres, c'était le maximum des concessions compatibles avec les intérêts et les droits de l'État.

Ce projet qu'avait fait préparer le Gouvernement de l'Empire, ce fut l'Assemblée nationale qui le vota, cinq ans plus tard, en République. Après la guerre et la Commune, la situation n'était pas sans analogies avec celle de 1850. A vingt ans d'intervalle, c'était, comme alors, une République nominale, une assemblée unique, un pouvoir faible, une majorité monarchique aux tendances cléricales; on se trouvait aussi au lendemain d'épreuves et d'épouvantes publiques singulièrement plus terribles que les Jour-

---

1. Art. 10 et 11 du *Projet de loi* préparé par la Commission.

nées de Juin. L'instant était donc propice pour compléter la loi de 1850. Il y eut cependant ces différences, que la loi ne fut pas présentée comme un préservatif social et une loi de salut public, mais comme une loi de principe, et qu'elle le fut, non par le gouvernement, mais par un membre de l'Assemblée, le comte Jaubert, reprenant à son compte le projet préparé par la commission Guizot[1].

La commission parlementaire chargée de l'examiner en adopta les dispositions essentielles, et voici en quels termes son rapporteur, M. Laboulaye, exprimait les motifs de son adhésion : « Il n'y a aucune raison pour conserver à l'État un monopole qui inquiète les consciences, qui amoindrit la vie locale, et qui, en supprimant la concurrence, affaiblit les études. Un enseignement officiel sera toujours un enseignement incomplet. La science n'est autre chose que la libre recherche de la vérité[2]. » Ainsi justifiée, ce n'était pas d'une liberté privilège, mais d'une liberté droit commun qu'il s'agissait aux yeux de la commission. « Nous voulons la liberté tout entière, disait encore M. Laboulaye, nous n'entendons exclure de l'enseignement que les sujets contraires à l'ordre public, à la morale publique et religieuse. En deux mots, il sera permis de tout enseigner, hormis ce qui constitue un délit suivant nos lois. » Et il proposait de conférer le droit d'ouvrir des cours ou des établissements de haut enseignement aux individus, aux associations, aux communes et aux départements.

C'était trop et trop peu pour les intransigeants du

1. Séance du 21 août 1871.
2. *Rapport*, séance du 25 juillet 1873.

parti clérical. Depuis cinq ans, ils étaient au premier rang des demandeurs ; mais ils demandaient pour eux seuls, et voulaient que de la liberté fussent exclues les mauvaises doctrines. Ils demandaient l'abolition de ce reste du monopole universitaire ; mais ils voulaient que l'Église fût seule au partage. Sans aller aussi loin que le *Journal des Villes et Campagnes*, qui avait réclamé naguère l'abolition de l'enseignement de l'État et soutenu que seule l'Église est compétente pour enseigner, ils voulaient entre l'Église et l'État égalité absolue de droits, de situation. « Indépendance absolue des universités libres, écrivait un jésuite, le P. Marquigny, qui pourront conférer tous les grades, sans examinateurs étrangers ; mêmes droits afférents aux grades des universités libres qu'à ceux de l'État ; ni jury officiel, ni jury mixte, ni jury spécial ; pas d'autres juges de l'enseignement libre et chrétien que ceux qui le distribuent dans les conditions fixées par la loi. Autrement la liberté serait annihilée et ses résultats moraux et scientifiques compromis. » Et, avant que la question vînt à la tribune de l'Assemblée, les comités catholiques votaient, à l'unanimité, les propositions suivantes :

« Nous regrettons que la future loi relative à la liberté de l'enseignement supérieur, répétant en cela même les traditions de la législation française, soit fondée sur le principe de la liberté pour tous de tout enseigner.

« Nous faisons observer que nul contrôle ne doit être exercé au nom de l'État sur l'enseignement lui-même ; que la surveillance ne saurait avoir pour objet que le maintien de l'ordre public et de l'observation des lois, et qu'elle rentre, par conséquent, dans les attributions de la magistrature chargée d'assurer la répression des crimes et des délits de droit commun.

« Nous demandons que les évêchés et fabriques puissent posséder des établissements d'enseignement supérieur, et aient le droit d'acquérir et d'aliéner dans ce but, soit à titre gratuit, soit à titre onéreux.

« Nous demandons que la loi abroge formellement les lois, décrets, édits, anciens arrêts du Conseil et du Parlement rendus contre les congrégations religieuses.

« Nous demandons que les facultés libres confèrent les grades de bachelier, de licencié, de docteur et en général délivrent des certificats donnant les mêmes droits que les grades conférés et les certificats délivrés par l'Université de l'État.

« Nous ne pouvons accepter que les examens subis devant les facultés libres soient de tous points soumis aux mêmes règles et dispositions que les examens subis devant les facultés de l'État. »

Il n'y eût certainement pas eu de majorité à l'Assemblée pour voter ce programme. Pour faire une majorité, il fallait le concours des républicains libéraux, et aucun d'eux n'eût souscrit à cette coupure de l'État en deux, l'État laïque et l'État clérical. Aussi la loi fut-elle, cette fois encore, une moyenne entre les extrêmes.

Dans l'Assemblée se retrouvaient naturellement les mêmes dissidences que dans la commission Guizot, mais avivées, envenimées par l'âpreté de dissentiments politiques et religieux irréductibles. Aussi le principe de la loi fut-il contesté et nié. On le dénonça comme une capitulation devant l'Église, un abandon des droits de l'État, un péril pour la paix sociale. M. Challemel-Lacour, en particulier, prophétisa que seule l'Église profiterait de la loi, qu'elle attirerait à ses facultés cette moitié de la jeunesse française qu'elle élevait déjà dans ses collèges, qu'ainsi serait coupé le dernier lambeau par où pouvaient se toucher et s'unir, avant d'entrer dans la vie, les jeunes gens formés aux deux écoles, et que la loi aurait cet effet pernicieux de rendre totale et irréparable la section déjà faite en partie, par la loi de 1850, dans la jeunesse et dans la société. « Où donc est, selon moi, le péril? Je dois vous le dire avec une sincérité égale à mes craintes. En accueillant dans des établissements spéciaux des esprits tout préparés, en les soumettant à une discipline spéciale, à un régime savamment combiné, en les protégeant contre toutes les influences sociales, contre la plus légère atteinte de ces doctrines qu'on qualifie de malsaines, on veut, dans ces universités, dans ces futurs médecins, dans ces futurs avocats, dans ces futurs magistrats, dans ces futurs professeurs, préparer des auxiliaires de l'esprit catholique[1]. »

Au projet de la commission, M. Paul Bert opposa, sans succès, un contre-projet d'une tout autre inspiration. Lui aussi voulait la liberté, mais, comme Renan, il la voulait par le dedans et non par le dehors. Au lieu de multiplier les lieux d'enseignement, d'affaiblir les forces en les éparpillant, de créer des antagonismes sans profit pour la science et les études, il lui semblait meilleur d'organiser,

---

1. Séance du 4 décembre 1871.

avec le concours de l'État, quelques universités puissantes, de leur donner la liberté, et, sans les détacher de l'État, d'en faire des corps « agissant librement sous leur propre responsabilité¹ ».

Ce fut sur la collation des grades que se livra la vraie bataille. L'État la retiendrait-il comme un des droits de sa fonction et comme un des devoirs de sa charge, ou bien consentirait-il à la partager avec des institutions affranchies de toute dépendance envers lui? Nombre de républicains, entre autres MM. Jules Ferry, Pascal Duprat, Jules Simon et Bardoux, acceptaient la liberté de l'enseignement, mais sans la collation des grades. Pour eux, les grades aux mains de l'État étaient et demeuraient doublement nécessaires, et comme garantie sociale pour les professions dont ils ouvrent l'accès, et comme préservatif contre l'abaissement des hautes études. Ils se rappelaient et ils rappelaient par quels abus l'État s'était trouvé conduit à réglementer l'exercice de certaines professions, et par quels abus aussi avaient péri les vieilles universités, tenant boutique de parchemins et baillant des diplômes à distance et sur deniers comptants. Ils montraient que la concurrence n'élève pas nécessairement la valeur des produits, que loin de là, elle les avilit parfois, et qu'en matière de grades le moins demandant a chance d'être le plus suivi. Opiniâtre, mais vaine fut leur résistance². La majorité de l'Assemblée voulait les grades avec la liberté; les uns, d'une manière absolue, comme

---

1. *Proposition de loi sur l'organisation de l'Enseignement supérieur de l'État*, séance du 2 décembre 1873. — V. *Pièces justificatives*. F.
2. L'amendement Ferry et Bardoux fut repoussé par 359 voix contre 306.

M. Dupanloup quand il disait : « La liberté que vous nous offrez n'est pas la liberté, n'est pas l'honneur, n'est pas la vérité; c'est la dépendance, la servitude, et nous sommes faits pour mieux que cela; » les autres, avec les tempéraments qui pourraient sembler tenir en équilibre les intérêts de l'enseignement libre et les droits de l'État.

Cet équilibre, la commission l'avait cherché, et après maints tâtonnements elle croyait l'avoir trouvé dans la formule suivante : « Les universités et les facultés libres pourront recevoir d'une loi le droit de conférer des grades, après avis du Conseil supérieur de l'Instruction publique. » Il lui semblait qu'ainsi tout était sauf, et le droit de l'État, et l'intérêt des établissements libres. Sans doute, disait-elle, la collation des grades appartient à l'État; mais de même qu'il la délègue à ses propres facultés, de même il peut la déléguer à des facultés libres[1]. Le tout est qu'il le fasse à bon escient. Or il le fera à bon escient en le faisant après avis du Conseil supérieur de l'Instruction publique, et en forme de loi, après discussion publique, devant les représentants du pays. Aux facultés libres de faire leurs preuves et de se montrer dignes, par leur organisation, par la valeur de leurs maîtres, par la force de leurs études, d'entrer, elles aussi, en partage d'une délégation qui serait illégitime, si au préalable elle n'était pas justifiée par des faits.

Imaginé pour tout concilier, cet ingénieux système fit l'effet de tout sacrifier. D'un côté les partisans du droit de l'État n'admettaient pas que l'État pût délé-

---

1. Laboulaye, *Rapport* de 1873.

guer son droit. Conférer des grades n'est pas la même chose que battre monnaie par délégation de la puissance publique. Il ne peut y avoir, comme dans ce cas, cahier des charges et contrôle matériel. Quelles conditions l'État stipulerait-il? — La valeur des institutions? — Mais quoi de plus fragile? quoi de plus fugitif? Et à quelle mesure se référer? Et comment fixer le point où la délégation deviendrait justifiée, celui où elle cesserait de l'être? D'un autre côté, aux partisans de l'enseignement libre, ce bloc enfariné ne disait rien de bon; consulter le Conseil supérieur de l'Instruction publique sur la valeur des institutions libres, n'était-ce pas les replacer d'une manière indirecte sous le contrôle de l'État, les soumettre à son bon plaisir et partant retirer la liberté concédée? Remettre à une loi le soin de prononcer la délégation, n'était-ce pas laisser ouverte une des questions essentielles que le projet avait précisément pour objet de résoudre, l'exposer aux retours offensifs de la politique et paraître différer, pour se donner des raisons ou attendre des occasions de retenir?

Ainsi pris entre deux feux, le système de la commission ne tint pas un instant. Un autre système qui consistait à faire examiner tous les candidats sans distinction d'origine par un jury spécial, nommé par l'État, mais extérieur aux facultés, formé de juges pris en dehors d'elles, n'eut pas plus de succès[1]. Au fond, ce qu'auraient voulu les promoteurs de la loi, ce qu'ils tenaient pour le seul système logique, pour le seul juste, c'était le partage pur et simple de la collation des grades entre les facultés officielles et

---

1. Amendement Raoul Duval.

les facultés libres. S'ils ne pouvaient l'obtenir, et ils sentaient bien qu'ils ne le pourraient pas, à tout le moins ne voulaient-ils qu'un compromis qui fît place aux professeurs des facultés libres dans les jurys d'examen. Ce compromis fut proposé[1]; c'était le jury mixte. Le jury mixte fut voté. Liberté était donnée aux élèves des facultés libres de se présenter, pour les grades, ou bien devant les facultés de l'État, ou bien devant un jury mixte. Nommé par le Ministre de l'Instruction publique, ce jury se composait partie de professeurs des facultés de l'État, partie de professeurs de la faculté libre à laquelle appartiendraient les candidats[2].

1. Amendement Paris.
2. Cette question de la collation des grades provoqua nombre d'essais de solutions dont quelques-uns ne sortirent pas de l'enceinte de la commission. En voici plusieurs. — Proposition de M. de Guiraud : « La collation des grades n'appartient qu'aux universités, soit libres, soit de l'État. — Les universités seront constituées par une loi, après un rapport en Conseil supérieur de l'Instruction publique. Pour qu'une université puisse être constituée, elle devra comprendre au moins trois facultés. — La constitution d'une université lui conférera en même temps la qualité de personne civile, mais son droit de propriété sera limité, quant aux immeubles, aux édifices destinés à son usage et aux terrains adjacents. » — Amendement Raoul Duval : « Les grades ne pourront être conférés que par le Ministre de l'Instruction publique, sur le vu d'un certificat d'aptitude délivré par un jury nommé par le Ministre dans des formes et conditions qui seront déterminées par un règlement d'administration publique. » — Amendement Bouisson : « Les universités et les facultés libres ne jouiront du droit de conférer les grades qu'après douze ans d'existence et après avis du Conseil supérieur de l'Instruction publique. » — M. Beaussire proposait de remettre la question à une loi spéciale. Un mois après la promulgation de la loi sur la liberté, le Ministre aurait nommé une commission chargée d'étudier la question des grades, laquelle commission aurait été tenue de consulter le Conseil supérieur, les facultés de l'État, les facultés libres, l'Institut, les corps savants. — Quatre ministres différents furent entendus par la commission au cours de ses travaux, de 1872 à 1875. M. Jules Simon se déclara partisan de la liberté de l'enseignement et de la collation des grades par l'État (séance du 6 février 1873). — M. de Fourtou écartait le jury mixte et le jury spécial et acceptait le droit de collation pour les facultés

Le texte adopté en seconde délibération portait : « Les élèves des facultés libres,..... » Toute faculté libre avait donc droit au jury mixte. On vit promptement quels abus pouvaient en résulter. Que quelques répétiteurs de droit se réunissent, et voilà constituée une faculté dont l'objet ne sera pas précisément les hautes études et la science. Sur les observations du Ministre, M. Wallon, on tomba d'accord qu'il fallait d'autres garanties. Au début de ses travaux, la commission s'était demandé s'il n'y avait pas lieu de n'accorder la collation des grades qu'à des établissements formés de plusieurs facultés ; elle avait même un instant adopté le texte que voici : « Les facultés libres pourront conférer les grades à la condition qu'elles fassent partie d'un établissement comprenant au moins une faculté de droit et une faculté des lettres, ou une faculté des sciences et une faculté de médecine, ou une faculté des lettres et une faculté des sciences. » Elle n'eut qu'à revenir à cette idée, et à l'adapter au jury mixte voté par l'Assemblée. Elle proposa donc, et l'Assemblée finit par adopter les dispositions suivantes : Tout établissement formé au moins de trois facultés, la faculté de théologie exceptée, pourrait prendre le nom d'université libre [1]. Les élèves des universités libres auraient seuls droit au jury mixte [2]. Ainsi les

libres, avec des garanties (séance du 5 mai 1874). — M. de Cumont aurait voulu que le groupement des quatre facultés fût nécessaire pour donner droit à la collation des grades (séance du 27 juin 1874). — M. Wallon demanda que le bénéfice du jury mixte ne fût acquis qu'aux groupes de trois facultés lesquels seraient autorisés à prendre le titre d'universités libres (séance du 3 juillet 1875). — *Procès-verbaux des séances de la Commission* ; Archives de la Chambre des députés.

1. Art. 5 de la loi.
2. Art. 13.

universités se trouvaient restaurées d'une façon tout à fait incidente, au profit de l'enseignement libre.

La politique avait fait en grande partie la loi nouvelle. La politique allait promptement la modifier. Nombre de républicains acceptaient sincèrement la liberté ; mais tous, même les plus modérés, s'étaient refusés à la collation des grades. Il y avait là pour eux, au premier chef, question d'État. Aussi n'était-il pas douteux qu'ils s'efforceraient au plus tôt d'exercer la reprise. Elle fut tentée, dès l'année suivante, par le cabinet Dufaure. Le nouveau gouvernement l'avait annoncé dans sa déclaration. Quelques jours plus tard, le Ministre de l'Instruction publique, M. Waddington, déposait un projet de loi ainsi conçu : « Sont abrogées les dispositions des articles 13 et 14 de la loi du 12 juillet 1875. Les élèves des facultés libres peuvent se présenter, pour l'obtention des grades, devant les facultés de l'État, en justifiant qu'ils ont pris dans la faculté dont ils ont suivi les cours, le nombre d'inscriptions voulu par les règlements. » La Chambre l'accepta ; le Sénat n'en voulut pas[1].

Trois ans plus tard, quand les élections eurent modifié le classement des partis et fait passer, sans conteste, le gouvernement aux mains des républicains, la revendication de l'État fut reproduite, et cette fois elle ne se limita pas à la collation des grades, mais s'étendit à tout ce qui, dans la loi de 1875, pouvait paraître emprise sur les droits de l'État. Il fut voté, après d'amples et retentissants

---

1. La majorité qui repoussa le projet fut de cinq voix seulement.

débats, que la collation des grades appartiendrait à l'État seul ; que les élèves des facultés libres seraient astreints aux mêmes règles d'études et de scolarité que ceux des facultés de l'État, qu'ils seraient tenus de se présenter comme eux devant les professeurs de l'État ; que les établissements libres d'enseignement supérieur ne pourraient en aucun cas prendre le nom d'université ; que les certificats d'études qu'on jugerait à propos d'y décerner aux élèves ne pourraient porter les titres de baccalauréat, de licence ou de doctorat ; et enfin qu'aucun établissement d'enseignement libre, aucune association formée en vue de l'enseignement supérieur, ne pourrait être reconnu d'utilité publique qu'en vertu d'une loi[1]. Quant au principe de la liberté de l'enseignement supérieur, il fut intégralement maintenu. On l'affranchit même des restrictions qu'y avait apportées, en matière de cours, la majorité de 1875[2].

---

1. Loi du 18 mars 1880. — Le projet déposé le 1ᵉʳ avril 1879 par M. Jules Ferry contenait un article ainsi libellé : « La loi reconnaît deux espèces d'écoles d'enseignement supérieur : 1° les écoles ou groupes d'écoles fondés ou entretenus par les communes ou par l'État, et qui prennent le nom d'universités, de facultés ou d'écoles publiques ; 2° les écoles fondées ou entretenues par les particuliers ou les associations, et qui ne peuvent pas prendre d'autre nom que celui d'écoles libres. » Cette disposition résolvait d'une façon très simple et très heureuse la question des universités. Elle ne fut pas adoptée par la Commission de la Chambre. Pour quels motifs ? Il parut périlleux « en l'état actuel des choses, d'accorder indistinctement à toutes les communes, aux petites comme aux grandes, à Paris comme à la dernière bourgade, le droit de fonder des établissements qui pourraient prendre dès le jour de leur fondation et de l'ouverture de leurs cours, le titre de facultés et d'universités, et qui favoriseraient ainsi facilement la fraude à la loi qui interdit aux établissements autres que ceux de l'État le droit de prendre ces noms ». (Rapport de M. Spuller.)

2. La loi de 1875 considérait comme réunions publiques, et soumis

Telle fut la loi ; telles en furent les vicissitudes ; quels en ont été les résultats ? Le moment n'est pas encore venu d'apprécier les effets divers, scientifiques, politiques et sociaux, de cette législation. Le recul est insuffisant, et, dans l'air, il flotte encore trop des poussières et des fumées de la bataille. Cependant il est des faits, des faits acquis, qu'il ne sera pas sans intérêt de noter ici, tout au moins comme documents pour l'historien futur.

En 1875, à part quelques libéraux dont l'imagination voyait sortir de la loi nouvelle toute une floraison d'établissements divers, personne ne se dissimulait que la liberté de l'enseignement supérieur ne profiterait guère qu'à l'Église. C'est elle qui l'avait réclamée, au nom des consciences, comme une arme de défense pour la foi menacée. Seule elle avait assez de ressources pour en tirer parti. Elle n'avait d'ailleurs jamais caché ses intentions et ses visées. Dès la fin de l'Empire, ses écrivains disaient ouvertement : « La lutte est engagée contre nous... Il faudra opposer chaire contre chaire, livre contre livre, propagande contre propagande. » « Il est urgent que nous, chrétiens, nous prenions comme tels notre part dans l'enseignement supérieur. Il le faut pour la liberté de l'Église, pour la prospérité de nos écoles, pour le progrès des lettres et des sciences et pour la pacification des esprits[1]. » Et à peine la loi promulguée, le P. Didon posait la

---

comme tels aux formalités de la loi spéciale sur les réunions, les cours dont la publicité n'était pas limitée aux auditeurs régulièrement inscrits. La loi de 1880 n'exigea pour toute espèce de cours que les formalités de la déclaration préalable, avec indication du lieu et de l'objet du cours.

1. Le P. Captier, *Correspondant*, 10 mai 1868.

question en ces termes : « La lutte est ouverte ; le champ clos, c'est le pays; l'arme, les universités; le catholicisme et le positivisme vont se disputer l'âme de la France[1]. » Là était le but, là était l'importance de la loi. Qu'il naquît çà et là quelques institutions laïques d'enseignement supérieur, peu importait; ce ne seraient que des accidents isolés.

De fait, elles ont été peu nombreuses et de minime importance, ces institutions laïques. Un certain nombre de cours, presque tous éphémères, la plupart sans portée doctrinale ou scientifique, répétitions en vue des examens de droit et de médecine; puis une école de notariat à Rennes, une école de droit à Nantes, affiliée comme une succursale à la Faculté de droit de Rennes; une école dentaire, une école de garde-malades et d'ambulancières à Paris; une toute récente école d'ingénieurs à Marseille, s'appuyant sur la Faculté des sciences de l'État; une dizaine de cours d'enseignement populaire à l'Hôtel de Ville de Paris, subventionnés par le Conseil municipal, voilà tout le bilan. Si je n'y inscris ni l'École libre des sciences politiques, si utile et si brillante, ni l'École d'anthropologie, c'est que l'une et l'autre existaient avant la loi de 1875, et que cette loi ne fut pour elles qu'une rectification d'état civil. Un instant les positivistes songèrent à une université organisée suivant la classification des sciences d'Auguste Comte, mathématiques, astronomie, physique, chimie, biologie et sociologie. Mais cet intéressant projet ne franchit pas les pages de la *Revue de Philosophie positive*.

[1]. *L'Enseignement supérieur et les Universités catholiques*, Paris, 1876.

Les metteurs en œuvre, les professeurs n'eussent pas manqué. Plus rares furent sans doute les bailleurs de fonds.

Le vrai produit de la loi, le seul d'ailleurs qu'en espéraient les uns, qu'en redoutaient les autres, ce furent les Universités catholiques. Il en fut créé quatre, à Paris, à Lille, à Lyon et à Angers. Une cinquième, annoncée à Toulouse, en même temps qu'il s'y créait une faculté de droit et une faculté des lettres, ne parvint pas à se constituer faute de la troisième faculté nécessaire. Pour promoteurs, pour fondateurs et pour patrons, elles eurent chacune les archevêques et les évêques d'une ou de plusieurs provinces ecclésiastiques ; celle de Paris, les cinq archevêques de Rouen, de Paris, de Bourges, de Reims et de Besançon, leurs vingt évêques suffragants, plus deux évêques bretons et l'évêque de La Rochelle, tous les trois rebelles aux affinités géographiques qui eussent dû, ce semble, les attirer vers l'Université d'Angers ; celle de Lyon, les archevêques d'Avignon, d'Alger, d'Aix, de Chambéry, de Lyon, et les évêques des deux versants de la Saône et du Rhône. Celle d'Angers, conçue la première, et fixée, par une volonté agissante et impérieuse, dans une ville qui ne parut pas à tout le monde la mieux choisie pour le succès de l'œuvre, ne réussit pas à gagner le concours de tous les prélats de la région ; cinq seulement, les archevêques de Tours et de Rennes, les évêques du Mans, de Laval et de Luçon, s'unirent à l'évêque d'Angers pour la fonder.

D'avance on pouvait compter sur les ressources. Elles affluèrent ; dons, souscriptions, quêtes dans les églises, firent promptement les fonds de premier établissement et les fonds d'entretien[1]. Promptement les bâtiments s'aménagèrent, et promptement s'ouvrirent les établissements. D'après ses statuts provisoires, l'Université de Paris devait avoir cinq facultés, la théologie, le droit, la médecine, les sciences et les lettres. En fait, elle n'en eut que trois, le droit, les sciences et les lettres, c'est-à-dire le nombre nécessaire pour qu'il y eût université, et, avec l'université, le droit au jury mixte. L'Université de Lyon fut conçue d'après le même plan ; trois facultés seulement, les mêmes qu'à Paris, furent ouvertes ; la faculté de médecine est encore à l'état de projet. A Lille, on constitua presque en même temps les quatre facultés classiques, dominées par un collège de théologie. A Angers, on ne songea pas à faire de faculté de médecine, et l'on se contenta des trois facultés de droit, des lettres et des sciences.

Quelle fut l'organisation de ces Universités? Pour le comprendre, il faut se rappeler quel but on poursuivait en les créant. Ce n'était pas la science pour elle-même, c'était la foi. « Ce qu'il nous importe de fonder, écrivait le P. Didon quelques mois après la promulgation de la loi, ce ne sont pas des succursales de l'Université de l'État dirigées par des catholiques ; mais des universités catholiques vraiment dignes de ce nom. Défions-nous des étiquettes mensongères, et ne soyons pas la dupe des mots... L'université catholique ne méritera son nom que le jour où elle ensei-

---

[1]. En 1877, Toulouse accuse 2 112 205 francs de souscriptions. A la même date, Paris établit ainsi son bilan annuel : recettes, 1 034 338 fr. ; dépenses, 726 009 francs.

gnera le savoir humain tel que le comprend la doctrine chrétienne[1]. » De là, tout naturellement, l'autorité mise aux mains de ceux qui, par-dessus tous les fidèles, sont les dépositaires et les gardiens de la doctrine. Les statuts primitifs des quatre universités sont loin d'être quatre exemplaires du même texte. Mais au fond l'esprit en est le même ; les lignes générales en sont semblables. A Paris, le Conseil supérieur de l'Université se compose de tous les archevêques faisant partie de l'association, et d'un évêque pris dans chacune des provinces ou fractions de provinces ecclésiastiques concourant à la fondation et à l'entretien de l'Université. Il a des pouvoirs absolus : il nomme et révoque le recteur, le vice-recteur et les professeurs titulaires de l'Université. « Il veille à ce que l'enseignement de toutes les facultés soit toujours conforme à la doctrine de l'Église et aux décisions du Saint-Siège apostolique. » Enfin, c'est sous l'autorité du Pape qu'il exerce le pouvoir souverain[2]. A Lyon même formule ; l'assemblée générale des prélats fondateurs exerce également « le pouvoir souverain sous l'autorité de Notre Saint-Père le Pape »... Comme à Paris, elle veille à ce que l'enseignement de toutes les facultés soit toujours conforme « à la doctrine de l'Église et aux décisions du Saint-Siège aposto-

---

1. *L'Enseignement supérieur et les Universités catholiques*, p. 144, 145. Paris, 1876.

2. Statuts provisoires de l'Université catholique de Paris, in *Collection de documents relatifs à la fondation et à l'administration de l'Université catholique de Paris*, première série, p. 71, Paris, 1877. — Ces statuts furent modifiés quand la société songea à demander au gouvernement la reconnaissance d'utilité publique. L'article portant que le Conseil exerce son pouvoir sous l'autorité du Pape fut notamment supprimé.

lique ». A Lille, la soumission à l'Église et la subordination à la hiérarchie catholique sont formulées en termes plus complets et plus explicites encore. Avant d'être dans les statuts de l'Université naissante, elles sont énoncées en toutes lettres, pardevant notaire, dans l'acte constitutif de la Société anonyme de laquelle l'Université va sortir : « Le but essentiel de cette Société étant de faire pénétrer dans l'enseignement supérieur les doctrines de l'Église catholique et du Saint-Siège, la Société se soumettra en tout à la direction qui lui sera donnée par Notre Saint-Père le Pape et Nos Seigneurs les évêques, chacun des comparants déclarant d'avance, au nom de la Société, adhérer pleinement et sans distinction à tous les enseignements émanés de la chaire infaillible de Saint-Pierre et se soumettre à tous ses jugements. » Et les statuts universitaires ne sont que la traduction en formules réglementaires de cette foi, de cette adhésion, de cet engagement.

A la tête de l'Université, « un chancelier nommé par le Saint-Siège » est spécialement chargé de la maintenir « dans la soumission, le dévouement et la fidélité ». « Il préside, comme représentant de l'autorité apostolique, au gouvernement de l'Université, sur l'état de laquelle il présentera au Souverain Pontife, au moins tous les trois mois, un rapport détaillé[1]. » Après le Souverain Pontife, l'Université reconnaît pour ses premiers chefs les évêques de la province de Cambrai. — Le chancelier et les évêques nomment à toutes les chaires et à toutes les hautes fonctions de l'Université. — « Les

---

1. *Statuts fondamentaux de l'Université catholique*, article 2, Lille, 1877.

réglements soit généraux, soit particuliers, et notamment ceux qui concernent la direction doctrinale à imprimer aux études, doivent être approuvés par eux avant leur promulgation. Ils pourront de leur commune autorité les rapporter en tout temps ou y faire introduire les modifications jugées nécessaires. »
— « Le recteur de l'Université est nommé par le chancelier et les évêques et confirmé par le Saint-Siège. Il doit être prêtre et docteur en théologie [1]. »

Par là s'explique aussi la confession de foi publique et le serment qu'on demande aux professeurs. La loi veut que tout professeur de faculté libre soit docteur, c'est la garantie de la capacité. Mais l'esprit de l'université catholique exige qu'à la capacité professionnelle, il joigne la foi et la fidélité du croyant; il confessera donc publiquement sa croyance, et publiquement il s'engagera à conformer son enseignement à la doctrine catholique: « Les quatre évêques siégeaient près de l'autel; devant eux, à genoux, étaient rangés les professeurs. Tous ensemble ont récité la confession de foi du pape Pie IV, puis tour à tour et nommément chacun est venu jurer, la main sur l'Évangile, de ne rien enseigner qui soit contraire aux lois et doctrines de l'Église [2]. »

Les fondateurs des Universités de Lille et d'Angers, allèrent plus loin. Ils ne se contentèrent pas de les tenir de la loi française; ils voulurent, sans se demander si la loi française le permettait et sans que le gouvernement d'alors y ait pris garde, les tenir aussi

---

1. *Statuts fondamentaux de l'Université catholique*, articles 3, 9, 11, 18.
2. Inauguration de l'Université catholique d'Angers, *Indépendant de l'Ouest*, 18 novembre 1875.

du Pape. Il leur sembla qu'elles ne seraient vraiment des universités catholiques que si à l'acte civil de leur constitution venait s'ajouter comme un acte de baptême de la puissance ecclésiastique. Elles furent donc l'une et l'autre érigées canoniquement, par lettres apostoliques, comme autrefois les universités du moyen âge. La loi française les avait rendues possibles ; Rome les instituait : « Usant de la plénitude de notre autorité apostolique, nous instituons, érigeons et confirmons une Université catholique à Angers, en France, dans laquelle seront enseignées la sainte théologie, la jurisprudence, la médecine, les lettres et les sciences physiques et naturelles. Nous voulons qu'à cette même Université préside toujours, comme tenant à cet effet la place de Notre personne, un chancelier qui doit être nommé par Nous et par Nos successeurs, et pour cette fois, Nous avons préposé à cette charge par nos lettres en forme de bref, Notre cher Fils Ch.-Em. Freppel, évêque d'Angers,... attribuant à lui et à ses successeurs tous les droits et prééminences attachés à la susdite fonction, et particulièrement la haute inspection sur la discipline et les doctrines à enseigner, ainsi que la faculté de conférer les grades académiques non seulement du baccalauréat et de la licence, mais encore du doctorat, pour toutes les sciences susindiquées, en se conformant aux lois de l'Université et aux décrets de la Sacrée Congrégation des Études [1]. »

1. *L'Univers*, 20 octobre 1877. — L'Université catholique de Lille avait été érigée canoniquement par une bulle du 8 novembre 1876, dont une traduction fut publiée par le *Propagateur du Nord et du Pas-de-Calais* du 21 janvier 1877. — A Paris, sur la proposition de l'archevêque de Bourges, l'assemblée générale des évêques fondateurs,

Quant à l'organisation de l'enseignement lui-même, fatalement les facultés catholiques ne pouvaient guère être qu'une copie ou une réduction des facultés de l'État[1]. Le principal souci de leurs fondateurs était moins d'enseigner les sciences pour elles-mêmes que de les coordonner sous la doctrine de l'Église. Partant les coupures et la distribution des matières importaient peu; l'essentiel, c'était l'esprit. Mais il faut dire aussi que la loi, en imposant à leurs élèves les programmes arrêtés par le Ministre en Conseil supérieur pour tous les aspirants aux grades, rendait impossibles, fort difficiles tout au moins et très onéreuses, les innovations de quelque importance. Dans le droit et dans la médecine, en particulier, la matière et l'ordre des études se trouvaient fixés, année par année, par la matière et l'ordre même des examens. Pour faire autre chose que l'État, il eût fallu faire davantage, puisque tout d'abord il fallait faire la même chose. Par là s'explique le peu de différences que présentent les affiches d'une faculté catholique et d'une faculté officielle.

Il en est cependant quelques-unes qu'il convient de noter, les unes purement scientifiques, les autres

---

séance du 6 octobre 1875, avait exprimé « l'intention de solliciter plus tard en faveur de l'Université l'approbation et l'institution canoniques ». Il ne semble pas qu'on ait donné suite à cette intention. Peut-être disparut-elle quand on forma le projet de demander au gouvernement français la reconnaissance d'utilité publique.

1. L'article 5 de la loi du 12 juillet 1875 porte : « Les établissements d'enseignement supérieur, ouverts conformément à l'article précédent et comprenant au moins le même nombre de professeurs pourvus du grade de docteur que les facultés de l'État qui comptent le moins de chaires, pourront prendre le nom de Faculté libre des lettres, des sciences, de droit, de médecine, etc. » — D'autre part, les établissements libres d'enseignement supérieur constitués en facultés peuvent seuls délivrer des inscriptions valables pour les grades.

doctrinales. Ainsi les facultés catholiques de droit eurent, dès l'origine, des cours de droit des gens, alors que les facultés de l'État, sauf Paris, n'en avaient pas encore. Celle de Lyon eut en outre un cours d'introduction à l'étude du droit; celles de Lille et d'Angers un cours de droit naturel et un cours de droit canon. Je relève encore, à la Faculté de médecine de Lille, entre l'anatomie et les cliniques, un cours d'apologétique chrétienne.

Pour les sciences et pour les lettres, plus grande était, ce semble, la liberté des mouvements, moindre étant la rigidité des programmes de la licence et du doctorat. Les facultés catholiques des sciences et des lettres n'ont été cependant, à très peu de chose près, qu'un décalque des facultés de l'État, sans innovations importantes. Aux sciences, je ne trouve à relever, comme nouveautés, que des conférences sur l'histoire des arts industriels et les sciences agricoles, à Angers [1]; aux lettres, que l'histoire du Christianisme, à Paris; un cours d'éloquence sacrée, en commun avec la théologie, à Lille; des cours de littérature orientale et d'esthétique et histoire de l'art, à Angers. Dans ces deux ordres de facultés, si l'on innova peu, on fut du moins bien inspiré en faisant appel, non pas à des auditeurs de passage, mais à de vrais étudiants : « Ces deux facultés, disait le cardinal Guibert, ne conduisent pas, comme celles de droit et de médecine, à des professions lucratives. En province elles sont souvent désertes; elles le seront chez nous, si nous nous bornons

---

1. Affiches de 1891-1892. Les conférences de sciences agricoles, annoncées sans indication de jour ni d'heure, ont pour objet : la crise agricole, ses causes, ses remèdes.

à copier faiblement la Sorbonne, et le public ne nous pardonnera pas cet échec. Pour ne pas faire moins bien que l'État, pour arriver à faire mieux, il faut faire autrement, il faut renoncer à cet enseignement qui s'adresse aux amateurs, qui s'éternise sur une curiosité littéraire ou sur une particularité scientifique; en un mot, *il faut faire des élèves*[1]. » A Paris, les élèves étaient tout prêts; c'étaient les élèves de l'École des Carmes où depuis longtemps déjà on s'adonnait avec succès aux hautes études profanes; l'école fut incorporée à l'Université naissante; à Angers, l'évêque, M. Freppel, donna comme étudiants réguliers à ses Facultés des lettres et des sciences un certain nombre des élèves de son grand séminaire.

Je l'ai déjà dit, les facultés catholiques sont de date trop récente pour qu'on puisse avancer qu'elles ont pleinement donné leurs effets. Jusqu'ici, à ne considérer que le nombre de leurs élèves, elles n'ont certainement pas répondu aux espérances de leurs fondateurs. Au maximum, ce nombre a été de neuf cent soixante-dix-neuf, ainsi répartis : Paris trois cent trente et un, Angers deux cent sept, Lille trois cent cinquante-deux, Lyon quatre-vingt-neuf; droit six cent cinquante et un, médecine cent cinquante et un, sciences soixante-dix-huit, lettres quatre-vingt-trois, pharmacie seize[2].

1. *Collection de documents relatifs à la fondation et à l'administration de l'Université catholique de Paris*, 1re série, 1875-1876, p. 66.
2. *Statistique des Étudiants*, publiée par le Ministère de l'Instruction publique, 1893. Le nombre total des étudiants des facultés libres en 1891-1892 a été de 1022; pour avoir le contingent exact des facultés catholiques, j'en retranche les 43 élèves de la Faculté de droit de Marseille qui n'a jamais, que je sache, été classée parmi les facultés catholiques.

Ont-elles été enrayées dans leur développement par la loi de 1880 qui supprimait le jury mixte? On pourrait le contester. Dans tous les cas, à la suite de cette loi, les deux Facultés des lettres et des sciences de Paris, désormais superflues puisque le jury spécial pour lequel trois facultés étaient requises n'existait plus, se réduisirent et se fondirent en une École libre des Hautes Études littéraires et scientifiques, et quelques années plus tard, les Facultés de droit et des lettres de Toulouse, dont le succès avait d'ailleurs été médiocre, fermèrent leurs portes. « L'œuvre, disait-on, après avoir langui, en est venue à une telle pénurie d'étudiants que d'un côté la dignité des professeurs, de l'autre le défaut de proportion entre les dépenses à faire et les fruits à recueillir, ne permettaient pas de prolonger plus longtemps des sacrifices stériles[1]. »

Dans les discussions de 1875, on avait comme toujours lorsqu'il s'agit d'une loi de cette nature, beaucoup prophétisé. Comme toujours, de ces prophéties presque toutes ont été vaines. Une seule jusqu'ici paraît avoir contenu quelque vérité, celle que Paul Bert formulait en ces termes : « Il arrivera qu'un jour on apportera dans l'enseignement de l'État des réformes considérables et qu'on changera les conditions de concurrence dans lesquelles se seront fondées les universités nouvelles. En sorte que ces universités auxquelles vous aurez cru donner une longue vie se trouveront peut-être arrêtées — Paul Bert disait tuées — par la concurrence de celles de l'État. »

---

1. *Bulletin de l'Institut catholique de Toulouse*, 1er juillet 1886.

CHAPITRE II

Théorie des Universités.

L'Université considérée comme le but d'une réforme de l'enseignement supérieur. — Rôle intellectuel, économique et social de la science. — Nécessité de mettre l'organe de la science en corrélation avec sa fonction. — Objections de fait, objections de doctrine opposées à la théorie des Universités. Examen de ces objections. — Projet Waddington.

A la liberté de l'enseignement supérieur il fallait une contre-partie, la réforme de l'enseignement supérieur public. Il fallait cette réforme, d'abord parce qu'en elle-même elle était nécessaire, puis parce que la liberté d'ouvrir facultés et écoles de haut enseignement accordée aux particuliers et aux associations mettait en péril les facultés de l'État, dans la langueur et la misère où elles se trouvaient. L'État ne pouvait pas livrer ses propres établissements à la concurrence et ne pas les mettre en situation de la soutenir. Jamais du reste les deux termes n'avaient été séparés dans l'esprit de ceux qui envisageaient tous les intérêts en jeu. Avant comme après 1870, on en avait senti l'intime corrélation.

Instituée pour préparer un projet de loi sur la liberté de l'enseignement supérieur, la commission Guizot s'était trouvée conduite par la force des choses et par le sentiment d'un devoir urgent envers le pays, à élargir son mandat, et, tout en préparant la liberté, à examiner la situation de l'enseignement supérieur public. Elle l'avait déclarée « déplorable[1] », et en face du projet de loi qui lui était demandé, d'elle-même elle avait tracé tout un plan de réformes pour les facultés de l'État[2]. De même en 1875. Orateurs de gauche, orateurs de droite, orateurs du centre, Paul Bert et Jules Ferry, Dupanloup et Laboulaye, tombèrent d'accord qu'il n'était plus possible de différer les réformes, et, comme conclusion, à la loi créant et organisant la liberté de l'enseignement supérieur, l'Assemblée nationale ajouta cet ordre : « Dans le délai d'un an, le gouvernement présentera un projet de loi ayant pour objet d'intro-

---

1. Jamais jugement plus sévère ne fut porté sur l'état de l'enseignement supérieur. Voici en particulier ce que disait J.-B. Dumas : « Il a été reconnu par la majorité des membres de la Commission d'enseignement supérieur, que le système adopté depuis soixante ans dans notre pays pour la discipline de l'enseignement supérieur, constituait une cause permanente de décadence et d'affaiblissement à laquelle il convenait de porter un remède prompt et énergique. » Plusieurs séances furent consacrées à décrire cet état et à chercher des remèdes. Quelques-unes des opinions émises doivent être relevées. Pour J.-B. Dumas, les « causes du marasme » se réduisent en principe à une seule : « la centralisation administrative qui a énervé l'enseignement supérieur. » — M. Boissier déclare : « Il faudrait commencer par supprimer quelques facultés qui ne sont pas viables. L'État ne porterait d'abord ses efforts que sur quelques grandes villes. Pour mieux assurer le succès des réformes, il faut ne les essayer que progressivement. » — Le P. Captier réclame, pour les facultés de l'État l'autonomie financière. « Si elles pouvaient posséder, acquérir et conserver pour elles ce qu'elles auraient acquis, cela pourrait déterminer beaucoup de personnes à faire en leur faveur des donations. » Guizot et Prevost-Paradol voient la cause du mal surtout dans la dispersion et la multiplicité des facultés; le remède dans les grands centres. — Laboulaye demande la liberté du professeur et de l'étudiant. « La réglementation française assoupit toutes les ardeurs. »

2. « Soumettre l'État à une concurrence libre, sérieuse, variée, et en même temps, pour conserver le caractère de la civilisation française, fortifier l'État, en donnant à son enseignement le large développement et le stimulant de la liberté intérieure. » Guizot, *Commission de* 1870.

duire dans l'enseignement supérieur de l'État le[s] améliorations reconnues nécessaires[1]. »

C'était depuis quelques années déjà le vœu press[ant] des savants et de tous ceux qui avaient cons[cience] et souci des plus hauts intérêts du pays. L[e] mouvement d'opinion suscité par M. Duruy s'éta[it] vite accéléré et propagé. Loin d'être arrêté par le[s] événements de 1870, il en avait reçu plus de vitess[e] et d'étendue. Tous ceux qui sous les faits cherche[nt] les causes, et parmi les causes, les plus profondes [et] les plus agissantes, les causes morales, n'hésitaie[nt] pas à dire que la force d'une nation ne réside p[as] seulement dans ses armées, mais aussi dans s[es] écoles savantes, en sorte que le relèvement de not[re] enseignement supérieur, si longtemps délaissé sa[ns] ressources, apparaissait comme un des facteurs [de] notre relèvement national, au même titre que [la] réfection de nos forteresses et de notre matériel [de] guerre[2]. Ainsi avivée par un sentiment patriotiqu[e,] l'idée d'une réforme du haut enseignement s'imposa à tous, aux pouvoirs publics et aux corps enseignant[s].

Elle s'imposait, mais sous quelle forme générale[?] Comme cause principale du mal, la commission d[e] 1870 avait signalé la multiplicité et la dispersio[n] des facultés. Comme principal remède, elle ava[it] proposé la concentration des facultés de diver[s] ordres en un nombre limité de centres. « Que dan[s] quelques-unes des principales villes de l'État, et ave[c] leur concours, il soit organisé un enseignemen[t] supérieur complet, c'est-à-dire réunissant toutes l[es]

---

1. Article 24 de la loi du 12 juillet 1875.
2. V. Ernest Renan, *Questions contemporaines*, Paris, 1876, préfac[e]

facultés avec leurs dépendances nécessaires, de telle sorte que, sans détruire l'unité de la grande Université nationale, ces établissements deviennent, chacun pour leur compte, de puissants foyers d'études, de science et de progrès intellectuel[1]. » En elle-même, l'idée n'était pas nouvelle. Nous l'avons trouvée à l'état naissant dans l'Encyclopédie et chez les philosophes du dix-huitième siècle ; nous l'avons suivie de l'Assemblée constituante à la Législative, de la Législative à la Convention, de la Convention au Directoire, du Directoire à la Restauration, de la Restauration au Gouvernement de Juillet, toujours vaincue par les faits, mais toujours renaissante comme la vérité même. Ce qui était nouveau, c'était de la voir reparaître, en pleins conseils du gouvernement, comme le remède aux insuffisances officiellement constatées et déclarées du système qui l'avait emporté sur elle.

De puissants foyers d'étude et de science, réunissant toutes les facultés, cela s'appelle, en tout pays civilisé, des universités. A partir du moment où la réforme de l'enseignement supérieur fut tenue pour une nécessité publique, la création d'universités en France fut tenue pour le terme où cette réforme devait aboutir. Au début, la chose n'est pas conçue avec autant de netteté et de plénitude que plus tard, mais le mot se présente spontanément et s'impose, aux publicistes, aux orateurs, comme le signe unique, le signe adéquat de l'œuvre à réaliser.

« Il est sage, écrit M. Jules Simon, dès 1872, d'avoir un certain nombre de capitales intellectuelles

---

1. *Procès-verbaux de la Commission.*

où se trouvent réunies, sous la main des jeunes gens, toutes les ressources nécessaires au complet développement de leur esprit[1]. » Et l'année suivante, en présence des Sociétés savantes réunies à la Sorbonne, après avoir esquissé le tableau des lacunes et des misères de l'enseignement supérieur, pour but aux efforts du gouvernement, des professeurs et des savants, il assigne « la formation de ces universités qui nous manquent ». A l'Assemblée nationale, dans la commission de l'enseignement supérieur, chaque fois qu'il est question incidemment de l'organisation à donner aux facultés de l'État, c'est d'universités que l'on parle[2]. A la tribune, Laboulaye déclare « nécessaire qu'il y en ait » et « qu'on n'éparpille pas sur la surface de la France des facultés qui se trouvent stérilisées par leur isolement[3] ». Un autre membre de l'Assemblée, M. A. Desjardins, propose d'en constituer une immédiatement, comme essai, à Nancy, avec d'aussi larges franchises, de plus larges même, que dans les universités allemandes[4]. Un peu plus tard, Paul Bert dépose une proposition de loi pour en organiser sur tout le territoire, en supprimant celles des facultés qu'il jugeait inutiles[5]. A la même

---

1. Circulaire du 10 novembre 1872.
2. Un membre de la droite, M. de Guiraud, proposa entre autres, un article ainsi conçu : « La collation des grades n'appartient qu'aux universités, soit libres, soit de l'État. Les universités sont constituées par une loi, après un rapport au Conseil supérieur de l'Instruction publique. Pour qu'une université puisse être constituée, elle devra comprendre au moins trois facultés. » La question s'étant posée de savoir si les facultés isolées ou seulement les universités pourraient conférer les grades, Jules Ferry proposa de constituer en universités les facultés de l'État.
3. Séance du 4 décembre 1874.
4. V. *Pièces justificatives*, G.
5. Séance du 2 décembre 1873. *Pièces justificatives*, H.

date, au Ministère de l'Instruction publique, les projets sur le chantier sont des projets d'universités. Ce sont des universités que réclament les corps enseignants les plus considérables et les plus autorisés, témoin ce vœu de la Faculté des sciences de Paris, signé d'hommes comme Michel Chasles, Balard, Claude Bernard, Pasteur, Sainte-Claire-Deville et Hermite : « Pour fortifier l'enseignement supérieur et développer la culture des sciences en France, il faudrait créer cinq grandes universités, y compris celle de Paris, et donner à chacun de ces corps l'autonomie ainsi que les ressources de tous genres nécessaires pour en assurer la prospérité. »

Peu à peu l'idée sort des limbes et monte en pleine lumière. Peu à peu il se constitue toute une littérature pour l'exposer, la discuter, la justifier [1]. Des hommes considérables dans l'enseignement, dans la science, dans l'administration, dans la politique, se réunissent pour chercher ensemble les meilleurs moyens de la réaliser [2]. Il se forme, pour

---

1. Nous ne pouvons citer ici tous les articles de journaux et de revue, toutes les brochures, allocutions et discours sur la matière. Voici du moins les travaux les plus importants : Renan, *Questions contemporaines* 1876. L'article sur *l'Instruction supérieure en France*, réimprimé dans ce volume est de 1864. Il marque un commencement. — G. Boissier, *Les réformes de l'enseignement, l'Enseignement supérieur*; Revue des Deux-Mondes, 15 juin 1868. — Michel Bréal, *Quelques mots sur l'instruction publique en France*, 1872; *Excursions pédagogiques* (l'Enseignement supérieur, 1877), 1882. — Gabriel Monod, *De la possibilité d'une réforme de l'Enseignement supérieur*, 1876. — P. Didon, *les Allemands*, 1884. — Albert Dumont, *Notes et Discours*, 1885. — Ernest Lavisse, *Questions d'enseignement national*, 1885; *Études et Étudiants*, 1890. — Berthelot, *Science et philosophie*, 1886. — O. Gréard, *Éducation et Instruction*, t. IV, l'Enseignement supérieur, 1887.

2. Je fais ici allusion à une commission extra-administrative composée de MM. Bréal, Boutmy, Berthelot, Herold, Liouville, du Mesnil,

la servir et la populariser, une société d'avant-garde, la *Société pour l'étude des questions d'enseignement supérieur* [1], qui multiplie les informations et les travaux, suscite les adhésions, enrôle les bonnes volontés, et dont l'œuvre, toujours vivante, marque une date dans cette histoire. Ainsi livrée à la discussion, contestée par les uns, défendue par les autres, étudiée, analysée, l'idée des universités se précise, se nourrit, s'organise, et si l'on veut comprendre les mesures administratives, les règlements de détail, les initiatives individuelles ou collectives qui vont peu à peu changer la face de l'enseignement supérieur, c'est à elle qu'il faut les rapporter ; elle en est le lien secret, le guide et l'unité. C'est d'elle que tout dérive ; c'est vers elle que tout converge. Elle est la cause motrice et la cause finale de la réforme entière.

Quelle vertu semblait-elle donc avoir ? — Une grande vertu, celle d'un organisme pleinement adapté à sa fonction. On l'a vu au cours de cette histoire, pendant trois quarts de siècle, on s'était moins préoccupé du rôle scientifique que du rôle professionnel des facultés. On sait où cette erreur les avait conduites. Avec la République le point de vue change. La science, longtemps suspecte parce qu'elle est liberté, apparaît comme investie d'un

---

Monod, Gaston Paris, Renan et Taine, qui étudia en 1877 la question des Universités. On trouvera ses conclusions aux *Pièces justificatives*, I.

1. Les travaux de la Société (*Revue internationale de l'Enseignement*, dont le directeur est M. F. Dreyfus-Brisac), forment aujourd'hui 29 volumes. C'est le recueil le plus riche sur l'Enseignement supérieur en France et à l'étranger.

triple office, un office intellectuel, un office économique et un office social.

Tout d'abord un office intellectuel. Des œuvres de la troisième République, la plus considérable assurément, avec la réorganisation de l'armée et de la défense nationale, aura été le développement de l'instruction publique, en particulier de l'instruction populaire. La République a voulu des écoles pour tous ; elle en a fait pour tous. Elle s'est portée d'un admirable élan à l'instruction du peuple, comme à son premier devoir et à son premier besoin. L'écueil était d'avoir pour elle une prédilection étroite et exclusive et de la considérer comme un tout se suffisant à soi-même. L'écueil a été évité. Au lieu d'isoler en soi l'enseignement primaire, les hommes d'État de la République ont proclamé sa liaison nécessaire avec l'instruction supérieure. Sans parler d'autres raisons, leur dévouement même à l'enseignement du peuple leur a fait comprendre qu'il ne peut être fécond qu'en relevant de quelque chose de plus haut que lui et en s'y rattachant. Ils se sont rendu compte qu'il est un agent de distribution et non de création, une canalisation et non une source ; que réduit à lui-même, c'est toujours le même fonds qu'il distribue, sans renouvellement, sans développement ; que pour participer aux progrès des connaissances, pour y faire participer la masse de la nation, il lui faut s'alimenter à la source vive des découvertes et des idées nouvelles. Or cette source, c'est surtout l'enseignement supérieur, avec ses hautes écoles, ses laboratoires, ses musées, ses collections, ses bibliothèques, ses ateliers savants. « Fermez les laboratoires et les bibliothèques, arrêtez les recherches originales, et nous retournerons à la scolastique¹. » D'où cette conséquence que dans un système complet d'instruction nationale, l'enseignement supérieur occupe le centre, que tant il vaut, tant vaut le reste, et que tant il débite, tant le reste distribue.

Un second office des sciences, des sciences pures aussi bien que des sciences expérimentales, c'est d'être, à des degrés divers, tantôt directement, tantôt indirectement, des facteurs de richesse. La science est aujourd'hui complètement descendue du ciel sur la terre, et chaque jour elle y donne à tout, à la matière brute et à la matière vivante, des formes et des valeurs nouvelles. Elle ne reste pas confinée dans ses ateliers propres; mais elle a pour tributaires les manufactures, les usines, les champs eux-mêmes. D'invisibles courroies de transmission relient ses laboratoires aux engins du travail moderne, et c'est vraiment à sa force que se mesure dans un pays la force de l'industrie. Une seule de ses découvertes, par exemple celle de la poudre sans fumée, rend nécessaire un nouveau matériel de guerre; une seule de ses découvertes suffit de même à transformer l'armement industriel d'un pays. Dans la lutte économique des peuples, le peuple le plus savant sera le peuple victorieux. Se désintéresser de la science serait se préparer les plus cruels mécomptes, témoin nos producteurs de garance, naguère indifférents aux progrès de la chimie, et brusquement ruinés par les laboratoires allemands. « Ce n'est pas par une vaine ostentation, écrivait, il y a dix ans, M. Berthelot, —

---

1. Berthelot, *Science et philosophie*, *l'Enseignement supérieur et son outillage.*

et il y a dix ans c'était une vérité nécessaire à dire, — que l'Allemagne, cette nation économe et avisée, consacre chaque année des millions à la construction de vastes instituts et de laboratoires ; elle y voit des sources effectives de profit national, des sortes d'usines intellectuelles où l'on poursuit à la fois des travaux de découvertes scientifiques et la formation des élèves qui se consacreront bientôt à l'industrie privée[1]. » Et il concluait en réclamant pour l'enseignement supérieur français un développement, un outillage, des dotations, une organisation indispensables à la prospérité même du pays.

De la science, plus largement distribuée que par le passé, on attendait encore pour le pays d'autres services, ceux-là d'ordre moral et social. Beaucoup, parmi les hommes les plus éclairés du nouveau régime se disaient que par elle s'établirait, d'abord dans l'élite, puis, par infiltration, dans la masse, cet esprit public, conscient, ferme et cohérent, dont ne peuvent se passer la République et la démocratie. Sans faire profession expresse de tel ou tel système, sans prendre délibérément parti dans les controverses des philosophes, d'une manière générale, ils croyaient en la science, en ses méthodes, en son esprit. Ils estimaient que si les doctrines sont en contradiction et en lutte, au-dessus d'elles, la science de qui leur vient ce qu'elles ont de certain, la science qui se prouve et se démontre, est paix comme elle est vérité. Ils pensaient que peu à peu, par elle se répandrait dans le pays un discernement plus exact du vrai et du faux, du réel et du chimérique, du pos-

---

1. Berthelot, *Science et philosophie, l'Enseignement supérieur et son outillage.*

sible et de l'impossible, et que mieux éclairées sur ce qu'elles doivent poursuivre, sur ce qu'elles peuvent atteindre, les volontés deviendraient mieux réglées et mieux disciplinées. Ils comptaient sur la science pour maintenir dans la démocratie ces hautes clartés de l'idéal sans lesquelles elle n'aurait ni grandeur ni honneur[1]. Ils allaient même jusqu'à espérer que de la science finiraient par se dégager des formules nouvelles de l'organisation sociale, auxquelles les esprits jusque-là divisés par les vieilles formules d'autrefois, seraient forcés de se rallier, comme on s'incline, sans résistance, devant la vérité démontrée.

Avec une telle conception du rôle et des services de la science, c'était une obligation de donner à l'enseignement supérieur l'organisme le mieux adapté à ses fonctions, celui d'où il tirerait le plus de force et de fécondité. De nouveau se retrouvaient en présence, comme aux jours de la Révolution, les deux formes qu'il peut recevoir, la forme dispersée et la forme concentrée. Mais ce n'était plus comme alors sur une table à peu près rase; ce n'était plus à l'état purement théorique. De ces deux formes, l'une, réalisée par le Consulat et l'Empire, durait depuis près de trois quarts de siècle, on pouvait la juger à ses fruits, et ces fruits la condamnaient. Elle avait abouti à la séparation, à l'éparpillement, à l'isolement, à la langueur, à la faiblesse. Aucuns même lui reprochaient d'avoir, en séparant ce qui doit être uni, nourri dans le pays la division des

---

1. Cf. Albert Dumont, *Notes et Discours*, passim.

esprits[1]. La réparer, sans la reconstruire, comme une maison endommagée, n'était pas un remède, car la cause du mal résidait moins dans les parties que dans le plan de l'édifice. C'était vraiment sur un autre type qu'il fallait appareiller les matériaux existants et en tailler de nouveaux. Or d'autre type il n'y avait qu'un seul, le type universitaire. Théoriquement, l'université est l'école où se trouvent réunies et coordonnées les différentes parties du savoir, dans l'ordre même qu'assignent à chacune la nature et les lois de l'esprit humain et des choses. Historiquement, c'est un corps voué à l'enseignement et à la recherche savante et comprenant, en des facultés diverses, mais unies, maîtres et étudiants.

En face des résultats du système opposé, la supériorité de la forme universitaire apparaissait évidente, indéniable. On savait chaque jour davantage ce qu'elle avait produit ailleurs, particulièrement en Allemagne, quelle moisson de science elle avait enfantée. Pourquoi en France ne donnerait-elle pas, toutes différences gardées de sol, de race et de génie, des fruits d'une pareille abondance? On connaissait les maux dont on souffrait, dont on dépérissait, la dispersion, la séparation, l'isolement. La forme universitaire n'y substituerait-elle pas précisément le contraire? Ne concentrerait-elle pas les ressources? N'unirait-elle pas les maîtres, les étudiants? Ne

---

1. « L'organisation de notre haut enseignement est vicieuse. Elle produit fatalement la division dans l'ordre intellectuel et par voie de conséquence, dans l'ordre politique et social. Tant que cette organisation ne sera pas réformée, nul progrès, nul essor puissant n'entraînera le pays dans des voies nouvelles et meilleures. » P. Didon, *les Allemands*.

donnerait-elle pas aux facultés une vie à vivre en commun, un but à poursuivre ensemble? N'élèverait-elle pas leurs visées au-dessus du terre-à-terre des connaissances professionnelles ou de la vanité d'un enseignement frivole? Ne leur inspirerait-elle pas un souci plus général de la science et plus d'ardeur à la rechercher? N'était-il pas à espérer que par elle se réaliserait une fois de plus cette loi qui veut que l'intensité de la vie soit en proportion de la variété et de la coordination des organes?

Si l'on envisage la science en elle-même, on voit qu'elle est tout à la fois, comme la vie, multiplicité et unité. Rien de plus dissemblable au premier abord que ses manifestations diverses; mais de même que toutes les lois de la nature se résolvent en des lois de plus en plus générales, si bien que l'esprit est irrésistiblement porté à concevoir au sommet de toutes choses quelques lois universelles desquelles toutes les autres dérivent, de même les sciences en apparence les plus éloignées sont animées d'un même esprit, obéissent aux mêmes règles d'investigation et de preuve, et tendent vers la science, une et multiple comme la pensée et comme le monde pensé.

Même conclusion, si de la théorie on passe à l'histoire. A toute époque, quelques hommes, quelques grandes idées dominent les sciences et en sont les guides et les lumières; au dix-septième siècle, Descartes et le mécanisme; au dix-huitième, Newton et l'attraction; au dix-neuvième, Darwin et l'évolution. Il en résulte que l'enseignement supérieur qui est l'organe de la science doit être comme elle, multiplicité et unité tout ensemble. Multiple, il l'est par ses facultés différentes, par ses enseignements divers, par ses laboratoires distincts; un, il doit l'être, si l'on veut qu'il réalise pleinement sa fonction, par le rapprochement et la coordination, sur plusieurs points du territoire, de tous ces éléments. C'est dire que sa forme organique est l'« Université ».

Ceux qui se firent les promoteurs et les champions de ces idées ne se dissimulèrent pas un seul instant les difficultés de l'entreprise. La foi dans la justesse et l'efficacité de leur conception ne les aveugla pas sur les réalités. Devant eux ils virent les objections et les obstacles. Tout d'abord des faits et des mœurs nées des faits.

Il n'était pas possible de raser la maison et de la reconstruire des fondements au faîte. Il fallait l'élargir et la surélever, en changer l'aménagement et l'ordonnance, tout en la laissant debout et sans exproprier les habitants. Mais ces habitants avaient des habitudes, des traditions; on ne pouvait leur en demander brusquement le sacrifice. Pour les modifier, on compta sur le temps et sur l'action que finissent toujours par exercer les idées justes sur des esprits éclairés et soucieux du bien public. On compta aussi sur les nouveaux venus qu'on prit soin de choisir jeunes et bien dans l'esprit qu'il fallait propager.

Un autre fait, c'était la coexistence, avec les facultés, de grands établissements scientifiques comme le Collège de France et le Muséum, et de grandes écoles spéciales comme l'École normale et l'École polytechnique. Ne continueraient-ils pas d'attirer et de retenir l'élite de la jeunesse, ne laissant aux universités futures que les moins bons, les refusés ? D'autre part, tels avaient été leurs services qu'il ne pouvait venir à la pensée de personne de les supprimer ou de les amoindrir. Certes il y avait là une difficulté, mais pas de celles qui font hésiter et reculer. Tout d'abord elle n'existait qu'à Paris; à Paris même, elle n'existait que pour les sciences et les lettres ; enfin, sur ce double terrain, elle n'était que partielle. Défalcation faite du contingent nécessairement limité des écoles spéciales, il y avait matière assez abondante pour alimenter à Paris et en province plusieurs universités fortes et prospères. Et puis les écoles spéciales n'ont-elles pas pour destination de subvenir aux besoins de certains services publics ? En admettant même qu'elles y subviennent entièrement, ce qui n'est pas, du moins pour l'enseignement public auquel l'École normale ne verse chaque année qu'une quarantaine de recrues quand il en faut des centaines, en dehors d'elles n'y a-t-il pas des milliers d'étudiants ? Et, pour ceux-là, il valait la peine de donner à l'enseignement supérieur l'organisation qu'on jugeait la meilleure. D'ailleurs ne pourrait-on pas espérer que cette coexistence d'établissements de deux sortes, loin d'entraver le progrès scientifique, y contribuerait efficacement par l'échange des services et par une inévitable émulation ? — Donc, dans les faits, pas d'obstacles insurmontables.

S'en trouvait-il davantage dans les idées? Une première objection consistait à dire : En assignant la science pour objet aux universités, et par suite aux facultés, on se trompe sur leur destination véritable. Cette destination c'est de former des avocats, des magistrats, des médecins, des pharmaciens et non des chercheurs de vérité. Sans doute la science pure est nécessaire en tout pays civilisé. Mais pour y pourvoir n'a-t-on pas le Collège de France, le Muséum et les Écoles spéciales, et l'on n'a pas sans doute la prétention de transformer en savants tous les étudiants des facultés. Ce serait une chimère, et si par impossible elle venait à se réaliser, ce serait le pire des résultats sociaux. Que demandent ces jeunes gens, pour la plupart modestes d'origine, modestes de fortune? Un diplôme en vue d'une carrière. Leur ambition ne dépasse pas leur besoin. Ce qu'ils veulent, c'est un gagne-pain; ce qui leur est dû, c'est un apprentissage. Il faut donc rester dans la tradition française; laisser la science aux hautes écoles, et pour les facultés, ne pas rêver autre chose qu'un enseignement professionnel.

La science aux hautes écoles; l'enseignement professionnel aux facultés. Oui, tel avait été jusqu'ici le mot d'ordre; tel naguère M. Duruy l'avait répété, en l'accentuant. Mais là n'était pas la question. Elle était de savoir si ce mot d'ordre n'était pas suranné, s'il répondait encore à l'état présent des choses, s'il pouvait assurer l'avenir, et s'il n'était pas grand temps d'y substituer cet autre : la science au centre même de l'enseignement professionnel. Or il se trouvait que précisément, à ce moment même, la pratique, si longtemps séparée de la théorie, répudiait ce divorce.

La pratique sans la science, c'est l'empirisme, c'est-à-dire le fait brut, sans la raison du fait. De ce legs du passé, on connaissait maintenant l'insuffisance et l'on n'en voulait plus. Depuis quelque temps déjà s'était établie, et chaque jour tendait à devenir plus étroite l'alliance de la théorie et de la pratique, de l'idée et du fait. Claude Bernard venait d'achever la transformation de la médecine en une science expérimentale. Pasteur découvrait les lois des infiniment petits du monde organique et inventait des façons scientifiques de s'opposer à leurs ravages. Le mot d'ordre du présent, le mot d'ordre de l'avenir, il était là, et n'eût-on voulu faire des facultés groupées ou non en universités que des écoles professionnelles, qu'il eût fallu en faire des écoles scientifiques.

Mais on était en droit de vouloir pour elles mieux encore. Pourquoi leur refuser d'être des lieux de recherches savantes ? — Parce qu'elles ne l'avaient guère été jusque-là ? — Mauvaise raison, puisqu'il s'agissait précisément de les transformer et de leur faire donner leurs pleins effets. Sans doute on ne pouvait rêver, et on ne rêvait pas de former autant de savants qu'elles auraient d'étudiants. Mais on se proposait nettement deux choses ; donner à tous les clartés scientifiques sans lesquelles la profession choisie par chacun d'eux serait obscure et empirique ; en même temps, dans la masse, assurer la sélection de l'élite, et pour cette élite organiser le travail scientifique.

Par essence, l'université est encyclopédie. Est-ce à dire que l'étudiant de l'université doive promener son intelligence et son caprice de sujet en sujet, effleurer toutes choses et n'en approfondir aucune ? Pas du tout. Les intelligences encyclopédiques sont une rare, une très rare exception ; la polymathie est une maladie de l'esprit, et le vagabondage intellectuel est un désordre. Aussi n'est-ce ni l'encyclopédisme, ni la polymathie, ni le vagabondage intellectuel que voyaient, au bout de leurs efforts, les partisans des universités. Nul n'a mieux dit que l'un d'eux quel profit on pouvait espérer pour l'étudiant de l'organisation universitaire : « L'université ne donnera pas seulement à chacun la dose de connaissances qui lui est nécessaire ; elle élargira les esprits par le spectacle de son enseignement et par le contact qu'elle établira entre des jeunes gens de vocations diverses. Elle les fortifiera par la méthode même de l'enseignement supérieur ; car l'enseignement supérieur, c'est, en fin de compte, une méthode ; son objet suprême est d'élever les esprits au-dessus des connaissances de détail et de les rendre capables de cette haute dignité qui est la faculté de juger par soi-même et de produire des idées personnelles [1]. »

Pour l'élite, une bonne organisation du travail et de la recherche en commun avec les maîtres, afin d'assurer la tradition des méthodes et la constitution des cadres. Le manque d'organisation du travail, n'avait-ce pas été, n'était-ce pas encore le point faible, le point très faible de notre enseignement supérieur ? Certes, à aucun instant du siècle, les hommes de génie, les grands inventeurs n'avaient fait défaut à la France. Mais si les intuitions du génie sont nécessaires, le labeur patient, obstiné, souvent obscur des metteurs en œuvre, des travailleurs de second, de troisième rang, ne l'est pas moins. Le plus souvent, l'idée de génie n'est qu'une grande indication. Si des équipes d'ouvriers

---

1. Ernest Lavisse, *Universités allemandes et Universités françaises*, in *Questions d'enseignement national*, p. 252.

n'extraient pas morceau par morceau, parcelle par parcelle, les trésors qu'elle contient, ils y demeureront latents.

Que de preuves nous en avons eues en France. Combien de découvertes françaises n'ont pas porté sur notre sol leurs fruits les plus abondants, et nous sont même revenues d'ailleurs avec une marque étrangère! Nous avons eu Burnouf, et c'est à l'école de Bopp, un de ses élèves, que plus tard nous avons appris la grammaire comparée. C'est un savant français qui le premier a fait la synthèse des matières organiques, et ce sont les laboratoires allemands qui ont frappé la monnaie de cette grande découverte. Si Pasteur avait fait ses derniers travaux avant la réorganisation de notre enseignement supérieur et de ses laboratoires, c'est à Berlin, à l'Institut Koch, et non pas à Paris, à l'Institut Pasteur, qu'en serait attachée la gloire. Et cela parce qu'autour de nos grands hommes ne s'étaient pas formés à temps ces cadres de travailleurs qui ne sont pas moins indispensables qu'un bon cadre d'officiers et de sous-officiers pour gagner des batailles.

Faute de cette organisation, que de forces vives s'étaient perdues en France, que de choses ne s'étaient pas faites, que de lacunes restaient à combler dans l'histoire, dans la littérature! Et dans le domaine indéfini des sciences expérimentales, que de travaux apparaissaient comme ne pouvant se faire que par la coordination des efforts, par la collaboration des maîtres et de leurs compagnons.

A l'idée des universités, l'on pouvait faire et l'on faisait une autre objection de doctrine, d'autant plus sérieuse en apparence qu'on prétendait la tirer de la science elle-même, de la loi de son évolution, de son état présent. L'université est, par définition, rapprochement, concentration, fusion. Or la tendance des sciences va juste à l'opposé. Comme tout ce qui évolue, la science débute par l'enveloppement; mais comme tout ce qui évolue, elle progresse par le développement, c'est-à-dire par la distinction de ce qui était confondu, par la séparation de ce qui était mêlé. De la sagesse universelle et chaotique des anciens sont sorties peu à peu les sciences particulières, d'abord les mathématiques, puis la mécanique, puis la physique, plus récemment la chimie, plus récemment encore la biologie; dans chacune de ces provinces nettement limitées se sont dessinés petit à petit des départements, des cantons, qui vont eux-mêmes se subdivisant en compartiments plus étroits, à mesure que s'étend l'investigation et que se précisent les méthodes. Le mot présent de la science, et il semble son mot définitif, n'est pas universalité mais bien spécialité. Donc, vouloir ramasser des enseignements distincts dont la tendance naturelle est la divergence, c'est aller contre la nature des choses, marcher au rebours de l'évolution scientifique et reculer sur le point présent de son développement.

Les universités sont archaïsme, et non pas nouveauté. Là même où il s'en conserve par respect du passé, elles se transforment et se métamorphosent sous l'influence d'une poussée irrésistible. Elles ne sont plus aujourd'hui ces maisons communes où toutes les sciences et tous les enseignements pouvaient tenir à l'aise. Autour, mais en dehors de la maison mère, il s'est formé par scissiparité des établissements distincts, instituts de physique, de chimie, de zoologie, de géologie, de botanique, toute une colonie de maisons dérivées travaillant chacune à part, vaquant chacune à une besogne propre, répondant chacune à un besoin particulier, ayant chacune son indépendance et son individualité, ateliers distincts de spécialités différentes.

Des spécialités, sans aucun doute, il en faut dans la science, comme il en faut dans l'industrie. Le champ est trop vaste pour qu'il ne soit pas divisé, subdivisé. Mais la spécialité n'est pas la séparation ; la distinction n'est pas l'isolement. Plus, au contraire, la science pénètre dans le détail infini des choses, plus sont nécessaires les points de repère et les vues d'ensemble. Le spécialisme seul, exclusif, est une meule terrible qui pulvérise les idées. Il lui faut un correctif, les conceptions générales. La science est intelligence ; l'intelligence est lien. La spécialité étroite qui ne se rattache pas à des idées plus larges, ne saisit qu'un tout petit coin de la réalité, sans le comprendre, parce que le comprendre, ce serait le prendre avec autre chose, c'est-à-dire le relier à l'ensemble ? « On réclame des savants qui pensent », disait naguère un écrivain allemand, effrayé par l'excès et le danger des spécialités dans son pays. « Un professeur a-t-il un cœur, demandait jadis Lessing. Un professeur a-t-il une tête, pourrait-on demander aujourd'hui en voyant combien le sens général de la vie du monde fait défaut à la plupart des sommités de l'enseignement. L'université allemande est une de ces choses qui sont devenues dans le cours des temps juste le contraire de ce qu'elles étaient à l'origine. » Et il concluait : « Ce spécialisme est la malédiction de la science germanique[1]. »

Ce serait la malédiction de toute science, partout où il en viendrait à dominer exclusivement. Tout ce qui vit est un ; tout ce qui évolue l'est également, et c'est ne voir qu'un des effets et qu'une des lois de l'évolution que de considérer seulement les distinctions qui s'établissent par elle. Ces distinctions sont aussi liaisons et unité, non plus liaisons et unité mécaniques, mais liaisons et unité vivantes, c'est-à-dire coordination et subordination. Considérez les embryons. Ce sont des amas de cellules à peu près uniformes ; le progrès de la vie y est marqué par deux mouvements inverses : la distinction des organes et des appareils et, en même temps, leur coordination en vue d'une fin commune. De même dans l'évolution de la science. Toute science particulière qui se constitue, toute spécialité qui s'établit dans une de ces sciences particulières, se rattache à la science générale, contribue pour sa part à la réaliser, comme chaque appareil, chaque organe, chaque partie d'organe, chaque cellule d'un être vivant dépend de la vie qui l'anime et sert à la soutenir.

Là précisément est le propre de l'université : des spécialités subordonnées à une culture générale. Quand on parlait de rapprocher des enseignements divers, de les coordonner, on n'entendait pas que l'étudiant devrait tout apprendre et tout savoir. La tête d'Aristote n'y suffirait plus aujourd'hui, et il n'y a eu qu'un Aristote. On entendait tout simplement que la spécialité doit, pour être intelligence, s'éclairer à de plus hautes lumières. Le spécialiste

---

1. *Rembrandt comme éducateur.*

n'a affaire qu'à un ordre très particulier de faits ; ces faits s'expliquent par des lois; ces lois par d'autres lois plus générales. Penser une spécialité donnée, et non pas simplement la posséder comme un art empirique, c'est savoir de quelles lois plus générales elle dérive, et comment par ces lois elle se relie à l'ensemble.

Le mouvement en faveur des universités naissait donc d'un besoin de rapprochement et d'unité diamétralement opposé au spécialisme à outrance qui sévissait depuis quelques années sur les universités allemandes. Cette simple remarque suffirait à montrer que le but n'était pas une servile imitation de l'Allemagne. Qu'on eût devant les yeux les services d'ordre scientifique et d'ordre national rendus à leur pays par les universités allemandes, que l'on en attendît de semblables pour la France des universités françaises, certainement, et rien de plus naturel, rien de plus légitime. Ce n'est pas patriotisme que de fermer les yeux sur l'expérience d'autrui. Mais, en fin de compte, c'était moins imiter que reprendre. Historiquement, c'est sur le sol de France que sont nées les universités. La plante mère a été, au moyen âge, l'Université de Paris. A la longue, sans doute, après des siècles de fécondité, elle s'était décolorée, étiolée, avait dégénéré, — nous avons vu pourquoi, — mais c'était bien toujours la plante française qu'il s'agissait de ranimer et de faire reverdir. Les fruits donnés ailleurs par des bourgeons autrefois sortis d'elle, montraient que dans une nouvelle atmosphère, elle pouvait fleurir encore. Elle y fleurirait d'autant mieux, que de cette nouvelle atmosphère, le principe actif, le principe vivifiant était lui-même un produit de la France. La raison, la science, la corrélation des sciences, n'est-ce pas Descartes? N'est-ce pas l'Encyclopédie? N'est-ce pas le génie français, essentiellement synthétique et généralisateur? Donc, là encore, rien que de conforme à nos traditions intellectuelles. En même temps, rien que de conforme aux traditions politiques de la République. En remettant à l'ordre du jour la question des universités, que faisait-elle, sinon revenir tout simplement aux projets mêmes de la Révolution, contrecarrés par les hommes et par les événements, mais vraiment nés de sa philosophie, à ces grandes écoles agencées selon la division naturelle des sciences, que Talleyrand et Condorcet voulaient mettre à la place des universités féodales jugées, condamnées et disparues[1].

Sur un seul point, on pouvait sembler contredire à une tradition française. Qui dit universités en France, dit décentralisation scientifique. Or n'est-ce pas un trait de notre pays qu'une forte centralisation des sciences et des lettres à Paris? Sans doute. Mais cette centralisation, de quand datait-elle? De moins d'un siècle. Cent ans plus tôt, on ne s'imaginait pas que le séjour de Paris fût nécessaire au savant, à l'écrivain. Montesquieu ne sortait pas de La Brède pour composer l'*Esprit des Lois*. Qu'au commencement de ce siècle, alors que naissaient des sciences nouvelles, et que chacune d'elles tenait quasi tout entière dans une seule tête, la concentration à Paris, des moyens de travail et des hommes se fût

1. Cf. le premier volume de cet ouvrage, liv. II.

imposée, on n'en disconvenait pas ; mais était-ce encore une nécessité? La période d'incubation n'était-elle pas terminée[1]? Ce qu'elle avait produit ne s'était-il pas propagé, disséminé? Ne devait-il pas y avoir profit pour le pays tout entier à ce qu'il se fît de la science ailleurs qu'à Paris? Quelques universités provinciales, bien placées, bien dotées, bien munies, ne pourraient-elles pas être, comme avait été Paris, des lieux d'ensemencement et de culture scientifiques?

Toutes ces idées, aujourd'hui claires et dépouillées, étaient encore en état de fermentation; déjà cependant la conception centrale et directrice en apparaissait assez nettement pour que, dès 1876, le Ministre de l'Instruction publique, M. Waddington, crût le moment venu de la réaliser. On sait l'injonction de la loi de 1875 : présenter, dans le délai d'un an, un projet introduisant dans l'enseignement supérieur les améliorations reconnues nécessaires. M. Waddington pensa que pour l'améliorer, la vraie méthode était de le reconstituer, et que pour le reconstituer, le meilleur moyen était de le constituer en universités[2].

De ces universités, qui eussent porté le nom d'Universités nationales, pour bien marquer leur rapport commun à l'État et prévenir jusqu'à l'apparence d'un démembrement de l'enseignement supérieur en districts indépendants, M. Waddington ne voulait qu'un petit nombre, sept au plus, dans de grandes villes, riches en ressources, et choisies sur la carte comme les nœuds d'un réseau régulier,

1. Cf. Renan, *Discours aux Sociétés savantes*, 1889.
2. V. *Pièces justificatives*, J.

Paris au centre, et tout autour, à la périphérie, Bordeaux, Montpellier, Lyon, Nancy, Lille et Rennes. C'eût été parfait, si par université M. Waddington eût entendu le corps des facultés d'une même ville. Mais pour lui les universités devaient être moins des corps que des groupes, moins des groupes que des circonscriptions. Prévision et appréhension des résistances locales, souci politique de ne supprimer aucun des établissements existants, même le plus inutile et le moins vivant, ou bien espérance qu'ils finiraient tous par se développer et par vivre, il conservait tout ce qu'il y avait alors de facultés et d'écoles. Sa réforme consistait à les grouper autrement, à superposer aux anciennes académies, subsistant sans modification pour l'enseignement secondaire et pour l'enseignement primaire, des circonscriptions d'enseignement supérieur plus étendues. Ainsi l'Université de Paris eut compris comme noyau les Facultés de Paris, puis comme satellites, à quarante ou cinquante lieues de là, les Facultés de Caen, les petites Écoles de médecine de Caen, de Rouen et de Reims, la Faculté de théologie catholique de Rouen, et jusqu'à l'École préparatoire à l'enseignement supérieur des sciences et des lettres de cette dernière ville. Aux Facultés de Lyon se fussent rattachées, pour former l'Université de Lyon, celles de Grenoble, celles de Clermont, celles de Dijon, et l'École préparatoire de Chambéry. L'Université de Montpellier se fût ramifiée à Toulouse, à Marseille, à Aix, et par delà la Méditerranée, à Alger. En un mot, des facultés métropoles, et des facultés et des écoles suffragantes.

Déjà Paul Bert, quelques années plus tôt, avait

proposé quelque chose d'analogue[1]. Non pas qu'il voulût, des établissements supérieurs, tout conserver, le bon et le mauvais, l'utile et l'inutile. Dans son projet de 1873, il abattait au contraire résolument tout le bois mort, et il proposait des plantations nouvelles sur les coins du sol les mieux aménagés. Mais lui aussi s'était laissé prendre à l'idée que dans quelques régions, sinon dans toutes, on pourrait grouper ensemble et faire vivre d'une vie commune des établissements distants les uns des autres à des centaines de kilomètres. Ses universités eussent été de deux types : les unes, formant corps dans une même ville, Bordeaux et Nantes, les autres formant colonie dans une région : Paris, avec des succursales à Caen, à Lille et à Nancy; Montpellier, avec des détachements à Aix, à Marseille et à Toulouse.

De tels groupements avaient d'abord le tort d'être artificiels et arbitraires — pourquoi Nancy rattaché à Paris plutôt qu'à Lyon? Toulouse à Montpellier plutôt qu'à Bordeaux? — puis le tort plus grand de faire violence à des sentiments fort naturels et fort respectables. Se figure-t-on les Facultés de Grenoble, de Dijon et de Clermont n'ayant plus rien à voir avec les recteurs de Grenoble, de Dijon et de Clermont, et le visage tourné du côté de Lyon? Se figure-t-on encore les Facultés de Toulouse acceptant docilement la suzeraineté de Montpellier? En admettant que le groupement eût pu se faire, c'eût été, à peine fait, tendance intestine à la dislocation. Mais le plus grand défaut de cette modalité était de contredire à l'idée même d'université.

1. V. *Pièces justificatives*, II.

L'université, c'est la vie en commun des maîtres et des élèves. Or, quelle vie commune entre établissements éloignés les uns des autres, inconnus les uns aux autres ? Faire siéger deux fois l'an, dans la même salle, sous la présidence du même chef, des hommes venus des quatre points cardinaux d'une région ne suffit pas pour faire, des établissements qu'ils représentent, les organes d'un même corps, pour les animer d'un même esprit, pour les coordonner vers le même but. Ainsi conçues, ainsi réalisées, les universités n'eussent été qu'une affiche, une affiche trompeuse, et au lieu de principes d'union et de concentration, elles n'eussent recélé que des forces centrifuges.

A la tête de chacune d'elles, eussent été placés deux magistrats, un chancelier et un curateur, un chancelier représentant l'Université, un curateur représentant l'État, tous deux nommés par le pouvoir exécutif, mais investis d'attributions différentes, le chancelier préposé aux œuvres scientifiques et scolaires, le curateur aux actes d'administration et de gestion, assistés chacun d'un conseil, le Conseil de l'Université composé des doyens, des directeurs et de représentants élus des facultés et écoles, le bureau d'administration comprenant le préfet, le maire, le procureur général ou le procureur de la République, le trésorier du département et le directeur des domaines.

Au-dessus de chaque université et les dominant toutes, à Paris, auprès du Ministre, un Conseil central des Universités, pour préparer les projets de règlements d'études, de discipline, d'administration et de comptabilité, juger les plaintes et les réclamations, prononcer les peines disciplinaires, proposer les candidats aux chaires vacantes, dresser le tableau d'avancement et diriger la vie des universités.

Préparé dans l'année qui suivit la loi de 1875, le projet de M. Waddington ne fut pas soumis aux Chambres. La politique en fut cause. Le Ministère du Seize Mai avait d'autres soucis que la régénération de l'enseignement supérieur. Et quand, après cette crise, le pouvoir revint en des mains républicaines, on eut quelque hésitation non sur la fin, mais sur les moyens. On se demanda si, pour une telle réforme d'ensemble, les esprits étaient suffisamment préparés dans les facultés et hors d'elles, si dans un domaine où tout est difficile à manier, la matière et les personnes, on n'allait pas troubler l'air en soulevant de tous côtés les objections, s'il ne valait pas mieux, sans cesser un seul instant d'avoir devant les yeux le but à atteindre, s'y acheminer à pas lents, par étapes successives et réglées, si à tracer d'un seul coup toutes les lignes de l'édifice, alors que pour le monter il manquait encore tant de matériaux, on ne courait pas risque d'en mal assurer les assises, si la méthode la plus sage et la plus sûre n'était pas, par des progrès continus, d'amener petit à petit les choses à ce point que plus tard la loi, au lieu d'édicter les universités sans la garantie d'une preuve expérimentale, n'aurait qu'à les enregistrer et à les consacrer. Cette dernière façon de voir l'emporta, et l'on se mit à l'œuvre sur tous les points à la fois, par le dehors et par le dedans.

CHAPITRE III

Les mises de fonds et les produits.

Les bâtiments. — Les laboratoires. — Les budgets. — Les enseignements nouveaux. — Les dotations. — Le nombre des étudiants.

Disons maintenant aussi brièvement que possible l'œuvre accomplie depuis lors[1]. Tout d'abord les bâtiments.

---

1. Les principaux Ministres de l'Instruction publique sous lesquels cette œuvre s'est accomplie, ont été MM. Jules Simon, Waddington, Wallon, Bardoux, 13 décembre 1877-4 février 1879; Jules Ferry, 4 février 1879-14 novembre 1881, 30 janvier-7 août 1882, 21 février-20 novembre 1883; Paul Bert, 14 novembre 1881-30 janvier 1882; Fallières, 20 novembre 1883-6 avril 1885, 22 février 1889-17 mars 1890; René Goblet, 6 avril 1885-11 décembre 1886; Berthelot, 11 décembre 1886-30 mai 1887; Spuller, 30 mai-12 décembre 1887; Lockroy, 3 avril 1888-22 février 1889; Léon Bourgeois, 17 mars 1890-6 décembre 1892; Ch. Dupuy, 6 décembre 1892-4 avril 1893; Poincaré, 4 avril 1893. A leurs noms je dois joindre ceux de M. A. du Mesnil et Albert Dumont, qui furent directeurs de l'enseignement supérieur, M. A. du Mesnil de 1868 à juillet 1879, Albert Dumont de juillet 1879 à août 1881. Ouvrier de la première heure, M. du Mesnil a la joie et la juste récompense de voir se développer régulièrement l'œuvre à la mise en train de laquelle il a tant contribué. Albert Dumont a été frappé par la mort en pleine tâche, en pleine activité. Un hommage particulier est ici dû à sa mémoire. Je ne pourrais que redire ce que j'ai déjà dit de lui. On ne trouvera donc pas mauvais que je reproduise les paroles que j'ai prononcées, en novembre 1891, lors de l'inauguration de son buste à la Sorbonne.

Messieurs,

« Une place était bien due dans cette nouvelle Sorbonne à l'image d'Albert Dumont, parce que, matériellement et moralement, il a été l'un des fondateurs

On a vu ce qu'ils étaient à la fin du second Empire, partout insuffisants, presque partout misérables. Depuis longtemps on déclarait qu'il fallait les refaire,

de la nouvelle Sorbonne, et, dans tout le vaste édifice, aucune place ne convenait mieux à cette image que cette salle de travail, parce qu'avec son matériel d'études elle dit, d'une façon très simple mais en même temps très expressive, l'œuvre universitaire d'Albert Dumont.

Cette œuvre, pour la bien comprendre, il ne faut pas l'isoler de sa vie, car, dans sa vie, elle a été, non pas un épisode accidentel, mais une phase organique. Peu d'existences ont eu autant d'unité que la sienne, je ne parle pas de cette unité extérieure qui, une fois prise, se fixe et se conserve comme la forme d'un cristal, mais de cette unité interne qui évolue et se développe, et dont les transformations apparentes ne sont que l'épanouissement graduel d'une même raison séminale. Chez Dumont, voici en quelques traits les stades de l'évolution : il débute par l'érudition ; l'érudition l'élève aux idées générales ; les idées générales le poussent à l'action ; l'action l'introduit dans la vie publique, et, du commencement à la fin, son idée motrice et directrice à la fois, c'est l'idée de la science.

Il débute par l'érudition. Vous savez tous avec quel talent et quel succès. Du premier coup, il s'y révèle un maître. Mais ce n'est pour lui qu'un début. L'érudition, c'est le fait, le fait exact, patiemment observé, rigoureusement déterminé ; mais ce n'est que le fait, et, pour lui, le fait n'a de valeur que par son rapport à l'ensemble. La science qui ne va pas au delà n'est pas la vraie science. Elle est à celle-ci ce que l'appareilleur est à l'architecte. Elle taille les matériaux ; elle ne les assemble pas. Sans doute aucun fait n'est indifférent et l'érudit a raison de les rechercher tous ; mais pour achever la science, il faut que de ces mille détails, comme d'un système de vibrations infiniment petites, jaillisse un faisceau de lumière. Après les faits, au-dessus des faits, sortant des faits, les idées générales.

Pour Dumont, l'érudition et l'archéologie ne sont que des auxiliaires des « sciences historiques et sociales, qui se proposent de retrouver et de définir les facultés particulières à chaque peuple, de les classer, d'en montrer le rapport, d'en suivre le développement, d'en comprendre l'harmonie, de découvrir ainsi, par opposition aux lois du monde physique, les lois de la vie morale ».

Dans l'érudit, voilà le penseur. Le penseur à son tour va engendrer l'homme d'action. C'est chose bien remarquable, dans cette nature si riche et si complexe, que ce passage de la science à l'action. Ce qui le pousse, ce n'est pas simplement une ambition légitime, c'est une sorte de génie intérieur. En lui, les idées générales ne sont pas objet de pure contemplation ; immédiatement elles deviennent des impulsions et des forces motrices. Tout jeune encore, il disait : « Je crois que les idées générales mènent forcément au désir de l'action. » Plus tard, en pleine maturité, il écrit que, si les sciences historiques et sociales se proposent de découvrir les lois de la vie morale et de la vie des peuples, ce n'est pas seulement pour les connaître, mais surtout « pour les soumettre à la libre volonté ». Il croit à l'intervention de l'homme dans les choses humaines, et il lui semble que l'homme qui pense est obligé par sa pensée même d'être aussi l'homme qui agit.

Ce besoin d'action qui jaillissait en lui d'une source si pure, il l'eût exercé partout avec une supériorité incontestable. Diplomate, il eût fait un ambassadeur de premier ordre ; politique, il eût été un homme d'État marquant. Il l'exerça là où le cours de sa carrière universitaire le portait naturellement. Ce n'est pas nous qui nous en plaindrons. Faut-il l'en plaindre et regretter les agrandir, les adapter à leur destination. A cet égard, le Gouvernement impérial parlait comme avait parlé le Gouvernement de Juillet. Paroles sans

qu'il n'ait pas eu pour son activité une scène plus vaste et plus en vue? Je ne sais trop, mais il me semble que la direction de l'enseignement supérieur était pour lui le champ le plus enviable, car là précisément, ce qui le poussait à l'action allait se trouver l'objet de son action.

Quel admirable ensemble de qualités natives et acquises il présentait alors, dans la plénitude de sa précoce maturité! Une âme libre, une pensée haute, un esprit juste, une intelligence compréhensive et pénétrante comme un fluide, une volonté souple et fidèle à ses fins, une conscience complète de son devoir, une façon simple et toute naturelle de l'accomplir, une vie intellectuelle d'une rare intensité, une vie morale d'une plus rare élévation, le tout enveloppé d'une gravité quelque peu mélancolique et hautaine, et recélant au centre, comme *un mystère ignoré de la foule*, les tendresses et les bontés du cœur.

L'œuvre qu'il recevait des mains de M. du Mesnil était commencée et bien commencée. Ce n'était plus simplement une nébuleuse diffuse. Des noyaux y étaient déjà visibles. Mais il restait à les consolider, à les accroître, à y multiplier les énergies, à en fixer les lois. C'est à cela que s'appliqua Dumont, sous l'autorité d'un grand ministre de l'Instruction publique, M. Ferry.

On a dit que, dans cette œuvre, il avait pris pour idéal une imitation étroite et servile de l'Allemagne. Rien de plus inexact et rien de plus injuste. Français il était en tout et pour tout, de pensée comme de cœur. Servile imitateur de l'Allemagne, lui l'écrivain charmant, délicat et délié que vous savez, lui qui a écrit sur les différences du génie allemand et du génie français des pages qui resteront, lui qui ne cessait de répéter à ses professeurs : « Nous ne renonçons à rien de ce qui fait l'honneur de notre génie national, ni à la clarté, ni au goût, ni à l'habitude de voir en toute question ce qui est général et humain, ni à l'éloquence qui restera toujours une des parties essentielles de notre enseignement à tous les degrés. Nous ne renonçons à rien. Nous voulons davantage. »

Ce davantage, c'était autant de talent et plus de science. Plus de science, voilà le centre autour duquel se groupent tous les détails de son administration, l'idée qui les éclaire et les explique. Plus de science et, pour cela, des locaux en rapport avec les besoins de la science et non plus ces masures étroites et croulantes où s'était abrité trop longtemps l'enseignement supérieur, un outillage scientifique complet, des laboratoires pour les maîtres, des laboratoires pour les élèves, des bibliothèques, des collections ; autour des amphithéâtres destinés à la parole publique, des salles comme celle-ci, adaptées au travail individuel, des enseignements plus nombreux, des maîtres en possession des méthodes savantes, des élèves, et non plus seulement comme autrefois des auditeurs, désireux de recevoir à leur tour le dépôt de ces méthodes, de nouveaux rapports entre les maîtres et les élèves, une réforme graduelle des études, d'abord la préparation à la licence, puis la préparation à l'agrégation, enfin, comme troisième étape, chez une élite, l'effort personnel, la recherche de la vérité, la création scientifique, « cette vraie marque de la force intellectuelle, » ce but ultime de l'enseignement supérieur. Œuvre considérable, Messieurs, programme complet et tracé d'une main si sûre qu'aujourd'hui encore il n'y a qu'à le suivre.

Je vous ai dit comment pour lui la science aboutissait naturellement à l'action. Mais l'action pour l'action, il n'en voulait pas plus que de la science pour la science. A ses yeux, l'action doit obéir à des fins d'ordre social et actes ; ou plutôt un seul acte, mais illusoire, une première pierre d'une nouvelle Sorbonne idéale, posée avec fracas et demeurée solitaire, oubliée. En disparaissant, l'Empire laissait tout à faire. Voici, en résumé, ce qu'a fait la République.

A Paris, une nouvelle École de pharmacie, avec d'immenses laboratoires de travaux pratiques ; une nouvelle Sorbonne, Faculté des sciences et Faculté des lettres, couvrant une surface décuple de la Sorbonne de Richelieu ; une nouvelle Faculté de médecine, vingt fois plus grande que l'ancienne ; de telles additions à la Faculté de droit que le vieil édifice de Soufflot semblera une annexe de la nouvelle école ;

---

d'ordre moral. De là sa conception des fonctions dernières de l'enseignement supérieur.

Cet homme, qu'à première vue on eût classé tout autrement, était un démocrate. L'était-il d'instinct ou de réflexion ? L'était-il devenu sous l'influence des études historiques ou sous celle de l'âme généreuse et enthousiaste qui a partagé trop peu de temps sa vie ? Peu importe. Il l'était. Mais il l'était à sa façon, c'est-à-dire d'une façon très élevée et très philosophique. Il voyait dans la science et partant dans l'enseignement supérieur qui la crée et la distribue, l'agent le plus actif du progrès de l'esprit public. « La haute culture intellectuelle, — c'est lui qui parle, — n'est pas pour la démocratie un simple ornement,… elle est une condition de vie ou de mort, et on peut dire que toute République qui perdrait un seul instant le sentiment profond des choses supérieures serait bien près ou d'une apathie où les intérêts mesquins détruiraient toute dignité, ou de l'anarchie. En effet, comme le principe même de ce gouvernement est le développement de jour en jour plus grand de toutes les libertés individuelles, il faut que ces milliers de libertés qui sont l'État lui-même, aient toujours en vue l'idéal le plus élevé, pour que tant d'efforts ne s'épuisent pas dans de vulgaires préoccupations, mais marchent d'un courage toujours plus entreprenant vers le progrès qui est la loi même de notre destinée. » Oui, en travaillant pour l'enseignement supérieur, il savait, qu'en fin de compte, il travaillait pour le peuple et il voulait travailler pour lui. Il avait conscience que de cet enseignement s'épandent, tantôt en larges nappes, tantôt en infiltrations invisibles, les clartés et les idées dont une démocratie ne saurait se passer. Et au-dessus encore, il avait conscience que le faite de la plus haute réflexion est « un acte de foi à l'obligation de la justice et du progrès ».

En inaugurant ce buste où un artiste éminent, qui fut son ami et son frère, a reproduit ses traits d'une façon saisissante, il m'a semblé que le plus bel hommage à rendre à sa mémoire était de dire quelle âme avait été la sienne. Il m'a semblé aussi que cette page de philosophie transcrite d'après des caractères authentiquement tracés au dernier cercle de sa pensée, contenait pour tous un enseignement, et qu'à nous, en particulier, elle redisait nos obligations. »

une nouvelle École des Langues orientales ; au Muséum, ce Louvre des sciences naturelles, de nouvelles galeries pour les collections de zoologie, d'anatomie comparée, de paléontologie, d'anthropologie. Il n'y a que le Collège de France qui n'ait pas encore reçu toute l'extension et tous les organes nécessaires à son plein fonctionnement.

En province, semblables métamorphoses. Notons-les, sommairement, ville par ville.

Besançon : Construction d'un observatoire spécialement adapté aux besoins de l'industrie chronométrique.

Bordeaux : Construction d'une faculté de droit, d'une faculté de médecine, d'un observatoire astronomique, et, sous le même toit, d'une faculté des sciences et d'une faculté des lettres.

Caen : Agrandissement des facultés, un étage et deux larges ailes ajoutés au palais de l'ancienne Université.

Clermont : Construction de laboratoires pour la faculté des sciences.

Dijon : Agrandissement des anciens locaux.

Grenoble : Construction d'un palais pour les trois facultés de droit, des sciences et des lettres.

Lille : Construction d'une faculté de médecine, d'une faculté de droit, d'une faculté des lettres, d'instituts distincts pour la physique, la chimie et les sciences naturelles.

Lyon : Construction sur le quai Claude-Bernard d'une vaste cité universitaire, faculté de médecine et faculté des sciences, faculté de droit et faculté des lettres ; création d'un observatoire astronomique.

Montpellier : Agrandissement de la faculté de médecine; construction d'un hôpital à la campagne ; construction d'une clinique ophtalmologique ; installation, très au large, des facultés de droit, des sciences et des lettres dans l'ancien hôpital Saint-Éloi ; création d'instituts de botanique, de sciences physiques et de sciences biologiques.

Nancy : Construction d'un institut de chimie générale, industrielle et agricole ; construction d'un institut d'anatomie et de physiologie.

Poitiers : Construction de trois instituts de physique, de chimie et des sciences naturelles.

Rennes : Construction d'une faculté des sciences.

Toulouse : Construction, coordonnée à l'ancienne faculté de droit, d'une faculté des lettres ; construction d'une faculté des sciences et d'une faculté de médecine accouplées.

En Algérie : Construction des écoles supérieures de droit, des sciences, des lettres et de médecine, et d'un observatoire.

Le bilan des dépenses se soldera par plus d'une centaine de millions, plus de moitié à la charge de l'État, le reste à la charge des villes [1].

Des édifices, des laboratoires, des salles de cours, de conférences, de collections, des bibliothèques, c'est bien ; mais ce n'est rien, c'est une charge inutile, si la dotation n'en est pas suffisante. Pour savoir l'importance d'un service public et en évaluer approximativement les forces, il faut voir quel en est le budget. Pendant trois quarts de siècle, le budget de l'enseignement supérieur était resté bien au-des-

---

1. Voici le relevé des dépenses effectuées ou engagées par les villes.

sous des besoins de la science. Le second Empire, qui l'avait pris à 3 938 656 francs, le laissait en 1870

par les départements et par l'État pour constructions et aménagements de facultés, de 1870 à 1892.

	CONTRIBUTION des VILLES.	CONTRIBUTION de L'ÉTAT.	CONTRIBUTION des DÉPARTEMENTS.
Paris................	24,745,000	37,626,000	105,000
Aix.................	32,000	25,000	»
Marseille............	65,000	40,000	»
Besançon............	193,000	41,000	»
Bordeaux............	3,877,000	1,254,000	»
Caen................	1,015,000	480,000	250,000
Clermont............	117,000	117,000	»
Dijon................	211,000	278,000	30,000
Grenoble............	870,000	269,000	50,000
Lille................	3,652,000	2,004,000	»
Lyon................	5,447,000	2,299,000	»
Montpellier..........	2,317,000	826,000	»
Nancy...............	779,000	1,002,000	160,000
Poitiers.............	445,000	462,000	»
Rennes..............	471,000	516,000	100,000
Toulouse............	1,492,000	880,000	20,000
	45,718,000	48,089,000	715,000

Dans ce tableau ne figure pas la construction d'une faculté des sciences à Marseille, prévue pour 1 853 000 francs à la charge de la Ville, et 1 026 000 francs à la charge de l'État. L'exécution du projet est suspendue depuis 1883 par le fait de la Ville.

A ces dépenses, il convient d'ajouter celles qui sont entièrement à la charge de l'État :

Reconstruction de l'École des Langues orientales vivantes...	991 968
Travaux du Muséum.......................	11 597 825
Matériel scientifique des établissements d'enseignement supérieur.................................	2 800 000

Une loi du 20 juin 1885, votée sur l'initiative de M. Fallières et de M. Berthelot, rapporteur M. Antonin Dubost, a mis à la disposition de l'État les ressources nécessaires pour l'achèvement de la transformation matérielle de l'enseignement supérieur, notamment une somme de 22 000 000 francs pour les dépenses qui incombent à l'État sans la participation des villes. L'agrandissement du Collège de France figurait dans cette prévision pour 9 000 000 de francs. Le projet d'exécution n'a pas encore reçu l'adhésion du Sénat. — Cette caisse vient d'être supprimée par la loi de finances pour 1894.

à 5 852 471. La République l'a porté, surtout à partir de 1877, à 15 356 615 francs, soit, en chiffres ronds, une multiplication par trois. Le chiffre est expressif[1].

Il contient nombre de choses et nombre de progrès. Des créations d'abord, des créations de facultés, une faculté de droit à Bordeaux, une autre à Lyon, une troisième à Montpellier, une faculté de médecine et une école supérieure de pharmacie à Nancy, des facultés mixtes de médecine et de pharmacie à Bordeaux, à Lyon et à Toulouse, des observatoires à Besançon, à Bordeaux, à Lyon, au Pic-du-Midi et au Puy-de-Dôme, le Bureau central météorologique de France et l'Observatoire d'astronomie physique de Meudon. En outre, l'École d'archéologie de Rome, en pendant à l'École d'Athènes, pour l'Italie, comme celle-ci pour l'hellénisme.

Avec ces créations d'organismes complets, il contient des organes nouveaux pour les anciens établissements comme pour les tout récents, des bibliothèques universitaires dans chaque groupe de facultés, des livres dans ces bibliothèques, des col-

---

1. Voici face à face, pour chaque année, de 1870 à 1893, le total des crédits ouverts à l'enseignement supérieur au budget de l'État et le total des recettes produites par les facultés :

ANNÉES.	CRÉDITS OUVERTS.	RECETTES.	ANNÉES.	CRÉDITS OUVERTS.	RECETTES.
1870	5,852,471	3,318,679	1882	14,014.323	3,812,147
1871	6,230,371	3,143,562	1883	14,870,193	3,821,185
1872	6,834,471	4,321,575	1884	15,121,243	3,906,982
1873	6,806.371	4,253,362	1885	15,201,193	3,974,555
1874	7,442,917	4,447,210	1886	15,154,245	3,977,380
1875	7,634,859	4,510,010	1887	14,926,470	4,810,270 B
1876	7,705,886	5,313,660	1888	14,277,415	5,024,093
1877	11,511,536	4,478,980	1889	14,627,295	4,844,237
1878	12,159,968	5,503,687	1890	14,858.279	5,127,190
1879	12,474,568	5,498.635	1891	14,990,956	5,518,610
1880	12,018,268	3,800,220 A	1892	15,911,615	5,875,192
1881	12,844,368	3,777,767	1893	15,356,615	exercice non réglé

A. Suppression du droit d'inscription.
B. Rétablissement de ce droit.

lections de science, d'art et d'archéologie, des laboratoires, et dans ces laboratoires un outillage.

Il contient aussi nombre d'enseignements nouveaux. Pour ne parler que des facultés, elles avaient, en 1870, près de six cent cinquante enseignements; elles en ont aujourd'hui un millier, déduction faite des chaires de théologie catholique, supprimées en 1885 et comprises dans le total de 1870. C'est donc, tout compte fait, un accroissement de trois cent cinquante unités, non pas toutes chaires magistrales, au sens consacré et un peu suranné de ce mot, mais, avec des chaires, des cours complémentaires et des maîtrises de conférences.

Mieux encore que par ces chiffres, le progrès réalisé est mis en saillie par la comparaison d'une même faculté il y a vingt ans et aujourd'hui. Ouvrez les annuaires de 1870 et ceux de 1892. En 1870, à Paris, la Faculté des sciences est ainsi composée : Astronomie physique; astronomie mathématique; algèbre supérieure; géométrie supérieure; calcul différentiel; physique mathématique; physique (deux chaires); mécanique rationnelle; mécanique physique; chimie (deux chaires); minéralogie; géologie; botanique; zoologie (deux chaires); physiologie générale. A la même date, la Faculté des lettres comprend les enseignements suivants : Philosophie; histoire de la philosophie; littérature grecque; éloquence latine; poésie latine; éloquence française; poésie française; littérature étrangère; histoire ancienne; histoire moderne; géographie.

Voici leur situation en 1892. Faculté des sciences : Algèbre supérieure; géométrie supérieure; calcul différentiel et intégral; calcul des probabilités et physique mathématique ; mécanique rationnelle ; astronomie mathématique ; astronomie physique ; mécanique physique et expérimentale ; physique (deux chaires) ; chimie (métaux) ; chimie (métalloïdes) ; chimie organique ; chimie biologique ; minéralogie ; géologie ; botanique ; zoologie (deux chaires) ; physiologie générale ; plus cinq cours complémentaires : évolution des êtres organisés ; physique céleste ; chimie organique ; géographie physique ; analyse chimique ; plus douze maîtrises de conférences, trois pour les mathématiques ; deux pour la physique ; deux pour la chimie ; une pour la minéralogie ; une pour la géologie ; une pour la botanique et deux pour la zoologie.— Faculté des lettres : Philosophie ; histoire de la philosophie ancienne ; histoire de la philosophie moderne ; science de l'éducation ; sanscrit et grammaire comparée ; éloquence grecque ; poésie grecque ; éloquence latine ; poésie latine ; littérature française du moyen âge et histoire de la langue française ; éloquence française ; poésie française ; littératures germaniques ; littératures de l'Europe méridionale ; archéologie ; histoire ancienne ; histoire du moyen âge ; histoire moderne ; histoire contemporaine ; histoire de la Révolution française ; géographie. Plus sept cours complémentaires : Histoire ancienne ; sciences auxiliaires de l'histoire ; histoire économique et coloniale ; paléographie latine ; philologie ; philologie romane ; langue et littérature anglaises ; plus encore douze maîtrises de conférences ; philosophie ; histoire de la philosophie ; pédagogie ; littérature et institutions grecques ; langue et littérature grecques ; langue et littérature latines ; grammaire et philologie ; littérature française ; langue et littérature allemandes ; langue anglaise ; histoire ; géographie.

Plus saisissant encore le contraste, en province, entre les deux époques, entre les deux états. Voici, par exemple, la Faculté des lettres de Lyon en 1870. Elle a en tout cinq enseignements, les enseignements classiques : Philosophie ; histoire ; littérature ancienne ; littérature française ; littératures étrangères. En 1893, elle en a vingt-cinq : Philosophie ; histoire de la philosophie ; science de l'éducation ; égyptologie ; antiquités grecques et latines ; histoire et antiquités du moyen âge ; histoire moderne ; histoire contemporaine ; histoire de l'art ; géographie générale ; géographie physique ; paléographie ; épigraphie ; langue et littérature grecques ; langue et littérature latines ; langue et littérature françaises; langue et littérature du moyen âge ; littérature étrangère; littérature allemande; littérature anglaise; sanscrit et grammaire comparée ; philologie classique.

Dans les facultés de droit, accroissements parallèles : aux chaires traditionnelles de droit romain, de droit civil, de droit criminel, de droit administratif et de procédure, se sont ajoutés l'économie politique, l'histoire du droit, le droit international public et le droit international privé, le droit constitutionnel, la législation financière, la législation industrielle, la législation coloniale, la législation commerciale comparée et le droit maritime. Pour être complet, il faudrait suivre ce mouvement d'ascension dans chaque ordre de faculté, dans chaque établissement, dans les facultés de médecine comme dans les facultés de droit, au Collège de

France qui passe de trente et une chaires à quarante et une, au Muséum, à l'École normale, à l'École des Chartes, à l'École des Langues orientales. Partout les cadres s'enrichissent, et dans ces cadres, là où il est nécessaire, aux professeurs sont donnés les auxiliaires qu'ils n'avaient pas eus jusqu'ici, assistants et servants.

En même temps que se transforme l'état des choses, s'améliore la situation des personnes. Non pas qu'elle ne soit encore inférieure, et sensiblement inférieure, à ce qu'elle est, toutes choses égales d'ailleurs, en Allemagne ou en Angleterre. Non pas qu'elle réponde encore aux mérites et aux services des personnes ; non pas qu'elle ait mathématiquement suivi l'accroissement du prix des choses et la diminution de valeur de l'argent. Telle qu'elle est cependant, elle vaut mieux qu'il y a vingt ans. Un professeur du Collège de France, du Muséum ou de l'École normale, reçoit 10 000 francs ; un professeur de faculté en reçoit, à Paris, de 12 à 15 000 ; en province, de 6 à 11 000.

Le mieux, pour bien montrer les changements survenus, est de placer face à face dans le champ de la vision les budgets d'un même établissement en 1870 et aujourd'hui. Voici les chiffres pour quelques facultés :

Faculté de médecine de Paris :	472 442 fr. —	1 372 000 fr.
Faculté des sciences de Paris :	237 214 —	651 934
Faculté des lettres de Paris :	174 006 —	498 775
Faculté des sciences de Lyon :	54 564 —	225 066
Faculté des lettres de Lyon :	44 945 —	241 472
Faculté des sciences de Bordeaux :	47 654 —	160 841
Faculté des lettres de Bordeaux :	43 289 —	130 878

En face des mises de fonds, voici le rendement, non pas tout le rendement, mais ce qui s'en évalue numériquement.

A la fin de l'Empire, les facultés ne comptaient guère que neuf mille cinq cents élèves, tous juristes, médecins et pharmaciens; on sait que les facultés des lettres et des sciences n'avaient pas encore d'étudiants proprement dits. Aujourd'hui la population des facultés de tout ordre s'élève à vingt-quatre mille trois cent quatre-vingt-dix-sept, y compris les neuf cent quatre-vingt-dix-huit étudiants des facultés libres et mille quatre cent trente-deux étudiants étrangers, régulièrement inscrits. La crue s'est faite progressivement; elle commence à se dessiner vers 1875; depuis lors elle s'accentue chaque année, et dans ces derniers temps, le gain annuel a été environ d'un millier.

Ce phénomène n'est pas propre à la France; on le constate en tout pays civilisé, particulièrement en Allemagne. Le rôle chaque jour plus grand de la science dans la société moderne, les changements survenus dans la distribution de la fortune et de l'aisance, l'accroissement des carrières enseignantes, conséquence normale de la diffusion de l'enseignement, la prime donnée par les lois militaires aux études supérieures, provoquent tout naturellement un plus grand nombre de vocations savantes ou libérales. En Allemagne, le mouvement a été tout aussi sensible qu'en France. Il y avait, en 1880, vingt et un mille cinq cents étudiants dans les universités de l'Empire; il y en a aujourd'hui vingt-neuf mille en chiffres ronds.

Pour savoir exactement à combien monte la clientèle française de l'enseignement supérieur, aux vingt et un mille neuf cent soixante-sept étudiants français des facultés de l'État, défalcation faite de mille quatre cent trente-deux étrangers, il faut joindre non seulement les neuf cent quatre-vingt-dix-huit étudiants des facultés libres, mais aussi les seize cents élèves de l'École normale, de l'École polytechnique, de l'École des Chartes, de l'École des Hautes-Études, de l'École des Langues orientales vivantes et du Muséum. On obtient ainsi un total de vingt-quatre mille cinq cent soixante-cinq, sans compter les élèves ecclésiastiques des grands séminaires. Ce chiffre n'a rien d'excessif. Il y a en France un peu plus de quatre millions et demi d'enfants d'âge scolaire. Sur ce nombre cent soixante-dix mille environ, non compris les élèves des petits séminaires, reçoivent l'enseignement secondaire, soit dans les lycées et collèges de l'État, soit dans les établissements libres. En fixant à huit ans la durée des études secondaires, c'est donc environ vingt et un mille jeunes gens qui sortent annuellement des lycées, collèges et institutions analogues. En fixant à trois ans en moyenne, chiffre inférieur à la réalité, la durée des études supérieures, un peu plus d'un tiers seulement des provenances de l'enseignement secondaire va chaque année à l'enseignement supérieur.

Cette clientèle se répartit ainsi : Écoles spéciales, seize cents; facultés de droit, huit mille sept cent soixante-seize; facultés et écoles de médecine, sept mille sept cent vingt-huit; écoles de pharmacie et facultés mixtes, deux mille six cent cinquante-huit; facultés des sciences, dix-neuf cent trente-trois;

facultés des lettres, trois mille quatre-vingt-dix-neuf. La crue ne s'est donc pas produite dans tous les canaux d'une façon uniforme. Le plus gros gain a été sans contredit celui des facultés des sciences et des facultés des lettres, gain d'autant plus sensible qu'il partait de zéro.

Il n'est pas sans intérêt de placer en regard de cette répartition celle des étudiants allemands. Ils sont, avons-nous dit, au nombre de vingt-neuf mille. Sur ce nombre, cinq mille cinq cents théologiens, sept mille huit cents juristes, huit mille neuf cents médecins et six mille huit cents étudiants des facultés de philosophie correspondant à la fois à nos facultés des sciences et des lettres. C'est donc sur ce point que la différence est la plus grande. Il convient cependant de la réduire à d'exactes proportions. D'une part, dans ces six mille huit cents étudiants en philosophie, sont compris pour seize cents les pharmaciens et les agronomes. Ce contingent défalqué, reste cinq mille deux cents, savoir trois mille historiens, philologues et philosophes, et deux mille mathématiciens, physiciens, chimistes et naturalistes. D'autre part, aux cinq mille étudiants de nos facultés des sciences et des lettres, il convient d'ajouter pour avoir le contingent complet des sciences et des lettres les seize cents élèves des écoles spéciales.

Voici maintenant comment se répartit sur le territoire cette population d'étudiants. — La colonie de beaucoup la plus nombreuse, dix mille, est toujours à Paris. Mais il s'est constitué dans les départements des centres déjà populeux. Ainsi Lyon a dix-huit cents étudiants ; Bordeaux en a dix-neuf cent cinquante ; Montpellier treize cents ; Toulouse treize cents aussi ; Lille mille. Ailleurs les chiffres oscillent entre trois cents et sept cents[1].

Il nous reste à signaler enfin le nombre sans cesse croissant des étrangers inscrits dans les facultés de France. En 1868, cette clientèle particulière était de cinq cents étudiants. Après la guerre de 1870, elle disparut presque entièrement et émigra vers les universités de langue allemande. Peu à peu elle est revenue, elle a grossi, et cette année elle est de quatorze cent trente-deux, ainsi répartis entre les divers ordres d'écoles : Théologie protestante, huit ; droit, trois cent vingt-six ; médecine, huit cent cinquante et un ; sciences, soixante-neuf ; lettres, cent vingt-trois ; pharmacie, cinquante-cinq. Quel meilleur témoignage invoquer du renom conquis, en ces derniers temps, par notre enseignement supérieur.

1. Il est intéressant de noter en regard la population des universités allemandes. En voici la moyenne pour les dernières années :

Berlin	4,600	Breslau	1,300	Griefswald	800
Munich	3,500	Heidelberg	1,150	Königsberg	700
Leipsig	3,100	Fribourg	1,100	Iéna	650
Halle	1,450	Erlangen	1,050	Kiel	600
Wurzbourg	1,400	Marbourg	950	Giessen	550
Tubingen	1,350	Strasbourg	900	Münster	350
Bonn	1,350	Göttingen	800	Rostock	350

CHAPITRE IV

Les transformations internes.

Le système des grades d'État et les études supérieures. — Les grades et la science. — Réformes dans les études de la médecine, du droit, des sciences, des lettres. — Réformes administratives. — La personnalité civile des Facultés. — Les décrets de 1885. — Le Conseil général des Facultés. — Le projet de loi sur les Universités. — Constitution des Corps de Facultés.

Tout ce qui précède, relevés de compte et recensements, n'est que de la statistique. Or, si la statistique enregistre des résultats, elle ne dit pas de quel concours de causes ils sont sortis. Les signes qu'elle emploie sont des signes incomplets, auxquels échappe ce qui, sous les effets, est vie et principe. Les chiffres du précédent chapitre n'exposent donc qu'un aspect, l'aspect externe, des transformations de l'enseignement supérieur. Il faut y joindre une vue sur le dedans et, par delà les résultats, chercher à découvrir la mise en œuvre des moyens et l'action de la vie.

Cette vie nouvelle des facultés, pour la pleinement décrire, il faudrait autant de monographies que de facultés même. Toute vie est en effet individuelle ; elle se réalise dans des organismes distincts, et de l'un à l'autre elle présente des variations irréductibles. En stricte rigueur, il serait donc nécessaire de considérer à part et en soi chaque établissement. Les changements n'ont été les mêmes ni dans les divers ordres de facultés, ni dans les diverses facultés de même ordre. Abstraction faite des différences locales et matérielles, il n'y a pas identité entre les Facultés des lettres de Lyon et de Dijon, entre celles de Bordeaux et de Poitiers. Mais si différentes qu'elles soient les unes des autres, elles ne laissent pas d'avoir en commun certains traits de famille, certains caractères spécifiques, plus ou moins accentués, plus ou moins généraux, qui permettent de parler d'elles au pluriel, avec les distinctions nécessaires de groupes, d'espèces et de genres, sans s'astreindre à les parcourir individuellement l'une après l'autre.

Ce qu'elles étaient il y a vingt ans, nous l'avons dit, et il serait superflu de le redire. Ce qu'elles devaient devenir pour réaliser vraiment ce qui est la fonction de l'enseignement supérieur en tout pays civilisé, nous l'avons dit aussi, et nous ne le redirions pas si là précisément ne se trouvait pas la cause finale et motrice de leur évolution. D'une façon générale, et, sauf exceptions, elles avaient été surtout des écoles professionnelles. Il fallait qu'elles devinssent en même temps des écoles scientifiques. Il fallait que la science, avec tout ce qu'elle implique d'esprit de vérité et de liberté d'esprit, de foi dans les idées et de soumission aux faits, d'idéalisme dans les conceptions et de réalisme dans les méthodes, fût chez elles non plus l'accident, mais l'essentiel; il le fallait à tous égards, et pour ramener à leurs vivantes origines les éducations professionnelles dont elles continueraient d'être chargées, et pour prendre charge, à leur tour et pour leur part, du progrès scientifique. Il y allait vraiment, dans une large mesure, de l'avenir intellectuel du pays, car la force mentale d'une nation dépend moins de l'habileté technique de ses praticiens de tout ordre, ingénieurs, médecins, avocats, officiers, professeurs, que d'une habitude générale de penser, claire et sûre comme la réalité même éclairée par l'esprit.

De la science assignée comme but à leur activité, ne pouvait manquer de leur venir peu à peu beaucoup de ce qui leur faisait défaut : des cadres plus amples, une action plus libre, une vie plus homogène. Théoriquement, en effet, la science suppose et produit trois choses : l'universalité, la liberté et l'unité. Comme rien de ce qui peut être connu ne lui est interdit, rien de ce qui peut être enseigné ne doit être absent de ses écoles. Un homme peut faire école; mais une école savante est une communauté. C'est une communauté nombreuse, dont les membres sont voués aux recherches les plus diverses, rapports des grandeurs, lois du monde physique, lois du monde vivant, lois des sociétés humaines; en même temps c'est une communauté libre, où chacun pense par soi, où nul commandement ne se fait entendre que celui de la raison, où nulle soumission ne se doit et ne se donne qu'à la vérité démontrée; enfin c'est une communauté une, car si le travail s'y divise et s'y diversifie chaque jour davantage, tantôt les infiniment grands, tantôt les infiniment petits, tantôt les abstractions, tantôt les réalités de la vie et de l'histoire, si parfois les tempéraments y sont discordants, au fond les esprits s'y accordent dans la pratique des mêmes méthodes, sous l'action d'une inspiration commune, dans la poursuite d'une vérité au fond indivisible. Du but proposé se déduisait donc, tout naturellement, l'idéal lointain vers lequel devaient s'acheminer les facultés.

Il ne suffisait pas de leur dire, comme naguère M. Duruy à l'École des Hautes-Études en la créant : allez et enseignez. En d'autre temps, en d'autres circonstances, c'eût été peut-être le seul mot d'ordre. Mais il fallait compter avec les faits, et les faits avaient donné aux facultés une structure et des habitudes qu'on ne pouvait modifier qu'à la longue. On n'opérait pas sur une table rase. On n'était pas au lendemain d'une de ces révolutions qui permettent les reconstructions totales sur bases nouvelles, sur plans nouveaux. L'instant avait été manqué sous le Consulat, et depuis lors il ne s'était pas représenté, sauf peut-être immédiatement après la guerre de 1870, mais si fugitif, en de telles conjonctures, au milieu de tant d'autres besoins, qu'il eût été bien difficile de le saisir. On avait donc derrière soi une histoire déjà longue, et devant soi, contre soi, les faits, les habitudes, les opinions, les préjugés, ces produits naturels de l'histoire, ces barrières qu'elle oppose, dans la vie normale des peuples, aux trop brusques changements.

Ici tout se ramenait à un fait primordial : la transformation par le Consulat et l'Empire des anciens grades universitaires en garanties d'État pour l'exercice de certaines professions privilégiées. Le mot grade dit bien ce qu'il doit dire. Les grades sont des degrés, des degrés dans la science, que l'on gravit l'un après l'autre. Tels ils avaient été, à l'origine, dans nos vieilles universités ; tels ils sont restés dans la plupart des universités étrangères. Le Consulat et l'Empire en changèrent le sens et la destination. Ce ne furent plus simplement des preuves d'études et de savoir, mais des preuves de capacité professionnelle. Par suite ils cessèrent d'être coordonnés uniquement à la science pour entrer en relation directe avec l'utilité et les besoins pratiques de la société. Pouvait-il alors en être autrement ? J'ai dit plus haut à quelles nécessités sociales on avait alors obéi. Je n'y reviendrai pas ; je me borne ici à enregistrer le fait, et à constater que ce fait initial, solidifié par le temps, avait donné à l'opinion et aux facultés elles-mêmes de telles idées sur la destination de l'enseignement supérieur, que là se rencontraient à la fois le besoin principal d'une réforme et le principal obstacle à cette réforme.

Des diplômes professionnels, comme terme et sanction des études supérieures, ne peuvent manquer d'imprimer aux établissements chargés d'y préparer un caractère professionnel. Telles avaient été tout le long du siècle, les facultés françaises, celles du moins qui avaient des élèves et dont les parchemins ouvraient l'accès de carrières déterminées. Fatalement et dès le premier jour, elles avaient été induites à tenir pour l'essentiel de leur fonction, pour leur part dans le service public, pour leur obligation envers l'État, la préparation à la médecine, à la chirurgie, à la pharmacie, au barreau, à la magistrature. Fatalement la science ne leur apparaissait pas avec la dignité d'un but désintéressé, mais avec l'aspect utilitaire d'un moyen, et, méconnaissant que plus elle est portée haut, plus l'art et la pratique, qui en tirent leurs règles, sont efficaces et puissants, elles ne prenaient et n'enseignaient d'elle, et encore tardivement, que ce qui leur semblait devoir servir aux initiations professionnelles, s'exposant elles-mêmes, par cet étroit et exclusif souci, à s'immobiliser dans un savoir arriéré et dépassé. Dans le public, même méprise sur le but de l'enseignement supérieur. On le tient non pour une éducation, mais pour un apprentissage. On estime que l'éducation générale se fait et s'achève au lycée; on ne voit dans la faculté qu'une école spéciale comme les autres, vouée à l'enseignement moins d'une science que d'un art; on y envoie les jeunes gens pour y faire qui leur droit, qui leur médecine, et non pour y étudier les sciences en vue du droit ou de la médecine.

De là un certain nombre de conséquences inévitables. Comme les grades sont grades d'État, c'est l'État qui détermine les examens à la suite desquels ils sont conférés, et qui fixe les programmes de ces examens. Comme les grades confèrent des droits et que ces droits ne peuvent être acquis que dans des conditions identiques, examens et programmes sont identiques dans toutes les facultés de même ordre. Dès lors aucune liberté pour le maître, si ce n'est dans la stricte limite des programmes; tant mieux si les matières de son enseignement sont en même temps l'objet de ses recherches personnelles; mais s'il en est autrement, c'est aux exigences du programme qu'il lui faut se plier, c'est à la tyrannie de l'examen qu'il lui faut obéir, dût son enseignement y perdre force, élévation et originalité. Dans toute la France, les mêmes programmes règnent en maîtres, maîtres d'autant plus impérieux que leur désobéir serait compromettre l'intérêt pratique de l'étudiant.

Pour celui-ci, semblable servitude. Si l'enseignement supérieur a vraiment pour fonction, et il a cette fonction, d'apprendre à l'élève à penser par lui-même, à faire lui-même usage des méthodes scientifiques, à se former des choses qu'il étudie des idées qui soient siennes, et non pas à emmagasiner passivement le verbe des maîtres, la condition première de cette activité de l'esprit n'est-elle pas la liberté, la liberté de choisir parmi les enseignements ouverts devant lui ceux qui lui semblent le mieux en rapport avec ses aptitudes et ses goûts, et cela même au prix de tâtonnements, d'erreurs et de recommencements? Après les lisières nécessaires du collège, n'est-ce pas le meilleur, l'unique moyen d'affermir son esprit et de le rendre viril? Cette liberté, il ne l'a pas. Du collège à la faculté, c'est simplement passage d'un couloir dans un autre couloir; la route continue d'être tracée d'avance; d'avance en sont fixées les étapes; d'avance les tournants en sont marqués par des poteaux indicateurs. Impossible de s'égarer. Mais tous ont parcouru le même coin de pays, par la même voie. Avec cette façon de voyager, on fait rarement des découvertes.

Excellent pour assurer à la société une bonne moyenne de praticiens instruits, ce système inflexible de grades d'État a le tort de faire passer tous les esprits par les mêmes filières, de gêner les initiatives et d'imposer à tous, maîtres et élèves, une discipline uniforme peu favorable aux progrès de la science.

Aussi, dès le début, le premier article de la réforme des facultés fut-il la réforme des examens[1]. Mais de quelle façon les réformer? Les transformer du tout au tout, en refaire des preuves d'ordre scientifique, assurant la liberté du maître et de l'élève, *lehr und lernfreiheit*, comme disent les Allemands, et, pour maintenir à la société les garanties de capacité auxquelles elle a droit, établir, comme en d'autres pays, à l'entrée des carrières, des examens d'État, il n'y fallait pas songer. On avait émis cette idée quelques années auparavant, et le peu de faveur rencontré par elle prouvait surabondamment à quel point le système des grades d'État faisait corps avec l'État lui-même, à quel point il était enraciné dans l'opinion et dans les mœurs. D'ailleurs il avait donné à la société française, pendant trois quarts de siècle, des produits d'assez bon aloi pour qu'on hésitât à briser la matrice sur de simples idées théoriques et sur des espérances. Et puis, l'eût-on voulu, que les lois sur la liberté de l'enseignement, aussi bien celle de 1850 que celle de 1875, eussent empêché de le faire. En 1850, on n'avait pas disputé à l'État le droit de conférer les baccalauréats aux élèves des établissements libres, mais à la condition que ce fût à la suite d'examens subis devant les facultés. En 1875, on avait livré bataille sur la collation des grades de l'enseignement supérieur, et l'État ne l'avait emporté qu'en la revendiquant comme un de ses droits inaliénables. Le système, déjà adhérent aux mœurs, se trouvait donc fixé par la loi.

---

1. V. Bréal, *Quelques mots sur l'Instruction publique en France*, 1870; G. Monod, *De la possibilité d'une réforme de l'Enseignement supérieur*, 1876.

Il ne restait dès lors à prendre qu'un parti : introduire dans les grades, et par suite dans les examens qui en déterminent la collation, et dans l'enseignement qui conduit à ces examens, plus de science que par le passé, adapter le vieil organisme à l'état présent des sciences, y susciter une activité dont le libre jeu assurerait par la suite les transformations devenues nécessaires, et, sans supprimer la fonction professionnelle des facultés, l'appareiller à leur fonction scientifique, pour que tout à la fois la préparation professionnelle devînt plus scientifique et que la science ne rencontrât plus un obstacle dans la préparation professionnelle. Cela s'est fait et continue de se faire, lentement, méthodiquement, progressivement, non par grands morceaux, mais à petites touches, suivant une inspiration toujours la même au fond, à travers les changements survenus parmi les hommes.

Avant tout, il fallait que les facultés prissent ce sentiment qu'elles sont des corps vivants et que leur vie, comme toute vie, doit se manifester et se développer du dedans. A vrai dire, elles en avaient été longtemps fort éloignées. Des corps vivants, c'est-à-dire des êtres doués de spontanéité et d'initiative, c'est précisément ce que pendant longtemps on avait redouté et empêché qu'elles fussent. Le second Empire en particulier, les tenant en défiance, les avait tenues en servage, et de façon si étroite, si continue, qu'à part les exceptions individuelles, la passivité semblait devenue leur état général. Or, de tous les états, il n'en pouvait être de pire pour le genre de réformes qu'il s'agissait d'entreprendre. Ce n'étaient pas, en effet, de ces réformes qu'il suffit de décréter et qui, une fois décrétées, s'exécutent comme une consigne. Écrites sur le papier, la lettre n'en est rien. Pour qu'elles deviennent réalité, il faut qu'elles soient devenues esprit, et pour qu'elles soient esprit, il faut qu'il y ait foi chez ceux qui les appliquent. Il eût été chimérique de demander aux facultés une action en laquelle elles n'auraient pas cru. Le plus urgent, l'essentiel, la condition de tout le reste, était donc de leur inspirer, avec un sens exact de leur destination, foi dans leurs forces, foi dans leur œuvre. L'instant était propice. D'elles-mêmes, après la guerre, était sorti le cri de réforme. Si chez quelques-unes, l'empire des vieilles habitudes, tournées en nature, faisait obstacle, chez d'autres on sentait vivement la nécessité d'une transformation, et chez toutes l'ardeur des jeunes recrues, au courant de la science et bien informées des choses de l'étranger, secouait les torpeurs ou redoublait les zèles. C'étaient là des dispositions précieuses qu'il fallait fortifier, confirmer et fixer par le choix des personnes et par la façon d'administrer.

Du choix des personnes, nous n'avons rien à dire. De la méthode administrative, nous dirons simplement que pour produire des effets, il était nécessaire qu'elle fût le renversement des pratiques antérieures. La méthode d'autorité était jugée à ses résultats. Il était temps d'y substituer la liberté. Les facultés sont des établissements d'État. Par suite, l'État a sur elles des droits nécessaires. Mais ces établissements d'État ont ce caractère tout particulier d'être des établissements d'ordre intellectuel, des établissements scientifiques. A ce titre, ils doivent avoir, pour les choses d'ordre intellectuel et d'ordre scientifique, la liberté, qui est le privilège de l'esprit et la condition de la science. Nous avons dit plus haut quelles limites infranchissables imposaient à cette liberté la nature de nos grades et le mode de les conférer, et par suite de quelles circonstances et de quels faits il n'était pas possible, une fois un professeur investi d'un enseignement, de lui dire simplement : enseignez ce que vous savez, sans autre souci que le bien des études et le progrès de votre science. A tout le moins, dans ces limites, fallait-il supprimer tous autres asservissements et, sur les questions d'études et de science, donner la parole aux facultés.

Ainsi fut fait. A partir de ce moment le professeur devint maître de son cours, sous la seule réserve de ce qu'exigent les grades ; plus d'obligation d'envoyer chaque année son programme à Paris ; plus d'injonction d'avoir à le suivre à la lettre tel qu'il avait été approuvé ou corrigé par le ministre. En même temps les facultés devinrent en fait maîtresses des règlements d'études, non pas que le droit de les décréter fût passé en leurs mains de celles du ministre responsable ; mais à partir de ce moment, les ministres, tous les ministres, s'imposèrent comme règle de ne rien décider en ces matières sans les avoir auparavant consultées et de ne tenir pour immédiatement réalisable que ce qu'elles auraient librement demandé ou accepté. « Ni les arrêtés, ni les décrets, disait Albert Dumont, ne feront faire à l'enseignement supérieur de véritables progrès ; ces progrès se feront par les changements qui s'opéreront dans les idées ; la discussion seule rendra ces changements sérieux. Il faut que les corps se sentent responsables, qu'ils aient confiance dans leur autorité, qu'ils sachent dire ce qu'ils veulent et pourquoi ils le veulent; qu'ils se critiquent; qu'ils s'apprécient; qu'il se forme ainsi un esprit d'activité et de progrès et que cet esprit soit assez fort pour obliger l'administration à le suivre[1]. » Tout ce que nous allons dire sort de cette méthode. Nombreuses et diverses ont été sans doute les initiatives individuelles; elles fussent restées impuissantes si entre elles et les corps enseignants il n'y eût pas eu harmonie tantôt préétablie, tantôt consécutive. Voyons maintenant, dans chaque ordre d'études, les effets de la méthode.

D'abord dans la médecine. — Il ne s'y était fait rien de considérable depuis la Révolution. On en était toujours aux règlements de la Convention et du Consulat. Excellents au temps où ils furent édictés, ces règlements n'étaient plus en accord avec l'état de la science. Par eux s'était opérée, dans les études médicales, une transformation profonde et féconde, la clinique substituée à l'empirisme, l'observation des faits à la tradition par la bouche ou le livre. Mais depuis lors il s'était accompli dans la façon d'envisager et de traiter les phénomènes de la nature vivante une autre révolution, d'une tout autre profondeur et d'une tout autre fécondité. Longtemps on avait considéré les phénomènes de la vie comme irréductibles à ceux de la nature morte; d'où l'on concluait qu'ils échappent aux méthodes actives de l'expérimentation et que le seul moyen de les connaître est de les observer. Peu à peu, à cette conception

---

1. *Notes et Discours*, p. 153.

s'était substituée cette autre : d'abord que tous les ordres de phénomènes sont corrélatifs les uns des autres, puisqu'ils sont au fond, sous des formes sensiblement différentes, identiques les uns aux autres. D'où cette conséquence qu'ils relèvent tous des mêmes méthodes, et que les lois s'en découvrent par les mêmes procédés. Appliquée à la médecine, cette conception tendait à la transformer de science d'observation en science expérimentale. C'est ce que Claude Bernard formulait à peu près ainsi : Pour être une science positive, il faut que la médecine soit une science expérimentale. Il ne suffit pas qu'elle découvre par l'observation les caractères des phénomènes morbides, il faut qu'elle en détermine, par l'expérience, les antécédents et les lois. Il ne suffit pas qu'elle constate empiriquement que telle ou telle substance agit, en médicament, sur l'organisme; il faut qu'elle détermine, toujours par l'expérience, le lieu, le mode et le degré de cette action. Ainsi la médecine se reliait au vaste ensemble, toujours grandissant, des sciences physico-chimiques, et devenait théoriquement une application de ces sciences à l'art de guérir les maladies ou de les prévenir. Bientôt les découvertes de la microbiologie allaient confirmer ces vues et les étendre à l'infini.

Par là, se transformer devenait, pour l'enseignement médical, question de vie ou de mort. Sans doute, les méthodes d'observation inaugurées et développées avec tant de succès au cours du siècle ne se trouvaient pas annulées et éliminées. L'antisepsie et l'asepsie ont beau simplifier et enhardir les procédés opératoires, elles ne dispensent pas d'apprendre l'anatomie; de même, quelques progrès que réalise la thérapeutique des virus atténués, elle ne supprimera pas les bonnes et vieilles façons de constater les symptômes. Mais à l'observation il fallait joindre l'expérience; à l'art médical, la science médicale entendue comme science positive, et cela c'était toute une révolution dans l'enseignement, dans les habitudes, dans l'outillage.

Cette révolution s'est faite ou s'accomplit. Il y a vingt ans, une faculté de médecine, c'était, avec des auditoires pour les cours, des salles de dissection et d'opération sur le cadavre et des salles de cliniques dans les hôpitaux. Aujourd'hui c'est, avec tout cela, presque dans chaque service, des laboratoires de physique, de chimie et de bactériologie. Le scalpel, le bistouri et le forceps ne sont plus les seuls instruments familiers à l'étudiant; il lui faut se servir aussi du microscope, de la cornue et de l'étuve à cultures. L'objet de ses études particulières est resté le même; mais il le trouve partout enveloppé de science, et pour le bien connaître, il lui faut l'aborder avec les appareils et les procédés de la science.

Une première réforme des études médicales fut faite il y a quinze ans[1]. Elle s'inspirait déjà, sans y mettre toutefois autant de précision qu'en ont permis depuis lors les progrès de la science en ce laps de temps, des principes généraux ci-dessus énoncés. Elle visait à deux choses : assurer chez les étudiants les connaissances générales de physique, de chimie et de sciences naturelles indispensables à l'intelligence de la médecine scientifiquement conçue, et qu'ils n'emportaient pas de l'enseignement secon-

---

1. Décret du 20 juin 1878.

daire; en même temps, doubler partout la théorie de la pratique. De là deux ordres de dispositions. A l'époque où furent faits les règlements de la Convention et du Consulat, les sciences physiques et chimiques naissaient à peine; dans tous les cas, leurs rapports avec les sciences biologiques étaient à peine entrevus. Aussi n'eurent-elles pas dans les écoles de médecine une place nettement déterminée. Cette place, on la leur faisait à l'entrée même des études, avant les études médicales proprement dites, dont elles devenaient ainsi la préparation nécessaire. Pour justifier leur présence dans les facultés de médecine, on les qualifiait de physique médicale, de chimie médicale et d'histoire naturelle médicale. Mais elles n'avaient et ne pouvaient avoir de médical que le nom, puisqu'elles précédaient l'anatomie, la physiologie et les cliniques, et qu'elles devaient servir à entendre les choses propres de la médecine d'une façon plus scientifique. En même temps, on étendait le champ des travaux pratiques. Longtemps bornés à l'anatomie et à la médecine opératoire, ils devaient désormais comprendre en outre la physique, la chimie, l'histoire naturelle, l'histologie et l'anatomie pathologique, de telle façon que la théorie fût partout doublée de l'expérience, et que l'étudiant pût s'initier aux méthodes scientifiques en faisant œuvre de ses mains.

Excellente en ses tendances, cette réforme avait de graves défauts. Entreprise pour renforcer la science dans les facultés de médecine, elle eût abouti fatalement à l'y affaiblir. En effet, ramassé dans la première année, avant les études médicales proprement dites, l'enseignement des sciences physiques, chimiques et naturelles préparait à ces études, mais ne faisait pas corps avec elles. S'il faut que l'étudiant qui aborde la médecine ne soit pas étranger aux généralités et à une certaine pratique des sciences de la nature, c'est un travail en partie stérile si plus tard ne s'y joignent d'une façon continue les applications de ces sciences à l'art de guérir. Or, avec les règlements de 1878, tout enseignement de la physique, de la chimie, de la zoologie et de la botanique se terminait à la première année; si bien, que les facultés de médecine s'appliquaient à se préparer des élèves par un enseignement général qui n'est pas de leur ressort, et qu'à peine cette préparation terminée, elles étaient condamnées à n'en pas tirer parti.

Il vient d'être porté remède à cette contradiction. Désormais nul ne commencera les études médicales sans un stage scientifique; mais ce stage se fera en son lieu naturel, à la faculté des sciences, et non plus à la faculté de médecine. A chacune son objet normal : à la faculté des sciences, l'enseignement en ce qu'il a de général; à la faculté de médecine, l'enseignement et la pratique des applications. De la sorte, en passant de la faculté des sciences à la faculté de médecine, l'étudiant arrivera pourvu du bagage scientifique nécessaire; il sera mis immédiatement aux choses de la médecine, et il ne les quittera plus, y trouvant toujours et partout associées les applications des sciences physiques, chimiques et naturelles [1].

Les sciences de la nature ont parfois des montées

[1]. Décret du 25 juillet 1893.

irrésistibles ; plus lents sont d'ordinaire les progrès des sciences morales et historiques, plus longuement disputées sont leurs conquêtes. Cela tient-il à moins d'assurance dans leurs méthodes, à plus de complexité dans leurs objets, au mélange confus et résistant d'idées et de volontés, de passions et d'intérêts qu'elles rencontrent devant elles? Il n'importe ici. Le fait est certain, et ce fait explique en grande partie comment dans les facultés de droit le mouvement de réformes a été jusqu'en ces derniers temps moins rapide et moins général. Professionnellement elles sont des écoles de droit. Le droit, c'est la loi écrite. Partant, leur tâche est d'apprendre à interpréter la loi. Il en résulte que leur méthode est déductive. Les articles du code sont autant de théorèmes dont il s'agit de montrer la liaison et de tirer les conséquences. Le juriste pur est un géomètre ; l'éducation purement juridique est purement dialectique. La grande affaire du magistrat ou de l'avocat est de débrouiller le lacis des affaires et d'en rattacher les éléments à telles ou telles des règles posées par les lois. C'est la résolution d'un problème. Mais scientifiquement d'autres questions se posent. Cette loi écrite, qu'est-elle et que doit-elle être ? Elle n'a pas toujours existé ; elle s'est modifiée ; elle n'est pas la même dans tous les pays. Quels sont donc ses principes et quelle doit être sa fin ? Quel est son mode de vie ? Quels sont ses rapports avec les conditions changeantes des sociétés ? Quelle influence exercent sur elle l'histoire et les milieux ? Autant de problèmes parmi de plus nombreux encore, devant lesquels la géométrie juridique est impuissante et qui appellent l'intervention de la philosophie et de l'histoire.

De ces deux ordres de questions, si distincts, si tranchés, longtemps les facultés de droit ne connurent et ne voulurent connaître que le premier. C'était la faute de leurs origines. On les avait faites pour enseigner l'interprétation des lois ; elles l'enseignaient avec une précision et une rigueur souvent admirables, vouées à cette tâche comme à un culte, mais par là même enfermées dans leur méthode comme dans des rites, et en défiance contre les nouveautés et les hardiesses de la critique et de l'histoire. Longtemps elles ne connurent d'autre objet que les codes, y ramenant tout, y faisant tout converger, le droit romain lui-même, cette chose qui fut vivante et où elles furent si longtemps à ne voir qu'une bonne gymnastique pour l'esprit. Il est vrai que la plupart des gouvernements, en particulier ceux de la Restauration et de l'Empire, peu soucieux de l'étude philosophique et historique des lois, ne les incitaient guère à élargir et à hausser leurs travaux. Seul, le Gouvernement de Juillet avait plus d'ambition pour elles ; et sans la Révolution de Février, il leur eût demandé des services plus variés et plus hauts.

Aujourd'hui les choses n'en sont plus là. Sous la double influence des sciences historiques et d'un régime de liberté où tout problème se pose et se discute, peu à peu les facultés de droit se sont ouvertes à d'autres objets et à d'autres méthodes. L'interprétation des codes reste une de leurs affaires, mais ce n'est plus la seule; la méthode juridique y demeure en honneur, mais sans être exclusive ; elles n'enseignent plus seulement pour le prétoire et pour la barre, mais aussi pour la science et pour la vie sociale.

Cette transformation, encore en cours, ne s'est pas faite brusquement et d'un seul coup, mais graduellement, à mesure que les esprits se rendaient à des idées nouvelles. On pourrait la suivre pas à pas dans les règlements de la licence et du doctorat[1]. Un premier progrès fut l'introduction de l'économie politique dans toutes les facultés; auparavant, elle n'était enseignée qu'à Paris. Avec elle y entraient les faits et, avec les faits, les méthodes inductives. Bientôt après y pénétra plus largement la méthode historique avec le droit constitutionnel, obligatoire au doctorat, et l'histoire du droit français, obligatoire à la licence et au doctorat. Quelques années plus tard, les enseignements de droit public et d'économie sociale, jusque-là si restreints, se développent et se multiplient; aux vieux enseignements classiques, le droit civil, le droit criminel, le droit commercial, le droit administratif et la procédure, s'ajoutent les éléments du droit constitutionnel, le droit international public, le droit maritime, la législation financière, la législation industrielle, la législation commerciale comparée et la législation coloniale, matières nombreuses, trop longtemps absentes des facultés de droit, trop nombreuses sans doute pour être enseignées à tous les étudiants, mais entre lesquelles, par une innovation heureuse, on leur donnait la liberté de choisir suivant leurs aptitudes et leurs vues d'avenir.

Tout cela, sans doute, est encore plutôt à l'état de mélange qu'à l'état de combinaison. L'essentiel, pour le moment, c'est que de béantes lacunes aient été

1. Décrets du 28 décembre 1878, du 28 décembre 1880 et du 28 juillet 1889.

comblées. Du reste, en se développant, ces germes trouveront d'eux-mêmes, comme tous les germes destinés à vivre, l'organisation la meilleure. Peut-être est-ce moins dans le sens de la fusion qu'ils s'organiseront que dans celui de la distinction. De tout temps, les facultés de droit ont soutenu que leur science était une. Elles ont raison. Mais toute unité, sauf l'unité abstraite, est l'unité d'une pluralité. Les méthodes ont leurs exigences, et pour produire des résultats vraiment scientifiques, il faut qu'elles soient rigoureuses et pures d'alliage. Or la méthode déductive n'est pas la méthode inductive ; celle-ci elle-même admet des différences, sinon dans la façon de conclure, du moins dans les procédés de traiter les faits, selon qu'il s'agit du passé et selon qu'il s'agit du présent. Aucune théorie préconçue ne saurait prévaloir contre ces forces internes, et il se pourrait qu'un jour ou l'autre les facultés de droit, devenues, comme l'avait rêvé la Convention, des écoles de sciences morales, sociales et politiques, investies par là d'une plus complexe unité, admissent dans le classement de leurs objets divers de ces distinctions qu'imposent la division même du travail et la distinction des méthodes.

Dans les lettres et dans les sciences, le problème ne différait pas au fond ; mais il se posait dans le vide. Ces facultés n'avaient pas d'étudiants, ou elles n'en avaient que de rares et d'incertains. Aussi, pour les vivifier, fallait-il tout d'abord les peupler. On l'avait tenté plusieurs fois, mais toujours sans succès. On avait cherché à leur amener, de gré ou de force, les étudiants en droit et les étudiants en médecine ; mais ils s'étaient montrés récalcitrants. A tout prendre mieux valaient ces échecs. Ce n'eût pas été une bonne clientèle pour les facultés des lettres et des sciences que ces clients d'emprunt ; ils eussent fait d'elles une remorque, alors qu'elles peuvent et doivent marcher d'elles-mêmes. Pour cela il leur fallait des étudiants à elles, bien à elles, voyant dans ce qu'elles enseignent un but et non un accessoire. Ces étudiants-là, étudiants en lettres, étudiants en sciences, espèces toutes nouvelles, naguère encore inconnues et même réputées impossibles, ils existent maintenant, et leur apparition a marqué la métamorphose de ces deux ordres de facultés.

Métamorphose est le mot propre. Il y a eu changement de formes organiques, et avec ce changement, changement dans les fonctions, changement dans les produits. L'ancienne langueur, l'ancienne stérilité de ces facultés tenaient en grande partie à l'incertitude de leur destination. Étaient-ce des écoles ? Étaient-ce des Athénées ? Tant que subsistait ce doute, elles ne pouvaient qu'osciller entre le vide et la frivolité. Mais il n'était pas douteux qu'elles se fixeraient le jour où elles adopteraient franchement la science et s'orienteraient vers elle. Il n'était pas douteux non plus que le jour où elles se déclareraient prêtes à devenir des écoles, où elles feraient résolument œuvre professionnelle, ce jour-là s'achemineraient vers elles tous ces jeunes gens pour qui des études scientifiques sont une vocation ou une nécessité de carrière, et que ne peuvent tous contenir les écoles spéciales, aux surfaces limitées.

De fait, ils sont venus, et chaque année en plus grand nombre. Tout d'abord les apprentis professeurs.

L'École normale a été mise au monde pour les former. Mais elle ne peut les former tous. Elle ne reçoit par an qu'une quarantaine d'élèves, et, par an, il faut des centaines de recrues à l'enseignement secondaire. La masse était donc à l'abandon. M. Duruy avait voulu l'en tirer en transformant les facultés des départements en écoles normales secondaires. Mais, mal secondé par elles, il n'avait pas réussi. Et il continuait de rester, disséminée en dehors des facultés, toute une légion d'élèves qui attendaient des maîtres. Lorsqu'il fut bien avéré qu'il y avait dans les facultés des maîtres qui attendaient des élèves, la conjonction se fit d'elle-même.

Elle fut favorisée par la création des bourses de l'enseignement supérieur. Ces bourses, la Révolution les avait voulues, et le Consulat les avait instituées[1]; mais l'Empire, qui se souciait avant tout du recrutement de ses écoles militaires et se défiait des études théoriques, les supprima. Il en existait cependant partout ailleurs, dans le vieux monde et dans le nouveau, en Allemagne et en Amérique, et c'était une anomalie que, dans un pays démocratique comme le nôtre, il n'y en eût pas, quand il y avait des bourses d'enseignement secondaire. Il en fut enfin créé; les premières, les bourses de licence, en 1877, à la demande de M. Waddington; puis, trois ans plus tard, les bourses d'agrégation, à la demande de M. Jules Ferry. Données, après concours, à des

---

[1]. L'article 35 de la loi du 11 floréal an X était ainsi conçu : « Les élèves entretenus dans les lycées ne pourront y rester plus de six ans aux frais de la Nation. A la fin de leurs études, ils subiront un examen d'après lequel un cinquième d'entre eux sera placé dans les diverses écoles spéciales, suivant les dispositions de ces élèves, pour y être entretenus, de deux à quatre années, aux frais de la République. »

jeunes gens engagés dant l'enseignement public, elles ont produit les plus heureux résultats, et pour les facultés en leur assurant cette élite d'élèves qui est le levain de la masse, et pour les lycées et les collèges en leur fournissant chaque année nombre de licenciés et nombre d'agrégés[1].

Des élèves réguliers, ce n'était pas simple changement de visages dans les auditoires ; c'était aussi changement dans les allures, dans les méthodes, dans le travail, c'est-à-dire toute une révolution. Aux sciences, elle se faisait d'elle-même. L'activité des maîtres s'y était sans doute dépensée jusqu'alors à peu près en pure perte, mais sans fausses directions, et pour devenir efficace, elle n'avait ni à rebrousser chemin, ni à s'infléchir. Il suffisait qu'elle eût désormais devant elle des élèves véritables, ce point vivant d'application faute duquel elle n'avait pu jusqu'ici donner ses pleins effets. Le reste, accroissement des cadres, organisation des laboratoires, était affaire d'argent.

Aux lettres, la machine était moins prête. Nombre de maîtres, les jeunes surtout, avaient appelé de tous leurs vœux la venue des élèves, prêts à travailler avec eux et pour eux. Mais, pour d'autres, c'était vraiment un trouble. Habitués aux leçons oratoires, et les estimant d'après l'effort qu'elles exigent et non d'après les résultats qu'elles donnent, conscients de

---

[1]. Le crédit des bourses d'enseignement secondaire, lycées et collèges, est de 3 800 000 francs ; celui des bourses d'enseignement supérieur, après avoir été de 720 000 francs en 1883, a été réduit à 560 000 francs, ce qui fait environ 450 boursiers, dont 400 dans les Facultés des lettres et des sciences. Ces chiffres montrent que la population de ces deux ordres de facultés, qui est de 4 000 étudiants, est loin de n'être faite que de boursiers.

s'y être appliqués tout entiers, sans rien retenir de leurs forces et de leur talent, convaincus qu'elles sont une forme très française et une noble forme de l'enseignement national, sensibles aux applaudissements dont leur peine était souvent payée, ils restaient fidèles à leur vieil idéal, sans prendre garde qu'autour d'eux la science historique, naguère encore confinée dans l'École des Chartes, gagnait chaque jour du terrain ; que tout près, à l'École des Hautes Études, les recherches savantes s'étaient vite acclimatées, et que de ce foyer jeune et vivace elles rayonnaient tout à l'entour ; qu'un peu plus loin, à l'École normale, des maîtres d'élite commençaient à former à d'autres travaux que les exercices scolaires une élite d'élèves ; qu'au Collège de France, les temps héroïques de Michelet et de Quinet étaient passés, et qu'avec Renan, sans parler de ceux qui vivent encore, renaissait l'érudition. A ceux-là, il eût été cruel et maladroit de demander le sacrifice de leurs habitudes et de leurs convictions. Aussi bien n'était-ce pas nécessaire. Les deux genres, cours publics et cours fermés, pouvaient coexister sans péril, et la querelle, si querelle il devait y avoir, se jugerait plus tard, aux résultats. L'essentiel, c'était qu'il y eût, dès la première heure, assez de maîtres résolus à faire œuvre de maîtres.

Il fut visible qu'il y avait quelque chose de changé dans l'enseignement supérieur des lettres le jour où, au voisinage de la Sorbonne, à quelques pas des grands amphithéâtres, toujours ouverts au public et toujours fréquentés, s'élevèrent, en attendant mieux, des baraquements provisoires à trois compartiments chacun, une salle de conférences, sans chaire monumentale, un cabinet pour le professeur et, attenant, une salle d'études, avec des livres, pour les élèves. Ce fut plus visible encore le jour où l'on put lire sur les affiches, à côté de l'annonce des cours publics, des mentions comme celle-ci : « Le professeur dirigera les exercices pratiques des étudiants. »

A partir de ce jour, dans beaucoup de facultés, l'école était faite, et elle allait grandir, non pas partout de la même venue, mais partout d'une croissance régulière, les fonctions s'amplifiant et s'élevant à mesure que se développaient et se coordonnaient les organes : tout d'abord, pour les besoins les plus étendus et les plus faciles à satisfaire, la production des licenciés; puis bientôt après, avec les licenciés d'élite, la préparation aux concours d'agrégation ; enfin, pour l'élite de cette élite, la pratique des méthodes savantes, les travaux personnels, les recherches originales.

La science, c'est-à-dire l'investigation de l'inconnu, la découverte, c'était le terme final ; mais, en même temps, dès le point de départ et à chaque étape de la route, c'était le guide, l'indicateur. Non pas que de tous ces jeunes hommes on songeât à faire des chercheurs de vérité; mais il fallait que tous fussent initiés aux vrais caractères de la science, pour permettre aux meilleurs de reconnaître leur vocation et de s'y préparer, et pour donner à tous une culture et un esprit conformes à l'état présent des connaissances humaines. On commença par introduire une certaine dose de science dans les examens de licence. Jusque-là, ils n'avaient été qu'un baccalauréat supérieur. Un bon élève de rhétorique pouvait y réussir d'emblée. Sans en faire des épreuves exclusivement savantes, on les organisa de telle sorte que la rhétorique n'y devait plus suffire. Aux compositions classiques, dissertation en français, dissertation en latin, s'ajoutèrent, au choix des candidats, suivant leurs études, d'autres compositions, grammaire et métrique, philosophie et histoire de la philosophie, histoire ancienne et histoire moderne, langue allemande et langue anglaise, premières démarches dans les voies de l'enseignement supérieur[1]. Un peu plus tard, semblable transfusion se fit dans les agrégations de l'enseignement secondaire. On sait que ces concours sont des épreuves professionnelles. Ce qu'elles doivent démontrer, c'est donc l'aptitude pédagogique. Mais l'art d'enseigner n'est qu'une adaptation du savoir acquis, et il n'y a de savoir solide que celui qui vient des bonnes méthodes. Or, bien que l'agrégation des lycées eût toujours été tenue très haut, on pouvait y reprendre de ne pas faire une part assez large à la science. On l'élargit en introduisant dans certains concours des thèses à composer et à soutenir, et dans d'autres des textes à commenter, à critiquer scientifiquement.

Des licenciés, des agrégés, c'était beaucoup déjà, surtout par comparaison avec le passé. Mais on n'entendait pas que là fût bornée l'activité des facultés. Dès le premier jour, en outre de cela, on leur demandait autre chose. « Nous avons établi les bourses de licence; nous passons maintenant aux bourses d'agrégation, leur était-il dit en 1880. La préparation à ce second examen permettra certainement de reconnaître chez certains étudiants un

---

1. Décret du 25 décembre 1880.

talent particulier, une vocation scientifique, le goût des hautes études. Pendant que les professeurs donnent l'exemple, ils trouvent des élèves qui, débarrassés de la poursuite des grades, ne s'attachent plus qu'à la science, qu'aux recherches désintéressées, pour la dignité même de ces recherches. Les jeunes gens de cet ordre seront toujours une élite ; mais il faut qu'il y ait dans chaque faculté une élite de cette sorte, des élèves dont s'honorent les maîtres, et des maîtres qui fassent école[1]. » Quelques années plus tard, on leur disait de même : « La préparation aux grades est utile, mais y borner son ambition serait méconnaître les devoirs les plus élevés de l'enseignement supérieur. Ses maîtres ont d'autres obligations envers l'État ; une des premières est le progrès de la science et de la haute culture intellectuelle. Ils doivent y concourir par leurs travaux et par ceux de leurs élèves..... Les réformes accomplies jusqu'ici étaient nécessaires ; elles en ont rendu d'autres possibles..... Tout en enseignant les connaissances nécessaires pour la licence et l'agrégation, les facultés doivent choisir des jeunes hommes d'avenir qu'elles prépareront et armeront de telle sorte qu'ils deviennent des maîtres et que, dès l'école, ils aient en vue des œuvres personnelles où ils pourront par la suite donner leur mesure[2]. »

Ainsi, dans tous les ordres de facultés, deux degrés d'études : à la base, et pour la majorité des élèves, des cultures professionnelles ; au sommet, et pour une élite, des recherches savantes. La science devenait ainsi, au-dessus des besoins et des intérêts

---

1. Circulaire du 1ᵉʳ octobre 1880.
2. Circulaire du 18 février 1883.

particuliers qui séparent, l'idée qui rassemble et unit. Avec elle, chaque faculté portait désormais en soi son unité ; en elle, les facultés diverses, placées côte à côte dans la même ville et si longtemps isolées l'une de l'autre, pouvaient trouver enfin la raison d'une vie commune.

C'est d'elles seules, de la conscience plus complète de leur destination, que pouvait se dégager, au milieu des diversités et des individualités nécessaires, l'esprit de solidarité et d'unité non moins indispensable. Toute âme vient du dedans et non pas du dehors. Mais pour naître, pour se manifester, pour se développer, encore faut-il qu'elle ne rencontre pas une matière par trop rebelle. Or l'organisation administrative des facultés, faite jadis et maintenue pour de tout autres desseins, était de nature à contrarier l'éclosion et l'expansion de ce nouvel esprit. Il fallait donc l'assouplir et l'adapter à d'autres fins. Quelques mesures fort simples y ont suffi.

La première a été la restitution de la personnalité civile, c'est-à-dire de la capacité de posséder, de recevoir et d'acquérir. Pour les établissements chargés d'un service intellectuel et moral, c'est la condition primordiale de l'indépendance et de la stabilité. Or les facultés sont au premier chef de ces établissements. Elles avaient été personnes civiles avant même que de naître, puisqu'une loi du Consulat faisait tels tous les établissements publics d'instruction présents et à venir ; elles l'avaient été sous le régime de la corporation universitaire ; elles l'étaient restées, sans que toutefois on y prît garde, après la suppression de l'Université. Mais depuis nombre d'années, l'État avait laissé tomber ce droit en désuétude ou l'avait confisqué. Il leur fut rendu en 1885 ; il le fut sans restriction ni réserve. A partir de ce moment, elles purent recevoir non seulement des donations et des legs, mais aussi des subventions, quelle qu'en fût la provenance et quel qu'en dût être l'objet [1].

En ouvrant ainsi la porte à deux battants aux libéralités, on espérait bien susciter autour des facultés des concours actifs, d'où leur viendraient, avec de nouvelles ressources, certains traits particuliers de physionomie. « On a reproché, non sans raison, à nos facultés, disait M. Goblet, de se ressembler trop les unes aux autres. Il n'en pouvait guère être autrement avec notre conception d'un État centralisé, procédant partout par les mêmes voies, et avec les obligations que nous impose l'uniformité des grades délivrés par l'État. Cependant cette unité d'organisation n'est pas incompatible avec une certaine diversité. Il n'est pas impossible que chaque groupe de facultés ait une physionomie propre, et qu'avec des organes semblables, répondant à des fonctions communes, elles aient chacune des organes spéciaux, adaptés aux ressources et aux besoins de chaque ville et de chaque région. L'État devait aller d'abord au plus pressé et pourvoir également toutes les facultés des enseignements indispensables. Cette première partie de sa tâche est bientôt terminée, et déjà il se préoccupe de la seconde. Pour la mener à bonne fin, il peut faire fond sur le dévouement éclairé des villes et des départements, et sur la libéralité privée. »

---

1. Décrets du 25 juillet 1885.

« Cet espoir paraît d'autant plus justifié qu'en donnant aux facultés, les villes, les départements et les particuliers sauront qu'ils donnent à des personnes morales, administrant elles-mêmes ce qu'elles auront reçu, soustraites par là aux vicissitudes de la politique, faisant œuvre libre et durable, et trouvant dans leurs biens plus de sécurité, plus de dignité, plus d'indépendance et, par suite, un principe plus fécond d'initiative et de progrès[1]. »

Les résultats ne se firent pas attendre. Les décrets à peine rendus, il était créé à la Sorbonne, par la Ville de Paris, deux cours, promptement transformés en chaires, l'un pour l'histoire de la Révolution française, l'autre pour l'histoire naturelle de l'évolution des êtres organisés. Bientôt après, il en était fondé d'autres avec les deniers des villes et des départements, à Bordeaux, pour l'histoire du sud-ouest de la France et pour la langue et la littérature gasconnes ; à Toulouse, pour la littérature méridionale et pour la littérature espagnole ; à Lille, pour la langue et la littérature wallonnes ; à Nancy, pour l'histoire de nos provinces de l'Est ; toutes créations frappées à la marque d'une région et l'imprimant aux facultés bénéficiaires. Dans le même ordre d'idées, pour se borner à quelques exemples, la Chambre de commerce de Lyon subventionnait un institut de chimie industrielle, devenu promptement une des institutions lyonnaises les plus prospères ; les industriels et les brasseurs de l'Est contribuaient à fonder à la Faculté des sciences de Nancy un institut de chimie pratique avec laboratoire de brasserie. En même temps, il

---

1. Rapport au Président de la République, 25 juillet 1885.

s'organisait dans certains centres actifs, à Lyon, à Bordeaux, à Montpellier, à Lille, à Nancy, des sociétés pour favoriser le développement de l'enseignement supérieur et l'avènement des Universités; en outre d'un appui moral et d'un excitant, elles apportaient aux facultés un concours financier. De ces sources diverses, en quelques années, revenus annuels des dons et legs et subventions annuelles s'élevèrent, d'une crue constante, à plus de quatre cent mille francs.

Comme conséquence, il devenait nécessaire de donner à chaque faculté son budget personnel. A cette condition seule, elles pouvaient être vraiment des établissements publics. La loi de finances de 1890 consacra leur affranchissement civil : elle leur donna un budget, et en même temps elle transforma en subventions les crédits que l'État leur ouvrait pour dépenses matérielles. Désormais elles allaient gérer elles-mêmes leurs intérêts sous le contrôle du ministre responsable. Le ministre d'alors, M. Fallières, faisait ressortir ainsi l'importance de la mesure : « Leur responsabilité, en même temps que leur liberté, s'en trouve augmentée. Elles auront donc l'esprit d'ordre et l'esprit d'épargne. Elles auront le sentiment qu'elles sont des êtres permanents et non des êtres viagers, et qu'elles ont charge de leur avenir autant que du présent; elles veilleront scrupuleusement à ce qu'il soit fait le meilleur emploi possible de leurs fonds, et elles auront à cœur de se créer ainsi des ressources propres qui seront tout à la fois pour elles une nouvelle garantie d'indépendance et un moyen certain de réaliser des améliorations qu'elles ne devront qu'à elles-mêmes[1] ».

A la vie scientifique et scolaire s'ajoutait donc, comme une garantie d'indépendance, une vie civile aussi libre qu'elle peut l'être dans des établissements d'État affectés à un service public. A cette double vie on adapta l'organisme intérieur des facultés. Cet organisme comprend des éléments divers et de titres différents, des professeurs titulaires, inamovibles, comme des magistrats, nommés sur la présentation des facultés elles-mêmes; puis des agrégés, nommés pour un temps, après concours; enfin des chargés de cours et des maîtres de conférences, nommés pour un temps aussi, par le ministre. Avec ces éléments, on fit deux groupes, l'assemblée et le conseil [2].

L'assemblée, c'est la faculté enseignante et savante. Elle comprend donc tous les maîtres, titulaires et chargés de cours, agrégés et maîtres de conférences. Le conseil, c'est l'établissement public, la personne morale; par suite, il ne comprend que les professeurs titulaires, c'est-à-dire les pièces fixes et permanentes. D'où le départ des attributions : à l'assemblée, tout ce qui est du ressort de la vie scolaire et scientifique, les questions relatives à l'enseignement, la distribution des cours, l'établissement des programmes; au conseil, tout ce qui a trait à la vie civile et aux intérêts permanents du corps : par exemple, l'acceptation des dons et legs, l'emploi des subventions, l'établissement du budget, l'administration des biens et les questions relatives aux chaires : maintien, transformation ou suppression, déclaration de vacance et présentations. Le

1. Décret et circulaire du 22 février 1890.
2. Décret du 28 décembre 1885, titres II et III.

chef de la faculté restait, comme auparavant, le doyen; mais désormais il était nommé sur la présentation de ses collègues.

Ainsi se trouvait résolue la première partie du problème. Désormais chaque faculté formait un corps, avait son organisme et pouvait vivre de sa vie propre. Maintenant, avec ces vies individuelles, il fallait faire la vie commune; avec ces organismes indépendants, l'organisme collectif; à la séparation, à l'isolement, substituer le rapprochement, l'unité; en un mot, de plusieurs facultés faire l'université.

Sur le principe, pas de désaccord. C'était chose entendue depuis longtemps que, pour réaliser pleinement les fonctions de l'enseignement supérieur, des universités valent mieux que des facultés séparées. Cependant, malgré cet accord, la question en restait toujours aux préliminaires métaphysiques. Un instant elle avait paru sur le point d'en sortir. En 1877, un ministre, qui se rendait un compte exact des besoins de l'enseignement supérieur, M. Waddington, avait préparé un projet de loi pour créer des universités. Mais on se souvient que la politique était brusquement intervenue, rejetant dans l'avenir une solution qui pouvait alors sembler prochaine. On se souvient aussi que les successeurs de M. Waddington, sans renoncer à l'idée, avaient cru prudent d'en remettre l'exécution, estimant que de telles réformes se font plus par les mœurs que par les lois, et que le plus sûr moyen d'avoir des universités durables était moins d'en attacher prématurément l'étiquette aux corps enseignants que leur en inspirer l'esprit. L'idée qui, dans les cas de cette sorte, fait l'esprit, existait, et l'on pouvait penser qu'elle ne manquerait pas de susciter elle-même les moyens de sa réalisation.

On ne tarda pas à avoir des signes manifestes de son action. Le plus net et le plus décisif fut l'enquête de 1883. Un ministre de l'instruction publique, qui associait à la passion de l'enseignement populaire le plus haut souci de la science et de l'enseignement supérieur, M. Jules Ferry, avait soumis aux facultés la question des universités[1]. Elles avaient pu voir dans tous les actes de l'administration le désir de développer en elles, avec l'esprit d'initiative et le sentiment des responsabilités, le gouvernement de soi-même. Pensaient-elles qu'il y eût à faire plus encore dans cette voie? Estimaient-elles qu'il y aurait avantage pour elles-mêmes, pour la science et pour le pays, à devenir des universités? Et si tel était leur sentiment, croyaient-elles que le moment fût venu de réaliser ce progrès? La question était de celles qui ne peuvent être résolues qu'avec la franche adhésion et le concours décidé des corps intéressés. Sans doute, la constitution d'universités s'administrant elles-mêmes sous la haute autorité de l'État était un idéal qu'il fallait s'efforcer d'atteindre; mais en le poursuivant, il importait de tenir compte de l'esprit public, du passé de notre pays, des différences d'habitudes entre les facultés, de traditions anciennes et respectables. L'unique préoccupation devait être d'assurer un progrès sérieux, et non de faire des expériences douteuses. Si donc il subsistait quelque incertitude dans l'esprit des facultés, c'était

---

[1]. Circulaire du 17 novembre 1883.

pour elles un devoir de le dire. « Ajourner une réforme, pour les esprits qui n'ont en vue que le bien public, est souvent le meilleur moyen d'en rendre le triomphe facile et complet quelques années plus tard. »

Jamais enquête ne fut plus claire, plus concluante. La question n'avait pas pris les facultés au dépourvu. Depuis longtemps elle était à l'ordre du jour de leurs préoccupations et de leurs discussions privées ; invitées à y répondre officiellement, elles répondirent nettement en très grande majorité : que l'état de séparation et d'isolement où elles avaient jusqu'alors vécu était un mal et une faiblesse, qu'il en résultait nombre de pertes matérielles et morales ; qu'au contraire la cohésion serait un bien et une force, qu'elle donnerait aux personnes plus de dignité, aux institutions plus de solidité, à l'enseignement plus d'ampleur et d'élévation ; qu'il y avait en elles des points nombreux par où elles pouvaient se toucher et s'unir, entre elles bien des intérêts communs dont on pouvait les charger en confiance ; qu'elles estimaient donc la constitution universitaire supérieure au régime des facultés dispersées, et qu'elles étaient prêtes à la recevoir [1].

Peut-être eût-ce été le moment de traduire ces vœux en projet de loi et d'en saisir les Chambres ; mais on fut arrêté par les considérations suivantes. L'enquête révélait à n'en pas douter que les facultés étaient pour la plupart travaillées du désir des universités. Mais en avaient-elles, même virtuellement, les mœurs ? Étaient-elles mûres pour cette transfor-

1. *Enquêtes et Documents relatifs à l'enseignement supérieur*, t. XVI.

mation, et n'y avait-il pas péril à l'opérer brusquement, radicalement ? Le jour où se feraient les universités françaises, bien qu'elles ne dussent pas avoir l'indépendance absolue de certaines universités étrangères, de Cambridge et d'Oxford par exemple, bien qu'elles dussent rester établissements d'État, liées à l'État, soumises à son action, à son contrôle, il était certain cependant que remise leur serait faite de quelques droits, jusqu'ici considérés comme droits de l'État. L'opinion publique était-elle préparée à ce transfert ? L'approuverait-elle, le sanctionnerait-elle avant qu'une expérience décisive eût démontré qu'il était sans danger ? Ne valait-il pas mieux au contraire, avant de les fondre en un seul corps, établir entre les facultés certaines sutures, certaines anastomoses, leur faire faire un certain apprentissage de la vie commune, et quand elles l'auraient fait, quand elles auraient fourni leurs preuves, leur donner enfin, mais alors en pleine connaissance de cause et avec l'autorité d'une expérience concluante, cette constitution universitaire dont elles sentaient si vivement la dignité et les avantages ? C'est à ce dernier parti qu'on s'arrêta [1].

Il y avait alors au ministère de l'instruction publique un ministre décentralisateur, M. René Goblet. Il venait de rendre aux facultés la personnalité civile; il tint à honneur de les appeler en même temps à l'essai de la vie commune. Le décret du 28 décembre 1885, rendu sur sa proposition, est un nœud dans cette histoire. Il marque la fin d'un régime et le commencement d'un autre.

---

1. Exposé des motifs du décret du 28 décembre 1885.

Un simple décret ne pouvait former un corps des diverses facultés d'une même académie; la loi seule eût eu ce pouvoir; mais sans enfreindre la loi et sans la devancer, il pouvait les unir et les confédérer. Telle fut l'intention et tel fut l'effet du décret de 1885. Il instituait dans chaque ressort académique un nouveau conseil, qui fut appelé d'un nom clair et bien français, le conseil général des facultés, et qui fut composé sous la présidence du recteur, modérateur né des intérêts rivaux, gardien de la loi et représentant de l'État, du doyen et de deux délégués de chaque faculté, élus par elle. Un départ était fait entre les questions propres à chaque faculté et les questions communes à toutes. Des premières, les facultés continuaient à connaître individuellement; les autres étaient remises au conseil général. Ce conseil se trouvait donc investi d'une fonction de coordination et d'unité; il devait l'exercer, dans l'ordre scientifique et scolaire, en faisant un ensemble des enseignements divers de chaque faculté, en les groupant au mieux des intérêts de la science et des études, en réglementant les cours libres, en se prononçant sur la transformation des chaires vacantes; dans l'ordre administratif et financier, en comparant les budgets des facultés et leurs comptes, en répartissant entre elles les crédits des services dont toutes profitent, tels que bibliothèque universitaire, collections, chauffage, éclairage, entretien des bâtiments et du mobilier; enfin, dans l'ordre disciplinaire, en recevant juridiction sur tous les étudiants, sans distinction de faculté ou d'école. Ce n'étaient pas encore les universités; c'en était du moins, avec la matière première, une première ébauche. Le temps déciderait de la forme définitive.

Cette forme, on savait qu'elle n'allait pas surgir soudain et de tous traits, comme un cristal dans la liqueur qui le contient dissous, mais on espérait que peu à peu elle se dessinerait d'elle-même, comme s'organise une matière vivante. L'organisation de 1885, avons-nous dit, était avant tout une expérience. On la laissa se poursuivre plusieurs années de suite. Puis, quand les résultats en furent patents, quand, à des signes nombreux, il fut avéré que les facultés, je ne dis pas toutes, mais celles où les forces étaient plus vives et les volontés plus actives, s'acclimataient à la vie commune; quand il se fut opéré des rapprochements entre les professeurs, entre les étudiants, entre les maîtres et les élèves; quand des circonstances solennelles, comme l'inauguration de la nouvelle Sorbonne et les fêtes du sixième centenaire de la vieille Université de Montpellier, eurent nettement fait voir que ce mot d'université ne passionnait pas seulement les écoles, mais qu'il disait quelque chose à l'opinion publique, le moment sembla venu de faire reconnaître par la loi l'œuvre accomplie, de la consacrer et de l'achever.

A cet effet, un projet de loi fut déposé sur le bureau du Sénat par le ministre de l'instruction publique, M. Léon Bourgeois[1]. Il débutait par une définition : « Les universités sont des établissements publics d'enseignement supérieur, ayant pour objet l'enseignement et la culture de l'ensemble des sciences. » De cette définition découlait tout le projet; par elle se trouvait déterminé l'état légal des universités;

---

1. Projet de loi ayant pour objet la constitution des universités, 22 juillet 1890.

elles devaient être des établissements d'État et non des établissements libres, des organes d'un service public et non, comme les universités de l'ancien régime, des corporations indépendantes ; — leur destination scientifique : elles devaient avoir pour objet non pas une science particulière, mais toutes les sciences, organiquement unies et coordonnées ; — leur situation civile : elles devaient être non pas une simple administration, comme celle des ponts et chaussées ou des contributions, mais des personnes morales, capables d'acquérir, de posséder, de recevoir, gérant elles-mêmes leurs biens, sous le contrôle et la tutelle du pouvoir central ; — leur composition intrinsèque : elles devaient comprendre au moins les quatre facultés classiques, droit, médecine, lettres et sciences, et il ne pourrait y en avoir là où l'une des quatre ferait défaut ; — leur organisation générale : elles devaient avoir un conseil élu par elles, mais à la tête de ce conseil serait placé le recteur de l'Académie, représentant direct de l'État ; — leurs attributions scientifiques : elles devaient assurer le service des grades établis par les lois, mais, hors de là, elles auraient toute liberté d'enseignement et de recherche ; — enfin leur organisation financière : elles devaient avoir chacune son budget propre alimenté par le produit des dons et legs, les subventions des particuliers, des communes et des départements, les droits d'études et d'examens des étudiants et les allocations de l'État.

Il y eût donc eu des universités, mais il n'y en eût pas eu partout. Il avait semblé au gouvernement qu'en faire de boiteuses et d'incomplètes serait œuvre verbale, partant vaine et compromettante, et que mieux valait, comme l'avaient demandé Guizot, Cousin et tant d'autres, n'en avoir d'abord que quelques-unes, là où elles étaient déjà des réalités, laissant au temps le soin d'en former de nouvelles, si plus tard les facteurs devaient s'en trouver réunis. Là était certainement la vertu du projet ; mais c'en était aussi la partie vulnérable. Et c'est par là surtout qu'il allait être attaqué.

On sait de quelles hautes raisons d'intérêt général et d'ordre scientifique il s'inspirait et quelles espérances il excitait. Mais il avait contre lui bien des alarmes, celles de l'esprit de centralisation, celles de l'esprit d'égalité, et plus encore celles des intérêts particuliers et des intérêts locaux. Raisons pour et raisons contre, espérances et alarmes furent exposées avec éloquence, d'un côté par le ministre, M. Bourgeois, par le rapporteur, M. Bardoux, et par l'auteur du décret de 1885, M. Goblet, et de l'autre par M. Challemel-Lacour, par M. de Rozière, et par divers sénateurs de Poitiers, de Grenoble et de Besançon, villes dont les facultés redoutaient de ne pas devenir des universités[1]. Ni les unes ni les autres n'eurent pleinement gain de cause. Aucun vote précis et définitif ne termina en effet le débat. Toutefois il était clair que si le Sénat acceptait le principe des universités, il inclinait à en faire une application générale et uniforme, et qu'il instituerait de ces corps partout où il y avait des facultés, qu'elles fussent quatre, qu'elles fussent trois, et même qu'elles ne fussent que deux.

Des universités incomplètes, inorganiques, des

---

1. Séances des 10, 11, 14 et 15 mars 1892.

universités à deux facultés, c'était dès leur naissance et à perpétuité le discrédit des universités. Aussi devant ces dispositions, nées du désir de satisfaire à toutes les réclamations locales et particulières, sembla-t-il sage de ne pas sceller l'avenir par une conclusion définitive et irréparable, et de remettre la question en expérience, tout en réalisant un progrès décisif. Le décret de 1885 n'avait fait que ce que peut un décret. Il avait dans chaque centre académique rapproché les facultés, mais sans en former un corps. Chacune d'elles était personne civile ; leur ensemble ne l'était pas ; chacune d'elles avait son budget propre ; le composé n'en avait pas ; l'existence même de ce composé, sorti d'un décret, était précaire auprès de celle des composantes, issues de la loi. Dans la discussion publique, adversaires et partisans du projet ministériel étaient tombés d'accord que le rapprochement des facultés était œuvre bonne qu'il fallait consolider et mettre à l'abri des hasards.

Aussi n'y eut-il d'opposition sérieuse ni à la Chambre des députés, ni au Sénat, lorsque quelques mois plus tard le successeur de M. Bourgeois, M. Charles Dupuy, proposa d'insérer dans la loi de finances un article ainsi conçu : « Le corps formé par la réunion de plusieurs facultés de l'État dans un même ressort académique est investi de la personnalité civile. Il est représenté par le conseil général des facultés. » Un membre du Sénat exprima seulement la crainte qu'une fois ces corps institués, il ne devînt loisible au gouvernement de les transformer en universités, là où il voudrait, par un baptême purement administratif.

Ce n'étaient pas les universités, car c'en eût été en chaque académie, et si le Sénat penchait à en faire partout, le gouvernement persistait à n'en vouloir que là où ce seraient vraiment des réalités. Mais à la place des groupes de facultés, sans existence légale, sans liens légaux, c'étaient des corps légalement institués, des établissements publics, capables d'une vie indépendante ; en un mot, des personnes morales ; c'était le conseil général des facultés recevant force de loi ; toutes transformations dont l'importance n'était pas contestable. Et si parmi ces corps il s'en trouvait, comme on le pensait, qui fussent de vraies universités, le temps saurait bien les désigner, les faire apparaître et les nommer.

L'article de loi qui donnait leur état civil aux corps de facultés fut bientôt complété par deux décrets rendus sur la proposition de M. R. Poincaré, le successeur de M. Charles Dupuy au ministère de l'Instruction publique. Par l'un, les attributions du conseil général des facultés étaient élargies et mises en rapport avec l'état légal des nouveaux corps ; par l'autre, à ces corps était donné l'organisme financier nécessaire à la vie de tout établissement public[1].

---

1. Décrets du 9 et du 10 août 1893. Nous ne reproduisons pas *in extenso* ces deux documents. En voici la partie relative aux attributions du Conseil général des Facultés.

Art. 4. Le recteur est chargé, sous l'autorité du ministre, d'instruire les affaires qui intéressent le Corps des Facultés, et d'assurer l'exécution des décisions du Conseil général.

A ce titre, il représente le Corps des Facultés en justice et dans les actes de la vie civile.

Sous son autorité, les doyens ou directeurs sont chargés, chacun en ce qui concerne sa Faculté ou École, de l'exécution desdites décisions.

Art. 5. Le Conseil général statue définitivement sur les objets suivants :

1° Administration des biens du Corps des Facultés ;

LES TRANSFORMATIONS INTERNES.   423

Ainsi par une lente et sûre évolution se sont transformées les facultés. A Paris, elles ne sont pas seules à

2° Établissement, après délibération de chaque Faculté ou École, du tableau général des cours, conférences et exercices pratiques, lesquels doivent comprendre les divers enseignements exigés pour l'obtention des grades prévus par les lois et règlements ;
3° Organisation des cours, conférences et exercices pratiques communs à plusieurs Facultés, après avis des Facultés intéressées ;
4° Réglementation des cours libres ;
5° Création des enseignements rétribués exclusivement sur les fonds du Corps des Facultés.
Art. 6. Les délibérations par lesquelles le Conseil général statue définitivement sont mises à exécution si, dans le délai d'un mois, elles n'ont pas été annulées pour excès de pouvoir ou pour violation d'une disposition de loi ou de règlement, par un décret rendu sur la proposition du ministre de l'Instruction publique, après avis de la section permanente du Conseil supérieur de l'Instruction publique.
Art. 7. Le Conseil général délibère:
1° Sur les acquisitions, aliénations et échanges sur les conditions des baux d'une durée de plus de dix-huit ans et sur tous autres actes relatifs aux biens meubles et immeubles appartenant au Corps des Facultés qui n'ont pas le caractère de simples actes d'administration ;
2° Sur l'acceptation des dons et legs ;
3° Sur les offres de subventions faites par les départements, les communes, les établissements publics, les établissements d'utilité publique et les particuliers ;
4° Sur les actions de justice ;
5° Sur les emprunts.
Art. 8. Les délibérations prises par le Conseil général en vertu du précédent article ne sont mises à exécution qu'après approbation du ministre.
Art. 9. Le Conseil général donne son avis :
1° Sur les budgets et comptes du Corps des Facultés ;
2° Sur les budgets et comptes des Facultés, conformément aux dispositions qui seront déterminées par les règlements d'administration publique sur le régime financier et la comptabilité des Facultés et des Corps de Facultés ;
3° Sur les créations, transformations ou suppressions des chaires rétribuées sur les fonds de l'État, après avis préalable de la Faculté ou École intéressée ;
4° Sur les règlements relatifs aux services communs à plusieurs Facultés.
Les services communs comprennent, outre la bibliothèque universitaire, les services qui, pour chaque Corps de Facultés, auront été déclarés tels par un arrêté ministériel après avis du Conseil général.
Art. 10. Tout membre du Conseil a le droit d'émettre des vœux sur les questions relatives à l'enseignement supérieur. Les vœux sont remis

pourvoir à l'enseignement supérieur. Autour d'elles, d'autres établissements, les uns plus anciens, les autres plus récents, tous nécessaires, chacun avec son originalité personnelle et sa fonction déterminée, le Collège de France, le Muséum, l'École normale, l'École des Langues orientales vivantes, l'École des Chartes, l'École des Hautes-Études, n'ont pas cessé d'avoir leur raison d'être et de rendre à la science des services de premier ordre. Mais à côté d'eux, rivalisant avec eux pour le plus grand bien du pays, les facultés, d'abord chacune à son compte, puis rapprochées ensemble, enfin soudées en un seul et même corps, sont devenues, elles aussi, des écoles scientifiques, répandant la science dans les éducations professionnelles dont elles restent chargées, et formant pour elle, parmi leurs milliers d'élèves, les élites dont elles ont pris la charge. Dans les départements, où il n'y a pas d'autres établissements de haut enseignement, plus apparents encore sont leurs services. Par elles, il s'est formé, en plus d'un point de France, des foyers d'étude et de recherches, comparables aux institutions analogues de l'étran-

---

en séance, par écrit, au président ; il en est donné lecture, et dans la séance suivante, le Conseil décide s'il y a lieu de les prendre en considération.

ART. 11. Les maires des villes et les présidents des Conseils généraux des départements, les présidents des associations formées dans le dessein de favoriser le développement de l'enseignement supérieur public, qui allouent des subventions au Corps des Facultés ont séance au Conseil général des Facultés pour l'examen du rapport annuel sur l'état de l'enseignement.

A Paris, le préfet de la Seine et un délégué du Conseil municipal exercent le même droit.

ART. 12. Le Conseil exerce, en ce qui concerne les étudiants des Facultés et Écoles d'enseignement supérieur de l'État, les attributions disciplinaires conférées aux Facultés par les décrets des 30 juillet 1883 et 28 juillet 1885.

ger, et la science française n'est plus, comme naguère encore, concentrée tout entière à Paris.

Légalement, ces corps de facultés ne sont que des universités en expérience; mais, en fait, quelques-unes sont déjà plus que des virtualités. A la veille de la Révolution, les universités de l'ancien régime agonisaient; le nom survivait à la chose. Aujourd'hui, les universités de demain sont déjà des êtres réels; la chose préexiste au nom. Organisés comme ils sont, ces corps de facultés peuvent être, s'ils le veulent, des institutions solides. On s'est proposé de leur donner la cohésion, la liberté et la richesse, qui sont des conditions du progrès scientifique et qui sont aussi la force. L'enseignement supérieur a deux espèces d'adversaires : ceux qui le redoutent, parce qu'il est science et liberté d'esprit; ceux qui le condamnent, parce qu'il est sélection et élite. Or, comme ce sont là précisément les deux raisons majeures pour lesquelles doit s'attacher à lui toute société civilisée, et, plus que tout autre, une société démocratique, l'accroître, le fortifier, l'enrichir, donner à ses institutions la puissance de vivre et de se maintenir par elles-mêmes, ce n'est pas seulement servir la science, c'est aussi servir la patrie.

PIÈCES JUSTIFICATIVES

A

PROJET DE LOI
SUR L'ENSEIGNEMENT DU DROIT, PRÉSENTÉ A LA CHAMBRE DES PAIRS LE 9 MARS 1847.

TITRE PREMIER

ENSEIGNEMENT DES FACULTÉS DE DROIT ET CONDITIONS D'ÉTUDES

Article premier. — L'enseignement des Facultés de droit s'applique à toutes les branches de la science du droit et de l'étude des lois. Il comprend :

1° Les cours fondamentaux, savoir : l'introduction générale à l'étude du droit, ou droit naturel ; le Code civil ; le Code de procédure civile ; le Code d'instruction criminelle et le Code pénal ; le Code de commerce ; le droit administratif ; le droit romain, particulièrement les *Institutes*. Cet enseignement est obligatoire pour la licence.

2° Les cours spéciaux, savoir ; l'histoire du droit ancien et moderne, la continuation du droit romain, particulièrement les *Pandectes* ; le droit des gens ; le droit maritime ; le droit constitutionnel ; l'économie politique ; l'histoire des traités, les législations comparées. Des règlements particuliers délibérés en Conseil royal de l'Université détermineront quelles parties dudit enseignement seront obligatoires dans chaque Faculté pour le doctorat.

Article 2. — Les règlements délibérés ainsi qu'il est dit en l'article précédent détermineront également le nombre des chaires entre lesquelles chacune des branches d'enseignement ci-dessus devra être divisée, et les branches nouvelles qui pourraient y être ajoutées. La procédure civile et le droit criminel comprenant l'instruction criminelle et le Code pénal seront divisés dans toutes les Facultés en deux ou plusieurs chaires.

Article 3. — La durée des études pour le baccalauréat est de deux années. Le diplôme de bachelier remplace le certificat de capacité qui est et demeure supprimé.
La durée totale des études pour la licence est de quatre années.
La durée des études spéciales pour le doctorat est d'une année, non compris le temps des épreuves et de la thèse. Les paragraphes 1 et 2 ci-dessus ne seront exécutoires qu'à l'égard des élèves qui prendront leur première inscription après la promulgation de la présente loi.

Article 4. — Nul n'est admis à prendre des inscriptions dans les Facultés de droit, pour les cours fondamentaux et spéciaux, s'il n'est bachelier ès lettres.
Nul n'est admis à se présenter aux épreuves de la licence, s'il n'a suivi les cours de la Faculté des lettres pendant les trois premières années, et s'il n'a justifié, chaque année, par des certificats d'assiduité à deux cours au moins de ladite Faculté.
Les règlements détermineront ceux des cours spéciaux que les élèves de quatrième année pourront être tenus de suivre. Ils en justifieront par des certificats d'assiduité.

TITRE II

ORGANISATION DE L'ENSEIGNEMENT

Article 5. — L'enseignement des Facultés est donné par des professeurs et par des agrégés.
A l'avenir, il ne sera plus nommé de professeurs suppléants dans les Facultés.

Article 6. — Le nombre des emplois d'agrégés, institués près chaque Faculté, est déterminé par un règlement particulier délibéré en Conseil royal de l'Université. Il ne doit pas excéder celui des professeurs titulaires.

Les agrégés sont membres des Facultés auxquelles ils appartiennent, et prennent rang immédiatement après les professeurs. Ils suppléent les professeurs. Ils les assistent dans les démonstrations et les examens. Ils fournissent toutes les répétitions gratuites et officielles de cours qui ont été prescrites ou autorisées par la Faculté. Ils pourvoient aux dédoublements provisoires ou permanents des chaires, et à tous les cours supplémentaires, qui ont lieu en vertu d'une décision du Ministre de l'Instruction publique rendue en Conseil royal de l'Université après délibération de la Faculté.

Les agrégés font partie des commissions préposées aux examens de fin d'année et à tous autres, sous la présidence d'un professeur. Ils font partie, à défaut de professeurs, des jurys chargés de conférer les grades, sans pouvoir excéder la moitié des membres du jury. Ils remplissent toutes les autres fonctions qui leur sont attribuées par les règlements délibérés en Conseil royal de l'Université, dans l'intérêt de la discipline et des études.

Leur service est de dix années. Après ce temps, ils peuvent être dégagés de leurs obligations, et recevoir le titre d'agrégés libres.

Les agrégés libres conservent tous les droits attribués ci-après aux agrégés par la présente loi.

Article 7. — Les agrégés pourront être provisoirement préposés à ceux des cours spéciaux qui seraient établis dans les diverses Facultés, à l'effet de compléter l'enseignement obligatoire pour le doctorat.

Les agrégés pourront être provisoirement préposés à ceux des cours fondamentaux qui seront créés pour séparer l'enseignement du droit criminel de celui de la procédure civile.

Du reste, les professeurs suppléants actuels continueront de remplir leurs fonctions. Ils jouiront de tous les droits qui leur étaient attribués et pourront réclamer tous ceux qui sont ou seraient attribués aux agrégés.

TITRE III

NOMINATION DES PROFESSEURS ET AGRÉGÉS

Article 8. — Les agrégés sont nommés au concours et institués par le Ministre de l'Instruction publique.

Nul n'est admis à concourir pour l'agrégation s'il n'est Français, âgé de vingt-cinq ans accomplis et docteur en droit.

Article 9. — Les professeurs sont nommés au concours, avec institution par le Ministre de l'Instruction publique ; le Ministre les nomme directement dans les cas ci-après :

Il peut nommer directement à toute chaire vacante un membre de l'Institut ;

Il peut nommer à toute chaire vacante dans la Faculté de Paris les professeurs des Facultés de département, titulaires du même enseignement ;

Il peut nommer à toute chaire vacante dans les Facultés des départements un professeur d'une autre Faculté, titulaire du même enseignement ;

Il peut autoriser toutes les permutations dans une même Faculté ;

Il nomme aux chaires de droit naturel, de droit administratif, de droit constitutionnel, d'économie politique, d'histoire du droit, en demandant une présentation de deux candidats à la Faculté, et une autre présentation de deux candidats au conseil académique.

Pour la nomination auxdites chaires dans la Faculté de Paris, l'Académie des sciences morales et politiques est aussi appelée à présenter deux candidats.

Toutefois, l'application des dispositions ci-dessus doit avoir lieu de manière qu'il y ait toujours, dans la Faculté de Paris, une chaire mise au concours sur deux vacances, et dans les Facultés des départements, deux chaires mises au concours sur trois vacances.

Article 10. — Nul ne peut être nommé professeur dans les Facultés de droit, ou désigné comme candidat, ou admis à concourir aux chaires mises au concours, s'il n'est Français, âgé de trente ans, docteur en droit ou membre de l'Institut, et s'il n'est, en outre :

Soit agrégé en droit, ayant cinq ans d'exercice au moins ;

Soit, s'il s'agit d'une chaire dans la Faculté de Paris, conseiller d'État, membre de la Cour de cassation, magistrat à la Cour royale de Paris, bâtonnier ou ancien bâtonnier de l'ordre des avocats du barreau de Paris ;

Soit, s'il s'agit d'une chaire dans les Facultés de département, magistrat de cours souveraines, bâtonnier ou ancien bâtonnier de l'ordre des avocats des sièges de cours royales, ou correspondant de l'Institut.

Les correspondants de l'Institut sont tenus, comme les autres candidats ci-dessus désignés, de justifier du doctorat.

ARTICLE 11. — Lorsqu'une chaire est mise au concours, tous les agrégés remplissant les conditions voulues et attachés à la Faculté dans laquelle existe la vacance sont en droit de concourir. Les agrégés des autres Facultés doivent être présentés par les Facultés auxquelles ils appartiennent.

ARTICLE 12. — Le concours pour les chaires a lieu au siège des Facultés. Le Ministre de l'Instruction publique peut le fixer à Paris. S'il met des chaires de plusieurs Facultés au concours, il désigne celle près laquelle le concours est fixé, si toutefois il ne l'est pas à Paris.

Le concours pour l'agrégation a lieu à Paris pour tout le royaume ; il est ouvert chaque année à des époques déterminées par les règlements. Les règlements sont publiés au moins trois mois à l'avance.

ARTICLE 13. — Le concours pour l'agrégation porte sur toutes les matières de l'enseignement du droit.

Le nombre et la forme des épreuves sont déterminés par des règlements particuliers, délibérés en Conseil royal de l'Université.

Le jury est composé de professeurs de Facultés désignés par le Ministre de l'Instruction publique, sous la présidence d'un inspecteur général ou d'un conseiller de l'Université.

ARTICLE 14. — Le concours pour les chaires porte sur la

matière spéciale de l'enseignement dont le professeur devra être chargé.

La matière et l'ordre des épreuves sont déterminés par des règlements arrêtés en Conseil royal de l'Université et publiés au moins trois mois à l'avance. Les règlements font connaître, s'il y a lieu, les conditions spéciales du concours.

Le jury des concours est composé de professeurs titulaires de la Faculté près laquelle a lieu le concours et de magistrats de cours souveraines. A Paris, les conseillers d'État, membres de l'Institut et conseillers à la Cour de cassation peuvent y être appelés. Le président est nommé par le Ministre de l'Instruction publique.

Article 15. — La liste des candidats aux divers concours est arrêtée par le Ministre de l'Instruction publique en Conseil royal de l'Université.

La vérification de la régularité des nominations a lieu également en Conseil royal de l'Université.

Article 16. — Les agrégés peuvent rester avocats plaidants. La plaidoirie est interdite aux professeurs. Ils sont autorisés à donner des consultations.

Article 17. — Le Ministre de l'Instruction publique, après délibération de la Faculté, peut autoriser les professeurs âgés ou infirmes, soit sur leur demande, soit sur la proposition des inspecteurs généraux ou du doyen, à se faire suppléer définitivement en conservant l'intégralité de leur traitement; le professeur peut, jusqu'à délibération contraire de la Faculté, siéger dans les jurys d'examen et de concours.

L'agrégé suppléant reçoit, sur les fonds généraux, les deux tiers du traitement. Il fait le cours au nom du professeur titulaire et sous son autorité.

Article 18. — Il est pourvu, par des règlements délibérés en Conseil royal de l'Université, à tout ce qui concerne la discipline et les études dans les Facultés, les délibérations de leurs Conseils, l'autorité des doyens, la matière et la répartition de l'enseignement, les inscriptions, examens, grades et diplômes; la nature, la forme et le nombre des épreuves, thèses et examens dans les différents ordres d'enseignement, les frais desdits examens et actes, ceux des inscriptions, l'inspection des Facultés et généralement à tout ce qui intéresse le bon ordre et la prospérité des études.

Article 19. — La loi du 13 mars 1804 (22 ventôse an XII) est abrogée en ce qui concerne l'enseignement du droit.

B

PROJET DE LOI

SUR L'ENSEIGNEMENT ET L'EXERCICE DE LA MÉDECINE ET SUR L'ENSEIGNEMENT DE LA PHARMACIE, PRÉSENTÉ A LA CHAMBRE DES PAIRS, LE 15 FÉVRIER 1847.

TITRE PREMIER

CONDITIONS D'EXERCICE DE LA MÉDECINE

Article premier. — Nul n'exerce la médecine en France, s'il n'est pourvu d'un diplôme régulier de docteur en médecine et s'il ne l'a fait enregistrer au secrétariat de l'Académie de son domicile et au parquet de la Cour royale, qui donnent acte du dépôt.

Nul n'est reçu docteur en médecine devant les Facultés françaises, s'il n'est bachelier ès lettres, bachelier ès sciences et pourvu des titres médicaux déterminés au titre II de la présente loi.

Tout Français pourvu du diplôme de docteur devant une Faculté française, et l'ayant fait enregistrer comme il est dit plus haut, exerce librement dans tout le royaume, et porte le titre de médecin ou de chirurgien. Quiconque prendra l'un de ces titres sans avoir rempli les formalités et conditions ci-dessus, ou celui de docteur sans en être régulièrement pourvu, sera puni correctionnellement d'un emprisonnement de six mois à deux ans. La récidive sera punie d'un emprisonnement de deux ans à cinq ans.

Article 2. — Le Français et l'étranger, reçus docteurs à l'étranger, ne peuvent exercer en France qu'en vertu d'une autorisation du Roi, qui ne sera accordée à l'avenir qu'après une déclaration d'équivalence des grades et diplômes, délibérée en Conseil royal de l'Université, et qui devra être enregistrée conformément aux dispositions du premier paragraphe de l'article premier.

A l'égard de l'étranger, l'autorisation est toujours révocable, et elle peut être limitée :

Soit à un département ou un arrondissement;

Soit aux compatriotes de l'impétrant.

Celui qui l'a obtenue ne prend d'autres titres que ceux de docteur de l'Université de ..... et de médecin ou de chirurgien (étranger).

L'étranger pourra se présenter aux épreuves de grades devant les Facultés françaises, après une déclaration d'équivalence des études littéraires, scientifiques et médicales, délibérée en Conseil royal de l'Université, avec remise partielle ou totale, soit des inscriptions, soit des épreuves autres que celles du doctorat. Les docteurs ainsi reçus participent à tous les droits réglés par l'article premier sous les conditions déterminées audit article.

Le Français, qui aura étudié à l'étranger, pourra se présenter aux épreuves de grades, aux mêmes conditions, s'il a étudié à l'étranger avec l'autorisation du Roi.

Tout exercice de la médecine, ou d'une branche de la médecine, contrairement aux dispositions du présent article, sera puni des peines prévues en l'article premier.

Article 3. — Les officiers de santé, régulièrement reçus conformément au titre III de la loi du 10 mars 1803 (19 ventôse an XI), continuent à exercer la médecine aux conditions et dans les termes de leur commission. Ils ne peuvent prendre un autre titre que celui d'officier de santé, sous les peines portées aux articles précédents.

Les officiers de santé, pourvus du baccalauréat ès lettres et du baccalauréat ès sciences, sont autorisés à se présenter au doctorat, en faisant compter chaque année d'exercice antérieur pour six mois d'études.

Article 4. — Dans le délai d'un an, après la promulgation

de la présente loi, une ordonnance du Roi, portant règlement d'administration publique, déterminera les conditions de l'exercice provisoire ou du maintien définitif des professions spéciales relatives à la pratique de l'une des branches de la médecine. L'exercice de celles de ces professions qui ne sont pas comprises dans les dispositions de la présente loi, ou qui ne le seraient pas dans ledit règlement, sera interdit, dans le même délai, sous les peines portées aux articles précédents.

Il sera statué dans les mêmes formes, sur tous les changements que pourra nécessiter l'enseignement des élèves sages-femmes, et l'exercice de la profession des sages-femmes, avec application des peines ci-dessus aux délits qui seront définis dans ledit règlement d'administration publique.

Article 5. — Quiconque exercera la médecine ou l'une des branches de la médecine, sous quelque dénomination que ce puisse être, sans l'accomplissement préalable des conditions prescrites aux articles précédents ou au règlement d'administration publique, déterminé ci-dessus;

Quiconque prendra indûment un titre indiquant l'aptitude à exercer l'une des branches de la médecine, ou prendra un titre médical non reconnu par la présente loi et par ledit règlement;

Sera coupable d'exercice illégal de la médecine, et, en conséquence, sera puni correctionnellement des peines déterminées en l'article premier.

Article 6. — Les professions médicales sont incompatibles avec celle de pharmacien. Toute contravention à cette disposition, toute association publique ou secrète de l'un de ceux qu'elle concerne avec des pharmaciens, est passible des peines portées en l'article premier.

Néanmoins, tout praticien exerçant dans des lieux où il n'y a point de pharmaciens, à une distance de 4 kilomètres, pourra tenir des médicaments, sous la condition de les prendre dans une officine régulièrement établie dont ils porteront l'étiquette, et de se soumettre à toutes les lois et à tous les règlements qui régissent ou régiraient la pharmacie, à l'exception de la patente.

Article 7. — Sont incapables d'exercer la médecine, ni aucune des branches de la médecine :

1° Les condamnés à des peines afflictives ou infamantes ;

2° Ceux qui auront été condamnés correctionnellement pour faits prévus par les sections i et ii du chapitre Ier du titre II du Code pénal, par les articles 330 à 334 de la section iv du même chapitre, par la section vi, par le paragraphe premier de la section vii, par l'article 78 du paragraphe 2 de la même section, par la section première du chapitre II, par les premier et deuxième paragraphes de la section ii du même chapitre, par les articles 41 et 45 de la loi du 22 mars 1832 sur le recrutement ;

3° Ceux qui auront été privés, par jugement, de tout ou partie des droits civiques et de famille mentionnés aux paragraphes 3, 5, 6 et 8 de l'article 42 du Code pénal.

Les tribunaux peuvent, en outre, prononcer cette incapacité, à la suite de toute condamnation correctionnelle.

Quiconque exercera, nonobstant ladite incapacité, l'une des professions régies par la présente loi ou par le règlement d'administration publique ci-dessus prévu, sera puni correctionnellement du maximum des peines portées en l'article premier.

TITRE II

CONDITIONS D'ÉTUDES

Article 8. — L'enseignement médical est donné par les Écoles préparatoires et par les Facultés de médecine. Il comprend les mêmes grades que les autres ordres de Facultés.

Le baccalauréat en médecine est conféré aux mêmes conditions et à titre égal par les Écoles préparatoires ou par les Facultés.

La licence et le doctorat en médecine sont conférés exclusivement par les Facultés.

Il est délivré aux impétrants pour les trois grades, au terme de leurs études, un seul et même diplôme.

Article 9. — La durée des études pour le baccalauréat est de deux années.

La durée totale des études pour la licence est de quatre années.

La durée totale des études pour le doctorat est de cinq années, non compris le temps des épreuves, lesquelles ne peuvent être soutenues qu'après le dernier trimestre.

Article 10. — Les règlements particuliers délibérés en Conseil royal de l'Université statuent sur tout ce qui concerne les inscriptions dans les Écoles préparatoires et dans les Facultés. Ils déterminent les rapports de ces inscriptions avec les études faites dans les hôpitaux, ainsi que la durée des internats obligatoires. Ils déterminent également l'époque, le nombre, la forme et la matière des épreuves probatoires de toute nature pendant le cours et à la fin des études.

Le prix des inscriptions, examens et diplômes, peut être modifié par lesdits règlements. Toutefois, le prix total ne pourra excéder celui des études et thèses nécessaires pour la profession d'avocat.

Article 11. — Nul n'est admis à prendre sa première inscription en médecine, soit dans les Facultés, soit dans les Écoles préparatoires, s'il n'est bachelier ès lettres. Les élèves qui auront échoué dans les épreuves du baccalauréat pourront être autorisés à prendre provisoirement la première inscription jusqu'à de nouvelles épreuves. Lesdits élèves ne sont admis, en aucun cas, à prendre la deuxième inscription, s'ils n'ont justifié effectivement du baccalauréat ès lettres.

Nul n'est admis à prendre la cinquième inscription dans une Faculté ou dans une École préparatoire placée au siège d'une Faculté des sciences, s'il n'est bachelier ès sciences. Les élèves auxquels auront été applicables les dispositions du paragraphe précédent sont autorisés à ne justifier dudit baccalauréat qu'après leur neuvième inscription. Les élèves qui ont étudié pour les Écoles préparatoires ou les hôpitaux dans les villes dépourvues de Faculté des sciences sont autorisés à ne justifier du baccalauréat ès sciences que dans le délai d'un an, à dater de leur inscription dans la Faculté.

Article 12. — Les aspirants aux grades médicaux, qui, à

l'époque de la promulgation de la présente loi, justifieront de deux années d'études dans les hôpitaux, seront recevables à faire compter pour quatre inscriptions ledit temps d'études, s'ils sont pourvus du baccalauréat ès lettres. La Faculté, après examen, pourra proposer au Ministre de leur accorder les huit inscriptions.

Les aspirants au titre d'officier de santé qui, à l'époque susdite, justifieront, devant les préfets des départements, de deux années d'études, seront recevables, quand ces études seront terminées conformément à la loi du 10 mars 1803 (19 ventôse an XI), à se présenter devant l'École préparatoire ou devant la Faculté compétente, pour y obtenir, s'il y a lieu, une commission d'officier de santé.

Lorsque lesdits aspirants au titre d'officier de santé seront bacheliers ès sciences ou ès lettres, ils pourront se présenter aux épreuves du doctorat devant les Facultés, sans justifier des inscriptions exigées par la présente loi.

TITRE III

ENSEIGNEMENT DE LA MÉDECINE

Article 13. — L'enseignement des Facultés comprend toutes les parties des études médicales.

L'enseignement des Écoles préparatoires comprend les deux premières années d'études. A l'égard de ces deux années, il est aussi complet que celui des Facultés.

Le programme de l'enseignement, la suite et la répartition des études, soit dans les Facultés, soit dans les Écoles préparatoires, sont déterminés par les règlements particuliers délibérés en Conseil royal de l'Université.

Le Ministre de l'Instruction publique peut toujours autoriser les dédoublements de cours, les cours auxiliaires ou accessoires qu'il reconnaîtra utiles en Conseil royal de l'Université.

Les Écoles préparatoires seront mises successivement à la charge de l'État. Le matériel et les collections resteront à la charge des communes. Il sera statué sur les mesures nécessaires pour établir le nouveau régime, soit par des lois spéciales, soit par les lois de finances.

Article 14. — Les Facultés se composent de professeurs et d'agrégés.

Les Écoles préparatoires se composent de professeurs et d'agrégés des Facultés ou, à défaut d'agrégés des Facultés, de suppléants spéciaux qui ont le rang des agrégés de l'instruction secondaire, et remplissent dans les Écoles toutes les fonctions des agrégés près les Facultés.

Article 15. — Le nombre des emplois d'agrégés institués près chaque Faculté, ou des emplois de suppléants établis, s'il y a lieu, près les Écoles préparatoires, sera déterminé par des règlements particuliers délibérés en Conseil royal de l'Université. Il ne peut excéder celui des professeurs.

Les agrégés sont tenus de remplir toutes les fonctions qui leur sont attribuées par lesdits règlements dans l'intérêt de la discipline et des études. Ils pourvoient aux dédoublements provisoires ou permanents des cours ; ils font des cours auxiliaires et répétitions officielles qui peuvent être prescrits ; ils ouvrent, dans la Faculté ou dans l'École, des cours accessoires, en se conformant, pour la répartition des heures, aux décisions du doyen, et, pour le programme, aux délibérations de la Faculté, avec droit de recours au Ministre en Conseil royal de l'Université.

Article 16. — Les agrégés sont nommés pour dix ans. Après ce temps, ils sont dégagés de leurs obligations.

Les agrégés libres restent membres de l'Université, et conservent les droits déterminés par l'article 17. Ils cessent de recevoir le traitement de l'agrégation, à moins qu'ils ne soient fixés près une École préparatoire et n'aient été admis à y faire le même service qu'auprès des Facultés.

Les agrégés titulaires peuvent toujours, dans le cours des dix années de leur service, s'établir près les Écoles préparatoires en y continuant le service qu'ils devraient aux Facultés.

Article 17. — Les professeurs des Facultés, les professeurs des Écoles préparatoires, les agrégés des Facultés et suppléants des Écoles sont nommés au concours et institués par le Ministre de l'Instruction publique.

Nul n'est admis à concourir pour l'agrégation ou pour les suppléances près les Écoles préparatoires, s'il n'est Français, docteur en médecine et âgé de vingt-cinq ans.

Nul n'est admis à concourir pour les chaires de professeur vacantes dans les Facultés, s'il n'est agrégé en médecine, ou professeur des Écoles préparatoires, à moins qu'il ne soit membre de l'Institut, membre de l'Académie royale de médecine, ou médecin en chef d'hôpital des villes chefs-lieux de département ou des villes de 20 000 âmes.

Nul n'est admis à concourir pour les places de professeur vacantes dans les Écoles préparatoires, s'il n'est agrégé en médecine, ou suppléant auxdites Écoles, à moins qu'il ne soit correspondant de l'Institut, ou médecin en chef d'hôpital des villes chefs-lieux d'arrondissement.

Les candidats aux chaires de pharmacie et chimie, de physique, de toxicologie et d'histoire naturelle médicale dans les Facultés, doivent être licenciés ès sciences naturelles.

Les professeurs et agrégés des Facultés des sciences sont admis de plein droit à concourir pour lesdites chaires.

Les candidats à la chaire de pharmacie, dans les Facultés et dans les Écoles préparatoires, doivent en outre justifier du diplôme de pharmacien.

ARTICLE 18. — Les concours pour les chaires vacantes dans les Facultés ont lieu au siège des Facultés. Le Ministre de l'Instruction publique peut les fixer à Paris.

Les concours pour les chaires vacantes dans les Écoles préparatoires ont lieu au siège de ces Écoles. Le Ministre peut les fixer au siège des Facultés.

Les concours pour les suppléances ont lieu au siège des Écoles préparatoires.

ARTICLE 19. — Le concours pour les chaires de professeur vacantes, soit dans les Facultés, soit dans les Écoles préparatoires, porte spécialement sur les matières de l'enseignement auquel il doit être pourvu.

Le concours pour l'agrégation porte sur toutes les matières qui seront déterminées par des règlements particuliers, délibérés en Conseil royal de l'Université.

Pour les concours de tout ordre, les règlements particuliers, publiés au moins trois mois à l'avance, détermineront le nombre des places mises au concours, et, quand il y aura lieu, feront connaître les conditions spéciales du concours.

La liste des candidats est arrêtée par le Ministre de l'Instruction publique, en Conseil royal de l'Université.

La vérification de la régularité des nominations a lieu également en Conseil royal de l'Université.

Article 20. — Le jury de concours pour les chaires vacantes dans une Faculté se compose :

1° Des professeurs de la Faculté ;

2° De membres adjoints, en nombre inférieur à celui des professeurs, désignés préalablement par le Ministre de l'Instruction publique dans l'Institut, l'Académie royale de médecine, les autres Facultés de médecine, les Facultés des sciences, les Écoles supérieures de pharmacie.

Le jury de concours pour les chaires vacantes dans les Écoles préparatoires se compose de trois professeurs ou agrégés de la Faculté la plus voisine, de trois professeurs de l'École et de trois autres membres désignés par le Ministre dans l'ordre de la médecine ou des sciences.

Le Ministre nomme le président.

Le jury de concours pour l'agrégation se compose de professeurs choisis dans les trois Facultés.

Le Ministre nomme le président des jurys.

Article 21. — Toute permutation de chaire entre les professeurs, dans le sein d'une Faculté ou d'une École préparatoire, peut être autorisée, après délibération de l'École ou de la Faculté, par le Ministre de l'Instruction publique en Conseil royal de l'Université.

Toute permutation de chaire d'une Faculté de département à une autre Faculté de département, et d'une École préparatoire à une autre École préparatoire, peut être autorisée dans la même forme, les deux Facultés ou les deux Écoles entendues.

En cas de vacance dans une Faculté de département ou dans une École préparatoire, le Ministre, après délibération de la Faculté ou de l'École à laquelle appartient la chaire vacante, peut décider en Conseil royal de l'Université qu'il y a lieu d'y appeler un professeur d'une autre École ou d'une autre Faculté.

En cas de vacance dans la Faculté de Paris, le Ministre, sur le rapport des inspecteurs généraux, peut appeler un professeur d'une autre Faculté de médecine, à la demande ou après délibération de la Faculté de Paris, le Conseil royal entendu. Il peut, dans les mêmes formes, appeler aux chaires de chimie, d'histoire naturelle, de botanique, un professeur des Facultés des sciences.

Toutefois, et quelle que soit l'application des dispositions précédentes, il y aura nécessairement deux chaires au moins données au concours sur trois vacances, dans toutes les Écoles et dans toutes les Facultés du royaume.

ARTICLE 22. — Les cours de clinique doivent embrasser l'année scolaire. Les rapports des administrations des hôpitaux avec l'enseignement public seront déterminés par une ordonnance du Roi portant règlement d'administration publique.

ARTICLE 23. — Il devra être établi auprès de chaque Faculté un laboratoire de chimie pathologique et de micrographie où les professeurs de clinique puissent faire exécuter, de concert avec le professeur de chimie, toutes les analyses et recherches nécessaires dans l'intérêt des malades et dans celui de la science. De semblables laboratoires seront établis successivement dans les Écoles préparatoires.

ARTICLE 24. — Le Ministre de l'Instruction publique peut toujours, après délibération de la Faculté ou de l'assemblée des professeurs de l'École préparatoire, donner un suppléant aux professeurs âgés de soixante-cinq ans ou infirmes, soit sur leur demande, soit sur la proposition des inspecteurs généraux ou des doyens.

Le professeur conserve son traitement, il peut siéger, jusqu'à délibération et avis contraire de la Faculté, dans les jurys d'examen et de concours. L'agrégé suppléant reçoit un traitement égal aux deux tiers du traitement du professeur. Il fait le cours au nom du professeur titulaire et sous son autorité.

TITRE IV

ÉLÈVES BOURSIERS ET MÉDECINS CANTONAUX

Article 25. — Il pourra être créé dans les Écoles préparatoires et dans les Facultés, par l'État, par les départements ou par les communes, sous la condition de se vouer, pendant dix ans, à la pratique de la médecine dans les départements ou dans les cantons qui seront déterminés à l'époque de l'engagement, des bourses attribuées à des boursiers des collèges royaux ou communaux qui se sont distingués dans leurs études; à des fils ou neveux de militaires ou autres serviteurs de l'État sans fortune et remplissant la même condition; à des bacheliers ayant obtenu des succès hors ligne dans leurs classes, et également sans fortune.

Les règlements détermineront tout ce qui concerne la nature, le régime et la perte desdites bourses, ainsi que leur répartition entre les Facultés et les Écoles préparatoires.

Les boursiers promus au doctorat, qui manqueraient aux conditions de leur engagement, seraient déclarés par les tribunaux incapables d'exercer la médecine, sous les peines prévues en l'article 1er.

Article 26. — Il pourra être institué, dans chaque canton, un ou plusieurs médecins cantonaux chargés de visiter les indigents, de porter secours aux malades atteints par les épidémies, de remplir toutes les fonctions de médecine légale, administratives ou judiciaires, qui leur seraient régulièrement déférées, de transmettre aux conseils médicaux établis ci-dessous ou aux ministres compétents, les faits et documents propres à servir les intérêts de la science et ceux de l'hygiène publique.

Article 27. — Les médecins cantonaux seront à la nomination des préfets. Ils seront nommés pour cinq ans. Ils pourront être continués.

Leur nombre et leur répartition seront déterminés par les préfets, les conseils généraux entendus.

Il sera statué par une loi spéciale sur leur traitement.

TITRE V

ENSEIGNEMENT DE LA PHARMACIE ET CONDITIONS D'ÉTUDES

Article 28. — L'enseignement de la pharmacie est donné par les Écoles préparatoires de médecine, lesquelles portent le titre d'École préparatoire de médecine et de pharmacie, et par les Écoles supérieures de pharmacie.

Les Écoles supérieures de pharmacie délivrent seules le diplôme de pharmacien. Elles sont composées de professeurs et d'agrégés.

L'organisation des agrégés de pharmacie est celle des agrégés des Facultés de médecine. Ils prennent rang immédiatement après ces derniers, et remplissent dans les Écoles supérieures les mêmes fonctions.

Article 29. — Les professeurs et agrégés des Écoles supérieures de pharmacie sont nommés au concours et institués par le Ministre de l'Instruction publique.

Le jury de concours pour l'agrégation est composé de professeurs des Écoles supérieures désignés par le Ministre. Il peut y être adjoint des professeurs des Facultés de médecine et des Facultés des sciences.

Le jury pour les chaires vacantes est composé :

1° Des professeurs de l'École ;

2° De membres adjoints, en nombre inférieur à celui des professeurs, désignés par le Ministre de l'Instruction publique parmi les professeurs des Facultés de médecine ou des sciences, les membres et correspondants de l'Institut, les membres de l'Académie royale de médecine.

Le Ministre nomme le président.

Article 30. — Nul n'est admis à concourir à l'agrégation de pharmacie, s'il n'est Français, âgé de vingt-cinq ans et pourvu du diplôme de pharmacien et de celui de licencié ès sciences, physiques ou naturelles.

Nul n'est admis à concourir aux chaires vacantes dans les Écoles supérieures, s'il n'est agrégé de pharmacie ou professeur des Écoles préparatoires, à moins qu'il ne soit membre de l'Institut, membre de l'Académie royale de médecine ou pharmacien en chef des hôpitaux déterminés en l'article 17.

Article 31. — Les études pour obtenir le diplôme de pharmacien durent six années.

Les six années se composent ;

Soit de quatre années de stage officinal dûment constatées, et de deux années de cours dans une École supérieure.

Soit de trois années de stage officinal et de trois années de cours, dont les deux dernières au moins doivent être suivies dans une École supérieure. Ces dispositions peuvent être modifiées par des règlements particuliers délibérés en Conseil royal de l'Université.

Article 32. — Nul ne peut être admis à prendre ses inscriptions dans une École préparatoire ou supérieure s'il n'est bachelier ès lettres.

Le nombre, le prix et le régime des inscriptions, la matière et le nombre des épreuves probatoires, sont déterminés par les règlements particuliers prévus ci-dessus.

Article 33. — Les examens de fin d'année sont faits, dans les Écoles supérieures, par un professeur et deux agrégés, et dans les Écoles préparatoires, par deux professeurs et un agrégé ou suppléant.

Article 34. — Les pharmaciens étrangers peuvent être autorisés par le Roi à exercer la pharmacie en France après une déclaration d'équivalence de leurs études et diplômes, arrêtée par le Ministre de l'Instruction publique en Conseil royal de l'Université.

Ils peuvent aussi, en vertu de ladite déclaration, sur l'autorisation du Ministre de l'Instruction publique, se présenter aux épreuves devant les Écoles supérieures, avec ou sans justification de tout ou partie du stage et des inscriptions, pour obtenir un diplôme régulier.

Article 35. — Les pharmaciens reçus antérieurement par les jurys, qui voudraient à l'avenir être reconnus pharmaciens de première classe, seront autorisés à soutenir les épreuves devant les Écoles supérieures, sans autre justification que celle du diplôme de bachelier ès lettres.

Article 36. — Les aspirants au titre de pharmacien de deuxième classe qui, à l'époque de la promulgation de la présente loi ou à l'expiration de l'année scolaire suivante, rempliraient les conditions actuellement exigées pour soutenir les épreuves devant les jurys médicaux, seront admis aux examens devant les Écoles supérieures ou devant les Écoles préparatoires, sans d'autres frais que ceux qui auraient été exigés pour la réception devant les jurys médicaux.

Ceux de ces aspirants qui, à la même époque, justifieraient de six ou de sept années de stage officinal, ne seront tenus de suivre les cours mentionnés à l'article 41 que pendant un an.

Ceux qui, lors de la promulgation de la présente loi, justifieraient de quatre années de stage officinal ou de deux années de stage et d'une année de cours, pourront encore être reçus pharmaciens de 2e classe par les Écoles préparatoires de médecine et de pharmacie, dès qu'ils auront complété le temps d'études actuellement exigé pour se présenter aux examens de pharmacien de cet ordre.

Ceux qui seraient déjà en cours d'examen, et qui auraient été ajournés, pourront continuer à soutenir leurs épreuves devant les Écoles préparatoires pendant le laps d'une année. L'ajournement pourra s'étendre à trois mois, six mois ou un an au delà de cette époque, suivant l'appréciation faite par les juges du mérite du candidat.

Article 37. — Le Codex ou formulaire, contenant les préparations qui devront être tenues par les pharmaciens, sera revu tous les trois ans par les Facultés de médecine, par les Écoles supérieures de pharmacie et par l'Académie royale de médecine, qui transmettront leurs propositions au Ministre de l'Instruction publique. Le Ministre en saisira une commission compétente, et procédera à une nouvelle publication en Conseil royal de l'Université, si l'intérêt de la science et les besoins de la médecine le réclament.

Le Codex sera publié par les ordres du gouvernement et sous son autorité.

TITRE VI

DES CONSEILS MÉDICAUX

Article 38. — Les jurys médicaux sont supprimés. Des conseils médicaux seront institués dans chaque département et, s'il y a lieu, dans les arrondissements, par le Ministre de l'Instruction publique qui les composera, en nombre proportionné aux besoins du service, de deux tiers de médecins et d'un tiers de pharmaciens nommés pour cinq ans.

Article 39. — Les conseils médicaux, dans les départements qui n'ont point de Facultés ou d'Écoles préparatoires, remplissent, par ceux de leurs membres que le préfet désigne quand le ministre n'envoie pas des délégués spéciaux, les fonctions attribuées aux jurys médicaux pour la visite des officines de pharmacie.

Les conseils reçoivent et vérifient l'acte de dépôt prescrit par l'article 1er.

Ils dressent la liste des praticiens ainsi vérifiés et l'adressent pour la publication aux autorités compétentes. Ils notifient également aux autorités administratives et judiciaires l'état des personnes qui, dans le département, exerceraient une des professions relatives à l'art de guérir sans titre légal.

Ils exercent les attributions qui leur sont données par les lois et règlements, relativement au stage des élèves dans les officines, ou, s'il y a lieu, dans les hôpitaux.

Ils exécutent toutes les mesures de police médicale et toutes les fonctions de médecine légale qui leur seraient déférées par la justice.

Ils réunissent et coordonnent tous les documents relatifs à la topographie, à la statistique médicale et à l'hygiène du département, et adressent régulièrement ces travaux au Ministre de l'Instruction publique.

Article 40. — La loi du 10 mars 1803 (19 ventôse an XI) est et demeure abrogée.

Fait au Palais des Tuileries, le 15 février 1847.

CONSEIL D'ÉTAT

SECTION
de l'Intérieur
de l'Instruction publique
et des Cultes.

N° 1304.

M. Ch. GIRAUD
Conseiller d'État
Rapporteur.

C

N° 17

(*Distribution du   avril 1852*).

PROJET DE LOI
SUR L'INSTRUCTION PUBLIQUE

PROJET DU GOUVERNEMENT

TITRE PREMIER
DES AUTORITÉS PRÉPOSÉES AU GOUVERNEMENT DE L'ENSEIGNEMENT

CHAPITRE PREMIER
Des académies.

ARTICLE PREMIER. — Le territoire de la France est divisé en quinze Académies dont le chef-lieu réunit des établissements publics d'instruction supérieure, secondaire et primaire.

Les chefs-lieux et les circonscriptions sont déterminés de la manière suivante :

CHEFS-LIEUX.	CIRCONSCRIPTIONS.	CHEFS-LIEUX.	CIRCONSCRIPTIONS.
Aix.........	Algérie. Basses-Alpes. Bouches-du-Rhône. Corse. Var. Vaucluse.	Bordeaux...	Dordogne. Gironde. Landes. Lot-et-Garonne. Basses-Pyrénées.
Besançon...	Doubs. Jura. Haute-Saône. Vosges.	Caen......	Calvados. Eure. Manche. Orne. Sarthe. Seine-Inférieure.

PIÈCES JUSTIFICATIVES.

CHEFS-LIEUX.	CIRCONSCRIPTIONS.	CHEFS-LIEUX.	CIRCONSCRIPTIONS.
Clermont...	Allier. Cantal. Corrèze. Creuse. Haute-Loire. Puy-de-Dôme.	Paris (*suite*).	Oise. Seine. Seine-et-Marne. Seine-et-Oise.
Dijon......	Aube. Côte-d'Or. Haute-Marne. Nièvre. Yonne.	Poitiers....	Charente. Charente-Inférieure Indre. Indre-et-Loire. Deux-Sèvres. Vendée. Vienne. Haute-Vienne.
Grenoble...	Hautes-Alpes. Ardèche. Drôme. Isère.		
Lille.......	Aisne. Ardennes. Nord. Pas-de-Calais. Somme.	Rennes.....	Côtes-du-Nord. Finistère. Ille-et-Vilaine. Loire-Inférieure. Maine-et-Loire. Mayenne. Morbihan.
Lyon.......	Ain. Loire. Rhône. Saône-et-Loire.	Strasbourg.	Meurthe. Meuse. Moselle. Bas-Rhin. Haut-Rhin.
Montpellier.	Aude. Gard. Hérault. Lozère. Pyrénées-Orient.	Toulouse....	Ariège. Aveyron. Haute-Garonne. Gers. Lot. Hautes-Pyrénées. Tarn. Tarn-et-Garonne.
Paris.......	Cher. Eure-et-Loir. Loir-et-Cher. Loiret. Marne.		

Article 2. — Chacune de ces Académies est administrée par un recteur assisté d'autant d'inspecteurs d'Académie qu'il y a de départements dans la circonscription.

Article 3. — Il y a près de chaque recteur un conseil académique qui se compose :
 1° Du recteur, président;
 2° De tous les inspecteurs de la circonscription;
 3° De tous les doyens des facultés;

4° D'autant de membres du clergé, de la magistrature, de l'administration et du Conseil général, qu'il y aura de fonctionnaires de l'instruction publique.

Ces membres sont désignés par le Ministre.

Article 4. — Le Conseil académique veille au maintien des bonnes méthodes d'enseignement et propose les améliorations à introduire dans tous les établissements publics du ressort;

Il délibère sur les comptes rendus des inspecteurs d'Académie, sur les rapports des doyens des facultés;

Il arrête, sous l'approbation du Ministre, les budgets et les comptes administratifs des écoles normales primaires et des lycées;

Il dresse les budgets et vérifie les comptes administratifs des facultés et des écoles préparatoires de médecine et de pharmacie;

Il donne son avis sur les affaires disciplinaires et contentieuses relatives aux élèves qui suivent les cours de l'enseignement supérieur.

CHAPITRE II

Des Conseils départementaux.

Article 5. — Le recteur est représenté dans chaque département, en ce qui concerne l'enseignement primaire et secondaire, par un inspecteur d'Académie.

L'inspecteur d'Académie siège au chef-lieu du département.

Il a sous sa surveillance les établissements d'enseignement primaire et secondaire.

Les inspecteurs d'Académie de la Corse et de l'Algérie auront des attributions spéciales déterminées par un règlement.

Article 6. — Deux fois par an, les inspecteurs d'Académie se transportent auprès du recteur et lui rendent compte, en Conseil académique, des résultats de leur mission.

Article 7. — Le Conseil départemental se compose :
1° Du préfet ou de son délégué, président;
2° De l'évêque ou de son délégué;

3° D'un ecclésiastique désigné par l'évêque;
4° D'un membre des consistoires des cultes non catholiques désignés par le préfet;
5° De l'inspecteur d'Académie faisant fonctions de secrétaire général;
6° De deux membres de l'enseignement public résidant au chef-lieu et désignés par le recteur;
7° De deux membres du Conseil général nommés par le préfet.

Article 8. — Le Conseil départemental veille à l'exécution des lois et règlements dans tous les établissements d'instruction primaire et secondaire du département.

Il entend les rapports de l'inspecteur d'Académie;

Il connaît particulièrement de toutes les affaires relatives à l'instruction primaire et il en rend un compte annuel au Conseil général;

Il contrôle, par des délégués spéciaux pris dans son sein, l'administration économique et le régime intérieur des écoles normales primaires et des lycées;

Il dresse les budgets de ces établissements sur la proposition motivée des directeurs et des proviseurs.

TITRE II

DE L'ENSEIGNEMENT

CHAPITRE PREMIER

De l'Enseignement primaire.

Article 9. — L'enseignement primaire comprend:
L'instruction religieuse et morale;
La lecture, l'écriture et l'orthographe;
Les éléments de l'arithmétique et le système légal des poids et mesures;
Il peut comprendre, en outre, en tout ou en partie:
Les éléments de la grammaire française;
Les éléments de la géographie de la France;

Des notions de sciences physiques et naturelles, applicables aux principaux usages de la vie;

Des notions élémentaires d'agriculture ;

L'arpentage, le nivellement et le dessin linéaire;

La tenue des livres;

Le chant et la gymnastique.

Article 10. — Nul ne peut ouvrir une école particulière, avec ou sans pensionnat, s'il n'est Français, âgé de vingt et un ans, et s'il n'a obtenu une autorisation préalable.

Cette autorisation peut être accordée pour un lieu déterminé :

1° Par le préfet, l'inspecteur d'Académie entendu, à des instituteurs laïques dont la moralité aura été reconnue et qui seront pourvus, soit d'un certificat de stage, soit d'un brevet de capacité, soit d'un diplôme de bachelier;

2° Par les évêques, dans l'étendue de leur diocèse, à des ecclésiastiques ou à des membres des congrégations religieuses vouées à l'enseignement et autorisées par la loi ou reconnues comme établissements d'utilité publique.

L'autorisation dont il est parlé ci-dessus est nominative ; elle porte la signature authentique de l'autorité d'où elle émane.

Elle doit être enregistrée à la préfecture sous peine de nullité.

Elle peut toujours être retirée par l'autorité qui l'a accordée.

Article 11. — Les instituteurs particuliers qui ne justifieront pas d'une autorisation préalable sont passibles des peines portées en l'article 29 de la loi du 15 mars 1850.

Article 12. — Les instituteurs publics sont nommés, dans chaque commune, par le préfet, sur la proposition de l'inspecteur d'Académie.

L'inspecteur d'Académie choisit les candidats après avis du Conseil municipal, soit sur la liste d'admissibilité et d'avancement qui est dressée par le Conseil départemental, soit sur la présentation des supérieurs des congrégations religieuses vouées à l'enseignement.

Le préfet peut, après avis du Conseil départemental, le

Conseil municipal entendu, charger une institutrice de la direction de l'école publique dans toute commune de 500 âmes et au-dessous.

Il fixe, dans ce cas, la quotité du traitement de l'institutrice, après avis du Conseil municipal, l'inspecteur d'Académie entendu.

Article 13. — Dans les communes où les différents cultes reconnus sont professés, le préfet, après avis du Conseil départemental, les Conseils municipaux entendus, peut décider que des écoles séparées seront établies pour les enfants appartenant à chacun de ces cultes.

Article 14. — Le préfet, l'inspecteur d'Académie entendu, peut autoriser plusieurs communes à se réunir pour l'entretien d'une seule école.

Il peut ordonner d'office cette réunion, après avis du Conseil départemental, les Conseils municipaux entendus.

Article 15. — Les instituteurs publics reçoivent un traitement unique, dont les Conseils généraux, sur la proposition des préfets, déterminent la quotité suivant l'importance des communes et des écoles.

Toutefois, le traitement ne pourra être moindre de :

400 francs dans les communes de mille âmes et au-dessous;

600 francs dans celles de mille à trois mille âmes;

800 francs dans les communes de trois mille âmes et au-dessus.

Article 16. — Ce traitement est prélevé sur les recettes ordinaires de la commune, et est classé parmi les dépenses ordinaires et obligatoires.

Article 17. — La rétribution payée par chaque élève admis dans l'école communale est perçue pour le compte de la commune. Le taux en est fixé par le préfet en Conseil déparmental, sur la proposition du sous-préfet, le Conseil municipal entendu. Le produit de cette rétribution figure au chapitre des recettes ordinaires dans le budget municipal, et ne peut être affecté qu'aux dépenses de l'instruction primaire.

Article 18. — Les communes qui ne peuvent, avec leurs

recettes ordinaires, subvenir aux frais d'entretien de leur école et au traitement de l'instituteur, dans la limite déterminée par l'article 15, reçoivent du département une subvention dont la quotité est fixée par le préfet sous l'approbation du Ministre de l'Instruction publique.

A cet effet, les Conseils généraux votent chaque année au budget départemental une imposition spéciale, laquelle ne peut, en aucun cas, excéder cinq centimes au principal des quatre contributions directes.

A défaut de vote des Conseils généraux ladite imposition est établie d'office par un décret du Président de la République.

Article 19. — Il est fait sur ces centimes spéciaux, avec une fraction qui ne pourra jamais excéder un demi-centime, un fonds commun spécial, destiné à subventionner les départements qui ne peuvent suffire aux dépenses de l'instruction primaire.

Chaque année, la loi de finances détermine la quotité du prélèvement à faire pour le fonds commun spécial sur les centimes à voter par le Conseil général.

Article 20. — Conformément à l'article 39 de la loi du 15 mars 1850, les instituteurs primaires publics reçoivent des pensions de retraite.

Ces pensions seront réglées d'après les bases qui seront adoptées pour les fonctionnaires de l'instruction publique. Il ne pourra toutefois être alloué aucune pension de retraite au-dessous de 100 francs.

Article 21. — Les caisses d'épargne et de prévoyance des instituteurs primaires sont supprimées.

La retenue de 5 p. 100 continuera d'être faite sur les traitements des instituteurs au profit de la Caisse des retraites.

Article 22. — Dans un délai de trois mois, les instituteurs primaires devront opter entre le retrait des fonds déposés par eux dans les caisses d'épargne et le versement de ces fonds à leur compte dans la caisse de retraite des fonctionnaires de l'instruction publique.

Les instituteurs qui opteront pour ce versement seront

admis à compter, comme service effectif donnant droit a la retraite, tout le temps pendant lequel ils auront déposé leurs retenues dans la caisse d'épargne et de prévoyance.

Article 23. — L'inspection des écoles primaires publiques et particulières est confiée dans chaque département à l'inspecteur d'Académie.

Elle sera spécialement exercée, dans chaque canton, par le juge de paix et par un certain nombre de délégués que le sous-préfet présente et que le préfet nomme en Conseil départemental.

Ces délégués se réunissent au moins une fois par mois, sous la présidence des juges de paix.

Les juges de paix, présidents des réunions cantonales, se réunissent au chef-lieu de l'arrondissement, sur la convocation et sous la présidence du sous-préfet.

Les avis et les propositions des réunions de canton et d'arrondissement sont adressés à l'inspecteur d'Académie.

Article 24. — Le maire et le curé ont la surveillance directe des écoles primaires particulières et publiques de la commune.

Ils dressent chaque année la liste des enfants qui doivent être admis gratuitement dans les écoles publiques et dont le nombre aura été préalablement fixé par le sous-préfet pour chaque commune après avis de la réunion cantonale.

Le pasteur et le délégué du Consistoire israélite jouissent des mêmes droits que les curés sur les écoles de leur culte.

Article 25. — Tout instituteur particulier qui refusera de se soumettre à l'inspection ou tentera de la restreindre est passible des peines portées au premier paragraphe de l'article 22 de la loi du 15 mars 1850.

Article 26. — Les écoles de filles, avec ou sans pensionnat, quelles que soient les matières qu'on y enseigne, appartiennent toutes à l'instruction primaire.

Les dispositions des articles 10, 11, 12, 13, 14 et 25 ci-dessus et des articles 28, 30 et 31 ci-après leur sont applicables.

Article 27. — Le préfet, après s'être entendu avec l'évêque

diocésain, détermine, sous l'approbation du Ministre, le mode de la surveillance à exercer dans les écoles de filles tenues par les communautés religieuses.

Article 28. — Le préfet, après avoir pris l'avis de l'inspecteur d'Académie, ou, sur la plainte du Conseil départemental, peut prononcer, au nom du Ministre, contre les instituteurs publics les peines suivantes :

La réprimande ou la censure devant le Conseil départemental ;

La mutation pour une position inférieure ;

La suspension, avec privation totale ou partielle de traitement, pendant six mois au moins et un an au plus ;

La révocation.

Il peut prononcer, dans la même forme, la réprimande et la censure contre les instituteurs particuliers.

Article 29. — Le Ministre peut, pour un cas grave, sur le rapport d'un inspecteur général de l'instruction primaire, prononcer en Conseil supérieur la fermeture d'un établissement particulier d'instruction primaire.

Article 30. — Les instituteurs publics peuvent être autorisés par le Conseil départemental à prendre auprès d'eux des élèves stagiaires. Après trois années d'épreuves, ces élèves reçoivent un certificat de stage, qui constatera leur aptitude et leur bonne conduite et qui sera délivré par l'inspecteur d'Académie, sur le visa du maire et du curé préposés à leur surveillance.

Le Conseil général peut maintenir ou supprimer l'école normale primaire du département. Elle est placée sous la surveillance directe de l'inspecteur d'Académie.

Article 31. — Le préfet nomme chaque année les membres de la commission d'examen qui est chargée, sous la présidence de l'inspecteur d'Académie, de délivrer les brevets de capacité pour l'instruction primaire.

Un ministre du culte professé par le candidat fait nécessairement partie de cette commission.

CHAPITRE II

De l'Enseignement secondaire.

Article 32. — Pour ouvrir et diriger un établissement d'instruction secondaire avec ou sans pensionnat, il faut être Français, avoir vingt-cinq ans au moins et justifier d'une autorisation préalable.

Cette autorisation est accordée pour un lieu déterminé :

1° Par les recteurs, après enquête sur la convenance du local, à des candidats pourvus du diplôme de bachelier ès lettres ou ès sciences, et dont la moralité aura été constatée ;

2° Par les évêques, dans l'étendue de leur diocèse, pour les établissements tenus par des ecclésiastiques.

Elle est délivrée dans la forme déterminée par l'article 10 ci-dessus et doit être enregistrée au secrétariat de l'Académie sous peine de nullité.

Elle peut toujours être retirée par l'autorité qui l'a accordée.

Article 33. — Les inspecteurs généraux auront seuls accès dans les établissements ecclésiastiques d'enseignement secondaire.

Article 34. — Tout chef d'établissement particulier d'enseignement secondaire qui ne justifiera pas d'une autorisation préalable est passible des peines portées aux deux premiers paragraphes de l'article 66 de la loi du 15 mars 1850.

Article 35. — L'article 25 ci-dessus est applicable aux chefs d'établissements particuliers d'enseignement secondaire qui refuseraient de se soumettre à l'inspection ou tenteraient de la restreindre.

Article 36. — Les résultats de la mission des inspecteurs généraux dans les établissements d'instruction secondaire de tout genre seront communiqués au Conseil supérieur. Les abus graves qui seraient constatés pourront, suivant les cas, être déférés au Président de la République, qui prononcera, s'il y a lieu, sur la proposition du Ministre de l'Instruction publique, la suspension ou la suppression de l'établissement.

Article 37. — Les lycées actuellement existants sont maintenus.

Il y aura un lycée national par département, avec ou sans internat.

En conséquence, un lycée sera substitué, d'ici au 1er octobre prochain, à l'un des collèges communaux situés dans les départements dont les noms suivent :

Ain.
Aisne.
Alpes (Basses-).
Alpes (Hautes-).
Ardennes.
Ariège.
Aube.
Aude.
Cantal.
Corrèze.
Côtes-du-Nord.
Creuse.
Drôme.
Eure.
Eure-et-Loir.
Indre.
Jura.
Landes.
Lot-et-Garonne.
Lozère.
Manche.
Meuse.
Nièvre.
Oise.
Pyrénées (Hautes-).
Pyrénées-Orientales.
Rhin (Haut-).
Saône (Haute-).
Seine-et-Marne.
Deux-Sèvres.
Tarn.
Tarn-et-Garonne.
Var.
Vosges.
Yonne.

Article 38. — A dater du 1er octobre prochain, les collèges communaux cesseront d'exister comme établissements publics d'instruction secondaire.

A l'exception des bâtiments où doivent être placés les nouveaux lycées, la propriété pleine et entière des bâtiments où sont actuellement établis les collèges communaux supprimés est transférée aux villes qui pourront y fonder des établissements particuliers d'instruction secondaire, en traitant, soit avec les évêques et les consistoires, soit avec des instituteurs gradués.

Les chefs de ces établissements sont d'ailleurs assimilés en tout aux chefs des établissements particuliers d'instruction secondaire, et sont tenus de se conformer aux prescriptions de la présente loi.

CHAPITRE III

De l'Enseignement supérieur.

Première Section

Des Facultés, des Écoles supérieures de Pharmacie, des Écoles préparatoires de Médecine et de Pharmacie.

Article 39. — Pour être professeur dans une faculté, il faut être âgé de trente ans au moins, être docteur dans l'ordre de cette faculté et y avoir fait un cours au moins pendant deux ans.

Article 40. — Les suppléances dans les facultés sont confiées par le Ministre à des docteurs ou à des agrégés des facultés.

Article 41. — Les membres de l'Institut pourront être assimilés aux docteurs et aux agrégés et devenir professeurs après un an d'exercice.

Article 42. — Il y a deux rangs de facultés :
1° Les facultés de Paris ;
2° Les facultés des départements.
Les services rendus dans les chaires des facultés du second rang seront considérés comme les titres plus sérieux pour obtenir les chaires des facultés de premier rang.

Article 43. — Il est créé à Clermont une faculté des lettres et une faculté des sciences ;
A Lille, une faculté des lettres et une faculté des sciences ;
A Poitiers, une faculté des sciences ;
A Marseille, une faculté des sciences.

Article 44. — Les aspirants au baccalauréat ès lettres ou au baccalauréat ès sciences ne peuvent se présenter, à l'un ou à l'autre de ces examens, avant l'âge de dix-huit ans accomplis.

Article 45. — Les écoles préparatoires de médecine et de pharmacie actuellement existantes sont maintenues.

Article 46. — Il sera procédé ultérieurement à la réorganisation des facultés de théologie.

Deuxième Section

Des établissements spéciaux d'Enseignement supérieur.

Article 47. — Le Ministre de l'Instruction publique nomme et révoque le directeur ou administrateur du Collège de France, du Muséum d'histoire naturelle, de l'École des langues orientales vivantes, du Bureau des longitudes et de l'Observatoire de Paris et de Marseille, de l'École nationale des Chartes.

Il arrête le budget de chacun de ces établissements, sur la proposition du directeur ou administrateur.

Les programmes des cours ne sont arrêtés et affichés qu'avec l'approbation du Ministre.

Les attributions du directeur ou administrateur, non définies par le présent article, sont déterminées par un règlement ministériel.

TITRE III

DISPOSITIONS SPÉCIALES AU DÉPARTEMENT DE LA SEINE

Article 48. — A Paris, le Conseil départemental se compose :

Du préfet, président ;
De l'archevêque ou de son délégué ;
D'un ecclésiastique désigné par l'archevêque ;
D'un membre des consistoires des cultes non catholiques nommé par le Ministre ;
De six membres du Conseil général désignés également par le Ministre.

Les inspecteurs primaires du département ont entrée au Conseil avec voix consultative.

Article 49. — Le Conseil départemental de la Seine ne connaît que les affaires de l'instruction primaire.

L'inspection des écoles est confiée dans Paris à quatre inspecteurs primaires ; dans les arrondissements de Sceaux et de Saint-Denis à deux inspecteurs primaires et à un certain nombre de délégués désignés par le préfet.

Il y a à Paris quatre inspecteurs d'Académie. Un de ces inspecteurs fait partie du Conseil départemental et y remplit les fonctions de secrétaire général. Il correspond avec les inspecteurs primaires qui lui sont subordonnés en tout ce qui concerne le service dont ils sont chargés.

TITRE IV

DISPOSITIONS GÉNÉRALES ET TRANSITOIRES

Article 50. — Le Conseil supérieur donne son avis sur les méthodes et les programmes d'enseignement dans les écoles publiques ;

Sur les programmes d'examen pour l'obtention du titre d'agrégé et pour la collation des grades dans les facultés ;

Sur la création des lycées et des facultés ;

Sur les règlements généraux qui concernent ces établissements ;

Sur les conditions générales d'hygiène et de moralité des établissements particuliers ;

Sur les livres qui sont prescrits annuellement pour l'enseignement des lycées et sur ceux qui doivent être interdits dans toutes les écoles publiques et particulières ;

Sur les matières disciplinaires qui lui seraient soumises ;

Sur toutes les questions d'enseignement primaire, secondaire et supérieur, qui seront déférées à son examen par le Ministre de l'Instruction publique.

Article 51. — Le local de l'Académie, le mobilier du Conseil académique et des bureaux du recteur sont fournis par la ville chef-lieu.

Les frais de bureau de l'inspecteur d'Académie et du Conseil départemental sont à la charge du département.

Ces dépenses sont considérées comme obligatoires.

Article 52. — Les bâtiments des facultés et des lycées existants ou à créer sont affectés à ces établissements à perpétuité.

Les villes où sont établis les facultés et les lycées

demeurent tenues d'en entretenir les bâtiments, comme aussi de pourvoir aux frais de premier établissement.

Article 53. — Aucun cours public ne peut avoir lieu, à Paris, sans l'autorisation du Ministre : dans les départements, sans l'autorisation du recteur et l'avis favorable du préfet.

Article 54. — Les suppléants actuels des facultés de droit sont agrégés près de ces facultés.
Les agrégés anciens ou nouveaux restent à la disposition du Ministre qui peut les attacher aux diverses facultés du même ordre, suivant les besoins du service.

Article 55. — Les fonctionnaires de l'Instruction publique, non compris dans l'organisation réglée par la présente loi, seront admis à faire valoir leurs droits à la retraite s'ils comptent dix années de services au moins.
Une subvention sera allouée à cet effet sur les fonds de l'État à la Caisse des retraites des fonctionnaires de l'Instruction publique.
Un décret fixera la quotité de l'indemnité temporaire qui pourra être accordée à ceux qui n'auraient point droit à la pension de retraite.

Article 56. — Avant le 1er janvier 1853, s'il n'y a été pourvu par une loi générale, un décret spécial réglera les conditions nouvelles des pensions de retraite des fonctionnaires de l'Instruction publique.

Article 57. — La présente loi est exécutoire à partir du 1er septembre prochain.

Article 58. — Les instituteurs primaires particuliers et les chefs d'établissements particuliers d'instruction secondaire, actuellement en exercice, devront, pour pouvoir continuer leur profession, justifier d'une autorisation préalable, le 1er octobre prochain au plus tard.

Article 59. — Pendant la présente année, les départements et l'État compléteront les traitements des instituteurs publics, mais seulement jusqu'à concurrence du minimum fixé pour chaque classe par l'article 15 ci-dessus.

Les articles 16, 17, 18, 19 et 20 ne recevront leur exécution qu'à partir du 1er janvier 1853.

Article 60. — Les dispositions des lois, décrets, ordonnances et règlements, contraires à la présente loi, sont et demeurent abrogées.

D

CONSEIL IMPÉRIAL DE L'INSTRUCTION PUBLIQUE

Session de décembre 1867.

PROJET DE LOI

SUR L'ENSEIGNEMENT SUPÉRIEUR LIBRE

Article premier. — Tout Français âgé de trente ans au moins, et n'ayant encouru aucune des incapacités comprises dans l'article 26 de la loi du 15 mars 1850, peut, s'il a obtenu le grade de docteur pour les matières d'enseignement auxquelles il veut se livrer, ouvrir une école supérieure libre.

Pour exercer les fonctions de professeur dans une école supérieure libre, il faut être âgé de vingt-cinq ans au moins, n'avoir encouru aucune des incapacités prévues par le paragraphe précédent, et être pourvu du grade de licencié dans l'ordre d'enseignement auquel on veut se livrer.

Tout docteur qui veut ouvrir une école supérieure libre doit préalablement faire à l'inspecteur d'Académie du département où il se propose de l'établir les déclarations prescrites par l'article 27 de la loi du 15 mars 1850, et, en outre, déposer entre ses mains les pièces suivantes, dont il lui sera donné récépissé :

1° Son diplôme de docteur;

2° Les diplômes de licencié des personnes qu'il veut s'adjoindre ;

3° Le plan du local et l'indication de l'objet de l'enseignement.

Un mois après le dépôt, l'établissement pourra être ouvert, si une opposition n'a été formée par le recteur, le préfet ou le procureur impérial, dans l'intérêt de la moralité publique ou de l'hygiène ; il est statué par le Conseil académique, sauf recours au Conseil impérial.

L'ouverture illicite d'un établissement libre d'enseignement supérieur est punie des peines établies par l'article 66 de la loi du 15 mars 1850.

Article 2. — Aucun certificat d'études ne sera exigé des aspirants aux grades de l'enseignement supérieur.

Toutefois, les aspirants aux grades de l'enseignement médical ne seront admis à subir les examens que sur la présentation d'un certificat de stage d'hôpital obtenu dans les conditions qui seront déterminées par un règlement d'administration publique délibéré en Conseil impérial.

Article 3. — En cas de désordre grave dans un établissement libre d'enseignement supérieur, le chef de l'établissement peut être appelé devant le Conseil académique et soumis à la réprimande avec ou sans publicité. En cas de récidive, le Conseil peut prononcer la suspension ou la suppression des cours.

Tout chef d'établissement ou professeur qui, dans ses discours, dans ses leçons ou dans ses actes, s'écartera du respect dû à la Constitution et aux lois, ou qui se rendrait coupable d'inconduite ou d'immoralité, pourra être traduit sur la plainte, soit du ministère public, soit du recteur, devant le Conseil académique, et être interdit à temps ou à toujours du droit d'enseigner, sans préjudice des peines encourues pour crimes et délits prévus par le Code pénal.

Appel des décisions du Conseil académique peut être porté devant le Conseil impérial.

L'appel n'est pas suspensif.

Article 4. — Les dispositions de la présente loi concernant les écoles supérieures libres sont applicables aux cours publics faits sur les matières d'enseignement supérieur et qui se continuent de manière à présenter un caractère de périodicité ou de permanence.

Le Conseil impérial de l'Instruction publique peut toutefois dispenser ces cours de l'application des dispositions qui précèdent. La dispense accordée n'est valable que pour un an.

Les conférences ou entretiens qui ne se renouvellent pas de manière à présenter le caractère de périodicité ou de permanence indiqué au paragraphe 1er du présent article sont considérés comme réunions publiques et placés sous l'application de la loi du ..., alors même qu'ils toucheraient aux matières de l'enseignement supérieur.

Article 5. — Les étrangers peuvent être autorisés à ouvrir ou diriger des établissements supérieurs ou à y professer, aux conditions déterminées par un règlement d'administration publique délibéré en Conseil impérial.

E

PROPOSITION DE LOI

SUR LA LIBERTÉ DE L'ENSEIGNEMENT SUPÉRIEUR, DÉPOSÉE AU SÉNAT LE 28 JUIN 1870, PAR M. DURUY, SÉNATEUR

Article premier. — L'enseignement supérieur peut être donné en dehors des établissements de l'État.

Article 2. — Tout Français qui ne tombe pas sous le coup d'une des incapacités légales prévues aux articles 26 et 63 de la loi du 15 mars 1850 peut ouvrir un cours ou une école libre d'enseignement supérieur; mais le titre de Faculté ou d'école publique est réservé aux établissements de l'État. En cas de contravention, la maison est fermée.

Article 3. — Des associations de plus de vingt personnes peuvent être formées pour la fondation d'une école libre d'enseignement supérieur.

Article 4. — Pour l'ouverture d'un cours ou d'une école libre d'enseignement supérieur, le professeur ou le directeur dépose entre les mains du recteur de l'Académie la déclaration prescrite par l'article 27 de la loi du 15 mars 1850, le programme sommaire du cours ou de l'ensemble des cours, avec l'indication du local de l'école, et une copie des statuts de la Société. Le dépôt du programme sommaire des cours est renouvelé chaque année et chaque fois que, dans l'année, il y est fait des changements.

Un mois après la déclaration, l'établissement peut être ouvert, si une opposition n'a pas été formée par le recteur, soit d'office, soit sur la plainte du procureur impérial, dans l'intérêt de la moralité publique.

L'opposition est jugée à bref délai par le Conseil départemental. Il peut être appelé du Conseil départemental au Conseil impérial de l'Instruction publique.

L'ouverture illicite d'un établissement libre d'enseignement supérieur est punie d'une amende de 1 000 à 3 000 francs.

Article 5. — Les cours ou écoles libres d'enseignement supérieur sont toujours ouverts aux délégués du Ministre de l'Instruction publique, sous peine d'une amende de 1 000 à 3 000 francs.

Article 6. — En cas de désordre grave dans une école libre d'enseignement supérieur, le chef de l'établissement peut être appelé devant le Conseil départemental et soumis à la réprimande. En cas de récidive, le Conseil peut prononcer la suspension des cours ou la fermeture de l'école.

Tout chef d'établissement ou professeur qui dans ses leçons ou ses discours attaquerait la Constitution ou les lois peut être traduit sur la plainte, soit du recteur, soit du ministère public, devant le Conseil départemental et être interdit à temps ou à toujours du droit d'enseigner, sans préjudice des peines encourues pour délits et crimes prévus par le Code pénal.

Appel des décisions du Conseil départemental peut être porté devant le Conseil impérial. L'appel n'est pas suspensif.

Article 7. — Les écoles libres d'enseignement supérieur délivrent, à leur gré, des certificats, diplômes ou brevets, dans les conditions qu'elles déterminent elles-mêmes, à la seule condition de ne pas employer les titres universitaires, sous peine d'une amende de 1 000 à 3 000 francs pour le directeur qui délivre le diplôme et pour celui qui s'en sert.

Les élèves des écoles libres d'enseignement supérieur pourront se présenter aux examens des Facultés pour y prendre, s'il y a lieu, les grades que les Facultés délivrent, sans avoir à produire aucun certificat d'études ou de scolarité, mais en acquittant des droits égaux à ceux que payent les élèves des Facultés.

Toutefois, les élèves libres aspirant aux grades de l'enseignement médical ne sont admis à subir les examens devant une Faculté ou une école publique de médecine que sur la présentation d'*un certificat de stage d'hôpital*, obtenu dans les conditions qui seront déterminées par un règlement d'administration publique délibéré en Conseil impérial.

ARTICLE 8. — Les dispositions de la loi sont applicables aux conférences faites sur les matières d'enseignement supérieur et qui se continuent de manière à présenter un caractère de périodicité ou de permanence.

Les conférences ou entretiens qui ne se renouvellent pas de manière à présenter ce caractère de périodicité ou de permanence sont considérés comme réunions publiques et placés sous l'application de la loi relative au droit de réunion, alors même qu'ils toucheraient aux matières de l'enseignement supérieur.

ARTICLE 9. — Les étrangers peuvent être autorisés à ouvrir ou à diriger des écoles libres, ou à y professer aux conditions déterminées par un règlement d'administration publique délibéré en Conseil impérial.

ARTICLE 10. — Le Conseil impérial peut, après enquête, conférer par collation les grades universitaires à des citoyens âgés de trente-cinq ans au moins et qui mériteraient cette exception par la notoriété de leurs travaux ou de leurs services.

ARTICLE 11. — Le Conseil impérial et le Conseil départe=

mental de l'Instruction publique sont composés comme il suit :

1° Conseil impérial de l'instruction publique.

Le Ministre, président.
Cinq sénateurs. ⎫
Trois députés. ⎪
Cinq conseillers d'État. ⎬ Élus par leurs collègues.
Trois évêques. ⎭

Un membre de l'Église réformée. ⎫
Un membre de l'Église de la confession d'Augsbourg. ⎬ Élus par les consistoires.
Un membre du consistoire central israélite. ⎭

Trois membres de la Cour de cassation élus par leurs collègues.

Cinq membres de l'Institut élus par leurs collègues, à raison d'un membre pour chacune des cinq classes.

Deux membres choisis par l'Empereur parmi les inspecteurs généraux et les recteurs.

Deux membres de l'enseignement supérieur public élus par les professeurs des facultés.

Deux membres de l'enseignement secondaire élus par les proviseurs, principaux et professeurs des lycées et collèges.

Deux membres de l'enseignement primaire élus par les inspecteurs primaires, les directeurs et les professeurs des écoles normales primaires.

Deux membres de l'enseignement libre élus par les directeurs des établissements libres légalement constitués.

2° Conseil départemental.

Le recteur ou en son absence l'inspecteur de l'Académie, qui prend le titre de vice-recteur, président.

Le préfet ou son délégué.

L'évêque ou son délégué.

Un membre des églises protestantes et un membre du culte israélite dans les départements qui ont des consistoires légalement constitués ; ces deux membres sont choisis par les consistoires.

Trois membres du Conseil général élus par leurs collègues.

Un membre élu par la cour impériale dans les chefs-lieux de préfecture où siège une cour souveraine.

Un membre élu par le tribunal de première instance dans les villes qui sont le siège d'une juridiction de premier degré.

Un inspecteur de l'enseignement primaire désigné par le Ministre.

Un membre de l'enseignement supérieur ou secondaire élu par les membres de ces deux ordres d'enseignement.

Un membre de l'enseignement primaire élu par les instituteurs du département.

Pour le département de la Seine, le nombre des membres du Conseil départemental est doublé.

Les pouvoirs des deux Conseils sont renouvelés tous les trois ans. Leurs membres sont rééligibles.

Article 12. — En matière disciplinaire et contentieuse, les séances des deux Conseils sont publiques.

A la suite de la lecture du rapport, les intéressés ont le droit de présenter leurs observations et de se faire assister d'un conseil.

Les fonctions du ministère public sont remplies, au Conseil impérial, par le secrétaire général du ministère; au Conseil départemental, par le secrétaire élu du Conseil.

F

PROPOSITION DE LOI
SUR LA LIBERTÉ DE L'ENSEIGNEMENT SUPÉRIEUR PRÉSENTÉE LE 31 JUILLET 1871 PAR M. LE COMTE JAUBERT A L'ASSEMBLÉE NATIONALE

TITRE PREMIER

DES COURS ET DES ÉTABLISSEMENTS LIBRES D'ENSEIGNEMENT SUPÉRIEUR

Article premier. — Tout Français majeur n'ayant encouru aucune des incapacités prévues par l'article 6 de la présente loi; — les associations formées dans un dessein d'enseignement supérieur, conformément à l'article 8 ci-après; — les départements et les communes, — pourront ouvrir librement des cours ou des établissements d'enseignement supérieur, aux seules conditions prescrites par les articles suivants.

Article 2. — L'ouverture de chaque cours devra être précédée d'une déclaration signée par l'auteur du cours.

Cette déclaration indiquera les noms, qualité et le domicile du déclarant, le local où seront faits les cours, et l'objet ou les divers objets de l'enseignement qui y sera donné.

Elle sera remise au recteur dans les départements où est établi le chef-lieu de l'Académie, et à l'inspecteur d'Académie dans les autres départements. Il en sera donné immédiatement récépissé.

L'ouverture du cours ne pourra avoir lieu que dix jours francs après la délivrance du récépissé.

Toute modification aux points qui auront fait l'objet de la déclaration primitive devra être portée à la connaissance des autorités désignées dans le paragraphe précédent. Il ne pourra être donné suite aux modifications projetées que cinq jours après la délivrance du récépissé.

Article 3. — Les établissements libres d'enseignement supérieur devront être administrés et dirigés par trois personnes au moins.

La déclaration prescrite par l'article 2 de la présente loi devra être signée par les administrateurs ou directeurs ci-dessus désignés. Elle indiquera leurs noms, qualités et domiciles, le siège et les statuts de l'établissement, ainsi que les autres énonciations mentionnées dans ledit article 2.

En cas de décès ou de retraite de l'un des administrateurs, il devra être procédé à son remplacement dans un délai de six mois.

Avis en sera donné au recteur ou à l'inspecteur d'Académie.

La liste des professeurs et le programme des cours seront communiqués chaque année aux autorités désignées dans le paragraphe précédent.

Indépendamment des cours proprement dits, il pourra être fait dans lesdits établissements des conférences spéciales, sans qu'il soit besoin d'autorisation préalable.

Les autres formalités prescrites dans l'article 2 de la présente loi sont applicables à l'ouverture et à l'administration desdits établissements.

Article 4. — Les établissements d'enseignement supérieur, ouverts conformément à l'article précédent, ne pourront prendre le nom de Faculté qu'aux conditions suivantes :

S'ils appartiennent à des particuliers ou à des associations, ils prendront le nom de Faculté libre, des lettres, des sciences, de droit, etc.

S'ils appartiennent à des départements ou à des communes, ils prendront le nom de Faculté départementale ou municipale.

Article 5. — Les cours ou établissements libres d'enseignement supérieur seront toujours ouverts et accessibles aux délégués du Ministre de l'Instruction publique.

Article 6. — Sont incapables d'ouvrir un cours et de remplir les fonctions d'administrateur ou de professeur dans un établissement libre d'enseignement supérieur, les personnes qui ne jouissent pas de leurs droits civils ou qui ont encouru l'une des incapacités spécifiées par les articles 26 et 65 de la loi du 15 mars 1850 et par l'article 19 de la présente loi.

Article 7. — Les étrangers pourront être autorisés à ouvrir des cours ou à diriger des établissements libres d'enseignement supérieur dans les conditions prescrites par l'article 78 de la loi du 15 mars 1850.

TITRE II

DES ASSOCIATIONS FORMÉES DANS UN DESSEIN D'ENSEIGNEMENT SUPÉRIEUR

Article 8. — Les dispositions de l'article 291 du Code pénal ne sont pas applicables aux associations formées dans un dessein d'enseignement supérieur.

Article 9. — Une déclaration signée par trois personnes au moins, prenant le titre de membres fondateurs ou administrateurs de ladite association devra être remise aux autorités désignées dans l'article 2 de la présente loi, et en outre au préfet de police à Paris et au préfet dans les départements.

Cette déclaration indiquera les noms, domiciles et qualités des déclarants, les statuts de l'association, sa durée, son siège, le lieu et l'époque de ses réunions. Il en sera donné immédiatement récépissé.

L'association ne pourra commencer ses opérations que dix jours francs après la délivrance du récépissé.

En cas de retraite ou de décès de l'un des administrateurs ou membres fondateurs de l'association, il sera pourvu à son remplacement dans un délai de six mois, et avis en sera donné aux autorités désignées par le paragraphe 1er du présent article.

Toute modification aux points qui auront fait l'objet de la déclaration primitive devra être portée à la connaissance des mêmes autorités. Il ne pourra être donné suite aux modifications projetées que cinq jours après la délivrance du récépissé.

TITRE III

DE LA COLLATION DES GRADES

Article 10. — Les aspirants aux grades ou diplômes de l'enseignement supérieur et aux certificats spéciaux d'aptitude ou de capacité, dont la justification est exigée par les lois et règlements pour l'exercice de certaines professions, peuvent à leur choix et sans aucune condition d'inscription subir leurs examens devant les Facultés de l'État et autres établissements publics d'enseignement supérieur actuellement chargés de leur collation, ou devant un jury spécial formé dans les conditions déterminées par l'article 11 ci-après.

Toutefois, un candidat ajourné dans un desdits établissements ne peut se présenter à un nouvel examen devant le jury spécial, et réciproquement, à moins d'une autorisation du Ministre de l'Instruction publique, sous peine de nullité du diplôme ou certificat obtenu sans autorisation.

Les dispositions du présent article s'appliquent à la collation des grades de bachelier ès lettres et bachelier ès sciences.

Article 11. — Les membres du jury spécial sont nommés pour neuf ans par arrêté du chef du pouvoir exécutif.

Ils sont renouvelés par tiers tous les trois ans ; ils peuvent être indéfiniment renommés.

Les professeurs en exercice de l'Université, ou appartenant

à l'enseignement supérieur libre ne peuvent faire partie de ce jury.

Un arrêté du pouvoir exécutif, rendu sous la forme d'un règlement d'administration publique, le Conseil supérieur de l'Instruction publique entendu, déterminera le mode de composition des commissions d'examen, le lieu et l'époque de leur session.

Article 12. — Les examens subis devant les établissements publics désignés en l'article 10 et devant le jury spécial sont soumis aux mêmes règles et dispositions, notamment en ce qui concerne les dispositions préalables d'âge, de stage dans les hôpitaux ou autres imposées aux candidats, les programmes, le nombre des épreuves nécessaires pour l'obtention de chaque grade ou certificat, les délais obligatoires entre chaque épreuve et les droits à percevoir.

Article 13. — Les certificats d'aptitude aux grades ou diplômes délivrés par le jury spécial seront, comme actuellement les certificats délivrés dans les Facultés et autres établissements publics, visés dans le diplôme accordé sur leur présentation par le Ministre de l'Instruction publique.

Un tableau comparatif des examens, des réceptions et ajournements qui auront eu lieu dans les établissements de l'État et devant le jury spécial, sera inséré chaque année dans le *Journal officiel* et communiqué à l'Assemblée nationale.

TITRE IV

DISPOSITIONS SPÉCIALES A L'ENSEIGNEMENT DE LA MÉDECINE

Article 14. — Les règles établies ci-dessus s'appliquent à l'enseignement supérieur de la médecine, sauf les dérogations suivantes.

Article 15. — Les établissements fondés pour l'enseignement libre de la médecine ne pourront prendre le titre de Facultés libres, municipales ou départementales, qu'aux conditions suivantes :

1º Leurs professeurs seront docteurs en médecine;

2º Elles justifieront d'avoir à leur disposition, dans un

hôpital, 120 lits au moins habituellement occupés pour les trois enseignements cliniques médical, chirurgical, obstétrical. La Faculté sera autorisée de plein droit à fonder, si elle veut, l'hôpital dont elle aurait besoin pour son enseignement;

3° Elles seront pourvues: 1° de salles de dissection munies de tout ce qui est nécessaire aux exercices anatomiques des élèves; 2° des laboratoires nécessaires aux études de chimie et de microscopie pratiques; 3° de collections d'étude pour l'anatomie normale et pathologique; d'un cabinet de physique; d'une collection de matières médicales; d'une collection d'instruments et appareils de chirurgie;

4° Il sera institué un cours d'anatomie, un cours de physiologie, un cours de physique et chimie appliquées, un cours de pathologie médicale, un cours de pathologie chirurgicale, un cours d'opérations et appareils, un cours de pharmacologie et d'histoire naturelle médicale, un cours d'hygiène, un cours de médecine légale, et enfin trois cours de clinique, l'une médicale, l'autre chirurgicale, la troisième obstétricale.

Article 16. — Les élèves de l'enseignement libre médical devront passer soit devant le jury spécial, soit devant les établissements publics, non seulement les examens de grades, mais aussi les examens de fin d'année, tels qu'ils sont établis par les règlements en vigueur. Toutefois les Facultés libres qui réuniront les conditions indiquées dans l'article 15 pourront faire subir à leurs élèves les quatre examens de fin d'année qui seront considérés comme équivalents à ceux qui sont passés devant les Facultés de médecine de l'État.

Article 17. — Les élèves devront passer tous les examens de grade et la thèse devant le même jury, à moins d'autorisation spéciale donnée par le Ministre de l'Instruction publique.

TITRE V

DES PÉNALITÉS

Article 18. — Toute infraction aux prescriptions des articles 2, 3, 4, 6, 9 et 15 de la présente loi constitue une

contravention punie d'une amende n'excédant pas 1 000 francs.
Sont passibles de cette peine :
S'il s'agit d'un cours spécial aux termes de l'article 2, l'auteur du cours ;
S'il s'agit d'un établissement ou d'une association, les directeurs dudit établissement ou de l'association ;
Si le conseil de direction dont la constitution a été prescrite par les articles 3 et 9 n'a pas été formé, les organisateurs de l'établissement ou de l'association ;
Sans préjudice des poursuites qui peuvent être exercées pour les crimes ou délits commis dans lesdits cours ou établissements, et de l'application des dispositions pénales relatives aux réunions et aux associations illicites.

Article 19. — En cas de poursuites exercées contre les auteurs de cours, professeurs ou directeurs d'établissement pour crimes ou délits, et après deux condamnations, le tribunal pourra prononcer contre eux, pour un temps n'excédant pas cinq ans, l'incapacité prévue par l'article 6 de la présente loi.

Article 20. — L'auteur du cours ou les directeurs d'établissement qui auront refusé l'entrée aux délégués du Ministre de l'Instruction publique seront punis solidairement d'une amende de 1 000 à 3 000 francs.

Article 21. — Dans le cas où le Ministre de l'Instruction publique, sur le rapport de ses délégués, jugerait que des cours ouverts dans un établissement ou faits isolément, aux termes de l'article 2, ne sauraient être considérés comme présentant le caractère d'enseignement, le Conseil supérieur pourra, à sa requête et après avis du conseil académique, décider que le prétendu cours ou que l'établissement n'est pas de ceux auxquels s'applique l'article premier de la présente loi, sauf application par les tribunaux compétents des dispositions pénales relatives aux réunions ou associations illicites à ceux qui, après notification de ladite décision, maintiendront ouverts leurs cours ou établissements.

Article 22. — L'article 463 du Code pénal pourra être appliqué aux infractions prévues par la présente loi.

Article 23. — Sont abrogés les lois et décrets antérieurs en ce qu'ils ont de contraire à la présente loi.

ANNEXE

A ce projet de loi se trouvent joints les vœux de la commission sur la réorganisation des Facultés de l'État. Les voici tels qu'ils ont été rédigés par M. Guizot.

Après avoir admis en principe, avec ses conséquences naturelles et ses garanties nécessaires, la liberté de l'enseignement supérieur, la commission regarde comme indispensable et exprime le vœu formel que des mesures législatives, administratives ou financières, selon la nature des questions, soient adoptées sans délai pour accomplir, dans l'enseignement supérieur donné par l'Université et au sein des établissements de l'État, les améliorations et les progrès nécessaires pour que ces établissements soutiennent avec honneur la concurrence à laquelle ils seront désormais appelés, et maintiennent l'enseignement supérieur en France au niveau élevé que lui impose et que lui imposera de plus en plus l'état général des esprits et des lumières en Europe.

La commission ne saurait énumérer ici les réformes et les développements qui doivent assurer ce résultat ; elle se borne à exprimer les vœux qu'il lui paraît le plus urgent de satisfaire.

1° Que les professeurs des diverses Facultés dans les établissements de l'État soient reconnus inamovibles dans leurs chaires, selon les règles de discipline et de juridiction établies dans l'Université ;

2° Que, pour leur régime intérieur, spécialement pour le choix de leur doyen, pour la présentation aux chaires vacantes dans leur sein, pour l'emploi des agrégés, pour l'autorisation des cours qui pourront être donnés dans les locaux affectés à leur service, pour les diverses relations et les divers modes d'enseignement qui peuvent s'établir entre les professeurs et les élèves, les Facultés instituées par l'État soient investies d'une large part d'autonomie et de liberté ;

3° Qu'il soit pourvu dans le budget de l'État aux moyens personnels et matériels d'étude et de progrès dont le besoin se fait si vivement sentir dans l'enseignement supérieur, tels que l'augmentation du nombre des chaires et des professeurs titulaires ou agrégés, la formation et l'entretien des bibliothèques, des laboratoires et des divers instruments de travail intellectuel.

4° Que dans quelques-unes des principales villes de l'État, et avec leur concours, il soit organisé un enseignement supérieur complet, c'est-à-dire réunissant toutes les Facultés avec leurs dépendances nécessaires, de telle sorte que, sans détruire l'unité de la grande Université nationale, ces établissements deviennent, chacun pour son compte, de puissants foyers d'étude, de science et de progrès intellectuel.

G

PROPOSITION DE LOI

RELATIVE A LA CONSTITUTION D'UNE UNIVERSITÉ DANS LA VILLE DE NANCY, PRÉSENTÉE PAR MM. DESJARDINS, BOMPARD, VIOX, ANCELON, PELTEREAU-VILLENEUVE, BERLET, PERROT, GEORGE, LE COMTE DE BEURGES, D'HAUSSONVILLE, STEINHEIL, TALON, ANTONIN LEFÈVRE-PONTALIS, LE BARON DE RAVINEL, DU BREUIL DE SAINT-GERMAIN, AMÉDÉE LEFÈVRE-PONTALIS, BUFFET, BOREAU-LAJANADIE, DE FOURTOU, VILFEU, BIGOT, DESSEILLIGNY, LE BARON DECAZES, SAVARY, PIOU, VINGTAIN, DE CHABROL, LE BARON LESPÉRUT, DELILLE, MEMBRES DE L'ASSEMBLÉE NATIONALE.

TITRE PREMIER

COMPOSITION DE L'UNIVERSITÉ DE NANCY ET TRANSLATION DES FACULTÉS DE STRASBOURG A NANCY

Article premier. — Il est institué à Nancy une Université.

Article 2. — Cette Université se compose de quatre Facultés : droit, médecine, sciences et lettres.

Article. 3. — La Faculté de droit de Strasbourg est réunie à celle de Nancy. — M. le Ministre de l'Instruction publique est chargé de traiter avec la ville de Nancy, au sujet de l'extension que devront recevoir les décrets des 9 janvier et 17 septembre 1864 et les délibérations du Conseil municipal de Nancy en date des 21 décembre 1863 et 5 décembre 1866.

Article 4. — La Faculté de médecine de Strasbourg est transférée à Nancy, à la charge par la ville de Nancy de lui fournir l'installation jugée nécessaire par M. le Ministre de l'Instruction publique.

Article 5. — Les Facultés des lettres et des sciences de Strasbourg sont réunies à celles de Nancy.

Article. 6. — L'établissement de nouvelles chaires dans les Facultés de droit, des sciences et des lettres, en vue de mettre à exécution les articles 3 et 5, sera déterminé par le Conseil de l'Université de Nancy, dont il sera parlé ci-après, d'accord avec M. le Ministre de l'Instruction publique.

TITRE II

ORGANISATION DES FACULTÉS

§ PREMIER

Des doyens, professeurs, chargés de cours et agrégés.

Article 7. — Chaque Faculté se composera de professeurs titulaires. — Elle élira son doyen dans son sein pour trois ans.

Article 8. — A l'avenir, les professeurs titulaires de chaque Faculté seront nommés par celle-ci. Les nominations se feront suivant le mode de concours déterminé par un règlement que rendra le Conseil de l'Université, et sauf les exceptions indiquées dans ce règlement, avec approbation du Conseil supérieur de l'Instruction publique. Les professeurs ne pourront être pris que parmi les docteurs de l'ordre d'enseignement auquel appartiendront lesdites chaires, n'étant pas dans un cas d'incapacité prévu par la loi.

Article 9. — Le cours d'un professeur pourra être suspendu par la Faculté à laquelle il appartiendra pour un temps qui ne saurait excéder un mois, quand le professeur ne donnera pas l'enseignement dont il sera chargé ou quand ses leçons mettront en danger l'ordre public ou les bonnes mœurs. — Le Conseil de l'Université de Nancy revisera cette décision s'il en est requis soit par le professeur suspendu, soit par le recteur de l'Académie. — Il pourra porter la suspension jusqu'à deux mois.

Article 10. — Le Conseil supérieur de l'Instruction publique pourra seul prononcer pour un temps plus long, lequel toutefois ne saurait excéder une année, la suspension d'un cours. — La suspension d'un cours prononcée par le Conseil supérieur entraînera celle du traitement. — Le Conseil pourra aussi prononcer le retrait de l'emploi.

Article 11. — Chaque Faculté désignera, parmi les docteurs n'étant pas dans un cas d'incapacité prévu par la loi, les chargés de cours : 1° quand une chaire sera vacante, en attendant qu'il soit pourvu à la vacance ; 2° quand un professeur sera autorisé par elle à se faire remplacer ; 3° si elle juge qu'il y ait lieu, quand un cours sera suspendu. — Elle pourra rétracter cette désignation. — Dans les mêmes cas, chaque Faculté pourra demander au Ministre de l'Instruction publique de désigner un chargé de cours ; mais cette désignation ne pourra être rétractée que par le Ministre.

Article 12. — Les places d'agrégé dans les Facultés de droit et de médecine sont maintenues. — Il sera pourvu aux vacances par chaque Faculté suivant le mode du concours déterminé par un règlement que rendra le Conseil de l'Université. — Le titre d'agrégé, conféré par les Facultés de droit ou de médecine de Nancy, ne vaudra que pour lesdites Facultés. Il ne pourra être retiré. — Les fonctions ne pourront être retirées que sur la demande de chaque Faculté par le Conseil de l'Université. — Au lieu d'instituer elles-mêmes des agrégés, les Facultés de droit ou de médecine pourront demander au Ministre de l'Instruction publique de déléguer auprès d'elles des agrégés appartenant à l'enseignement général ou à d'autres Facultés. — Cette délégation ne pourra être rétractée que par le Ministre.

§ II
De l'enseignement.

ARTICLE 13. — Chaque Faculté arrêtera, au commencement de l'année scolaire, le programme de ses cours et conférences ; ce programme sera soumis à l'approbation du Conseil de l'Université de Nancy.

ARTICLE 14. — Tous les cours seront publics.

ARTICLE 15. — Chaque Faculté pourra autoriser, dans les salles qui lui sont affectées, des cours ou des conférences sur les sujets rentrant dans l'ordre de son enseignement.

ARTICLE 16. — Les grades seront délivrés, au nom de l'Université, par le chancelier de l'Université sur le certificat de la Faculté. Ils donneront tous les droits qui y sont attachés par les lois, ordonnances, décrets et règlements.

ARTICLE 17. — Les Facultés seront tenues de se conformer aux programmes d'examen arrêtés par le Ministre de l'Instruction publique pour toutes les Facultés de France, faute de quoi les grades devront être refusés par le chancelier de l'Université, et, s'ils sont délivrés par lui, seront nuls et non avenus.

ARTICLE 18. — Les cours, conférences et examens seront soumis aux mêmes inspections que dans les autres Facultés de France.

§ III
De l'administration.

ARTICLE 19. — Chaque Faculté s'administrera elle-même. Elle nommera à tous les emplois d'administration intérieure. Toutefois, la nomination du secrétaire comptable sera réservée au Ministre de l'Instruction publique.

§ IV
De la Juridiction.

ARTICLE 20. — Chaque Faculté aura sur les étudiants qui sont inscrits pour suivre ses cours la juridiction établie par l'ordonnance du 5 juillet 1820 et le statut du 9 avril 1825.

TITRE III

ORGANISATION DE L'UNIVERSITÉ

Article 21. — Il y aura un Conseil de l'Université, dans lequel chaque Faculté sera représentée par son doyen et par un professeur titulaire, élu tous les ans à l'ouverture de l'année scolaire.

Article 22. — Le Conseil élira dans son sein chaque année le chancelier de l'Université.

Article 23. — Le Conseil aura les attributions déterminées par les articles 6, 8, 9 et 12. De plus, il aura sur les étudiants la juridiction actuellement attribuée au Conseil académique par l'ordonnance du 5 juillet 1820 et le statut du 9 avril 1825.

Article 24. — Le chancelier de l'Université aura les attributions déterminées par l'article 16. Il présidera le Conseil avec une voix prépondérante en cas de partage. Il représentera l'Université.

Article 25. — L'Université de Nancy est déclarée établissement d'utilité publique.

II

PROPOSITION DE LOI

SUR L'ORGANISATION DE L'ENSEIGNEMENT SUPÉRIEUR DE L'ÉTAT, PRÉSENTÉE PAR M. PAUL BERT, MEMBRE DE L'ASSEMBLÉE NATIONALE, LE 2 DÉCEMBRE 1873.

CHAPITRE PREMIER

Des Universités en général.

Article premier. — Il est institué dans chacune des villes suivantes : Paris, Bordeaux, Lyon, Montpellier, Nantes, une Université.

Article 2. — L'Université de Paris comprend :

1º Les Facultés des Lettres, des Sciences, de Droit, de Médecine et l'École supérieure de Pharmacie de Paris ;

2º Les Facultés des Lettres, des Sciences, de Droit, de Médecine et Pharmacie de Nancy.

3º Les Facultés des Lettres, des Sciences, de Droit, et l'École secondaire de Médecine de Caen ;

4º Les Facultés des Lettres et de Droit de Douai, la Faculté des Sciences et l'École secondaire de Médecine de Lille.

L'Université de Bordeaux comprend :

Les Facultés des Lettres, des Sciences, de Droit de Bordeaux ; une Faculté de Médecine et Pharmacie qui sera instituée à Bordeaux.

L'Université de Lyon comprend :

1º Les Facultés des Lettres, des Sciences de Lyon, une Faculté de Médecine et Pharmacie et une Faculté de Droit qui seront instituées à Lyon ;

2º Les Facultés des Lettres, des Sciences, de Droit et l'École de Médecine de Dijon.

L'Université de Montpellier comprend :

1º Les Facultés des Lettres, des Sciences, de Médecine de Montpellier et l'École supérieure de Pharmacie, qui sera réunie à cette dernière ; une Faculté de Droit qui sera créée à Montpellier ;

2º Les Facultés des Lettres et de Droit d'Aix, la Faculté des Sciences et l'École secondaire de Médecine et Pharmacie de Marseille ;

3º Les Facultés des Lettres, des Sciences, de Droit et l'École secondaire de Médecine et Pharmacie de Toulouse.

L'Université de Nantes comprend :

Des Facultés des Lettres, des Sciences, de Droit, de Médecine et Pharmacie, qui seront instituées à Nantes.

Article 3. — Sont supprimées :

1º Les Facultés de Théologie catholiques et protestantes ;

2º Les Facultés des Lettres et des Sciences de Besançon, de Clermont, de Grenoble, de Poitiers, de Rennes ; les Facultés de Droit de Grenoble, de Poitiers et de Rennes ;

3º Les Écoles préparatoires de Médecine d'Alger, d'Amiens, d'Angers, d'Arras, de Besançon, de Bordeaux, de Clermont, de Grenoble, de Limoges, de Lyon, de Nantes, de Poitiers, de Reims, de Rennes, de Rouen, de Tours.

CHAPITRE II

De l'Administration des Universités.

Article 4. — Les professeurs de chaque Faculté et de chaque École supérieure de Médecine choisissent parmi eux un doyen et deux assesseurs. Ces fonctionnaires sont nommés pour cinq ans, et ne sont rééligibles que cinq ans après la cessation de leurs fonctions ; mais les assesseurs peuvent être nommés doyens à l'expiration des cinq années d'assessorat.

Article 5. — Chaque Université est sous la direction d'un Recteur, nommé par le Président de la République. Ce Recteur devra être Docteur de l'une des quatre Facultés.

Article 6. — Il est institué dans chaque Université un Conseil de surveillance et de perfectionnement, présidé par le Recteur et composé de :

A. Pour l'Université de Paris :

1º Deux membres, nommés par les professeurs de chacune des Facultés et de l'École de Pharmacie de Paris ;

2º Un membre nommé par les professeurs de chacune des autres Facultés et Écoles de Médecine de l'Université.

B. Pour l'Université de Lyon :

1º Deux membres nommés par les professeurs de chacune des Facultés de Lyon ;

2º Un membre nommé par les professeurs de chacune des Facultés et de l'École de Médecine de Dijon.

C. Pour l'Université de Montpellier :

1º Deux membres nommés par les professeurs de chacune des Facultés de Montpellier ;

2º Un membre nommé par les professeurs de chacune des autres Facultés et des Écoles de Médecine de l'Université.

D. Pour les Universités de Bordeaux et de Nantes, de deux membres nommés par chacune des Facultés de ces Universités.

Ces membres sont nommés pour cinq ans, et rééligibles ; les doyens et assesseurs peuvent en faire partie.

Article 7. — Ce Conseil fait annuellement un rapport

détaillé sur l'état et les résultats de l'enseignement dans chacun des établissements de l'Université.

Il donne son avis sur l'opportunité de la création, de la suppression ou de la transformation de chaires; sur l'acceptation des dons et legs faits à l'Université ; sur la création ou la suppression de Facultés autres que celles du chef-lieu de l'Université ; sur les modifications à apporter aux programmes d'examen : toutes questions dont la solution appartient au Ministre, après avis du Conseil supérieur de l'Instruction publique.

Il nomme et révoque les préparateurs, conservateurs et garçons de laboratoire, les bibliothécaires, les secrétaires et agents d'administration.

Il prononce, à la majorité des deux tiers des voix, contre les professeurs, les peines du blâme et de la suspension des fonctions pour un temps qui ne peut excéder un semestre scolaire. Cette dernière peine peut être frappée d'appel devant le Conseil supérieur de l'Instruction publique.

Il prononce les peines disciplinaires contre les étudiants ; l'exclusion seule peut être frappée d'appel devant le Conseil supérieur de l'Instruction publique.

Il peut provoquer des réunions communes de plusieurs Facultés ou même de l'Université tout entière.

Il déclare la vacance des chaires de l'Université, et fixe l'époque des remplacements.

Il administre les biens et établit le budget annuel de l'Université dans les conditions déterminées au chapitre VI.

Ses autres attributions seront réglées dans le cours de la présente loi.

Il se réunit régulièrement deux fois par an, et, en outre, toutes les fois qu'il est convoqué, soit par le Recteur, soit par cinq de ses membres.

CHAPITRE III

Du Personnel enseignant.

Article 8. — Les candidats aux diverses chaires des Facultés ou des Écoles de médecine devront être docteurs de l'ordre correspondant.

Leur nomination sera faite par le Ministre, qui choisira parmi deux candidats au plus, présentés : l'un par la Faculté ou l'École où la place est vacante ; l'autre, par l'ensemble des professeurs spéciaux du Collège de France, du Muséum d'histoire naturelle, des Facultés ou Écoles des diverses Universités, professeurs dont la liste sera dressée, chaque année, pour chacune des chaires, par le Conseil supérieur de l'Instruction publique.

Les votes seront écrits et motivés.

Les mêmes règles devront être suivies pour les mutations de chaires, soit dans le sein de la même Université, soit d'une Université à l'autre.

Article 9. — Nul ne pourra être, simultanément, titulaire de deux chaires de l'enseignement supérieur.

Les professeurs de cet enseignement ne pourront accepter d'emplois dans d'autres établissements non officiels du même ordre.

Article 10. — Un professeur malade ou empêché, pour des raisons agréées par le Conseil de perfectionnement, pourra être suppléé par un docteur que désignera ledit Conseil, après avoir pris l'avis de la Faculté ou de l'École compétente.

Il en sera de même de la vacance d'une chaire survenue pendant la durée même du cours : le Conseil de perfectionnement désignera immédiatement un suppléant, en attendant la nomination du titulaire.

Les suppléants pourront être pris en dehors des agrégés.

Les traitements à allouer aux suppléants dont il est question au présent article seront déterminés par le Conseil.

Article 11. — Tout docteur de l'une des Facultés pourra, avec l'autorisation du Conseil de perfectionnement, ouvrir dans une des salles de l'établissement un cours gratuit ou payant, et avoir à sa disposition les moyens d'action, en matériel et en locaux, nécessaires à ce cours, suivant une réglementation déterminée par le Conseil de perfectionnement.

Le taux d'inscription aux cours payants ne pourra être inférieur au minimum fixé par le Conseil pour les cours des professeurs.

Le refus ou le retrait d'autorisation devra être motivé, et pourra être frappé d'appel devant le Conseil supérieur de l'Instruction publique.

Article 12. — Après deux années d'enseignement dans une Université, le Conseil de perfectionnement pourra décerner au docteur le titre d'agrégé. Les agrégés n'auront plus besoin d'autorisation pour faire de cours ; ils pourront être appelés à prendre part aux examens, et toucheront alors une rétribution proportionnelle.

Au point de vue disciplinaire, les agrégés seront assimilés aux professeurs.

Article 13. — Le nombre des préparateurs, conservateurs, bibliothécaires et agents administratifs, leur traitement, les conditions de leur nomination et de leur révocation seront, dans chaque Université, déterminés par le Conseil de perfectionnement.

CHAPITRE IV
Des conditions générales de l'enseignement.

Article 14. — La durée de chacun des cours de Faculté ou d'École de Médecine est d'un semestre scolaire.

Pendant ce semestre, chaque professeur fait, par semaine, une leçon publique et gratuite, et des conférences pratiques et payantes (exercices mathématiques, explications de textes, cliniques, recherches de laboratoire, etc.) aux élèves qui se sont inscrits à son cours.

Ces inscriptions seront prises par les élèves, à leur choix, pour chacun des cours qu'ils veulent suivre.

Elles donneront lieu à une rémunération dont le taux sera fixé chaque année, pour chaque cours, par le professeur, et qui sera payée par les élèves entre les mains de l'agent comptable de l'Université. Le minimum de cette rémunération sera déterminé par le Conseil de perfectionnement.

Article 15. — Les Cours de Faculté auront pour objectif général la préparation aux grades de licencié et de docteur ;

mais chaque professeur tracera, chaque année, son programme et le développera librement sous sa propre responsabilité.

Article 16. — Les Facultés des Lettres et des Sciences décerneront des diplômes de bachelier, de licencié et de docteur ; celles de Droit, des diplômes de licencié et de docteur ; celles de Médecine, des diplômes de docteur, de pharmacien de 1re et de 2e classe ; les Écoles de médecine, des diplômes de pharmacien de 2e classe : ces derniers diplômes donnent droit à l'exercice de la médecine et de la pharmacie.

Les diplômes de chaque grade peuvent être multiples, suivant décision du Conseil supérieur de l'Instruction publique ; c'est ainsi qu'il y aura des licenciés et docteurs ès sciences mathématiques, physiques ou naturelles.

Article 17. — Le Conseil supérieur de l'Instruction publique détermine la série des examens, leurs programmes et le montant des droits à percevoir par chacun d'eux.

Article 18. — Les examens auront lieu à des époques fixées par le Conseil de perfectionnement de chaque Université, qui détermine, en outre, la composition des jurys.

Aucune condition d'inscription ne sera requise des candidats nationaux, qui pourraient se présenter aux examens sans avoir jamais suivi les cours des Universités de l'État. Mais les candidats étrangers ne seront admis à subir les examens que par décision individuelle du Conseil de perfectionnement de l'Université.

Article 19. — Tout ou partie des droits d'inscription ou d'examen pourront être remis aux élèves nationaux par décision du Conseil de perfectionnement. Pour les droits d'inscription, l'avis conforme du professeur sera nécessaire.

Mais la remise n'est jamais définitive ; l'Université pourra poursuivre plus tard le remboursement, si la situation pécuniaire de l'ancien élève le permet.

Article 20. — Le Conseil supérieur de l'Instruction publique désignera les diplômes qui pourraient être exigés pour suivre les cours de certaines Facultés.

ARTICLE 21. — Les étudiants qui auraient commencé leur instruction dans une Université pourront la terminer dans une autre, avec l'agrément du Conseil de perfectionnement de celle-ci. Toutefois, les mutations ne pourront avoir lieu qu'aux époques semestrielles.

Les étudiants exclus d'une Université ne pourront être reçus dans une autre que sur avis motivé du Conseil de perfectionnement de celle-ci.

CHAPITRE V

De l'Enseignement dans les Facultés et les Écoles de Médecine.

ARTICLE 22. — L'enseignement dans les Facultés et les Écoles de Médecine est réglé, comme il est dit ci-après, sauf les modifications que, sur l'avis d'un Conseil de perfectionnement, pourrait déterminer, soit pour une seule Université, soit pour toutes les Universités ensemble, le Conseil supérieur de l'Instruction publique.

ARTICLE 23. — La Faculté des Lettres de Paris comprendra les chaires suivantes :

1°, 2°, 3° Philosophie, Histoire de la philosophie, Logique, Morale ; — 4°, 5°, 6° Histoire ; — 7°, 8° Histoire de France ; — 9° Géographie ; — 10° Archéologie ; — 11° Ethnographie ; — 12° Exégèse ; 13°, 14° Linguistique ; — 15° Origines de la langue française ; — 16° Langue et littérature grecques ; — 17° Langue et littérature latines ; — 18°, 19°, 20° Langues et littératures étrangères ; — 21°, 22° Langue et littérature françaises ; — 23° Esthétique et histoire de l'art.

ARTICLE 24. — La Faculté des Sciences de Paris comprendra les chaires suivantes :

1° Algèbre supérieur ; — 2° Géométrie supérieure ; — 3°, 4° Calcul infinitésimal ; — 5° Astronomie mathématique ; — 6° Astronomie physique ; — 7° Mécanique rationnelle ; — 8° Mécanique physique ; — 9° Physique mathématique ; — 10°, 11° Physique ; — 12°, 13° Chimie ; — 14° Analyse chimique ; — 15° Minéralogie ; — 16° Physique du globe et météorologie ; — 17° Anatomie et physiologie générales ; —

18° Pathologie générale et expérimentale ; — 19° Anthropologie ; — 20° Zoologie ; — 21° Anatomie et physiologie comparées ; — 22° Botanique ; — 23° Anatomie et physiologie végétales ; — 24° Géologie ; — 25° Paléontologie.

Article 25. — La Faculté de Droit de Paris comprendra les chaires suivantes :

1° Histoire générale et Philosophie du Droit ; — 2°, 3°, 4°, 5° Droit romain ; — 6° Droit féodal et coutumier ; — 7°, 8°, 9°, 10° Droit civil ; — 11° Droit criminel ; — 12°, 13° Procédure civile ; — 14° Procédure criminelle ; — 15° Droit commercial ; — 16° Droit administratif ; — 17°, 18° Législations étrangères ; — 19° Droit canonique ; — 20° Droit des gens ; — 21° Droit constitutionnel ; — 22°, 23° Économie politique ; — 24° Histoire des doctrines économiques ; — 25° Droit financier.

Article 26. — La Faculté de Médecine de Paris comprendra les chaires suivantes :

1° Physique biologique ; — 2° Chimie biologique ; — 3° Histoire naturelle médicale ; — 4° Anatomie de l'homme ; — 5° Histologie ; — 6° Physiologie de l'homme ; — 7° Pathologie et thérapeutique générales ; — 8° Pathologie comparée ; — 9° Pathologie médicale ; — 10°, 11°, 12° Pathologie chirurgicale ; — 13°, 14°, 15°, 16° Clinique médicale ; — 17°, 18°, 19°, 20° Clinique chirurgicale ; — 21° Clinique d'accouchements ; — 22° Clinique des maladies des organes des sens ; — 23° Clinique des maladies syphilitiques et cutanées ; — 24° Clinique des maladies mentales et nerveuses ; — 25° Clinique des maladies des femmes ; — 26° Clinique des maladies des enfants et des vieillards ; — 27° Hygiène ; — 28° Thérapeutique ; — 29° Médecine légale et droit médical ; — 30° Toxicologie ; — 31° Pharmacologie ; — 32° Histoire de la médecine.

Article 27. — L'École supérieure de Pharmacie de Paris comprendra les chaires suivantes :

1° Physique appliquée à la pharmacie ; — 2°, 3° Chimie appliquée à la pharmacie ; — 4°, 5°, 6° Histoire naturelle appliquée à la pharmacie : — 7°, 8° Pharmacie ; — 9° Toxicologie ; — 10° Anatomie et physiologie ; — 11° Pathologie.

Article 28. — Dans les villes chefs-lieux des Universités,

chaque Faculté des lettres devra comprendre au moins douze chaires ; chaque Faculté des sciences, au moins seize ; chaque Faculté de droit, au moins douze ; chaque Faculté de médecine et pharmacie, au moins vingt. La dénomination de ces chaires sera fixée, pour chaque Faculté, par le Ministre, après avis du Conseil supérieur de l'Instruction publique.

Dans les autres villes, les Facultés resteront provisoirement avec leur organisation actuelle ; il en sera de même pour les Écoles de médecine.

CHAPITRE VI
Du budget des Universités.

ARTICLE 29. — Chaque Université a son budget spécial. Elle le règle et en dispose sous les conditions ci-après déterminées. Les diverses Facultés et Écoles de chaque Université ne sont point séparées au point de vue budgétaire. Cependant des legs, donations, allocations spéciales, peuvent être attribués par les corps constitués ou les particuliers aux groupes de Facultés établies dans chaque ville.

ARTICLE 30. — L'actif du budget se compose :

1° Des revenus des biens de l'Université, à savoir : A. Des dons et legs de nature mobilière et immobilière faits à l'Université ; — B. Du fonds de réserve dont il est parlé à l'art. 36 ;

2° Des allocations de l'État, soit ordinaires, soit extraordinaires, et destinées au traitement du personnel et à l'entretien du matériel ;

3° Des subventions des villes et départements ;

4° Du montant des inscriptions et des droits d'examen ;

5° Des bourses et prix qui pourraient être institués par l'État, des corps constitués ou des particuliers.

ARTICLE 31. — Le traitement des professeurs de Faculté et d'École se compose d'une partie fixe et d'un éventuel.

ARTICLE 32. — Le traitement fixe des professeurs de Faculté est, en province, de 4,000 francs ; à Paris de 6,000 francs ; les professeurs de l'École supérieure de Pharmacie de Paris sont assimilés aux professeurs de Faculté. Le traitement fixe des professeurs des Écoles secondaires de médecine est de 3,000 francs. Ces traitements sont payés par l'État.

Article 33. — L'éventuel des professeurs se compose : 1° d'une part dans les droits des examens auxquels ils auraient assisté ; 2° d'une part dans la rétribution payée par les élèves inscrits à leurs cours, conformément à l'art. 14.

Article 34. — Le quantum de ces différentes parts sera déterminé, chaque année, par le Conseil de perfectionnement de chaque Université. Il pourra différer pour les divers établissements composant chaque Université.

Le Conseil de perfectionnement pourra même décider que, pour certaines chaires, quel que soit le nombre des élèves inscrits au cours, le professeur recevra un minimum d'éventuel déterminé.

Article 35. — Les Recteurs reçoivent, suivant la résidence, un traitement variant de 15 à 25,000 francs ; ces traitements sont payés par l'État.

Article 36. — Le Conseil de perfectionnement de chaque Université réglera, chaque année, le budget de l'Université, budget qui sera rendu public.

Il aura ainsi à déterminer les sommes nécessaires :

1° Pour le traitement des divers préparateurs, bibliothécaires, comptables et gens de service employés par l'Université ;

2° Pour l'entretien des laboratoires, collections et bibliothèques ;

3° Pour les dépenses des réparations locatives des divers bâtiments occupés par l'Université ;

Il constituera de plus un fonds de réserve, auquel l'Université ne pourra emprunter que sur l'avis conforme du Ministre. La part ainsi mise de côté chaque année devra s'élever au moins au cinquantième des recettes brutes de l'Université.

Article 37. — La ville dans laquelle est établie une Université ou un groupe de Facultés devra, chaque année, inscrire à son budget une somme égale au cinquantième des recettes brutes faites par l'Université ou le groupe de Facultés dans l'année précédente. Cette somme sera inscrite au budget de l'Université, et devra être affectée en premier lieu à l'entretien des bâtiments de l'Université.

Article 38. — L'État n'interviendra, par des allocations destinées au traitement des employés de l'Université autres que les professeurs, à l'organisation de laboratoires ou de collections ou à l'entretien du matériel et des bâtiments, que sur la demande du Conseil de perfectionnement de l'Université, après avis conforme du Conseil supérieur de l'Instruction publique.

Les sommes ainsi allouées auront une attribution nettement déterminée.

L'allocation ne peut être qu'annuelle; elle ne sera renouvelée que sur une nouvelle demande et sur un nouvel avis.

CHAPITRE VII
De la mise à la retraite et des pensions.

Article 39. — Les professeurs des Facultés et Écoles seront mis à la retraite à soixante-cinq ans.

Article 40. — La retraite payée par l'État sera des deux tiers du traitement fixe, quel que soit le temps depuis lequel le professeur occupe ses fonctions.

Article 41. — Les professeurs mis à la retraite auront le droit de continuer à faire des cours gratuits ou payants, en s'aidant de toutes les ressources de l'établissement dont ils faisaient partie.

Article 42. — Le professeur qui, par ses infirmités, est obligé de quitter l'enseignement, a également droit à une pension viagère équivalente à la moitié de son traitement fixe.

Article 43. — Le professeur suspendu pendant un temps ne touche, pendant ce temps, que le quart de son traitement fixe.

Article 44. — La veuve d'un professeur recevra une pension égale à la moitié du traitement fixe de son mari, lorsqu'il n'y aura pas séparation de corps prononcée contre elle ; cette pension cesse de plein droit le jour où elle se remarie.

Article 45. — Chaque Université pourra en outre établir pour ses professeurs et ses employés inférieurs une caisse de retraites qu'elle réglementera et régira elle-même, par son Conseil de perfectionnement.

CHAPITRE VIII

Dispositions transitoires.

Article 46. — Le matériel (instruments, collections, bibliothèques) des établissements supprimés en vertu de l'art. 3 sera abandonné par l'État aux villes où ils existaient, à titre gratuit et en toute propriété, sous la condition qu'il sera par elles employé à l'enseignement.

Article 47. — Les professeurs des Facultés établies actuellement dans les villes énumérées en l'article 2 conserveront leur titre.

Lorsque la chaire qu'ils occupent maintenant sera divisée par l'organisation nouvelle, ils choisiront la nouvelle chaire qu'ils voudront occuper.

Article 48. — Les professeurs actuels des établissements désignés en l'article 3 pourront être replacés dans ceux qui sont maintenus, si leur demande est appuyée par l'Académie des sciences, de l'Institut, pour les professeurs des Facultés des Sciences ; par l'Académie des sciences morales et politiques, pour les professeurs des Facultés de Droit et de Théologie ; par l'Académie française ou par l'Académie des Inscriptions et Belles-Lettres, pour les professeurs des Facultés des Lettres ; par l'Académie de Médecine, pour les professeurs des Écoles secondaires de Médecine.

Article 49. — Les professeurs des Facultés actuelles des Sciences et des Lettres qui refuseraient de se déplacer, ou dont l'Académie compétente n'appuierait pas la demande, et qui auraient plus de dix ans de professorat de Faculté, recevront à titre d'indemnité une somme égale à la moitié de leur traitement actuel jusqu'à l'époque de leur retraite.

Article 50. — Les bâtiments dans lesquels devront être installées les Universités appartiendront à l'État, qui s'entendra avec les diverses administrations municipales pour la mise à exécution de ce principe.

Article 51. — Un crédit extraordinaire sera ouvert au Ministre de l'Instruction publique pour l'acquisition des livres, objets de collections et instruments les plus indispensables à chaque Université.

Article 52. — Le mouvement du personnel indiqué par les articles 47 et 48 devra être terminé dans le délai de six mois à partir de la promulgation de la présente loi. Dans un délai de trois mois ensuite devront être constitués les Conseils de perfectionnement de chaque Université, et le personnel sera complété aux époques fixées par le Ministre suivant les règles établies en l'article 8.

Ces Conseils entreront immédiatement en fonctions, avant même les installations des diverses Universités, installations qui auront lieu sur la décision du Conseil supérieur de l'Instruction publique.

Article 53. — Les nouveaux traitements des professeurs ne commenceront à courir qu'au fur et à mesure de leur installation. Le Conseil supérieur de l'Instruction publique déterminera l'époque à laquelle devront cesser de fonctionner les établissements désignés en l'article 3.

I

PROJET

POUR LA CRÉATION ET L'ORGANISATION D'UNIVERSITÉS [1].

Partie générale.

Les quatre Facultés principales doivent être, au moins à Paris, et, en attendant plus, à Lyon, Bordeaux, Montpellier,

---

1. Ce projet fut élaboré par une réunion comprenant : MM. Berthelot, Boutmy, Bréal, Hérold, Liouville, du Mesnil, G. Monod, G. Paris, Renan, Taine.

Nancy, peut-être Rennes, réunies en Corps ou Universités.

Ces Universités recevront une personnalité civile mixte et auront un budget qu'elles régleront elles-mêmes, sauf l'approbation du Ministre, le Conseil de perfectionnement entendu, et sous le contrôle de la Cour des comptes.

Le budget de l'Université a pour sources de recettes : 1° les subventions de l'État; 2° les produits des droits d'inscriptions et d'examen; 3° les subventions des communes et des départements; 4° les dons et legs; 5° les revenus des propriétés de l'Université.

Leur administration, en tant que Corps enseignants, est soumise au contrôle de l'État, représenté par le Recteur de l'Académie, dans le ressort duquel elles sont établies.

Il est institué auprès du Ministère un Conseil de perfectionnement de l'enseignement supérieur de l'État qui juge en dernier ressort les questions litigieuses.

Le Conseil de chaque Université, renouvelable tous les ans, se compose : 1° des doyens des quatre Facultés; 2° de délégués de chacune d'elles, dans des proportions et des conditions à déterminer.

Ce Conseil nomme tous les ans le Chancelier, pris à tour de rôle dans chacune des quatre Facultés. Le Chancelier préside le Conseil et représente l'Université auprès de l'État.

Chaque Faculté nomme tous les trois ans son doyen qui l'administre sous la surveillance du Chancelier et du Conseil. Le doyen ne peut être réélu immédiatement qu'une seule fois. Il est nécessairement choisi parmi les professeurs titulaires.

Le tableau des cours est arrêté pour chaque semestre dans l'assemblée des professeurs de chaque Faculté. Le doyen veille à ce que l'ensemble de l'enseignement que doit donner la Faculté soit représenté dans les cours. Ce tableau doit être approuvé par le Conseil de l'Université, et est soumis au visa du Conseil de perfectionnement.

Chaque Faculté se compose :

1° De professeurs titulaires;

2° De professeurs adjoints (ou agrégés).

En outre, tout docteur peut, dans des conditions qui seront déterminées par chaque Université pour chaque Faculté, être autorisé à faire des cours ou conférences, pour lesquels il ne reçoit pas de traitement, dans les locaux universitaires.

Par exception, et en motivant cette exception, l'Université ou le Ministre peuvent donner la même autorisation à une personne non pourvue du grade de docteur.

Par exception également motivée, l'Université peut voter et le Ministre peut accorder une allocation pour un cours de cette nature.

L'autorisation donnée aux docteurs doit être renouvelée chaque année.

Les professeurs titulaires et adjoints sont nommés par le Ministre, sur une double présentation faite d'un côté par l'Université, de l'autre par le Conseil de perfectionnement. Ils doivent être docteurs; cependant, sur la proposition de l'Université, approuvée par le Conseil de perfectionnement, ils peuvent être dispensés de ce titre.

Provisoirement, et pendant une période de cinq ans, les professeurs pourront être nommés par le Ministre directement, et il ne sera pas nécessaire qu'ils soient docteurs.

Dans les assemblées de chaque Faculté, qui ont lieu régulièrement au commencement et à la fin de chaque semestre et peuvent en outre être convoquées par le doyen quand il le juge convenable, les professeurs titulaires et adjoints votent suivant des règles à déterminer pour chaque Université.

Chaque Faculté compte un certain nombre de chaires ayant un titre spécial et occupées par les professeurs titulaires. Les professeurs adjoints n'ont pas nécessairement de titre spécial, et peuvent enseigner ce qu'ils veulent dans le cadre de la Faculté à laquelle ils appartiennent, sauf approbation du doyen et du Conseil universitaire.

Des chaires à titre spécial peuvent être fondées, soit par les villes ou les départements, soit par des particuliers, pour des professeurs adjoints. Ces fondations doivent être approuvées par l'État, sur la proposition de la Faculté et de l'Université, transmise par le Conseil de perfectionnement. Le Conseil décide si les conditions imposées par les fondateurs sont acceptables. Ces conditions peuvent être admises, même si elles déterminent un mode spécial de nomination aux chaires ainsi fondées.

L'enseignement comprend :

1° Des cours publics ;
2° Des cours privés ;
3° Des conférences.

Les cours publics sont ouverts à tous les étudiants de l'Université ; ceux que font les professeurs titulaires peuvent, sur leur demande, être ouverts au public extérieur.

Les cours privés ne sont ouverts qu'aux étudiants qui ont acquitté les droits d'inscription afférents à chaque cours ou qui en ont été dûment dispensés.

Les conférences ne sont ouvertes qu'aux étudiants que le professeur juge bon d'y admettre, et qui ont acquitté les droits d'inscription.

Toute personne désireuse de suivre des cours sans être étudiant peut, sur sa demande, être autorisée à le faire dans les mêmes conditions que les étudiants.

Les professeurs, titulaires ou adjoints, sont astreints à faire, pendant la durée des cours, un nombre de leçons publiques à déterminer.

En dehors des leçons publiques, tous les professeurs ont le droit de faire des cours privés ou des conférences. Ces leçons supplémentaires sont payées par les auditeurs inscrits ; la répartition du produit des inscriptions entre l'Université, la Faculté et les professeurs, sera réglée pour chaque Faculté et ne pourra être modifiée que par le Ministre, sur l'avis du Conseil de perfectionnement.

Les docteurs autorisés perçoivent la même part que les professeurs dans le produit des inscriptions prises à leurs cours privés ou conférences. Ils peuvent aussi, s'ils le veulent, faire des cours publics gratuits.

La question des droits d'examen est réservée.

Le taux des droits d'inscription à payer sera déterminé dans le décret qui instituera chaque Université et ne pourra être modifié que sur la proposition de l'Université et sur l'avis conforme du Conseil de perfectionnement.

A Paris, les professeurs du Collège de France, du Muséum, de l'École normale, de l'École polytechnique, de l'École des Chartes, de l'École des Mines, de l'École des Ponts et Chaussées, de l'École des Langues orientales vivantes, de l'École des Beaux-Arts, du Conservatoire des Arts-et-Métiers, peuvent faire des cours privés et des conférences rattachés aux cours des Facultés, annoncés sur la même affiche et rétribués dans les mêmes conditions. Les matières traitées dans ces cours peuvent, comme les autres, être choisies par les étudiants pour la partie facultative des examens.

Pour être étudiant de la Faculté des Lettres ou des Sciences, il faut :

1° Avoir passé l'examen du baccalauréat;

2° Se faire inscrire sur les registres de la Faculté et acquitter un droit fixe à déterminer.

Pour être étudiant de la Faculté de Droit, il faut :

1° Avoir passé le premier examen de licence ès lettres (exceptionnellement et sur autorisation ministérielle, le baccalauréat ès lettres pourra suffire);

2° Se faire inscrire et acquitter un droit.

Pour être étudiant de la Faculté de Médecine, il faut :

1° Être bachelier (ès lettres);

2° Se faire inscrire et acquitter un droit.

Pour les étudiants étrangers la première de ces conditions n'est pas exigée.

Les étudiants reçoivent un livret sur lequel ils doivent inscrire les cours qu'ils suivent. Ces livrets sont visés par le professeur à l'ouverture et à la clôture de chaque semestre.

Les étudiants sont, en outre, inscrits sur des registres déposés au secrétariat de la Faculté pour chaque cours. Cette inscription n'a lieu, pour les cours privés ou conférences, que contre le paiement des droits afférents.

Les droits à acquitter pour les cours privés ou conférences peuvent être remis à l'étudiant, pour un temps plus ou moins long, dans des conditions à déterminer. Il en est de même des frais d'examen, qui sont à fixer pour chaque Faculté.

L'État, les départements, les villes et les particuliers peuvent fonder auprès de chaque Université des bourses, dont le chiffre et les conditions sont variables. Ces fondations, lorsqu'elles n'émanent pas de l'État, doivent être approuvées, après proposition de l'Université, par le Conseil de perfectionnement.

L'État ou les fondateurs pourront réunir plusieurs boursiers dans des établissements où ils seront soumis à une discipline commune.

Tant à l'égard de ces établissements que des étudiants libres, les Universités pourront prendre des mesures générales de discipline et d'ordre qui devront être approuvées par le Conseil de perfectionnement.

De la Faculté des Lettres.

La Faculté des Lettres compte au moins cinq chaires à titre spécial : celles de Philosophie, Histoire, Grec, Latin et Français. Des décrets spéciaux à chaque Université peuvent en instituer d'autres (par exemple : Archéologie, Géographie, Histoire de France, Grammaire comparée, Langues sémitiques, Philologie romane, ancien Français, Allemand, Anglais). Les chaires qui portent un titre de langue comprennent l'enseignement de la littérature et de la langue.

Le nombre des professeurs adjoints de chaque Faculté des Lettres est variable. La Faculté peut proposer au Ministre de l'augmenter, après avis conforme du Conseil universitaire et du Conseil de perfectionnement.

La Faculté des Lettres fait passer trois examens : le baccalauréat, la licence et le doctorat.

Elle prépare, en outre, à l'examen d'État pour l'enseignement secondaire, examen auquel on ne peut se présenter qu'après trois ans de fréquentation des cours de la Faculté.

Le baccalauréat ès lettres est subi par les jeunes gens qui veulent être étudiants de la Faculté ou de la Faculté de Médecine. Il consiste essentiellement en une version latine (et peut-être grecque) et un court examen oral portant sur l'histoire, la géographie, une langue vivante et une partie scientifique à déterminer. On ne peut s'y présenter, sauf dispense, qu'à dix-sept ans révolus.

La première épreuve de licence n'est ouverte qu'aux étudiants qui ont passé deux semestres à la Faculté, pendant chacun desquels ils ont été inscrits et assidus à cinq cours ou conférences au moins. Elle porte nécessairement sur la langue et la littérature latine, la langue et la littérature française moderne et l'histoire moderne, et en outre sur deux des spécialités, dont la liste sera officiellement publiée chaque année, au choix du candidat.

La première épreuve de licence ès lettres est nécessaire pour se présenter à l'École des Chartes. Il est, en outre, à désirer qu'on l'exige pour être admis dans certaines administrations.

Le second examen de licence ès lettres n'est ouvert qu'aux étudiants qui, depuis leur premier examen, ont passé au moins deux semestres à la Faculté des Lettres avec inscription et assiduité à cinq cours ou conférences.

Il se compose d'une partie écrite comprenant une composition latine et une composition française, et d'une partie orale, comprenant nécessairement le grec, le latin, le français, l'histoire, et en outre trois spécialités choisies par le candidat sur la liste dressée chaque année.

Le diplôme de licencié ès lettres est nécessaire pour se présenter à l'École normale (section des lettres), et pour être chargé de cours dans l'enseignement secondaire.

L'examen d'état ou agrégation, qui donne accès aux fonctions de l'enseignement secondaire dans les lycées, doit être réglé par l'État. Il est dirigé par une commission nommée par le Ministre. Il faut, pour s'y présenter, être licencié ès lettres depuis un an au moins, et avoir passé depuis l'examen deux semestres à la Faculté, dans les conditions indiquées plus haut.

L'examen de docteur n'est ouvert qu'aux licenciés ès lettres qui, depuis leur examen, ont passé, sauf dispense, au moins quatre semestres à la Faculté dans les conditions indiquées. — Il peut s'être écoulé un espace de temps illimité entre le moment où le licencié a quitté la Faculté et celui où il se présente au doctorat.

Le doctorat se compose : 1° d'une thèse ou mémoire scientifique sur un sujet choisi par le candidat et approuvé par le doyen; ce mémoire est imprimé, après lecture faite du manuscrit par un professeur titulaire ou adjoint désigné par le doyen; chaque exemplaire imprimé porte l'approbation de ce professeur signée par lui et visée par le doyen.

2° D'une épreuve publique, consistant dans la soutenance par le candidat des idées ou des opinions émises dans sa thèse, ainsi que d'un certain nombre de *positions* relatives au sujet de ses études et imprimées à la suite de sa thèse.

De la Faculté de Droit.

Les Facultés actuelles pèchent surtout par une trop grande uniformité et par un enseignement trop restreint. Il faut considérer que les Facultés comprennent trois catégories d'étudiants : 1° des jeunes gens qui veulent compléter leurs études littéraires et acquérir à la fois des notions utiles et quelques vues d'ensemble : cette catégorie devrait être fort encouragée, au lieu qu'aujourd'hui on ne songe pas à elle; 2° des aspirants à certaines fonctions judiciaires ou administratives; 3° des jeunes gens qui se destinent aux hautes études scientifiques que comporte la science juridique entendue dans son sens le plus large, et comprenant comme annexes l'administration, la diplomatie, l'économie politique, etc.

La première catégorie a besoin d'une année d'études générales, qui pourront être couronnées par le diplôme de bachelier; la seconde a besoin d'études professionnelles constatées par le grade de licencié; la troisième a besoin de liberté et d'abondance; elle cherche dans le doctorat la consécration de travaux personnels, que l'enseignement a pour mission de diriger et d'éclairer.

Ce sont ces idées qui ont inspiré les propositions suivantes :

La Faculté de Droit comprend deux classes de professeurs.

1° Les professeurs titulaires nommés à vie;

2° Les professeurs adjoints (ou agrégés) nommés pour dix ans et pouvant être prorogés. Ces derniers sont nommés au concours. Ils occupent, en général, des chaires sans titre spécial et enseignent des matières à leur choix. Ils peuvent être appelés par la Faculté à occuper des chaires à titre spécial, et sont à sa disposition pour remplacer passagèrement, s'il y a lieu, les professeurs titulaires.

Les docteurs peuvent, en outre, être autorisés à faire des cours, après une épreuve à déterminer. Ils peuvent être appelés dans les jurys d'examen, dans des conditions que déterminera chaque Faculté.

Les professeurs titulaires et adjoints pourront faire, en outre de leurs leçons publiques, des cours privés ou des conférences, pour lesquels les étudiants devront payer, en s'inscrivant, une somme fixée par le décret d'institution de chaque Université pour la Faculté de Droit.

Ce décret réglera aussi le mode de répartition des sommes ainsi perçues entre l'Université, la Faculté et les professeurs.

Les docteurs autorisés feront des cours privés et conférences dans les mêmes conditions que les professeurs. Ils ne doivent pas de leçons publiques.

Le baccalauréat sera exigé dans tous les cas où l'est aujourd'hui le certificat de capacité, notamment pour les fonctions de notaire. Il pourrait aussi être demandé pour l'entrée dans certaines carrières de l'État.

La licence continuera à être exigée pour toutes les carrières où elle l'est aujourd'hui, et, en outre, pour la profession d'avoué.

Le doctorat sera exigé pour l'entrée dans la magistrature.

Le candidat au baccalauréat doit avoir passé deux semestres au moins à la Faculté. L'examen roule :

1° Sur les matières obligatoires suivantes : notions générales de droit civil français; histoire sommaire du droit romain; histoire sommaire du droit français; notions générales de droit public français; économie politique;

2° Sur une matière facultative, choisie par le candidat parmi celles qui font l'objet des cours.

La licence en droit comprend deux examens; pour se présenter au premier, il faut être bachelier et avoir passé deux semestres depuis l'examen à la Faculté; pour se présenter au second, il faut avoir subi le premier et avoir passé deux semestres depuis à la Faculté.

Le premier examen de licence est oral. Il porte sur les matières suivantes : Droit civil français; Droit administratif français; Droit romain.

Le second examen comprend : 1° une épreuve écrite, condition d'admissibilité; 2° une épreuve orale, qui porte sur les mêmes matières que le premier examen, plus les suivantes : Droit criminel, Droit commercial, Organisation judiciaire, Procédure civile, et deux matières facultatives au choix du candidat.

Pour se présenter au doctorat, il faut être licencié et avoir passé depuis l'examen quatre semestres à la Faculté. L'examen comprend deux épreuves séparées par un an d'intervalle, et une thèse sur un sujet choisi par le candidat.

Les cours qui se font pour les candidats au doctorat sont à peu près les suivants : Droit international public et privé; Droit constitutionnel comparé; Histoire diplomatique; Droit maritime; Législation financière; Droit civil comparé; Législation commerciale comparée; Droit criminel comparé; Droit administratif comparé; Droit romain; Droit coutumier; Droit canonique; Législation industrielle; Législation des travaux publics; Droit municipal comparé; Législation militaire comparée; Histoire des institutions, etc.

Le candidat choisira pour chaque examen quatre des matières traitées dans ces cours et deux autres parmi tous les cours de la Faculté.

J

PROJET DE LOI
SUR LES UNIVERSITÉS, PRÉPARÉ PAR M. WADDINGTON.

TITRE PREMIER

DES UNIVERSITÉS

ARTICLE PREMIER. — Les établissements publics d'enseignement supérieur sont répartis en sept groupes qui prennent le titre d'Université nationale.

Ces universités ont leur siège à Paris, Bordeaux, Lyon, Montpellier, Nancy, Rennes et Lille.

ARTICLE 2. — L'Université de Paris comprend :

1° Les Facultés de droit, de médecine, des sciences et des lettres, l'École supérieure de pharmacie de Paris;

La Faculté de théologie catholique, la Faculté mixte de théologie protestante.

2° Les Facultés et Écoles placées dans la circonscription, savoir :

Les Facultés de droit, des sciences et des lettres de Caen, les Écoles préparatoires de médecine et de pharmacie de Caen, de Rouen et de Reims ; la Faculté de théologie catholique et l'École préparatoire à l'enseignement supérieur des sciences et des lettres de Rouen.

L'Université de Bordeaux comprend :

Les Facultés de théologie, de droit, de médecine et de pharmacie, des sciences et des lettres de Bordeaux.

L'Université de Lyon comprend :

1° Les Facultés de théologie, de droit, de médecine et de pharmacie, des sciences et des lettres de Lyon ;

2° Les Facultés de droit, des sciences et des lettres, l'École préparatoire de médecine et de pharmacie de Grenoble ;

Les Facultés des sciences et des lettres et l'École préparatoire de médecine et de pharmacie de Clermont ;

Les Facultés de droit, des sciences et des lettres et l'École préparatoire de médecine et de pharmacie de Dijon ;

L'École préparatoire à l'enseignement supérieur des sciences et des lettres de Chambéry.

L'Université de Nancy comprend :

1° Les Facultés de droit, de médecine, des sciences et des lettres et l'École supérieure de pharmacie de Nancy ;

2° Les Facultés des sciences et des lettres et l'École préparatoire de médecine et de pharmacie de Besançon.

L'Université de Montpellier comprend :

1° Les Facultés de droit, de médecine, des sciences et des lettres et l'École supérieure de pharmacie de Montpellier ;

2° Les Facultés de droit, des sciences et des lettres et l'École préparatoire de médecine et de pharmacie de Toulouse.

Les Facultés de théologie, de droit et des lettres d'Aix ;

La Faculté des sciences et l'École de plein exercice de médecine et de pharmacie de Marseille ;

L'École préparatoire de médecine et de pharmacie d'Alger.

L'Université de Rennes comprend :

1° Les Facultés de droit, des sciences et des lettres et l'École préparatoire de médecine et de pharmacie de Rennes ;

2° Les Facultés de droit, des sciences et des lettres et l'École préparatoire de médecine et de pharmacie de Poitiers ;

Les Écoles préparatoires à l'enseignement supérieur des sciences et des lettres d'Angers et de Nantes;

L'École de plein exercice de médecine et de pharmacie de Nantes ;

Les Écoles préparatoires de médecine et de pharmacie d'Angers, de Limoges et de Tours.

L'Université de Lille comprend :

1° Les Facultés de médecine et de pharmacie et des sciences de Lille, les Facultés de droit et des lettres de Douai ;

2° Les Écoles préparatoires de médecine et de pharmacie d'Amiens et d'Arras.

Les Universités créées par la présente loi ne pourront être instituées qu'après la remise, par les villes intéressées, au Ministère de l'Instruction publique, des locaux et du mobilier destinés aux divers services de l'enseignement et de l'administration. Ces villes devront, en outre, avoir pris l'engagement de pourvoir régulièrement à l'entretien et aux réparations des bâtiments.

Article 3. — Les Universités nationales et chacune des Facultés ou Écoles qui les constituent jouissent de tous les droits attribués aux personnes civiles.

Ceux de ces établissements dont les dépenses ne sont pas à la charge des communes reçoivent, chaque année, sur le budget du Ministère de l'Instruction publique, une subvention dont le chiffre est déterminé par le Ministre, d'après les propositions des conseils des Universités.

TITRE II

DE L'ADMINISTRATION DES UNIVERSITÉS

Article 4. — Chacune des Universités est administrée, sous l'autorité du Ministre de l'Instruction publique :

1° Par un chancelier assisté : d'un conseil, des doyens des Facultés et directeurs d'Écoles du ressort et d'un secrétaire ;

2° Par un curateur assisté : d'un bureau d'administration composé du préfet du département, du procureur de la

République, du maire de la ville chef-lieu, du trésorier-payeur général et du directeur des domaines.

Les maires des villes où sont établies des Facultés ou des Écoles ont entrée au bureau avec voix délibérative pour toutes les affaires qui touchent aux intérêts matériels de ces établissements.

ARTICLE 5. — Le chancelier est choisi parmi les membres de l'Institut, les inspecteurs généraux, les recteurs ou les professeurs titulaires des Facultés.

Il est nommé pour cinq ans, par décret, sur une double liste de deux candidats, présentée au Ministre, l'une par le conseil de l'Université, la seconde par le Conseil central.

Pendant la durée de ses fonctions, le chancelier, dans le cas où il est professeur, peut se faire suppléer pour tout ou partie de son enseignement, et l'intégralité de son traitement lui demeure acquise.

Il reçoit en outre de son traitement un préciput, dont le chiffre est déterminé par les lois de finances.

Le chancelier préside le Conseil de l'Université.

Il préside également, toutes les fois qu'il le juge nécessaire, les assemblées particulières des Facultés et Écoles.

Il réunit tous les mois, à jour fixe, en conseil de perfectionnement, les doyens des Facultés et directeurs d'Écoles.

Il transmet au Ministre, en les accompagnant de son avis motivé, les programmes des cours, les délibérations du conseil et des assemblées, les demandes individuelles qui lui sont soumises, et en général toutes les affaires qui peuvent intéresser les études ou la discipline de l'Université.

Il nomme et révoque, après entente avec les doyens et directeurs, les agents inférieurs attachés aux services de l'enseignement des Facultés et Écoles. Il nomme et révoque dans la même forme les professeurs intéressés entendus, les préparateurs et les autres auxiliaires de l'enseignement dont la désignation n'a pas lieu au concours.

En cas d'urgence, il peut, par mesure administrative, prescrire la suspension d'un cours, sauf à en rendre compte dans les vingt-quatre heures au Ministre, qui maintient ou lève la suspension.

Il pourvoit, d'accord avec les doyens ou directeurs, aux suppléances accidentelles.

Il défère, soit aux assemblées des Facultés et Écoles, soit au conseil de l'Université, les étudiants dont la conduite lui aurait été signalée comme notoirement scandaleuse, ou qui se seraient rendus coupables d'actes contraires à la morale et aux lois.

Il surveille, soit personnellement, soit avec le concours des doyens et directeurs, les établissements d'enseignement supérieur du ressort.

Il adresse chaque année au Ministre, pour être communiqué au Conseil central, un rapport général sur la situation de l'Université.

ARTICLE 6. — Le secrétaire de l'Université est nommé par le Ministre.

Il a, sous les ordres du chancelier, la garde du sceau et des archives. Il rédige les procès-verbaux du conseil de l'Université et en tient registre.

Il est chargé de toute la correspondance soumise à la signature du chancelier.

ARTICLE 7. — Le Conseil de l'Université se compose :
Du chancelier, président ;
Des doyens des Facultés et directeurs des Écoles supérieures du ressort ;
De deux professeurs délégués annuellement par chacune des Facultés ou Écoles supérieures placées au chef-lieu ;
D'un professeur délégué annuellement par chacune des Facultés ou Écoles supérieures situées dans la circonscription.

ARTICLE 8. — Le Conseil de l'Université tient deux sessions par an : la première en juin, la deuxième en novembre. Il peut se réunir extraordinairement sur la convocation du chancelier.

Il entend les rapports détaillés des doyens et directeurs sur l'état des études, sur les résultats des concours et des examens, sur les travaux personnels des professeurs et sur la situation financière et matérielle de l'Université et de chacun des établissements qui la constituent.

Il donne son avis sur les réformes qui pourraient être introduites dans l'enseignement, la discipline et l'administration des Facultés et Écoles; il présente au Ministre le tableau des membres de l'Université qu'il juge dignes de récompenses honorifiques ou d'augmentation de traitement.

Il discute les projets de budgets et arrête les comptes administratifs qui doivent être approuvés par le Ministre.

Il veille au maintien des règlements d'études et de discipline.

Il présente les candidats pour les chaires vacantes.

Il donne son avis sur l'institution des cours complémentaires, des cours annexes et des conférences.

Il connaît des jugements rendus par les Facultés ou Écoles lorsqu'ils lui sont déférés par le chancelier, le curateur ou les parties intéressées.

Il instruit toutes les affaires disciplinaires relatives aux membres de l'enseignement supérieur, qui lui sont renvoyées par le Ministre ou par le chancelier.

Il arrête le tableau général des cours ordinaires, complémentaires ou annexes et des conférences, et a pour mission spéciale de veiller à leur coordination.

Il vise les programmes des cours et conférences après s'être assuré qu'ils ne s'écartent pas de l'enseignement propre à la Faculté.

Il détermine les tarifs des droits qui peuvent être versés par les étudiants au compte des professeurs chargés des cours annexes et des conférences privées.

Article 9. — Le curateur est nommé par décret en conseil des Ministres. Il est auprès de l'Université le représentant permanent de l'État.

Il est chargé de l'exécution des lois et règlements relatifs à l'enseignement supérieur. Il signale au Ministre les infractions commises.

Il assiste avec voix délibérative aux séances du Conseil de l'Université. Il siège dans cette assemblée à la droite du chancelier.

Il transmet au Ministre les projets de budgets, ainsi que les comptes d'administration de l'Université, en joignant au rapport du chancelier son avis personnel.

Il est chargé de la conservation et de l'administration des propriétés de l'Université.

Il surveille et contrôle la gestion de ses revenus, signe les marchés, passe les baux et les adjudications des travaux dans les formes prescrites par les lois et règlements.

Il pourvoit au récolement annuel du mobilier de chacun des établissements, à la rédaction et à la mise à jour des catalogues et inventaires.

Il souscrit les actes de vente, échanges, partages, acceptations de dons et de legs, acquisitions, transactions après autorisation de ces actes par le Gouvernement.

Il inspecte annuellement, au point vue de la situation matérielle et financière, les établissements de l'Université. Il peut, en cas d'empêchement, être suppléé dans cette inspection par un membre du bureau d'administration.

Il représente, en justice, les établissements de l'Université, soit en demandant, soit en défendant.

Le curateur exerce les attributions énumérées dans les paragraphes 5, 6, 7, 8 et 9 du présent article avec le concours du bureau d'administration.

Il a sous ses ordres immédiats : les trésoriers de l'Université; les bibliothécaires et conservateurs des musées et collections; les contrôleurs du matériel. Ces fonctionnaires sont nommés par le Ministre.

Il nomme directement les employés et les agents qui ne se rattachent pas au service de l'enseignement.

Le curateur et le chancelier sont tenus de se conformer, pour le choix des employés ou agents à leur nomination, aux dispositions de la loi du 27 juillet 1872.

TITRE III

DES FACULTÉS ET ÉCOLES

Article 10. — Il y a à la tête de chacune des Facultés un professeur titulaire qui prend le titre de doyen.

Le doyen est nommé pour un an par le Ministre sur une liste de deux candidats présentée par ses collègues.

Il ne peut être réélu qu'après une période d'une année.

Le doyen préside l'assemblée des professeurs, ainsi que les

commissions et les jurys dont il est appelé à faire partie.

Il a pour mission spéciale de veiller à l'exercice régulier des cours, des conférences et des examens.

Il est tenu d'avertir sans délai le chancelier des infractions qui peuvent être commises.

Dans les Facultés placées hors du chef-lieu, il peut être autorisé par le chancelier à pourvoir aux suppléances accidentelles ou à suspendre provisoirement les cours au sein desquels il se serait produit quelque désordre.

Il peut être dispensé par le Ministre, après avis du chancelier, d'une partie de son enseignement annuel. Dans ce cas, il conserve l'intégralité de son traitement.

Outre son traitement, il reçoit un préciput.

Dans les Écoles supérieures de pharmacie, dans les Écoles de plein exercice, les Écoles préparatoires de médecine et de pharmacie et les Écoles préparatoires des sciences et des lettres, le professeur qui exerce les fonctions dévolues aux doyens prend le titre de directeur.

Article 11. — Le secrétaire de la Faculté est nommé par le Ministre. Il est chargé de la correspondance.

Il rédige les procès-verbaux de l'assemblée des professeurs.

Article 12. — Les trésoriers de l'Université et de ses divers établissements sont nommés par le Ministre.

Ils sont chargés, sous l'autorité du curateur, de la gestion des biens meubles et immeubles de l'Université ; de la perception des revenus provenant des dons et legs ou des bonis réalisés sur la subvention de l'État ; des rétributions versées au compte des professeurs, agrégés ou maîtres de conférences.

Les trésoriers sont comptables en deniers et en matières, et relèvent en cette qualité de la Cour des comptes.

Ils déposent avant leur entrée en charge un cautionnement dont la quotité est fixée par le Ministre de l'Instruction publique sur la proposition du curateur.

Article 13. — Les droits payés par les étudiants au compte du Trésor public, pour les exercices obligatoires, sont perçus par les agents des finances.

Article 14. — Le personnel enseignant dans les Facultés se compose :
Des professeurs titulaires ;
Des agrégés ;
Des docteurs autorisés à faire des cours ou des conférences
Des maîtres de conférences.

Article 15. — Pour être professeur titulaire, il faut être âgé de vingt-cinq ans au moins, être docteur dans l'ordre de la Faculté et avoir fait pendant deux ans, soit un cours dans un établissement de l'État, soit un cours particulier dûment autorisé, analogue à ceux qui sont professés dans les Facultés

Article 16. — Peuvent être également nommés professeur dans les Facultés les membres de l'Institut qui ont fait pendant six mois au moins, un cours dans les conditions de l'article précédent.

Article 17. — Les professeurs titulaires sont nommés par décret sur une double liste de deux candidats présentée au Ministre ; la première par le Conseil de l'Université, la second par le Conseil central.

Article 18. — Dans les Facultés et dans les Écoles supérieures de pharmacie, les agrégés sont nommés au concours

Article 19. — Le Ministre nomme les maîtres de conférences rétribués par l'État.
Il désigne également, chaque année, les agrégés et les docteurs admis à ouvrir des cours dans les locaux des Facultés.

Article 20. — Un professeur titulaire ne peut occuper une seconde chaire que par voie de délégation temporaire, sur la proposition motivée du Conseil de l'Université intéressé et l'avis conforme du Conseil central.

Article 21. — L'assemblée, dans chacune des Facultés, se compose des professeurs titulaires.
L'assemblée se réunit une fois par mois. Elle peut être convoquée extraordinairement par le doyen, toutes les fois que les besoins du service l'exigent.

Elle délibère sur toutes les questions d'études et de discipline qui intéressent la Faculté.

Elle prépare le projet de budget annuel des dépenses.

Elle exerce, à l'égard des étudiants de la Faculté, l'autorité disciplinaire telle qu'elle est déterminée par les règlements.

TITRE IV

DE L'ENSEIGNEMENT

Article 22. — L'enseignement est annuel. Il comprend :
1° Les cours faits par les professeurs titulaires ;
2° Les cours complémentaires confiés à des agrégés ou à des docteurs et destinés à représenter les parties de l'enseignement officiel que les professeurs titulaires ne peuvent embrasser en leur entier dans les limites des leçons annuelles ;
3° Les cours annexes qui peuvent porter sur les objets mêmes de l'enseignement réglementaire ou sur tel autre objet choisi par l'agrégé ou le docteur ;
4° Les conférences rétribuées par le budget législatif ou payées au professeur par les étudiants et où sont répétées les matières des cours ;
5° Les travaux pratiques.

Article 23. — Sauf les exceptions autorisées par le Ministre après avis du Conseil de l'Université et du Conseil central, les cours des professeurs titulaires et des agrégés ou docteurs chargés de cours complémentaires s'ouvrent et sont clos uniformément à la même date.

Le nombre des leçons faites par les professeurs titulaires est de trois par semaine. Ce nombre peut être réduit à deux pour les professeurs-directeurs de laboratoires d'enseignement.

La durée des leçons est d'une heure.

Les élèves de l'Université et les élèves des Écoles spéciales de l'État, munis de leur carte d'inscription, les auditeurs bénévoles français ou étrangers, munis de cartes délivrées gratuitement par le secrétaire de chacune des Facultés, ont seuls entrée dans les amphithéâtres.

Les élèves inscrits de la Faculté ont seuls l'accès des laboratoires et exercices pratiques aux conditions déterminées par le Ministre après avis du conseil de l'Université et du Conseil central.

Les conférences privées et les cours annexes rétribués par les étudiants ne sont accessibles qu'à ceux d'entre eux que les professeurs chargés de ces enseignements ont agréés. Les règles de discipline propres à la Faculté sont applicables à ces leçons.

Les programmes des cours faits par les professeurs titulaires et des cours complémentaires doivent être conçus en telle sorte qu'ils correspondent aux matières des examens semestriels ou annuels.

Les programmes des cours annexes et des conférences doivent se renfermer dans le sujet choisi par l'agrégé ou le docteur.

TITRE V

DES EXAMENS ET THÈSES — DES GRADES ET DES DIPLOMES

ARTICLE 24. — Les grades sont conférés à la suite d'examens et d'actes publics.

Les jurys d'examens sont composés de professeurs titulaires, d'agrégés et de docteurs, en telle sorte toutefois que les professeurs et les agrégés forment la majorité.

ARTICLE 25. — Les Facultés des sciences confèrent : le baccalauréat ès sciences mathématiques, le baccalauréat ès sciences physiques et naturelles et trois ordres de licence et de doctorat : mathématiques, sciences physiques et sciences naturelles.

ARTICLE 26. — Les Facultés des lettres confèrent : le baccalauréat en deux parties, quatre licences : lettres, philosophie, histoire, grammaire; et le doctorat dont les thèses portent sur des sujets au choix des candidats et acceptés par la Faculté.

ARTICLE 27. — Les grades de licencié et de docteur ès sciences ou ès lettres ne peuvent être conférés que par un jury composé de professeurs, d'agrégés ou de docteurs appartenant à l'ordre d'études auxquels se rattache l'examen du candidat.

Article 28. — Les Facultés de droit confèrent le titre de capacitaire, les grades de bachelier, de licencié et de docteur, à la suite d'examens répartis dans la durée des études.

Article 29. — Les Facultés de médecine confèrent le grade de docteur à la suite d'examens dont les trois premiers (physique, chimie, histoire naturelle, anatomie, histologie, physiologie) sont répartis dans la durée des études et dont les cinq derniers (pathologie externe, pathologie interne, hygiène, médecine légale et matière médicale, clinique externe et obstétricale, clinique interne et anatomie pathologique) sont subis, avec la thèse, après la seizième inscription.

Les Facultés de médecine confèrent également les titres d'officier de santé et de sage-femme de 1re classe.

Les Écoles supérieures de pharmacie confèrent les grades de pharmacien et d'herboriste de 1re et de 2e classes.

Article 30. — Les Écoles de plein exercice et les Écoles préparatoires de médecine et de pharmacie confèrent les titres d'officier de santé, de pharmacien, de sage-femme et d'herboriste de 2e classe.

Article 31. — En dehors des matières inscrites aux programmes des examens, les candidats peuvent être interrogés sur tel objet spécial qu'ils auront désigné, et il leur sera tenu compte par une note de leur aptitude particulière dans cette épreuve facultative.

Article 32. — Les diplômes sont accordés par le Ministre sur le vu des certificats d'aptitude délivrés par les jurys d'examen et approuvés par les chanceliers.

Ils font mention des notes diverses obtenues à l'examen écrit ou oral.

Article 33. — Dans les cas de fraude ou de violation des formes de l'examen, le chancelier ou le curateur sont tenus d'en informer sans délai le Ministre.

Article 34. — L'annulation des examens probatoires et des thèses et les refus de diplômes ne peuvent être prononcés par le Ministre qu'après avis conformes du Conseil supérieur de l'Instruction publique et du Conseil central.

TITRE VI

DE LA DISCIPLINE

Article 35. — Le chancelier a spécialement mandat de veiller au maintien des règlements de discipline, auxquels les membres de l'Université et les étudiants ont pris l'engagement de se conformer au jour de leur installation ou de leur immatriculation.

Le chancelier a, pour assesseurs permanents dans cet office, les doyens des Facultés et les directeurs d'Écoles.

Article 36. — Les peines que peuvent encourir les membres de l'enseignement supérieur public sont les suivantes :

1° La réprimande par le chancelier ;

2° La censure en conseil de l'Université ;

3° La suspension des fonctions pendant un mois au moins et six mois au plus, avec privation partielle ou totale du traitement ;

4° Le retrait d'emploi ;

5° La révocation.

Les deux premières de ces peines sont prononcées par le chancelier, après avis des doyens et directeurs réunis en conseil spécial.

La suspension est prononcée ou confirmée par le Ministre, sur le rapport du chancelier et après avis des présidents de section du Conseil central.

Le retrait d'emploi ne peut être infligé par le Ministre aux professeurs titulaires qu'après avis du Conseil central, toutes sections réunies, le fonctionnaire inculpé entendu ou régulièrement cité à comparaître quinze jours au moins avant la séance où il doit être statué sur les faits mis à sa charge.

La révocation ne peut être prononcée que par décret, après jugement du Conseil central, dans les formes énoncées à l'article précédent.

La révocation, avec interdiction absolue d'enseigner, ne peut être prononcée qu'après avis conforme du Conseil supérieur de l'Instruction publique.

Article 37. — Les peines qui peuvent être infligées aux étudiants sont les suivantes :

1° L'avertissement par le chancelier ou par le doyen ;

2° L'exclusion de l'Université pour trois mois au moins et un an au plus ;

3° L'exclusion définitive soit de l'Université, soit de toutes les Universités de l'État.

Ces deux dernières peines ne peuvent être prononcées que par le conseil de l'Université.

Dans le cas d'exclusion de toutes les Universités, il peut être fait appel de l'arrêt devant le Conseil central.

L'étudiant inculpé aura le droit de présenter sa défense devant les deux conseils ; à cet effet, il sera cité à comparaître, quinze jours au moins avant la séance où il doit être statué sur les faits qui lui sont imputés.

Article 38. — Les fonctions du ministère public seront exercées, savoir : devant le conseil de l'Université par le curateur, et devant le Conseil central par un commissaire désigné par le Ministre.

Un décret, rendu en la forme des règlements d'administration publique, le Conseil central et le Conseil d'État entendus, déterminera les délits de droit commun, les manquements à la discipline ou les cas d'indignité qui donneront lieu aux peines prévues par les articles précédents.

Article 39. — Les peines universitaires sont indépendantes des peines prévues par les lois criminelles.

Article 40. — Le Ministre de l'Instruction publique transmettra à ses collègues pour y avoir tel égard que de raison, tout jugement prononcé par le Conseil central de l'enseignement supérieur ou par le Conseil supérieur de l'Instruction publique.

Les jugements du conseil de l'Université, du Conseil central et du Conseil supérieur de l'Instruction publique, sont notifiés aux parties intéressées, par les soins du curateur de l'Université.

TITRE VII

DU CONSEIL CENTRAL DES UNIVERSITÉS ET DE L'INSPECTION GÉNÉRALE

Article 41. — Le Conseil central se compose du Ministre, président, du directeur de l'enseignement supérieur, de membres de l'Institut, des inspecteurs généraux, titulaires ou honoraires de l'enseignement supérieur, de professeurs ou anciens professeurs des Facultés et des établissements du haut enseignement et du directeur de l'École normale supérieure.

Les chanceliers et curateurs des Universités, les directeurs des Écoles françaises de Rome et d'Athènes ont séance au Conseil pour toutes les affaires relatives à chacun de ces établissements.

Le Conseil se répartit en autant de commissions que l'enseignement supérieur compte de Facultés ; en outre, une commission spéciale du Conseil est chargée de l'étude des questions qui intéressent l'administration générale et les finances des Universités. Elle est composée de membres pris dans le sein du Conseil d'État, de la Cour de cassation et de la Cour des comptes.

Le Ministre nomme les vice-présidents et le secrétaire du Conseil central, le président et le secrétaire de chacune des commissions.

Article 42. — Ceux des membres du Conseil qui ne sont pas désignés par leurs fonctions sont nommés par décret, pour cinq ans, en conseil des Ministres.

Article 43. — Le Conseil tient deux sessions par an ; en dehors de ces sessions, il peut être convoqué extraordinairement.

Les commissions sont permanentes.

Article 44. — Le Conseil central prépare tous les projets de règlements d'études, de discipline, d'administration et de comptabilité propres aux Universités de l'État.

Il juge les plaintes et les réclamations. Il prononce les peines du retrait d'emploi et de la révocation.

Il donne son avis sur l'admission à la retraite des professeurs titulaires dans les cas prévus par le paragraphe 5 de la loi du 9 juin 1853.

Il entend les rapports des inspecteurs généraux de l'enseignement supérieur au retour de leurs tournées ainsi que les rapports des présidents des concours d'agrégation.

Il propose au Ministre les candidats aux chaires vacantes, ou donne son avis sur la désignation des chargés de cours.

Il dresse le tableau d'avancement des professeurs.

Il prononce sans recours dans les affaires relatives aux concours, devant les Facultés et Écoles.

Il soumet annuellement au Ministre un rapport sur l'état de l'enseignement dans les Universités de l'État.

ARTICLE 45. — Un arrêté délibéré en Conseil, détermine l'ordre intérieur des travaux de cette assemblée et de ses commissions.

TITRE VIII

DISPOSITIONS GÉNÉRALES

ARTICLE 46. — Les règlements relatifs aux concours et aux examens, les affaires contentieuses relatives à l'obtention des grades, sont nécessairement soumis à l'examen préalable du Conseil supérieur de l'Instruction publique.

ARTICLE 47. — Il ne peut être apporté de modifications aux conditions d'âge relatives à l'accession aux grades ou à l'exercice des professions, non plus qu'à la durée de la scolarité et aux tarifs des droits versés par les étudiants au compte du Trésor public que par les décrets rendus en la forme des règlements d'administration publique.

ARTICLE 48. — Les inspecteurs généraux de l'enseignement supérieur sont choisis parmi les membres de l'Institut, les recteurs, les professeurs honoraires des Facultés, du Collège de France et du Muséum.

Les fonctions d'inspecteur général sont incompatibles avec toute autre fonction publique rétribuée.

Article 49. — Des décrets rendus sur la proposition des Ministres des Finances et de l'Instruction publique déterminent le mode d'administration, de contrôle et de comptabilité des Universités, ainsi que les obligations des fonctionnaires et agents préposés à la gestion de leurs intérêts matériels.

Article 50. — Les traitements de tous les fonctionnaires et agents des Universités, tant de l'ordre scolaire que de l'ordre administratif, sont fixés par décrets rendus sur la proposition du Ministre de l'Instruction publique.

Article 51. — Sont et demeurent abrogées les dispositions des lois et règlements qui sont contraires à la présente loi.

TABLE DES MATIÈRES

LIVRE III
LE CONSULAT ET L'EMPIRE

CHAP. PREMIER. — La loi de l'an X	1
— II. — La réglementation consulaire	33
— III. — L'Université impériale	65
— IV. — L'Enseignement supérieur et l'Université impériale.	93

LIVRE IV
LA RESTAURATION

CHAP. PREMIER. — La Commission d'Instruction publique	125
— II. — L'Université de la Restauration	149

LIVRE V
LE GOUVERNEMENT DE JUILLET

CHAP. PREMIER. — Les conceptions, Universités, Facultés	179
— II. — État de l'Enseignement supérieur sous le Gouvernement de Juillet	201

LIVRE VI
LA SECONDE RÉPUBLIQUE

CHAP. UNIQUE. — Le Gouvernement provisoire. — La loi de 1850.	223

LIVRE VII
LE SECOND EMPIRE

CHAP. PREMIER. — Le décret de 1852. — La loi de 1854	241
— II. — L'École des Hautes Études	271

LIVRE VIII

LA TROISIÈME RÉPUBLIQUE

Chap. premier.	— La liberté de l'Enseignement supérieur......	297
— II.	— Théorie des Universités.....................	335
— III.	— Les mises de fonds et les produits............	365
— IV.	— Les transformations internes................	381

PIÈCES JUSTIFICATIVES

A. — Projet de loi sur l'enseignement du droit, présenté à la Chambre des Pairs, le 9 mars 1847................... 427

B. — Projet de loi sur l'Enseignement et l'exercice de la médecine et sur l'Enseignement de la pharmacie, présenté à la Chambre des Pairs, le 15 février 1847............... 433

C. — Projet de loi sur l'Instruction publique (avril 1852)....... 448

D. — Projet de loi sur l'Enseignement supérieur libre........ 463

E. — Proposition de loi sur la liberté de l'Enseignement supérieur, déposée au Sénat le 28 juin 1870, par M. Duruy, sénateur... 465

F. — Proposition de loi sur la liberté de l'Enseignement supérieur, présentée le 31 juillet 1871, par M. le comte Jaubert, à l'Assemblée nationale..................... 469

G. — Proposition de loi relative à la constitution d'une Université dans la ville de Nancy.............................. 477

H. — Proposition de loi sur l'organisation de l'Enseignement supérieur de l'État, présentée par M. Paul Bert, membre de l'Assemblée nationale, le 2 décembre 1873.......... 481

I. — Projet pour la création et l'organisation d'Universités.... 491

J. — Projet de loi sur les Universités, préparé par M. Waddington.. 503

FIN

Paris. — Imp. E. Capiomont et Cie, rue des Poitevins, 6.

EN VENTE A LA MÊME LIBRAIRIE

L'Enseignement supérieur en France (1789-1893). —
Tome premier : *Les Universités en 1789. — La Révolution*, par M. Louis Liard, directeur de l'Enseignement supérieur au Ministère de l'Instruction publique. 1 vol. in-8°, broché.. 7 50

Universités et Facultés, par M. Louis Liard, directeur de l'Enseignement supérieur au Ministère de l'Instruction publique. 1 vol. in-18 jésus, broché.. 3 50

Notes et Discours d'Albert Dumont, membre de l'Institut, directeur honoraire des Écoles françaises d'Athènes et de Rome, directeur de l'Enseignement supérieur au Ministère de l'Instruction publique (1873-1884). 1 vol. in-18 jésus, broché.............................. 3 50

L'Éducation dans l'Université, par M. Henri Marion, docteur ès lettres, professeur à la Faculté des lettres de Paris. 1 vol. in-18 jésus, broché.. 4 »

La Réforme de l'Éducation en Allemagne au XVIIIe siècle, Basedow et le Philanthropinisme, par M. A. Pinloche, docteur ès lettres, professeur à la Faculté des lettres de Lille. 1 vol. in-8°, broché...... 7 50

Les Sources de Tacite dans les Histoires et les Annales, par M. Philippe Fabia, docteur ès lettres, professeur à la Faculté des lettres de Lyon. 1 vol. grand in-8°, broché (Imprimerie nationale)........ 12 »

Revue internationale de l'Enseignement, publiée par la Société de l'Enseignement supérieur. Paraissant le 15 de chaque mois. Abonnement annuel pour la France et l'étranger...................... 24 »

Revue d'Histoire littéraire de la France, publiée par la Société d'Histoire littéraire de la France. Recueil trimestriel. Le numéro. 6 »
Abonnement annuel (*de janvier*). France........................ 22 »

www.ingramcontent.com/pod-product-compliance
Lightning Source LLC
Chambersburg PA
CBHW051407230426
43669CB00011B/1796